Jahrbuch der Karl-May-Gesellschaft 2004

KARL MAY
2.6.1860–13.9.1861
ABSOLVENT AM
„VOGTLÄNDISCHEN
SCHUL-LEHRER-
SEMINARIUM“

Jahrbuch der Karl-May-Gesellschaft 2004

Herausgegeben

von

Claus Roxin, Helmut Schmiedt, Hartmut Vollmer,

Reinhold Wolff und Hans Wollschläger

Hansa Verlag · Husum

Verantwortliche Herausgeber:
Prof. Dr. Dr. h. c. mult. Claus Roxin, Prof. Dr. Helmut Schmiedt, Prof. Dr. Hartmut Vollmer, Prof. Dr. Reinhold Wolff und Dr. h. c. Hans Wollschläger

Geschäftsführender Herausgeber 2004:
Dr. h. c. Hans Wollschläger
Redaktion:
Klaus Eggers, Dr. Martin Lowsky, Ulrike Müller-Haarmann und Heike Pütz

May-Zitate und -Texte werden durch *Kursivdruck* gekennzeichnet; zitiert wird aus Gründen der Authentizität stets nach den originalen (also unbearbeiteten) Texten Mays, wie sie in der Klein-Oktav-Ausgabe des Verlages Fehsenfeld, Freiburg 1892-1910 (Reprint dieser Ausgabe Bamberg 1982ff.), in der historisch-kritischen Ausgabe im BÜCHERHAUS BARGFELD ab 1993 (1987 im Verlag Greno begonnen und im Haffmans Verlag vorübergehend weitergeführt) sowie in Zeitschriften- und anderen Reprints vorliegen.

Die neue Rechtschreibung wird nur angewandt, wenn die Autoren ihren Beitrag entsprechend einliefern.

Frontispiz: Gedenktafel für Karl May am ehemaligen Lehrerseminar-Gebäude in Plauen. Die Tafel, fertig gestellt und angebracht 1999, ist ein Werk des Bildhauers Hannes Schulze.

ISSN 0300-1989 ISBN 3-920421-89-2

Hansa Verlag Ingwert Paulsen jr., Postfach 1480, 25804 Husum

Schutzumschlag: Hans-Frieder Kühne
Satz: Fotosatz Husum GmbH
Druck und Verarbeitung: Husum Druck- und Verlagsgesellschaft
Postfach 1480, D-25804 Husum – www.verlagsgruppe.de
Printed in Germany

Inhaltsverzeichnis

Hans Wollschläger: Das vierunddreißigste Jahrbuch 7

Hans-Dieter Steinmetz: Die zweite Chance · *Zum Aufenthalt Karl Mays am Lehrerseminar Plauen* 11

Helmut Schmiedt: Von Trauerrändern, Kamelexkrementen und Verwesungsgeruch · *Karl Mays Umgang mit einer anderen Seite des abenteuerlichen Lebens* 105

Karl Markus Kreis: Buffalo Bill · *Old Shatterhands Herausforderer, Rivale oder Vorbild?* 121

Rudi Schweikert: Münchhausen aus Mühlhausen · *Die Reise durch ein ›Wurmloch‹ im Text von Karl Mays ›Der Sohn des Bärenjägers‹. Hin zum Hofrat Beireis und dem Charlatan-Topos* 139

Jürgen Hahn: Last Exit to ›Dschinnistan‹ · *Ein Beitrag zur Konstruktion des ›Neuen Menschen‹ um 1900* 157

Helmut Schmiedt: Literaturbericht I 205

Ruprecht Gammler: Literaturbericht II 223

Peter Krauskopf: Medienbericht 229

Joachim Biermann: »Plauen is mir nämlich sehr ans Herz gewachsen« · *Die Karl-May-Gesellschaft im Jahr 2003* 237

Die Autoren des Jahrbuchs 249

HANS WOLLSCHLÄGER

Das vierunddreißigste Jahrbuch

folgt nicht nur ein weiteresmal seinem gewohnten Auftrag, die Beiträge des jüngsten Kongresses zum Nachlesen bereitzustellen, es tritt mit ihnen auch in eine Diskussion ein, die nicht weniger als den Sinn unserer Unternehmungen insgesamt und den Fortbestand der Karl-May-Gesellschaft selber zum Gegenstand hat. Sie ist durchaus nicht neu; sie hat sich aber im abgelaufenen Jahr doch häufiger als früher in die Gespräche gemengt, und das mag nicht nur mit den allgemeinen Endzeitgefühlen zusammenhängen, von denen alle Kulturarbeiter heute unweigerlich beschlichen werden, mit der Regression der Bildung und den Bestrebungen der politischen Parteien, die Kultur und ihren ideellen Kanon aus dem Selbstverständnis der Gesellschaft zu vertreiben. Da die KMG dem Staat noch nie etwas zu verdanken hatte, braucht sie auch seinen Streichstift nicht zu fürchten und kann für den eigenen Bereich vollends die – sicher nicht müßige – allgemeine Frage, ob das traditionelle Kulturbedürfnis durch die aus dem Wilden Westen importierte Wirtschaftsgläubigkeit zu ersetzen sei, auf sich beruhen lassen. Selbst wer deren Herkunftsland, wie Karl-May-Leser es nun einmal tun, mehr Wohlwollen entgegenbringt, als es verdient, braucht auf die Gegenposition nicht zu verzichten und kann den Blick auf die europäischen Jahrhunderte durchaus mit einem Selbst-Bewußtsein verbinden, dem ihre Bewahrung selbstverständlich bleibt.

Es ist wahr, daß die Karl-May-Gesellschaft rückläufige Mitgliederzahlen zu verzeichnen hat; dies Schicksal teilt sie aber mit anderen literarischen Gesellschaften in einer vergleichsweise noch gelinden Weise, und es ist mit der allgemeinen Lebensluftverknappung durch Steuerschraube und Währungsreform zureichend begründet. Ähnlich verhält es sich mit der ›Zahlungsmoral‹ bezüglich der Mitgliedsbeiträge: sie ist, zum Leidwesen des Schatzmeisters, nicht ideal zu nennen, doch steht ihr eine Spendenfreudig- und -freundlichkeit gegenüber, die nach wie vor als unbeirrte Zustimmung zur geleisteten Arbeit gedeutet werden darf. So bleibt, was die äußeren Ursachen betrifft, eigentlich nur zu konstatieren, daß der Aberglaube, in ökonomischen Blütezeiten blühe auch die Gesellschaft, kraft seiner Perspektivenverzerrung eben zurzeit besonders unsinnige Blüten treibt und ›die Zeiten‹ ein bißchen erschwert hat, Anlaß zur Sorge für uns aber wohl noch nicht sein muß. Die Begründung des Gedankens, Arbeit und Existenz der Karl-May-Gesellschaft in Frage zu stellen, kommt auch ganz anderswoher, und sie ist durchaus nicht schlecht. Sie geht nämlich gerade von der erbrachten Leistung der nun 35 Jahre bestehenden Institution aus und macht geltend, daß die wichtigsten Aufgaben, zu deren Bewältigung sie angetreten war, inzwischen längst glanzvoll erfüllt wurden: eben dieses Gelingens wegen sei es angebracht, einen entsprechenden Abschluß zu setzen, um die geleistete Arbeit nicht durch ein Absinken in die Wiederholung, in die mechanische Doublettenfabrikation nachträglich wieder zu entwerten. Solche Überlegungen sind gewiß nicht von der Hand zu weisen, auch nicht mit dem Hinweis auf den gemeinschaftsbildenden und -bindenden sozialen Mehrwert, den literarische Vereine fraglos erbringen: die KMG ist vorab auf eine Sache hin definiert, und diese Sache bestimmt auch ihr Sein oder Nichtsein. Tatsächlich hat sie dieser Sache in einer Weise gedient, die in der Geschichte der literarischen Gesellschaften großartig dasteht, besonders wenn man die Ergebnisse mit denen der einschlägigen Forschung in den fast sechs Jahrzehnten vor ihrer Gründung vergleicht: Die Materialsicherung, sei es im Hinblick auf die Texte, sei es in dem auf die Biographie ihres Autors, ist so umgreifend geleistet worden, daß man Verständnis für die Auffassung haben kann, es sei nur noch Unwesentliches nachzutragen; das ›eigentliche Werk‹ der Gesellschaft sei getan. Auch die Interpretation habe zur Vielschichtigkeit von Mays Werk soviel Grundsätzliches aufgezeigt, daß man es getrost nun wieder sich selbst und seiner unmittelbaren Wirkung überlassen könne… Ist das so?

Fest steht, daß sich jede Publikation zu Karl May heute mit doppelter Strenge messen lassen muß: Ist sie immer noch notwendig? Oder stellt sie, nach soviel fast unüberschaubar gewordener sekundärer Literatur nur noch Müßiggang und Zeitvertreibung her? Ist sie für das Nachdenken über diesen Autor ein Ereignis – oder bloß ein alberner Event der Info-Industrie? Die Urteile darüber werden an Schärfe zunehmen, zweifellos, und die Existenz-Frage der KMG ist nicht vom Tisch. Was in diesem Jahrbuch versammelt steht, muß sich ihr stellen – und will ihr entgegentreten. Es schreit keine neuen Trouvaillen aus; es hat mit der vielbesungenen ›Aktualität‹ überhaupt nicht viel im Sinn. Es geht in Ruhe den beiden seit dreieinhalb Jahrzehnten gewohnten Aufgaben nach, zu ›Leben und Werk‹ Karl Mays Tatsachen und Gesichtspunkte vorzutragen, und dem Leser steht frei zu entscheiden, ob oder wieweit er einmal mehr dabei sein möchte. Hans-Dieter Steinmetz läßt noch einmal an Mays Ausbildungszeit am ›Vogtländischen Schul-Lehrer-Seminarium‹ in Plauen teilnehmen: Erweiterung eines Textes, der zum KMG-Kongreß in dieser Stadt bereits durch die Hohenstein-Ernstthaler ›Karl May Haus Information‹ (Nr. 17) mitgeteilt war, in der präzisen Faktenfülle, die wir von diesem Forscher dankbar gewohnt sind, aber fraglos auch einem größeren Leserkreis willkommen sein wird. Was Steinmetz ermittelt hat, zeigt erstaunlich, wieviel Gegenwärtigkeit die scheinbar so entrückten Lebens-Zeit-Räume Karl Mays noch gewinnen können, wenn ein geduldiger, in seiner Sorgfalt gegenüber dem Kleinsten gleichsam mikroskopierender Blick sich auf sie richtet. Karl Mays Aufenthalt in Plauen war kein ›glücklicher‹ Lebensabschnitt, wie wir spätestens seit Andreas Grafs Untersuchungen von 1998 wissen; er verdient nicht wenig von der Aufmerksamkeit, mit der den Wurzeln einer enormen Lebensbewältigungsleistung nachzuspüren ist. Helmut Schmiedt widmet sich einem Thema, das dagegen auf den ersten Blick jedenfalls amüsanter wirkt, sich aber spätestens auf den zweiten auch wieder durchaus ernster Überlegungen würdig zeigt. Es geht nicht um den realen, sondern um den realistischen Schriftsteller Karl May und um seinen »Umgang mit einer anderen Seite des abenteuerlichen Lebens«, wie der Untertitel sagt, – um, anders gesagt, seine Strategien, in den phantasierten Reiseerzählungen Wirklichkeit herzustellen: nicht nur die Gründlichkeit seiner geo- und ethnographischen Materialstudien bezeugt seine diesbezüglichen Überlegungen; ›das Werk und die Wirklichkeit‹ bleibt auch hier ein ergiebiges Thema. Über den Obersten Cody, ›Buffalo Bill‹, den realen Antipoden des irrealen Old Shatterhand, und seine mögliche Verbindung zu Karl May, besaßen wir bisher in der Sekundärliteratur nur einen Bericht von Klara May. Er stammt allerdings aus einer Zeit, nämlich der kurz nach dem Ersten Weltkrieg, in der auch vernünftigere Menschen wie Euchar A. Schmid die alte, von Karl May zuerst genährte, dann zerstörte Legende, den Reiseerzählungen lägen wirklich bestandene Reisen zugrunde, noch für fördernswert hielten, weil für ein Wertkriterium. Diese illiterarische Perspektive muß uns heute nicht mehr aufhalten, und die schöne Geschichte von Karl Mays Begegnung mit dem Wild-West-Showmaster und seiner Truppe (»Mit einigen dieser Indianer unterhielt sich Karl May längere Zeit in ihrer Muttersprache«) ist sicher weniger Klara Mays Gedächtnis als ihrer blühenden Phantasie zu danken. Trotzdem, so zeigt der Aufsatz von Karl Markus Kreis, gibt es auch über diese Figur aus der Wirklichkeit von Mays ›own country‹ allerlei mitzuteilen und zu bedenken – und sei es zuletzt das entschieden Gegensätzliche. Karl Mays Indianer-Territorium lag nur ganz früh, zum ardistanischen Beginn seiner Lebensreise-Erzählung, in Sichtweite des agilen Entertainers; ›in Wirklichkeit‹ war es dessen Gegenwelt, und insofern hat Klara May die Gegenrede ihres Mannes gut erfunden. Rudi Schweikert, an dessen Lektüre Karl Mays teilzunehmen immer schon ebenso spannend wie ertragreich war, zeigt auf seiner neuen Fährtensuche, wie fündig man auch beim Abenteuer der Literaturwissenschaft werden kann, wenn man sich an Kara Ben Nemsis Gewohnheit hält, *in allen Lagen auch das Kleinste zu beobachten*: eine kleine Komikalie des Hobble-Frank (die es allerdings in sich hat) läßt ihn zu einer »mikrologischen philologischen Reise« aufbrechen, an deren Ende eine neue Quelle von Mays Erzählstrom entdeckt ist und dessen funkelnder Lauf durch das »Reich der mehrfachen Wahrheiten« eindrucksvoll einmal mehr sichtbar wird. Daß Phantasiewelten nicht immer gegen die Wirklichkeit errichtet sind, so sehr sich ihre Botschaften auch gegen sie richten, daß sie sich vielmehr fest mit ihr im Verein am Zeitband der Geschichte fort-bilden und deren eisglatte Bahnen eigentlich im Paarlauf begleiten, zeigt Jürgen Hahns neue Arbeit. In seinen Überlegungen zum wirklichen, d. h. zum historischen Bild von Mays ›Dschinnistan‹ –

und das bedeutet eben auch zu dem jenes ›Mount Winnetou‹, der im Wilden Westen nur noch metaphorisch stand – tritt die Utopie des Alterswerks aus ihrer Isolation und auf den ihr zustehenden geschichtlichen Platz. Über das »Empor!« des Idealisten Karl May, das sich für den heutigen Blick zwar wie seherisch beschwörend gegen das hereinbrechende Jahrhundert der Barbarei ausnimmt, aber aus diesem zugleich ja auch seine Vergeblichkeit bewiesen bekommen hat, ist oft ratlos gesprochen worden; nur zu befremdend wirkten seine messianischen Erlösungsparabeln in einem Kontext, der von den ungleich lauteren Stimmen von Krupp, von Skoda und Schneider-Creusot beherrscht wurde. Hahn zeigt May gerade als Zeitgenossen seiner Zeit und als einen der vielen Erben des 19. Jahrhunderts; er holt seine Visionen aus der so heikel esoterischen Absurdität ins Historische und stellt sie dort in gute Gemeinschaft. Die üppig formulierten Texte dieses Autors, in ihrem Gedankenflug nicht unbeschwerlich zu lesen, den Leser fordernd und auch herausfordernd, haben nicht nur Freunde in der KMG; die Erwartung, daß deren Kreis sich durch diesen hier vergrößert, darf aber zuversichtlich gehegt werden.

Die Literaturberichte – diesmal unter der Nötigung der Gegenstandsfülle von zwei Autoren erstattet, Helmut Schmiedt und Ruprecht Gammler – bezeugen der KMG wie der Medienbericht von Peter Krauskopf und Joachim Biermanns Bericht über die Tätigkeit im vergangenen Vereinsjahr eine eher wachsende als abnehmende Notwendigkeit, auch wenn – das mag sich gelegentlich als Eindruck aufdrängen – nicht alles unbedingt erscheinen müßte, was zu Karl May erscheint. Die Tradition der literarischen Gesellschaften ist von ungebrochener Kraft und mag sich weiter bewähren. Erst wenn außer dem ›Unterhaltungsauftrag für die Freizeitgesellschaft‹, den deren Politiker seit einiger Zeit im Munde führen und der gegenwärtig die Rundfunkanstalten in die Steinzeit zurückgeleitet, gar nichts mehr gilt, wenn die Zerstreuung die umgewerteten Werte restlos zerstreut hat und die Warenwerbung das restlos Wahre geworden ist, kurzum, wenn Tradition und Geschichte erfolgreich weggesperrt sind und vergessen, kann auch die Karl-May-Gesellschaft mit zureichenden Gründen zusperren. Nicht ausgeschlossen, daß dies irgendwann so ist. Einstweilen scheinen mir die Beiträge unseres Jahrbuchs aber noch zu zeigen, daß die gesellschaftliche Neanderthalfahrt nicht ohne Hindernisse auch von unserer Seite vonstatten geht. Ihre Vielfalt tut dar, wie unerschöpft unser Thema geblieben ist, auch wenn die zentralen Aufgaben, die es uns stellte, fraglos bewältigt und erledigt wurden. Es mag vielleicht so bleiben, auf jedenfalls weitere Zeit; es möge, wünsche ich mir, auf noch lange weitere Zeit so bleiben.

Dank allen Beiträgern, den Redakteuren, den Helfern!

HANS-DIETER STEINMETZ

Die zweite Chance
Zum Aufenthalt Karl Mays am Lehrerseminar Plauen

Logenhaus und Internat

Die Ausbildung zum Volksschullehrer am Lehrerseminar Waldenburg, die der Ernstthaler Webersohn seit 1856 absolvierte,[1] fand ein jähes Ende. Ein ihm zur Last gelegter ›Kerzendiebstahl‹ zog ein Untersuchungsverfahren nach sich[2] und führte zur Relegation Karl Mays von der Bildungsanstalt. Dem 28. Januar 1860, an dem in Waldenburg »(i)n Gemäßheit der Hohen Ministerialentschließung (…) der seitherige Seminarist C. F. May« von Direktor Dr. Friedrich Wilhelm Schütze (1807–1888) »vor versammeltem Lehrercollegio aus der Anstalt entlaßen worden«[3] war, folgten Wochen der verzweifelten Suche nach einem Ausweg, nach einer neuen Perspektive. Zwar aufgefangen von seiner Familie in Ernstthal, brauchte der junge Mann Rat und Hilfe von Vertrauenspersonen, doch starb gerade zu dieser Zeit der von ihm verehrte Kantor Samuel Friedrich Strauch. Dass sich May am 6. März 1860 schließlich mit einem Gnadengesuch an das sächsische Kultusministerium wandte, ging wohl auf den Ortspfarrer Carl Hermann Schmidt (1826–1901) zurück, der mit ihm »eingehendste seelsorgerische Besprechungen«[4] geführt hatte:

> *Zwar ist mir von mehreren Seiten der Rath erteilt worden, einen anderen Beruf zu ergreifen, jedoch ist die Vorliebe für den Lehrerberuf bei mir so groß, daß es mir unmöglich ist, denselben aufzugeben. So wage ich es denn, einem Hohen Königlichen Ministerio die ganz unterthängigste Bitte vorzulegen*
>
> *»Hochdasselbe wolle in Gnaden geruhen, mir zu gestatten, daß ich mich entweder auf der Anstalt zu Waldenburg oder auf einem anderen Seminare des Landes fortbilden lassen dürfe, damit ich als gehorsamer Schüler und einst als treuer Lehrer im Weinberge des Herrn die That vergessen machen könne, deren Folgen so schwer auf mir und meinen Aeltern ruhen!«*[5]

Der Geistliche leitete das Gnadengesuch mit einem Begleitschreiben an das Ministerium weiter.

Von Pfarrer Schmidt persönlich erfuhr Karl May am 3. April 1860, dass er sein Studium an einem anderen Schullehrerseminar fortsetzen könne. Das Ministerium und das Gesamtkonsistorium Glauchau hatten keine Bedenken gegen eine Wiederzulassung geäußert. May kommentierte später den Gnadenakt in seiner Selbstbiographie: *Glücklicherweise zeigte sich das*

Ministerium des Kultus und öffentlichen Unterrichtes, an welches ich mich wendete, verständiger und humaner als die Seminardirektion. Ich erlangte ohne weiteres die Genehmigung, meine unterbrochenen Studien auf dem Seminar in Plauen fortzusetzen.[6]

In der Rückschau ist manche Erinnerung verklärt, denn so problemlos vollzog sich der Wechsel nicht. Die Entscheidung, sich am Seminar im Vogtland zu bewerben, hatte er wohl aus ganz praktischen Überlegungen heraus getroffen. Während beispielsweise die Schuljahre an den Seminaren in Waldenburg und Annaberg zu Michaelis, also Ende September/Anfang Oktober, begannen, fanden die Schulamtskandidatenprüfungen in Grimma und Plauen zu Ostern statt. Demzufolge war im Frühsommer in Plauen ein Schuljahr so weit fortgeschritten wie in Waldenburg zum Jahresende, bei einem Wechsel würde dem Seminaristen kein Lernstoff fehlen. Karl May, *von mehreren Seiten auf das Seminar zu Plauen aufmerksam gemacht* und weil *es der Wille* [seiner] *Eltern* sei, schreibt am 7. April 1860 an Seminardirektor Johann Gottfried Wild und bittet um Aufnahme in die Anstalt: *Da ich auf dem Seminare zu Waldenburg Schüler der zweiten Classe war, so würde mir es lieb sein, wenn ich nicht zurückzubleiben genöthigt sein würde.*[7] Eine Antwort aus der Vogtlandstadt kam erst, nachdem sich der Waldenburger Seminardirektor Schütze auf eine Bitte Mays für ihn verwendet hatte. Wegen der Überfüllung des Plauener Seminars müsse jedoch, so lässt man May wissen, eine Genehmigung der Kreisdirektion Zwickau eingeholt werden. Als der Konsistorialbehörde auch ein förmliches Befürwortungsschreiben von Schütze vorlag, teilte sie der Seminardirektion in Plauen am 16. Mai 1860 ihr Einverständnis mit und verfügte, der Zögling sei »jedoch bei der Aufnahme ernstlich zu ermahnen und bezüglich seines Verhaltens sorgfältig zu überwachen«.[8] Noch am Tag des Posteingangs, dem 24. Mai, setzte Direktor Wild den Antragsteller von dem Beschluss in Kenntnis und informierte ihn über die weiteren Schritte:

(...) daß Ihr Eintritt sogleich nach dem Schluß der Pfingstferien, also am 4. Juni erfolgen kann, daß aber in dem Seminargebäude zu freier Wohnung für Sie kein Raum vorhanden ist, weshalb Sie in einem Privathause ein Logis zu suchen haben. – Zum Behufe einer mit Ihnen anzustellenden Prüfung haben Sie sich am 2. künftigen Monats Vormittags 8 Uhr im Seminar einzufinden.[9]

Das Lehrerseminar in Plauen wurde erstmals 1797 erwähnt und war eng mit dem städtischen Gymnasium verbunden. Obwohl schon 1810 unter der Bezeichnung ›Vogtländisches Schul-Lehrer-Seminarium‹ staatlich anerkannt, kommt es erst 1835 infolge der Reform des sächsischen Schulwesens zur organisatorischen Trennung der beiden Einrichtungen. Am 11. Mai 1860 fand im Seminar Plauen eine Feierstunde anlässlich des 50-jährigen Bestehens beziehungsweise der 25-jährigen Selbständigkeit statt, an der auch Kirchen- und Schulrat Dr. Gotthilf Ferdinand Döhner (1790–1866),

Leiter der Kirchen- und Schuldeputation bei der Kreisdirektion Zwickau, teilnahm. Die Festansprache hielt Direktor Wild, der das Seminar seit 1835 leitete und zugleich sein 25-jähriges Amtsjubiläum beging.[10] Es ist anzunehmen, dass bei der Begegnung die Sprache auch auf den erst wenige Tage zuvor bei Dr. Döhner aus Ernstthal eingegangenen Antrag kam.

Am 2. Juni 1860, einem Sonnabend, fuhr Karl May mit der Bahn über Zwickau nach Plauen zur Aufnahmeprüfung. Als erstes hatte er

Seminardirektor
Johann Gottfried Wild (1802–1878)

> einen stylist[ischen] Aufsatz zu fertigen über den Tod Johannis d[es] T[äufers] und die aus dieser Geschichte zu ziehende Lehre. Zunächst ging der Director die gefertigte Arbeit mit May durch, u[nd] knüpfte an diese Geschichte eine Betrachtung über biblische Geschichte und den kl[einen] luth[erischen] Katechismus insbesondere über d[as] 3. Hauptstück an, worauf d[er] Examinand einzelne Teile des Katechismus Textes recitiren mußte.[11]

Außerdem hatte er Kenntnisse in römischer Geschichte nachzuweisen, arithmetische Aufgaben im Kopf zu lösen und Proben in Gesang und Generalbass zu geben. Insgesamt konnte er mit seinen Kenntnissen die Prüfungskommission überzeugen:

> Obschon die Antworten auf die aus der Religion vorgelegten Fragen manches zu wünschen übrig blieb, so trug man doch kein Bedenken, May in die 2te Cl[asse] zu versetzen, insbesondere, da er in den übrigen Gegenständen größere Sicherheit zeigte. Dies wird May bekannt gemacht u[nd] zugleich zu Fleiß u[nd] gutem sittlichen Verhalten gemahnt, mit dem Hinzufügen, daß, wenn Widriges gegen ihn vorkomme, dies bei der hohen vorgesetzten Behörde zur Anzeige kommen werde.[12]

Direktor Wild vermerkte den Neuzugang später in seinem Jahresbericht: »Zufolge hoher Verordnung vom 16. Mai trat am 2. Juni der vormalige Waldenburger Seminarist Karl Friedrich May aus Ernstthal als Zögling in die Anstalt ein. (…) Demnach zählt das Seminar gegenwärtig 63 Zöglinge (…).«[13]

Vor seinem ersten Unterrichtstag am 4. Juni 1860 musste Karl May nochmals nach Ernstthal zurückkehren, denn beim Eintritt in das Seminar waren nach den Bestimmungen der ›Haus- und Lebensordnung‹ mitzubringen:

Kleidung für Woche und Sonntag, hinlänglich Leibwäsche, Bettdecke nebst doppeltem Ueberzuge (oder wollene Decke) und 2 Betttücher, sowie ein Kopfkissen, Kamm, Bürsten (Schuh-, Kleider- und Zahnbürste), Violine, sowie die beim Unterrichte gebrauchten Bücher und erforderlichen Lehrmittel. Die Bücher sind ebenso wie die Wäsche auf geeignete Weise mit dem Namen des Eigenthümers zu bezeichnen.[14]

Die Hausordnung verpflichtete zwar die Seminaristen, »soweit es der Raum gestattet, im Seminargebäude zu wohnen« (H § 4 (1)), doch zeigte schon Wilds Schreiben an May, dass diese aus der Landes-Seminarordnung[15] übernommene Bestimmung in Plauen nur unzureichend umgesetzt werden konnte. Das Seminargebäude war im Jahr 1844 für 40 Seminaristen erbaut worden und auch das 1848 eingerichtete Internat verfügte nur über diese Kapazität.[16] Während die Schülerzahlen des Seminars ständig stiegen (1845: 54, 1860: 64), blieb die Anzahl der Schlafstellen unverändert. Im Mai 1861 wurde das Gebäude schließlich von 124 Zöglingen (81 Seminaristen, 43 Proseminaristen) und 100 Übungsschülern genutzt.[17] Der Unterrichtsablauf musste so organisiert werden, dass zwei der Räume vormittags der Übungsschule und nachmittags dem Proseminar zur Verfügung standen.

Die Notwendigkeit der Errichtung eines Erweiterungsbaues für das Plauener Seminar war bis hin zum Kultusministerium unbestritten, doch setzten konkrete Planungen erst 1857 nach dem Erlass der Landes-Seminarordnung[18] ein: »Die vorhandenen Räumlichkeiten [fassen] nicht einmal die Aufgenommenen. Ein Theil derselben wohnt außerhalb des Seminars und besucht dasselbe nur behufs des Unterrichts.«[19] Die Kreisdirektion Zwickau hatte schon zuvor zu bedenken gegeben: »so lange das Seminar des vollständigen Internats ermangelt, wird auch von einer gemeinschaftlichen Beköstigung seiner Zöglinge abgesehen werden müssen; nicht einmal zum gemeinschaftlichen Mittagstisch würden sich die Externen zuziehen lassen, da das Speisezimmer für den gesammten Cötus[20] – dermalen 59. – viel zu klein ist«.[21] Als man zu Ostern 1858 auch noch das Proseminar mit zwei Klassen und zunächst 12 Zöglingen einrichtete, spitzte sich die Situation weiter zu. Die räumliche Beengtheit war auch die Ursache für viele Missstände am Seminar, auf die noch einzugehen ist. Der Erweiterungsbau wurde mehrfach verschoben, und als die Bauarbeiten Ende des Jahres 1861 endlich begannen, hatte May das Seminar schon verlassen.[22]

Da die Internatsplätze sämtlich belegt waren, musste der Zögling aus Ernstthal außerhalb des Seminargebäudes untergebracht werden. Wo May in Plauen Unterkunft fand, wusste 1932 der ›Plauener Sonntags-Anzeiger‹ zu berichten. Er stützte sich auf die Erinnerungen eines aus dessen Vaterstadt stammenden Einwohners, eines gewissen ›Vater Krügel‹:

Der inzwischen verstorbene Vater Krügel war etwa gleichaltrig mit Karl May und konnte sich gut an ihn erinnern.[23] In Hohenstein-Ernstthal, erzählte er mitunter, haben die beiden als Jungen zusammen im Kirchenchor gesungen. (…) Vater

Krügel wußte auch genau, wo Karl May als Seminarist in Plauen gewohnt hatte: beim Kastellan der Loge ›Zur Pyramide‹, in einer bescheidenen Dachkammer des Hauses Schustergasse [Nr. 9], das jetzt ›Gasthaus zur Pyramide‹ heißt. (...) [Mit einem] Blick aus dem Fenster auf den damals noch nicht eingeebneten Friedhof um die Gottesackerkirche (die erst seit 1883 Lutherkirche heißt).[24]

In einem späteren Bericht der Zeitung wird sogar der Name des Wohnungswirtes genannt: »Uebrigens wohnte der Schriftsteller Karl May als Plauener Seminarist im Erker der Pyramide beim Logenkastellan Gustav Beutner.«[25] Die Wohnungsangabe konnte nicht überprüft werden, doch bedarf es einer Korrektur zur Person des Kastellans, bei dem May zur Untermiete wohnte.

Die Plauener Freimaurerloge ›Zur Pyramide‹ wurde am 12. Dezember 1789 als ›Zu den drei Flammen‹ gegründet und wechselte am 12. Juni 1820 ihren Namen. Im Jahr 1856 entschloss man sich, für das 1835/36 errichtete Logenhaus

einen eigenen Castellan anzustellen, der aus der Zahl der dienenden Brüder gewählt ward und gegen Beaufsichtigung und Instandhaltung des Logengebäudes sowie gewisse andere Servitute[26] freie Wohnung, Heizung und Beleuchtung erhielt. Bei befriedigendem Verhalten ernannte man ihn dann auch zum activen Mitglied unter Entbindung von der Beitragspflicht. Und so hatte denn seit 1856 Br[uder] Neske, seit 1861 Br. Pappermann, von 1863 bis jetzt [1889] Br. Beutner die Stellung eines Castellans inne.[27]

Nach der zitierten Festschrift muß um 1860/61 ein Wechsel im Amt eingetreten sein. Anhand der überlieferten Personalakten lässt sich jedoch belegen, dass May nur einen Vermieter hatte, und zwar den Floßamt-Expedienten Wilhelm Franz Pappermann (1820–1897), der bereits am 26. Juni 1858 als dienender Bruder in die Loge aufgenommen worden war: »Im Monat Mai 1859 bezog Br. Pappermann die Wohnung im Logenhause und übernahm damit zugleich die Pflichten eines Castellans der Loge.«[28] Im Jahr 1861 wurde Pappermann auf sein Ansuchen wirkliches Mitglied der Loge, blieb aber weiterhin Kastellan, um die Tätigkeit der dienenden Brüder mit zu leiten und zu beaufsichtigen.

Kenner von Mays Werk stellen bei dem Namen Pappermann wohl die Verbindung her zum Hotelier und ehemaligen Westmann Max Pappermann in ›Winnetou IV‹, und es ist nicht auszuschließen, dass May 1909 mit der Figur seinem ehemaligen Vermieter ein literarisches Denkmal setzen wollte.[29] Die Entwicklung des Schriftstellers weg von der bislang vertretenen orthodoxen Christlichkeit zur überkonfessionellen Menschlichkeit und religiösen Toleranz des Spätwerkes hat ihre Wurzeln in freimaurerischem Gedankengut.[30] Dieses lernte May nicht erst in seiner Plauener Seminarzeit kennen, sondern, wie er es in seiner Selbstbiographie andeutete, bereits als Schüler in Ernstthal.[31]

Karl Mays Zimmervermieter
Kastellan Wilhelm Franz Pappermann
(1820–1897)

Den außerhalb des Seminars wohnenden Zöglingen mangelte es nicht an entsprechender Aufsicht. Die Lehrer hatten

> die Obliegenheit, die Seminaristen fleißig in ihren Wohnungen zu besuchen, bei den Wirten nach ihrer Aufführung sich zu erkundigen, (…) sich die genaueste Kenntnis von dem Leben und der Aufführung eines jeden einzelnen Seminaristen zu verschaffen und in wichtigen Fällen Anzeige bei dem Rektor (…) zu machen. Übrigens durfte kein Seminarist wohnen, wo er wollte; sondern der Rektor sorgte für geeignete Wohnungen, schloß mit den Wirten den Mietcontrakt ab und verpflichtete diese auf seiner Stube durch Handschlag zu den übernommenen Verbindlichkeiten.[32]

Ob sich May die Unterkunft selbst aussuchen konnte, wie man Wilds Zusage-Schreiben entnehmen könnte, ist nicht bekannt. Eine Festlegung durch den Direktor ist jedoch denkbar, denn indem er den vom Waldenburger Seminar verwiesenen May in die Obhut des Kastellans gab, versprach er sich möglicherweise eine wirkungsvolle Beaufsichtigung des Zöglings. Abgesehen davon genossen die Externen viele Vorteile, und es galt zu jener Zeit als »ziemlich schwere Strafe«,[33] wenn sie bei frei werdenden Plätzen ins Internat überwechseln mussten. Denn »zu schlafen haben die Seminaristen im alten Haus unmittelbar unterm Dach, (…) die Schränke (stehen) neben dem Schlafsaal, (…) Kisten und Koffer und Kommoden haben die Schüler mit im Schlafsaal«.[34]

Eine Häufung von Disziplinarverstößen trat bei den außerhalb des Seminars wohnenden Zöglingen in der Regel nicht auf. So stellte Direktor Wild 1857 im Jahresbericht an die Kreisdirektion Zwickau fest, »daß die gegenwärtigen Externen in Bezug auf Fleiß und sittliches Verhalten den Internen in keiner Weise nachstehen und daß während des ganzen Jahres gegen keinen der erstern ein höherer Strafgrad als der erste und auch dieser nur in einigen wenigen Fällen anzuwenden war«.[35] Der zugemessene erste Strafgrad umfasste »öffentliche Verweise resp[ective] vor dem Lehrercollegium und dem Seminarcötus«.[36]

Nach etwa vier Monaten am Seminar kommt es freilich zu ersten Disziplinarverstößen des Neulings, die im Protokoll der Seminarkonferenz vom 22. September 1860 nicht näher bezeichnet sind:

May läßt sich Mancherlei gegen die Ordnung des Seminars zu Schulden kommen, scheint auch eine außerordentliche Neigung zur Lüge zu haben. Es wird ihm unter Hinweis auf die Verordnung der K[öniglichen] Kreisdirection vom 16. Mai a. c.[37] angedroht, daß zwar diesmal noch, aus Rücksicht auf seine Aeltern, von der betr. Anzeige abgesehen werden solle, daß diselbe aber gewiß erfolgen werde, wenn noch irgend etwas Widriges vorkomme. Als Schulstrafe wird ihm zuerkannt, daß er morgen, u[nd] morgen über 8 Tage von 2–6 Uhr n[ach]m[ittags] im Seminar arbeiten solle, die Aufgaben werden ihm von dem Unterzeichneten [Oberlehrer Kühn] u[nd] von dem Director gegeben werden.[38]

Am 23. Februar 1861 wurden May und drei weitere Schüler vor die Seminarkonferenz geladen, »theils weil sie musikalische Uebungen versäumt haben, theils Unterrichtsstunden. Jeder von ihnen [muß] ein Stück Noten abschreiben.«[39] Solche Verstöße blieben am Seminar nie unentdeckt, denn Inspektoren, vom Direktor ausgewählte Schüler der Oberklasse, hatten »vorkommende Vergehungen wider die Hausordnung (…) zu notiren und am Sonnabende dem inspicirenden Lehrer vorzulegen, dafern nicht das begangene Vergehen eine sofortige Anzeige bei dem Director erheischt«. (H § 10 (6))

Bei dieser ›Entwicklung‹ des Schülers May ist es verständlich, dass Direktor Wild die nächste sich bietende Gelegenheit nutzte, ihn noch besser unter Kontrolle zu bekommen: »Seine Aufnahme in das Internat des Seminars erfolgte erst einige Monate später.«[40] Belegt ist der Wechsel durch ein zu Beginn des Schuljahres 1860/61 für das Internat angelegtes ›Schrank-Verzeichnis‹,[41] in dem auch die Änderungen festgehalten worden sind. Aus den Einträgen unter der Position 33 ist ersichtlich, dass den Schrank zunächst der Seminarist Bär benutzt hatte, gefolgt von Spranger und schließlich von May. Adolph Robert Bär, der mit Karl May die zweite Klasse besuchte, verließ am 23. August 1860 freiwillig das Seminar. Seinen Internatsplatz erhielt der Proseminarist Friedrich Gustav Spranger, dessen unfreiwilliger Abgang von Vizedirektor Kühn in den Jahresberichten festgehalten wurde:

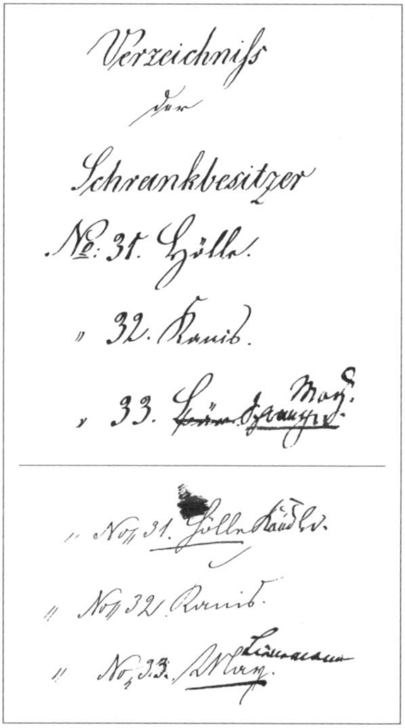

Inhaltsverzeichnisse mit Nachträgen aus den Jahren 1860 (oben) und 1861.

Fr. Gust. Spranger aus Schöneck hat zu schärferer Bestrafung Veranlassung gegeben. Von Naschsucht verleitet, hatte er nicht nur einen Theil seiner Bücher verkauft, sondern sich sogar einiger kleineren Entwendungen schuldig gemacht. Das Lehrercollegium war mit mir der Meinung, daß Spr[anger] aus der Anstalt zu entfernen sei; aber die inständigen Bitten der Mutter, welche wiederholt versicherte, daß die Entfernung des Knaben aus der Anstalt den Tod des erkrankten Vaters zur Folge haben würde, [bewirkten, dass] (...) er bis jetzt [20.12.1860] in der Anstalt geblieben. Da er aber den Erwartungen nicht hinlänglich entsprochen, so ist seinem Vater der Rath ertheilt worden, ihn aus der Anstalt zu entfernen.[42]

Im Bericht für das Jahr 1861 vermerkte Kühn, dass »gegen Ende des Vierteljahres« der »Austritt des Gustav Friedrich Spranger [aus] Schöneck, über welchen schon der vorige Jahresbericht ein sehr ungünstiges Urtheil fällen mußte«,[43] erfolgt sei. Spranger fehlt schon in den Zensurenlisten der Oster-Prüfung 1861. In einem neuen Schrank-Verzeichnis[44] vermerkte Direktor Wild hinter der Nummer 33 Karl May und den Proseminaristen Oscar Lienemann, entschied sich dann doch für den Ernstthaler. Wohl mit dem Eintritt in die 1. Klasse, am ersten Schultag nach den Osterferien (8. April), wechselte May in das Internat, nach über zehn Monaten musste er sein Logis im Logenhaus verlassen. Im Internat wohnten bereits seine Klassen-Mitschüler Hantsche, Kramer, Valtin, Wild und Ziegner.

Hausordnung

Mit dem Eintritt in das Internat galt für Karl May nun ohne Einschränkungen die ›Haus- und Lebensordnung für das Schullehrerseminar zu Plauen‹. Sie verlangte grundsätzlich von den Seminaristen,

des guten Anstandes und der Höflichkeit und Sittenartigkeit im Hause, im Umgange mit den Lehrern und unter einander sich zu befleißigen. Darum haben sie alles Schreiens und aller ungeziemenden Ausdrücke, so wie einer rohen und bäurischen Sprache sich zu enthalten, stets reinlich und dem Anstande angemessen sich zu kleiden; den Tag über vom Beginn der Frühlectionen bis zum Beginn der Arbeitsstunden des Abends, sofern nicht auf die Gesundheit zu nehmende Rücksichten eine Ausnahme nöthig machen, stets völlig angekleidet zu sein, zerrissene Kleidungsstücke sofort abzulegen und auf deren Ausbesserung bedacht zu sein; auf Haltung des Körpers zu achten und beim Sitzen und Stehen alles zu vermeiden, was dem guten Anstande entgegen ist; alles Rennen und Jagen im Hause, das plumpe Tappen und Poltern auf den Treppen und Corridoren, alles Pfeifen und das Geigen auf den Treppen, das Schreien, Lärmen und Balgen im Hause oder in den Lehrzimmern und Sälen zu vermeiden. (H § 3 (d))

Die Matrikel des Plauener Seminars spiegelt in den Angaben zum Stand der Eltern die soziale Herkunft der Seminaristen wider. Konkret ergeben sich in Karl Mays Klasse folgende Berufe: Lehrer in Raun, Grenzaufseher

Ansicht des 1844/45 errichteten Seminargebäudes bis zum Herbst 1861. An den Giebel (vorn) schloß sich der Erweiterungsbau an.

in Ebmath bei Oelsnitz, Schullehrer in Wohlhausen, Webermeister in Plauen (verstorben), Strumpfwirker in Pausa, Maschinenbauer in Plauen (verstorben), Gerichtsrat in Plauen, Webermeister in Ernstthal, Lehrer in Straßberg, Landmann in Jößnitz (verstorben) und ein Vater ohne Berufsangabe aus Naundorf bei Leisnig.[45] Mit Ausnahme der aus Plauen und dem Nachbarort Pausa stammenden Seminaristen hatten alle Mitschüler Mays einen Internatsplatz.

Vom sächsischen Staat waren die Kosten für die Ausbildung an den Schullehrerseminaren so gestaltet worden, dass es auch mittellosen Familien möglich war, den finanziellen Aufwand zu tragen:

Wohnung, Unterricht, Holz und Licht, auch in Krankheitsfällen Verpflegung und ärztliche Behandlung (mit Ausnahme der Medicin, welche jeder selbst zu bezahlen hat) erhalten die Seminaristen frei. Sie haben blos zu bezahlen, was ihre Beköstigung beträgt, und vierteljährlich 1 N[eu]gr[oschen] zur Anschaffung der Dinte und dergl. zu entrichten. (H § 4 (7))

Das Kostgeld »schwankte zwischen 36 bis 48 T[ha]l[e]r je nach dem Werte eines Scheffels Waldenburger Maß, betrug aber durchschnittlich 39 Tlr. jährlich«.[46] Lediglich die für den Unterricht benötigten Bücher und anderweitigen Lehrmittel mussten selbst gekauft werden.

Seit 1847 war der am städtischen Krankenhaus angestellte Dr. med. Jacob Julius Böhler (1804–1877) zugleich Seminararzt. Er wirkte besonders als Homöopath, »vielfach mit einer kleinen homöopathischen Apotheke sich behelfend«.[47] Da keine Krankenstube im Seminargebäude vorhanden war, wurden

in schlimmeren Fällen (...) die Kranken nach Hause entlassen oder dem städtischen Krankenhaus zugewiesen; es kommen (...) auch kleine Unpäßlichkeiten vor, und da muß dann ein reserviertes Plätzchen im Schlafsaal genügen, wenn der Leidende sich nicht vielleicht im Arbeitszimmer aufhalten kann, was alles nur den einen Vorteil hat, daß aus Mutwillen niemand krank oder wenigstens wieder recht bald curiert wird. (...) Die Krankenpflege besorgen in regelmäßigem Wechsel die Kameraden einander selbst, und es soll ihnen dies mit zur Übung des sympathischen Interesses dienen.[48]

Die von Dr. Böhler erbrachten medizinischen Leistungen wurden dem Seminar in Rechnung gestellt. Auf den im Haushaltjahr 1860 eingereichten Belegen sucht man einen ›Patienten May‹ vergebens, für das Folgejahr sind die Rechnungen nicht überliefert.

Anhand der Hausordnung kann der Tagesablauf der Seminaristen nachvollzogen werden:

An den Wochentagen wird im Sommer um $^1/_2$ 5 und im Winter $^1/_2$ 6 Uhr, Sonn- und Feiertags eine halbe Stunde später aufgestanden; doch ist auch früher aufzustehen nicht verwehrt. Der Hausmann giebt das Zeichen dazu mit der Glocke, und während der darauf folgenden Stunde haben sich alle Seminaristen in Ordnung und ohne Ausnahme zu waschen, die Kleider und das Schuhwerk zu reinigen, soweit dies nicht schon am Abende zuvor geschehen ist. Darauf wird das Frühstück genossen. Die übrige Zeit bis zum Beginn der Lectionen, welchen eine Morgenandacht vorangeht, wird zur Vorbereitung auf den Unterricht in den Lehr- und Arbeitszimmern angewendet. An den Sonn- und Festtagen, sowie an allen Wochentagen, an denen der Unterricht ausfällt, wird unmittelbar vor dem Frühstück in dem Speisesaale eine kurze Morgenandacht, bestehend im Vorlesen eines guten Gebetes und resp. Absingen eines Liedverses, unter Leitung eines Inspectors gehalten. – Abends nach 9 Uhr wird durch eine Abendandacht die Tagesarbeit geschlossen. Spätestens um 10 Uhr geht ein jeder Zögling zu Bette, und nur in besonderen dringenden Fällen kann es mit Erlaubniß des Directors gestattet werden, länger aufzubleiben. (H § 5 (1))

Für die Externen begann der Unterrichtstag mit der Morgenandacht im Seminar; ihre Teilnahme an der Abendandacht war hingegen mit »manchen Schwierigkeiten« verbunden, über die man »mit einigem Aufwande für Beheitzung des Orgelsaales während der Wintermonate hinweg zu kommen« suchte.[49]

Zu Karl Mays Zeit am Seminar war das Gebäude noch nicht an das kommunale Wasserleitungsnetz angeschlossen:

Das Waschen des Morgens geschieht in dem Waschlocale, woselbst auch das Putzen der Stiefel und das Reinigen der Kleider verrichtet werden soll. Das Waschwasser wird von je zwei Seminaristen, welche wöchentlich wechseln, aus dem Brunnen gepumpt und in den dazu bestimmten Gefäßen in die Waschstube getragen. (H § 4 (5))

Im Sommer hatten die Schüler Gelegenheit, »für weniges Geld im Fluß zu Baden und zu schwimmen«.[50] In der Hausordnung war festgelegt, dass »Boten von den Eltern mit Wäsche, wie auch die Waschfrauen (...) nicht in die Wohnzimmer der Seminaristen eingelassen werden« (H § 4 (6)), sondern die Übergabe in den freien Stunden der Zöglinge im Vorsaal oder Speisesaal zu erfolgen habe.

Die täglich anfallenden Aufgaben mussten, wie es May schon vom Waldenburger Seminar her kannte, so genannte ›Wochner‹ erledigen:

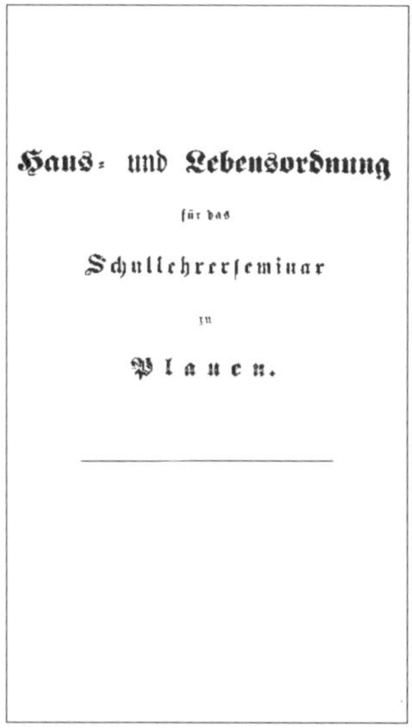
Haus- und Lebensordnung
für das
Schullehrerseminar
zu
Plauen.

Sämmtliche Seminaristen, mit Ausnahme der Inspectoren, haben in wöchentlich abwechselnder Reihenfolge und zwar je zwei die Besorgung der Verrichtungen im Hause, welche zur Erhaltung der Ordnung nothwendig sind, zu übernehmen: 1) früh das nöthige Waschwasser aus dem Brunnen zu pumpen und in die Waschstube zu tragen, und das gebrauchte Waschwasser wieder herauszuschaffen; 2) das beim Mittags- und Abendessen nöthige Trinkwasser in den Speisesaal zu besorgen. (H § 12)

Der eine der beiden Wochner hatte »das Auslöschen der Lampen und Lichte in den Lehr- und Arbeitszimmern zu besorgen«, vergleichbar mit der Tätigkeit des ›Lichtwochners‹ in Waldenburg. Zu den Obliegenheiten dieses Wochners gehörte auch,

die für die Lehrstunden nöthigen Vorbereitungen in den Lehrzimmern zu besorgen, namentlich die Wandtafeln abzuwischen und Schwamm und Kreide in Bereitschaft zu legen; auf Reinlichkeit in den Lehr- und Arbeitszimmern, auf den Treppen und der Hausflur, in den Schlafsälen, den anstoßenden Kammern, und in der Waschstube zu sehen und dafür zu sorgen; darauf zu achten, daß Feuer und Licht keinen Schaden verursachen. (H § 12)

Der andere Wochner war verpflichtet,

bei Regen und Sturm ein wachsames Auge auf die Fenster zu haben, daß sie nicht zerschlagen werden, sowie das in den Wasserkästen befindliche Wasser auszugießen; Abends vor dem Schlafengehen in den Lehrzimmern und Sälen nachzusehen, ob die Fenster zugemacht sind, und die offenen Fenster und Thüren zu verschließen; auf die Abtritte[51] zu achten und alle Unsauberkeiten zur Anzeige und beziehendlich Bestrafung zu bringen. (H § 12)

Die Zöglinge mit Internatsplatz erhielten

die volle Bekostigung im Seminar, und zwar früh nach dem Waschen und Ankleiden, auch beziehendlich (…) nach der Morgenandacht Kaffee; um 9 Uhr Butterbrod, außerdem Mittagessen um 12, und Abendessen um 6 Uhr. – Einheimischen ist es gestattet, Mittags- und Abendessen bei ihren Eltern zu nehmen. (...) Auch der Genuß eines freien Mittagstisches bei wohlthätigen Einwohnern der Stadt ist nicht verwehrt. Das Kostgeld (...) ist in vierteljähriger Vorausbezahlung an die Speisekasse zu entrichten. Die einzelnen Seminaristen bewilligten Stipendien werden bei der Bezahlung des Kostgeldes in Anrechnung gebracht. Die freien Mittagstische werden verhältnismäßig von dem Kostgelde abgerechnet. Messer, Gabel und Löffel hat sich jeder selbst anzuschaffen. (H § 8)

Einem strengen Reglement unterlagen die Mahlzeiten:

Zur bestimmten Zeit haben sich die an dem Essen Theil nehmenden Zöglinge sogleich nach dem Lauten mit Ruhe in den Speisesaal zu verfügen und ihre Plätze einzunehmen. Wenn alle versammelt sind, so spricht beim Mittags- und Abendessen einer der amtirenden Inspectoren ein kurzes Tischgebet, vor dessen Vollendung die Speisen unberührt zu lassen sind. Die Tischobersten haben darauf zu sehen, daß die Speisen an die Tischgenossen gleichmäßig vertheilt werden, sowie auf Ruhe und Ordnung während des Essens zu halten. – Während der Mahlzeit, welche auch mit einem kurzen abwechselnd von einem der Inspectoren zu sprechenden Gebete geschlossen wird, darf in der Regel Niemand seinen Platz verlassen. – Kein Seminarist darf seine Portion aus dem Speisesaale wegtragen, um sie anderwärts zu verzehren. – Zur Vesperzeit ausschließend soll es den Zöglingen erlaubt sein, gegen sonstige Bezahlung zu festgesetzten Preisen einzelne Victualien, namentlich Obst, Kaffee oder Milch, von der Seminarökonomie sich verabreichen zu lassen. (H § 8)

In einer Anmerkung zum § 8 der Hausordnung werden die Seminaristen darauf hingewiesen, dass man »durch einfache und gesunde Kost das körperliche Wohl der Zöglinge fördern will« und ihnen deshalb »alle Genüsse, mit welchen ein schädlicher Nervenreiz verbunden ist«, untersagt: »Verboten ist daher namentlich das Tabakrauchen und Branntweintrinken. Der mäßige Genuß des Bieres ist dagegen gestattet, und es können die Zöglinge namentlich zum Abendessen gegen sofortige Bezahlung von der Oekonomie sich welches holen lassen.« Als ›Oeconom‹ und Hausmeister, der auch die Beheizung und Reinigung der Räume besorgte, war seit 1846 der Schneidermeister Karl Friedrich Forner (1808–1867) angestellt,[52] der im Seminargebäude wohnte.

Die Seminaristen durften in der Regel auch in den Freistunden das Seminargelände nicht verlassen:

In der Erwartung, daß die Zöglinge auch ihre Freistunden nicht verschwenden und die ihnen gewährte Freiheit nicht mißbrauchen, werden über die Zeit, in welcher weder Lehr- noch Arbeitsstunden[53] angesetzt sind, keine besonderen Bestimmungen gemacht. In den Freistunden ist es gestattet, in dem Speisesaale zu arbeiten, wobei jedesmal der erste unter den Anwesenden auf Ruhe und Ordnung zu halten hat. Diejenigen, welche die freien Nachmittagsstunden außer dem Hause zubringen, haben sich aber vor dem Abendessen pünktlich einzufinden. (H § 5 (4))

An den Sonnabendnachmittagen unternahm ein Lehrer mit den Seminaristen Spaziergänge, auf denen unter Anleitung Naturbeobachtungen durchgeführt wurden. Da sich die Zöglinge gelegentlich vor dem Ausgang drückten, ist in der Seminarkonferenz vom 22. November 1860 noch einmal ausdrücklich auf die Teilnahmepflicht hingewiesen worden: »Am Spaziergange des Sonnabends haben alle Sem[inaristen] sich anzuschließen, dafern sie nicht durch den Director dispensirt sind.«[54]

Ihre Freizeit ohne Aufsicht in der Stadt Plauen und ihrer näheren Umgebung verbringen zu können, bot sich den Schülern nur wenig Gelegenheit: »Oeffentliche Orte zu besuchen, ist an den Wochentagen nicht gestattet. An den Nachmittagen der Sonn- und Festtage ist nur der Besuch solcher Orte erlaubt, welche von dem Lehrercollegium als unbedenklich erkannt werden. Wer die gestattete Freiheit mißbraucht, wird sich eine Beschränkung oder theilweise Entziehung derselben gefallen lassen müssen.« (H § 5 (4)) Zu den nach Einschätzung der Pädagogen unbedenklichen öffentlichen Orten gehörte die neben dem Nonnenturm und einen Steinwurf vom Logenhaus entfernt gelegene Restauration ›Zum Tunnel‹ von Ernst Anders. Erinnerungen an seine Seminarzeit veranlassen Karl May, bei der Niederschrift einer Szene in der Jugenderzählung ›Der schwarze Mustang‹ dem Hobble-Frank wohl sein eigenes Bekenntnis in den Mund zu legen, als Old Shatterhand den Westmann Hasael Benjamin Timpe aus Plauen vorstellte:

»Das freut mich ungeheuer, ja wirklich ungeheuer. Plauen is mir nämlich sehr ans Herz gewachsen, denn dort habe ich bei Anders im Glassalon mein schönstes Bier getrunken und meine besten Schweinsknöcheln à la omelette gegessen; voigtländische Klöße, so grüngenüffte, waren, gloobe ich, ooch dabei.«[55]

Welche von den in der Nähe der Stadt gelegenen »öffentliche(n) Vergnügungs-Gärten und Restaurationen« zu den erlaubten Zielen für die Seminaristen zählten – das Adressbuch[56] nennt die ›Poppenmühle‹, das ›Tivoli‹ und das ›Felsenschlößchen‹ –, ist nicht überliefert.

Vor Beginn der angenehmen Stunden am Sonntagnachmittag hatte jeder Seminarist,

abgesehen von seiner Obliegenheit als Mitglied des Singechors, an dem öffentlichen Vormittagsgottesdienste Theil zu nehmen. Wer wegen Unwohlseins verhindert ist, an dem öffentlichen Gottesdienste Theil zu nehmen, verweilt während der Kirche auf der Krankenstube; wer aus anderen Gründen, nach eingeholter Dispensation, zu Hause bleibt, hat sich während des Gottesdienstes in seinem Wohnzimmer aufzuhalten und sich angemessen zu beschäftigen. – Zweimal jährlich, zu Ostern und zu Michaelis, findet eine Communion der Lehrer und Zöglinge des Seminars mit Privatvorbereitung Statt, welche letztere abwechselnd einer der Hauptlehrer hält. (H § 6)

Die Stadtkirche St. Johannis. – Als Stadtkantor versah Friedrich Moritz Gast (1821–1889) seinen Dienst in den beiden Kirchen, leitete zwei Gesangsvereine und erteilte Gesangsstunden an zwei Bürgerschulen und dem Seminar.

Entsprechend einem Regulativ aus dem Jahr 1841 waren alle Seminaristen verpflichtet, dem Singchor der Stadt Plauen beizutreten und sich dem Chordienst unbeschränkt zu unterziehen. Die vereinnahmten Chorgelder wurden jährlich zweimal an die Sänger und anderen Mitwirkenden verteilt. »Die Seminaristen hatten als Mitglieder des Chores besondere Vorteile, nämlich daß sie auf den großen Orgelwerken (in der Stadt- und Gottesackerkirche) üben durften.«[57] Geleitet wurde der Singchor seit Dezember 1859 von Kantor und Musikdirektor Friedrich Moritz Gast, der selbst geistliche Musikwerke komponierte. Während seiner Amtszeit entwickelte sich in der Stadt ein vielfältiges Musikleben. An der Aufführung des Oratoriums ›Elias‹ von Felix Mendelssohn Bartholdy am 9. September 1860 in der Johanniskirche, auch Stadtkirche genannt, unter der Leitung von Gast wirkte Karl May ganz sicher mit.[58] Als im darauf folgenden Jahr Mendelssohns ›Paulus‹ am 15. September auf dem Kirchenmusik-Programm stand, hatte May wenige Tage zuvor seine Abschlussprüfung bestanden und Plauen bereits verlassen.

Lehrstoffe

Am 24. Januar 1857 wurde vom Kultusministerium eine ›Ordnung der evangelischen Schullehrerseminare im Königreich Sachsen‹ erlassen, die ab Ostern jenes Jahres einzuführen war. Nach Einschätzung zeitgenössischer Pädagogen schnitt diese Seminarordnung

> rücksichtlich der Lehrordnung tief in das Fleisch der bisherigen Lehrerbildung, vielleicht tiefer als es die 3 preußischen Regulative des Ministers Raumer vom 1., 2. und 3. Oktober 1854 gethan hatten. Denn die Beseitigung des Unterrichts in

der lateinischen Sprache, des selbständigen Unterrichts in Logik und Psychologie und die Weglassung eines ausführlichen Unterrichts in der deutschen Literatur entriß den sächsischen Seminaren gerade das, worauf sie mit besonderer Befriedigung und mit einem gewissen Stolze geblickt hatten.[59]

Die neue Lehrordnung legt die Psychologie und Volksschulkunde auf die Pädagogikstunden und verbindet die spezielle Methodik mit den praktischen Übungen. Die wesentlichen Lehrfächer des Seminars bleiben Religion und Katechetik, Deutsche Sprache, Geographie, Geschichte, Naturkunde und Naturgeschichte, Rechnen, Anfangsgründe der Raumlehre, Pädagogik, Schönschreiben, Zeichnen, Turnen, Musik (Violine, Klavier, Orgel, Generalbass und Gesang). Die Übungsschule ist zweiklassig mit höchstens 50 Kindern in der Klasse zu gestalten. Auf der Grundlage der Landes-Seminarordnung wurden von der Plauener Seminardirektion kurzfristig neue Lehrpläne für das Proseminar, das Seminar und die angeschlossene Übungsschule erarbeitet und der Kreisdirektion Zwickau zur Genehmigung eingereicht.[60]

Anhand des ›Lehrplans für das Königliche Schullehrerseminar zu Plauen‹ vom 10. Februar 1857 und der Ausführungen zum Lehrplan im ›Ersten Jahresbericht des Seminars zu Plauen‹ von 1869 – einem Zeitpunkt, an dem der 1857 festgelegte Lehrstoff mit Ausnahme für den Deutschunterricht noch galt – wird nachfolgend der Versuch unternommen, wenigstens in Einzelbeispielen aufzuzeigen, welche Ziele erreicht werden sollten beziehungsweise welchen Lehrstoff Karl May in der zweiten und ersten Klasse vermittelt bekommen hat.[61]

»Im Religionsunterricht selbst«, so heißt es im Jahresbericht,

darf nirgends ein bloßer Buchstabendienst getrieben, ein bloßer Buchstabenglaube verlangt werden. In den oberen Classen muß die Religionslehre in systematischer Fassung und zugleich in apologetischer Weise gegeben werden, um Lehrer und Schule vor den antichristlichen Strömungen der Zeit zu sichern. Der Hauptzweck des Religionsunterrichts wird sein, die Zöglinge zu lebendigen Christen und Gliedern der Kirche zu erziehen und sie zugleich durch volle und warme Erfassung der christlichen Heilswahrheit mit Herz und Vernunft für die Ertheilung eines fruchtbaren Religionsunterrichts fähig zu machen.[62]

Durch die neue Seminarordnung verbesserten sich zwar die äußeren Bedingungen der Lehrerausbildung, für die innere Entwicklung brachte sie keinen Fortschritt:

So mußten die Klassenkombinationen trotz der vermehrten Lehrerzahl doch noch immer in den meisten Lehrgegenständen beibehalten werden, es herrschte keine rechte Einheitlichkeit in Lehrgängen, Lehrbüchern, Stundenplänen, der Unterricht war fast durchgängig rein gedächtnismäßig und mit vielem Diktieren und Nachschreiben verbunden, auf die Betreibung der musikalischen Fächer war im Verhältnis zu der der übrigen Lehrgegenstände zuviel Gewicht gelegt worden.[63]

Diese unleugbaren Mängel in Verbindung mit der Missbilligung des Wegfalls der lateinischen Sprache und des umfassenden Unterrichts in der deutschen Literatur veranlassten eine heftige Bewegung gegen die Seminarordnung innerhalb der Lehrerschaft. Es wurde eine Reform der Lehrerseminare gefordert.

Wortführer waren der Pädagogische Verein zu Chemnitz und dessen Vorsitzender Dr. Christian Friedrich Dittes (1829–1896), Subrektor der Realschule und des Progymnasiums zu Chemnitz. Der engagierte Pädagoge, der 1844 bis 1848 das Plauener Seminar besuchte, hielt am 3. Oktober 1864 auf der 12. Allgemeinen Sächsischen Lehrerversammlung in Chemnitz den Vortrag ›Die deutsche Sprache und Literatur auf den sächsischen Lehrerseminaren‹, in dem er die Defizite und ihre Auswirkungen analysierte:

Außer Grammatik und Stylübungen finden sich nur noch Leseübungen auf allen Seminaren, freilich meistens in sehr kümmerlicher Entwicklung. Zahlreiche Lehrer, aus den verschiedenen Seminaren hervorgegangen, klagen, daß ihnen eben so wenig jemals ein prosaisches oder poetisches Werk erklärt, wie eine Stylaufgabe über etwas Literarisches gegeben worden ist. Die Lesestunden sollen stets einen höchst langweiligen Character gehabt haben und oft zur Verrichtung eines Schläfchens verwendet worden sein. Wo freilich unsere Nationalliteratur selbst eingesargt liegt, da kann sie die Schläfer nicht wecken. (…) Natürlich kann die ganze Lectüre nicht viel mehr erzielen, als leidliches mechanisches Lesen, da ja die Disciplinen, welche zum Verständniß der Literatur erforderlich sind, in unseren Seminaren entweder ganz fehlen, oder doch nur ein sehr dürftiges Dasein führen. (…) Hie und da wird lediglich ein ganz dürres Gerippe von Literaturgeschichte gegeben, z. B. in sechs Stunden von Ulphilas[64] bis zur Gegenwart. Anderwärts giebt man gelegentlich in Welt- und Kirchengeschichte, in Geographie und Pädagogik einige literaturgeschichtliche Notizen, namentlich über die Dichter von Gesangbuchliedern.[65]

Es wäre interessant gewesen, einen Blick in die Plauener Seminarbibliothek zu werfen, aber deren Verzeichnisse sind nicht überliefert. Die Bücherei war 1811 mit einem Anfangsbestand von 129 Titeln eingerichtet worden. »Die Benutzung stand nicht nur den Seminaristen, sondern auch den im Umkreise angestellten Lehrern gegen einen kleinen Betrag frei. Die Seminaristen hatten über die von ihnen benützten Bücher schriftlich oder mündlich Rechenschaft abzulegen.«[66] Zur Zeit Karl Mays am Seminar standen die Bücherschränke aus Platzmangel auf den Korridoren und im Lehrerzimmer.[67]

Zu der von der Lehrerschaft angemahnten Reform kam es jedoch erst im Jahr 1873 mit dem Erlass einer neuen Lehrordnung für Seminare. In den Lehrplan wurde die lateinische Sprache wieder aufgenommen, ebenso die Lektüre der Werke der Klassiker. Folgt man dem Lehrplan des Seminars Plauen aus dem Jahr 1857, erhielt Karl May im Fach Deutsch einen gedrängte(n) Unterricht über alle Arten stylistischer Aufsätze, mit Einschluß der im Leben eines Schullehrers gewöhnlich vorkommenden Geschäftsaufsätze und Besprechung der eingelieferten Arbeiten. Zu Zeiten sollen auch passende Schriftstücke memorirt und vorgetragen werden, was in der ersten Classe mit Diskussion über leichtere Gegenstände wechseln soll. In Cl[asse] I sollen auch freie Abhandlungen und Reden, deren Stoff vorher durchgesprochen worden ist, gefertigt werden.

Näheres erfährt man aus den jährlich von den Seminarlehrern zusammengestellten Übersichten des vermittelten Lehrstoffes. Im Deutschunterricht während des Sommerhalbjahres 1861 war es für die erste Klasse, die Karl May besuchte, u. a. die »Behandlung von Lehrstücken nach Lüben u. Nacke, mit Anknüpfung der Literaturgeschichte bis Klopstock«.[68] Mit dem im Plauener Seminar verwendeten ›Lesebuch für Bürgerschulen. Sechster Theil‹[69] fand der Deutschunterricht auf einem höheren Niveau statt, als ihn Friedrich Dittes generell für die sächsischen Lehrerbildungsanstalten schilderte. Der Herausgeber August Lüben (1804–1874) vertrat die sich 1851 erst langsam durchsetzende Ansicht, »daß wahre Bildung durch nichts so gefördert wird, als durch richtige Benutzung der klassischen Nationalliteratur«, und gab den Lehrern im Vorwort des Lesebuches entsprechende Anregungen für den Unterricht. »Es kommt ein ganz anderer Geist in die Schüler«, resümiert Lüben seine Erfahrungen,

wenn es dem Lehrer gelungen ist, ihnen auch nur Einen Dichter lieb und werth zu machen; Denk- und Darstellungsweise gewinnen von Stund an auffallend. Eben so unzweifelhaft ist, daß die Schüler durch geeignete Anleitung zum Lesen

Lesebuch
für
Bürgerschulen.

Herausgegeben
von
August Lüben,
Rector der Bürgerschulen,
und
Carl Nacke,
Lehrer der ersten Bürgerschule zu Merseburg.

Sechster Theil.

Leipzig,
Friedrich Brandstetter.
1851.

Commentar
zu dem
Lesebuch für Bürgerschulen
von
August Lüben,
Rector der Bürgerschulen zu Merseburg,
und
Carl Nacke,
Lehrer der ersten Bürgerschule daselbst.

Zweiter Theil.

Leipzig:
Friedrich Brandstetter.
1855.

Sprachmusterstücke.
Für den
Selbst- und Schulunterricht
erläutert
und zu
Literaturbildern
zusammengestellt
von
August Lüben,
Rector der Bürgerschulen zu Merseburg,
und
Carl Nacke,
Lehrer der ersten Bürgerschule daselbst.

Zweiter Theil.

Leipzig:
Friedrich Brandstetter
1855.

eines guten Schriftstellers am nachhaltigsten zur Selbstbildung angereizt, und am sichersten dazu befähigt werden, in ihr also eine unschätzbare Mitgift für das ganze Leben erhalten. (…) Es ist zu diesem Zwecke empfehlenswerth, in einem besondern Heftchen unter dem Namen eines Schriftstellers Alles nach den Ueberschriften und Anfängen zusammenzustellen, was die Schüler von ihm kennen. (…) Haben die Schüler einen Schriftsteller lieb gewonnen, so macht es ihnen Freude, seine Lebensverhältnisse näher kennen zu lernen, besonders solche, die das Verständniß seiner Produktionen erleichtern und vom rechten Gesichtspunkte aus betrachten lehren. Der Lehrer unterlasse daher nicht, das Literaturbild durch Mittheilung kurzer, recht faßlicher Biographien zu vervollständigen. Der bald erscheinende Commentar[70] wird in dieser, wie in mancher andern Hinsicht die nöthigen Hülfen gewähren.[71]

Bei der Sichtung der von Lüben und Nacke ausgewählten Lesestücke stellt man fest, dass natürlich Gellert, Klopstock, Lessing, Wieland, Herder, Goethe und Schiller – letztere überproportional – vertreten, aber auch Luther, Chamisso, Humboldt, Rückert, Uhland, v. Platen, Freiligrath und Geibel berücksichtigt worden sind.[72] Auf besonderes Interesse des Ernstthaler Seminaristen stießen sicher die Auszüge aus Berichten von Forschungsreisenden, wie ›Die Katakomben der Thebais in Oberegypten‹ von Karl Ritter (1779–1859), ›Ein Tag unter dem Aequator‹ von Karl Friedrich Philipp von Martius (1794–1868) und ›Die Anden‹ von Eduard Friedrich Pöppig (1798–1868).[73] Im ›Lesebuch‹ lernte Karl May nicht nur die Ring-Parabel aus Lessings Drama ›Nathan, der Weise‹,[74] sondern auch das Gedicht ›Die drei Indianer‹ von Nikolaus Lenau (1802–1850) kennen, deren Einfluss auf May, im Falle des letzteren bis hin zum Spätwerk (›Winnetou IV‹), verfolgt werden kann. Hartmut Vollmer fand es in einem Motiv-Vergleich Lenaus mit May »interessant, daß beide Dichter die Niagara-Fälle in Verbindung mit dem Untergang der roten Rasse bringen«, und vermutete zu Recht: »Möglicherweise ist er [May] als Seminarist mit Lenaus Gedichten in Berührung gekommen.«[75] In den ›Geographischen Predigten‹ (1875/76) erwähnt May nicht nur Nikolaus Lenau und zitiert aus dessen Gedicht ›Meeresstille‹, sondern auch tatsächlich im verwendeten ›Lesebuch‹ enthaltene Gedichte wie ›Das Lied von der Glocke‹ (Schiller).[76]

Im Fach Rechnen wurde den Seminaristen der zweiten Klasse »einfache und zusammengesetzte Zinsrechnung, Rabatt-, Disconto-, Gesellschafts- und Vermischungsrechnung« vermittelt, im Abgangs-Schuljahr »das Wichtigste über die arithmetische und geometrische Progressionen, Algebra, Gleichungen des ersten Grades mit einer oder mehreren unbekannten Größen. Letztes Vierteljahr: Hauptrepetition«. Nach Friedrich Dittes gehörte jener »wichtige Grundsatz der Unterrichtskunst« zu dem wenigen, was die Bildungseinrichtungen verband, denn

jedes Seminar und jeder Seminarlehrer treibt eben seine Sache auf eigene Weise (…). Repetitio est mater studiorum, Wiederholung ist die Mutter der Studien. Es wird auf unsern Seminaren erstaunlich viel wiederholt: täglich, wöchentlich, monatlich, jährlich, ja ganze Curse sind buchstäblich Wiederholungen des schon Dagewesenen. Und im Wesentlichen ist der gesammte sprachliche Seminarunterricht eine bloße Wiederholung; denn allen glaubwürdigen Zeugnissen zufolge führt er in der That über den Standpunct der Oberclasse einer guten Bürgerschule nicht hinaus. Der andere in unsern Seminaren heimische Lehrgrundsatz heißt: Festina lente, Eile mit Weile. Man überstürzt sich wirklich nicht.[77]

In den beiden Oberklassen steht das Fach Pädagogik auf dem Lehrplan. In der zweiten Klasse wird zunächst die Psychologie vorausgeschickt, »weil die Kenntniß der menschlichen Seele unbedingt nöthig ist, um den Bau des Unterrichts und der Erziehung verstehen und später selbst unterrichten und erziehen zu können. Die Unterrichtslehre behandeln wir soweit möglich in der II. Classe, weil in der I. Classe die practische Anwendung zu folgen hat.«[78] Der Lehrplan sah für die erste Klasse außerdem vor, dass

nach der als Leitfaden zu benutzenden Schulkunde Bormanns[79] (...) mit steter Bezugnahme auf das Gesetz vom 6. Juli 1835 und die dazu gehörige Verordnung[80] die Volksschule (ihre Aufgabe, ihr Verhältniß zu Familie, Staat und Kirche, ihre Geschichte), der Volksschullehrer, der Volksschulunterricht und die Volksschulerziehung die Hauptgegenstände der Besprechung bilden.

Diese Fixierung ausschließlich auf die Belange der Volksschule wird später am Seminar Plauen aufgegeben. Wilds Nachfolger umreißt die veränderte Sicht 1869 in seinem Jahresbericht: »Die Geschichte der Pädagogik ist nicht bloß auf eine Geschichte der Volksschule oder auf einige wenige Biographieen zu beschränken. Der Lehrer muß einen Ueberblick über das ganze Schul- und Erziehungswesen und seine Entwicklung erhalten.«[81]

Dem Musikunterricht, der einen beträchtlichen Teil der Wochenstunden ausmachte, war nach Ansicht von Lehrer Louis Lohse, der Karl May im letzten Schuljahr Klavierunterricht erteilte, »eine hohe Aufgabe vorgezeichnet«.[82] Lohse führte weiter aus:

Wenn der Religionsunterricht vor allem auf die Stärkung des Glaubenslebens berechnet ist, so schließt sich ihm der Musikunterricht ganz natürlich an; auch er hat in seinen höchsten Richtungen, dem religiösen Gesang und dem Orgelspiel, die Aufgabe, das Herz im Glauben emporzuziehen zu dem dreieinigen Gott. Singet und spielet dem Herrn in eurem Herzen! Dieser Forderung der heiligen Schrift zu entsprechen, hat sich der gesammte Musikunterricht zu concentriren. Durch Generalbaß ist so viel allgemeine musikalische Bildung zu geben, daß der religiöse Gesang und das fromme Orgelspiel allenthalben die beste Grundlage und die festeste Stütze finden.

Damit war ein großes Ziel gesteckt, das bei den am Plauener Seminar herrschenden Rahmenbedingungen nur schwerlich erreicht werden konnte.

So gab es für den Klavierunterricht zu wenige Instrumente. Im Jahresbericht für das Jahr 1859 nannte Direktor Wild der Kreisdirektion

AUSZUG
Bezogen auf den Unterricht der "Classe II",
die Karl May im Schuljahr 1860/61 besuchte.
(Seminar Plauen Nr. 62a, Bl. 61b/62a, 242b/243a)

Stundenplan

für das Seminar und die Uebungsschule auf das Sommerhalbjahr 1860.

Stunden.	Montag.	Dienstag.	Mittwoch.	Donnerstag.	Freitag.	Sonnabend.
6 – 7.	Katechismus. [1] W.	Katechismus. [1] W.	Bibellesen. [1] W.	Katechismus. [1] W.	Katechismus. [1] W.	Bibellesen. [1] W.
7 – 8.	Bibellesen. [1] W.	Katechetik. Kn.	Kirchengeschichte. [1] W.	Pädagogik. W.	Geometrie. Kll.	Kirchengeschichte. [1] W.
8 – 9.	Generalbaß. Sch.	Deutsch. Kn.	Singen. [1] Sch.	Singen. [1] Sch.	Deutsch. Kn.	Geographie. [1] Kn.
9 – 10.	Orgelstunde. Sch.	Katech. Uebungen. Kn.	Schulbesuch. W.		Katech. Uebungen. Kn.	Orgelstunde. Sch.
10 – 11.	Schulbesuch. Kn.				Pädagogik. W.	Schulbesuch. Kn.
11 – 12.				Clavierstunde III. B.	Schulbesuch. Sch.	
2 – 3.	Rechnen. Kll.	Zeichnen. [1] Kll.	Schreiben. [1] B.	Deutsch. Kn.	Singen. [2] Sch.	
3 – 4.	Naturlehre. [1] Sch.		Singen. [2] Sch.	Rechnen. Kll.	Predigtlesen. [1] Kn.	
4 – 5.			Violinspiel II. Sch.	Turnen. [1] B.		Turnen. [1] B.
5 – 6.	Singstunde. (Chor) [2] G.	Singstunde. (Chor) [2] G.			Singstunde. (Chor) [2] G.	

Stundenplan

für das Seminar und die Uebungsschule auf das Winterhalbjahr 1860/61.

Stunden.	Montag.	Dienstag.	Mittwoch.	Donnerstag.	Freitag.	Sonnabend.
7 – 8.	Katechismus. [1] W.	Katechismus. [1] W.	Kirchengeschichte. [1] W.	Katechismus. [1] W.	Katechismus. [1] W.	Kirchengeschichte. [1] W.
8 – 9.	Bibellesen. [1] W.	Katechetik. Kn.	Bibellesen. [1] W.	Pädagogik. W.	Geometrie. Kll.	Bibellesen. [1] W.
9 – 10.	Schulbesuch. W.	Katech. Uebungen. Kn.	Schulbesuch. Kn.		Katech. Uebungen. Kn.	Deutsch. Kn.
10 – 11.	Generalbaß. Sch.			Violinspiel. II. Sch.	Schulbesuch. Kll.	Orgelstunde. Sch.
11 – 12.	Schulbesuch. Sch.		Orgelstunde. Sch.		Pädagogik. W.	Clavierspiel. III. B.
1 – 2.						Musikprobe. (Chor) G.
2 – 3.	Singen. [1] Sch.	Zeichnen. [1] Kll.	Schreiben. [1] B.	Singen. [1] Sch.	Singen. [2] Sch.	Spatziergang. [2] B.
3 – 4.	Naturlehre. [1] Sch.	Deutsch. Kn.	Singen. [2] Sch.	Deutsch. Kn.	Predigtlesen. [1] Kn.	Spatziergang. [2] B.
4 – 5.	Rechnen. Kll.	Geographie. [1] Kn.		Rechnen. Kll.		
5 – 6.	Singstunde (Chor)[2] C.G.	Singstunde (Chor)[2] C.G.			Singstunde (Chor)[2] C.G.	

Anmerkung: Zum Unterricht wurden teils Klassen zusammengefaßt: [1] Cl. I u. II, [2] Cl. I – IV.
Lehrer: B. = Böhringer, Kll. = Kell, Kn. = Kühn, Sch. = Schulze, W. = Wild, G. bzw. C.G. = Cantor Gast

AUSZUG
Bezogen auf den Unterricht der "Classe I",
die Karl May im Schuljahr 1861/62 besuchte.
(Seminar Plauen Nr. 24, Bl. 107b/108a, 226b/227a)

Stundenplan

für das Seminar und die Uebungsschule auf das Sommerhalbjahr 1861. (gültig bis 4.5.1861)

Stunden.	Montag.	Dienstag.	Mittwoch.	Donnerstag.	Freitag.	Sonnabend.
6 – 7.	Katechismus. [1] W.	Katechismus. [1] W.	Bibellesen. [1] W.	Katechismus. [1] W.	Katechismus. [1] W.	Bibellesen. [1] W.
7 – 8.	Bibellesen. [1] W.	Pädagogik. W.	Kirchengeschichte. [1] W.	Katechetik. Kn.	Pädagogik. W.	Kirchengeschichte. [1] W.
8 – 9.	Deutsch. Kn.	Geographie. [1] L II.	Singen. [1] Sch.	Singen. [1] Sch.	Generalbaß. Sch.	Deutsch. Kn.
9 – 10.	Schulbesuch. L II.	Katech. Uebungen. W.	Orgelstunde. Sch.		Katech. Uebungen. W.	Orgelstunde. Sch.
10 – 11.						Schulbesuch. Kn.
11 – 12.						
2 – 3.	Clavierspiel I. L I.	Zeichnen. [1] Kll.	Schreiben. [1] L II.		Singen. [2] Sch.	Musikprobe. (Chor) G.
3 – 4.	Naturlehre. [1] Sch.	Rechnen. Kll.	Singen. [2] Sch.	Rechnen. Kll.	Predigtlesen. [1] Kn.	
4 – 5.	Violinspiel I. Sch.	Geometrie. Kll.	Turnen. [1] Schu.		Deutsch. [1] Kn.	Turnen. [1] Schu.
5 – 6.	Singstunde (Chor) [2] G.	Singstunde (Chor) [2] G.			Singstunde (Chor) [2] G.	

Stundenplan

für das Seminar und die Uebungsschule auf das Sommerhalbjahr 1861. (gültig ab 3.6.1861)

Stunden.	Montag.	Dienstag.	Mittwoch.	Donnerstag.	Freitag.	Sonnabend.
6 – 7.	Katechismus. [1] W.	Katechismus. [1] W.	Bibellesen. [1] W.	Katechismus. [1] W.	Katechismus. [1] W.	Bibellesen. [1] W.
7 – 8.	Bibellesen. [1] W.	Pädagogik. [1] W.	Kirchengeschichte. [1] W.	Pädagogik. [1] W.	Pädagogik. [1] W.	Kirchengeschichte. [1] W.
8 – 9.	Katechetik. Gr.	Geographie. L II.	Singen. [1] Sch.	Katechetik. [1] Gr.	Generalbaß. Sch.	Deutsch. [1] Gr.
9 – 10.	Schulbesuch. L II.	Katech. Uebungen. W.	Orgelstunde. Sch.		Katech. Uebungen. W.	Katech. Uebungen. W.
10 – 11.						Schulbesuch. Gr.
11 – 12.		Singen. [1] Sch.		Clavierspiel I. L I.		
2 – 3.	Deutsch. [1] Gr.	Zeichnen. [1] Kll.	Singen. [2] Sch.		Singen. [2] Sch.	Musikprobe. (Chor) G.
3 – 4.	Naturlehre. [1] Sch.	Rechnen. Kll.	Schreiben. [1] L II.	Rechnen. Kll.	Predigtlesen. [1] Gr.	
4 – 5.	Violinspiel I. Sch.	Deutsch. [1] Gr.	Geographie. [1] L II.	Geometrie. Kll.	Deutsch. [1] Gr.	Turnen. [1] Schu.
5 – 6.	Singstunde (Chor) [2] G.	Singstunde (Chor) [2] G.	Turnen. [1] Schu.		Singstunde (Chor) [2] G.	

Anmerkung: Zum Unterricht wurden teils Klassen zusammengefaßt: [1] Cl. I u. II, [2] Cl. I – IV.
Lehrer: Gr. = Große, Kll. = Kell, Kn. = Kühn, L I. = Oberlehrer Louis Lohse, L II. = Hilfslehrer Ernst Lohse, Sch. = Schulze, Schu. = Schubert, W. = Wild, G. = Kantor Gast

Zwickau »die Anschaffung wenigstens noch eines Piano's als dringendes Bedürfniß«, weil »für 48 Seminaristen und 35 Proseminaristen 4 Instrumente nicht ausreichen«.[83] Für die gewünschte Neuerwerbung mangelte es jedoch an einem geeigneten Stellplatz, sodass es sogar Überlegungen gab, die Klaviere übergangsweise in Privatwohnungen ›auszulagern‹. Aus einem im Mai 1861 gefertigten Protokoll ist ersichtlich, »daß 2 Instrumente in Unterrichtslokalen aufgestellt werden mußten und daher manche Stunde nicht gebraucht werden können, obgleich die Übungsstunden so schon sehr kärglich zugemessen sind, oder in unterrichtsfreier Zeit gebraucht, diejenigen im Arbeiten stören, welche in diesen leeren Zimmern eine Zuflucht suchen«.[84] Das Klavierspiel musste in 10 Abteilungen zu je fünf bis sechs Zöglingen unterrichtet werden. Seminarlehrer Louis Lohse blickte 1869 zurück: »Wir spielten vor Jahren die Künstler-Methode von Knorr vom Anfang bis zu Ende, und die Schüler, die sie beharrlich durchgearbeitet, haben gewiß eine tüchtige Technik für alles Große erlangt.«[85] Nach »Tonleitern und Fingerübungen, insbesondere zur Ausbildung der Fingerfertigkeit«, schlossen sich entsprechend dem Lehrplan »Etuden von Czerny, Clementi, Bertini, Heller, Cramer u[nd] A[nderen]« an, »bei befähigteren Schülern (auch) kleinere und größere Sonaten von Haydn, Mozart, Beethoven[86] u. A.«.

Während Karl Mays Aufenthalt am Seminar standen für den Unterricht zwei Orgeln zur Verfügung. Das ältere Instrument, eine Orgel mit einem Manual und vier Stimmen aus dem Jahr 1825, war im Speisesaal im Parterre untergebracht. Im Orgelsaal in der zweiten Etage, der auch als Prüfungssaal diente, stand eine Orgel mit zwei Manualen und neun Stimmen.[87] Der 1857 erarbeitete Lehrplan sah fünf Abteilungen zu je 10 bis 12 Zöglingen vor, doch mussten 1861 schon sieben Abteilungen gebildet werden.

AUSFÜHRLICHE
CLAVIER-METHODE
IN ZWEI THEILEN.
ERSTER THEIL
METHODE.
ZWEITER THEIL
SCHULE DER MECHANIK.
VON
JULIUS KNORR.
VERLAG UND EIGENTHUM
VON
C. F. KAHNT IN LEIPZIG.

Dem Orgelunterricht liegt mit einigen Abänderungen in der Aufeinanderfolge und mit einigen Weglassungen die Orgelschule von Schütze zu Grunde. (...) An die Stelle des Spiels ausgesetzter Choräle tritt in Abth. I. und II. wechselweise der Vortrag von Chorälen mit bezifferten Bässen, wobei, wie auch sonst, Anleitung zur Erfindung angemessener Vor- und Zwischenspiele gegeben wird. Und da Abth. I. und II. auf den Orgeln der hiesigen zwei Kirchen[88] unterrichtet wird, so bietet sich für die Unterweisung in der Kunst des Registrierens und in der Orgelkunde eine erweiterte und erwünschte Gelegenheit.

Handbuch

zu der

practischen Orgelschule

von

Friedrich Wilhelm Schütze,

Lehrer am Freiherrlich von Fletcher'schen Schullehrer-Seminar zu Dresden, correspondirendem Mitglied des deutschen National-Vereins für Musik und ihre Wissenschaft.

Zweite, verbesserte und vermehrte Auflage.

Dresden und Leipzig,
in der Arnoldischen Buch- und Musikalienhandlung.

1840.

PRAKTISCHE ORGELSCHULE.

Uebungen für Manual, Pedal, Choräle mit Zwischenspielen, Präludien, Postludien, figurirte Choräle und Choralvorspiele, Fugen, canonische und vierhändige Tonstücke

Nach pädagogischen Grundsätzen gewählt, geordnet

Handbuch zur praktischen Orgelschule

mit unterrichtlichen Bemerkungen, Zergliederungen und Erläuterungen begleitet.

Für sich bildende Orgelspieler, insbesondere für den Orgelunterricht in Seminarien und Präparanden-Schulen.

Dr. Friedrich Wilhelm Schütze,

Leipzig,
Arnoldische Buchhandlung
1858.

Die am Plauener Seminar verwendete ›Praktische Orgelschule‹ hat Mays früherer Direktor verfasst, das Lehrbuch kannte er schon aus seiner Waldenburger Zeit.

Für den Violinunterricht waren die Zöglinge 1861 entsprechend ihren erreichten Fortschritten in sechs Abteilungen gegliedert. Nach dem Lehrplan wird

> in den unteren Abtheilungen (...) nach der Violinschule von Henning unterrichtet, während in den oberen leichtere Duette von Mazas, Viotti, Mozart u.s.w. und Quartette, resp. Quintette von Blumenthal, Romberg,[89] Mozart u[nd] A[nderen] gespielt werden. Gegen den Schluß jeder Stunde werden die geübten Choralmelodien nach Noten und auswendig gespielt.

Die Festsetzung der Abteilungen für den Musikunterricht des nächsten Schuljahres ist nach der Osterprüfung in der Seminarkonferenz am 20. März 1861 vorgenommen worden.[90] Karl May und weitere 14 Zöglinge bildeten die erste Abteilung für den Violinunterricht. Als erste Abteilungen für das Orgel- und Klavierspiel wurde jeweils die Oberklasse gesetzt, demzufolge gehörte May im letzten Schuljahr bei allen Instrumenten der leistungsstärksten Abteilung an.

Die Musikausbildung in der Seminarzeit war der Ausgangspunkt einer lebenslangen Beschäftigung mit der Muse. »Karl May«, so Max Finke,

> hat später noch als gefeierter Schriftsteller das Bedürfnis gehabt, fast täglich Klavier zu spielen. Er spielte meist Getragenes und bevorzugte die Molltonart. Wenn er die Komposition eines andern spielte, so geschah es meist, daß er nach den ersten Takten der Erfindungsgabe gestattete, eigne Wege zu gehen. Auch Violine spielte er gern. In Jerusalem zeigte er im Gottesdienst, daß er auch Orgelspielen konnte. (...)

Was die Stellung zu den Meistern der Tonkunst anlangt, so schätzte er neben Bach und Beethoven besonders Mozart hoch, den er oft spielte.[91]

Unterschieden wurde am Seminar zwischen dem ›Singen‹ als Unterrichtsfach, das von Oberlehrer Schulze gegeben wurde, und der Chorarbeit unter Kantor Gast: wöchentlich dreimal stattfindende ›Singstunde‹ und zusätzliche ›Musikprobe‹ (1 Stunde), in der sämtliche Zöglinge zusammengefasst waren. Die erste und zweite Klasse hatte bei Schulze jede Woche drei Einzelstunden Gesangsunterricht, bei dem nach dem Lehrplan einstudiert wurden: »Motetten, Hymmnen, Psalmen usw. von Bernh. Klein, Crommer, Schnabel, Reißiger, Fr. Schneider, Mendelssohn Bartholdy[92] u. A., nebenbei, aber selten, auch Lieder edlen Inhalts. – Zugleich wird diesen Classen eine kurze Anweisung gegeben, wie der Singunterricht in der Volksschule auf eine erfolgreiche Weise zu ertheilen ist.« Die Seminaristen mussten »die eingeübten Lieder, Arien, Grabgesänge, die kleinern Motetten, Hymnen u.s.w. in ein eigends für diesen Zweck angelegtes Heft partiturmäßig eintragen und für den etwaigen Gebrauch in späterer Zeit aufbewahren«.

Zum Üben der Choralmelodien hatte Schulze jede Woche eine Unterrichtsstunde, in der die vier Klassen zusammengefasst waren. Der Lehrplan sah vor, dass »unter Benutzung von Kochs Buch ›Das evangelische Kirchenlied‹ eine kurze Geschichte der einzelnen Lieder, der Dichter und Componisten, soweit als möglich« mit behandelt wird. »Nach Einübung der Melodien werden dieselben auch vierstimmig nach dem von dem Oberlehrer Schulze herausgegebenen Choralbuche gesungen, und zum Schlusse die von allen Classen eingelernten Lieder, Motetten usw. vorgetragen.«

Carl Gotthold Schulze wollte 1841 mit seinen ›Achtzig Choräle(n) für drei und vier Männerstimmen‹ besonders für die Ausbildung an den Schullehrerseminaren ein »recht passendes Werkchen« zur Verfügung stellen, denn

entweder war in den vorhandenen Sammlungen die Auswahl keine zweckmäßige, oder es waren zu wenig Melodien bearbeitet und also die verschiedenen Bedürfnisse, so wie der Umstand nicht beachtet worden, daß jeder Seminarist beim Austritt aus der Anstalt an 80 bis 100 Melodien ohne Hinzunahme eines Hilfsbuches muß singen können, oder es war der doch so sehr nöthige Text nicht beigegeben; oder endlich war der Preis ein so hoher, daß auf eine allgemeine Einführung, wegen der Mittellosigkeit der meisten Seminaristen, wieder nicht so leicht gerechnet werden konnte.[93]

Nach jedem Schuljahr musste Direktor Wild der Kreisdirektion Zwickau ein Verzeichnis der im Seminar eingeübten Lieder und Choralmelodien einreichen.[94] Diese Listen umfassen in der Regel mehr als achtzig Positionen, sogar die Proseminaristen mussten 25 Liedstücke (Schuljahr 1859/60) beherrschen. Ein Vergleich der Listen mit dem Choralbuch von Schulz bringt das nicht überraschende Ergebnis, dass der Plauener Seminarlehrer im Unterricht vorwiegend die von ihm ausgewählten Lieder einstudierte.

Zum ›Stamm-Repertoire‹ der Seminaristen gehörte der Choral ›O Ewigkeit, du Donnerwort‹. Wolfgang Hammer zählt diesen Choral zu den »Lieder(n) mit entscheidender Wirkung in Karl Mays Werken«, er erziele »Wirkung durch Wort und Weise zugleich«.[95] May bezog den Choral mehrfach in die Handlungen ein, so bei der Dorfgeschichte ›Der Dukatenhof‹ (1877) und den Lieferungsroman ›Der verlorne Sohn‹ (1884–86). Am bekanntesten ist jedoch die Szene im 3. Band ›Old Surehand‹,[96] in der Old Wabble im Sterben Old Shatterhand bittet, jenes Lied zu beten, worauf der Cowboy auf das Tiefste erschüttert wird. Hammer weist auf Kochs ›Geschichte des Kirchenlieds und Kirchengesangs‹ hin, in der berichtet wird, dass der Räuber Lips Tullian beim Verhör seiner Gefolgsleute den Choral anwendete, um ein Geständnis zu erreichen,[97] und stellt angesichts der Parallele die Frage, »ob May von seiner Seminarzeit her davon gewußt habe«.[98] Die Frage kann nun bejaht werden, am Plauener Seminar wurde nach dem Werk unterrichtet.

Nach dem Lehrplan wurden in der ersten Klasse im Unterrichtsfach Generalbass die Modulationen behandelt, aber auch die

> Bearbeitung von Chorälen nach gegebenen und auch selbst aufzusuchenden bezifferten Bässen mit zwei- und dreistimmigen Zwischenspielen; Anleitung zur Composition von Präludien. – Nebenbei wird im letzten Halbjahr über den Bau und die Einrichtung der Orgel, sowie über die Abstellung von Störungen und Fehlern in derselben das Nöthige mitgetheilt.

Wie schon im Gesangsunterricht musste auch in diesem Fach von jedem Seminaristen ein Heft geführt werden, »in welches die behandelten Beispiele eingetragen und die gestellten Aufgaben gelöst werden. Und da Theorie und Praxis fortwährend verbunden bleibt, so werden auch alle Aufgaben zugleich mit eingespielt und in der nächsten Stunde vorgetragen.« Als Lehrbuch diente Herings ›Harmonielehre‹, »zum Aussetzen der Choräle werden Hering's ›dreißig Choralmelodien mit den bezifferten Bässen‹ benutzt«.[99]

BUCH DER HARMONIE.

Grundlage

für

Unterricht und Bildung in der Musik

von

KARL EDUARD HERING.

Erste Abtheilung.

Inhalt: 8 Bogen Text und 8 Bogen Noten. Preis 1⅔ Thlr.

Löbau,

Notendruck und Verlag von G. [illegible]'s Steindruckerei.

Leipzig, bei Rob. [illegible].

Dreissig
gebräuchliche Choral-Melodieen
zum Gebrauche beim Unterricht in der Harmonielehre mit drei bezifferten
Bässen bearbeitet
und
mit Anmerkungen versehen
von
KARL EDUARD HERING.

Zweite verbesserte Auflage.

Op. 43. Preis $^{5}/_{6}$ Thlr.

Löbau,
Druck und Verlag von G. Elßner's Steindruckerei.
(Eigenthum des Verlegers.)

Im Geschichtsunterricht sah der Lehrplan für die Oberklassen einen zweijährigen Kursus vor, demzufolge

in einem Jahr sächsische Geschichte nach Stichart's Vaterlandsbuche, im zweiten Jahre dagegen deutsche [Geschichte] unter Anwendung der biographischen Methode und mit den § 40 der [Landes-] Seminarordnung geforderten Rückblicken auf die ältere und älteste Zeit, namentlich auch zum Verständniß der heiligen Schrift, gelehrt werden. In Bezug auf Erdbeschreibung soll (...) in den Oberclassen dagegen unter Wiederholung des früher Gelehrten, genaue Kenntniß des engern und weitern Vaterlandes angestrebt werden. Als Lehrbuch gedenkt man die Geographie von Berthelt zu benutzen.

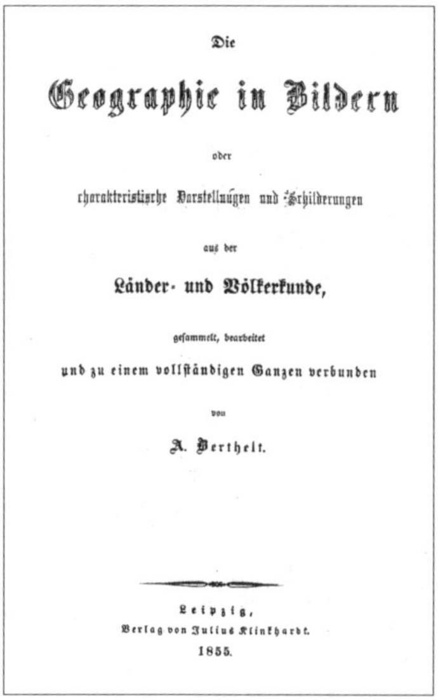

Die
Geographie in Bildern
oder
charakteristische Darstellungen und Schilderungen
aus der
Länder- und Völkerkunde,
gesammelt, bearbeitet
und zu einem vollständigen Ganzen verbunden
von
A. Berthelt.

Leipzig,
Verlag von Julius Klinkhardt.
1855.

Im Fach Geometrie stand für die erste Klasse »Proportionalität der Linien, Winkel und Flächenräume; Ähnlichkeit der Figuren; Proportionalität der geraden Linien, Winkel und Bogen am Kreise« auf dem Lehrplan, im »letzte(n) Vierteljahr Hauptrepetition«.

Großer Wert wurde auch auf die Kalligraphie gelegt:

Currentschrift nach dem preußischen Ductus, Einübung der kleinen und großen Buchstaben in genetischer Aufeinanderfolge. Englische Schrift. Vorschriften mit englischer und Currentschrift. Fractur-Canzlei-Gothische Schrift. Damit werden methodische Belehrungen über den Schreibunterricht in der Volksschule verbunden.

Bis zur Errichtung einer Turnhalle im Jahr 1865 konnte den Zöglingen nur eingeschränkter Turnunterricht erteilt werden. Er fand seit Ostern 1847 auf einem freien Platz im Seminargelände statt, »auf dem allerdings nur wenig

Geräte aufgestellt waren, ein Klettergerät, zwei Barren, ein Reck und ein Schwebebaum. Geturnt wurde nur im Sommer, im Winter fanden dafür Spaziergänge in die nähere Umgebung der Stadt statt, welche der Turnlehrer mit der gesamten Schülerschaft unternahm.«[100]

Mit der Unterweisung in Obstbaumzucht, die schon seit 1839 – noch vor einer entsprechenden Verordnung des Kultusministeriums – als Lehrgegenstand betrieben wurde, hatte das Plauener Seminar eine Tradition aufzuweisen. Praktische Anleitung zum Setzen, Okulieren und Veredeln der Bäume gab der ortsansässige Gärtner Wild »kleinen Abtheilungen der Seminaristen an dazu geeigneten Frühlingstagen in unterrichtsfreien Stunden«.[101] Die angehenden Lehrer sollten mit ihren erworbenen Kenntnissen »auf ihrem künftigen Bestimmungsorte wohltätig einwirken, zumal im Vogtlande der Obstbau weit zurück sei«.[102] Karl May, der den Beruf nur kurze Zeit ausübte, bekam dazu keine Gelegenheit, doch weckte der Unterricht sein Interesse an Obstbaumzucht und Gartenarbeit. Seiner Passion ging er nicht erst in seinem gegenüber der Villa ›Shatterhand‹ angelegten Obstgarten nach, sondern auch schon in Blasewitz und in den anderen Lößnitzortschaften, als er Wohnungen mit Gartennutzung gemietet hatte.

Dem Seminar in Plauen war eine Übungsschule angeschlossen, die im Schuljahr 1861/62 »von 101 armen Kindern beiderlei Geschlechts (48 Knaben, 53 Mädchen)« besucht worden ist. Die Schüler wurden von den Lehrern des Seminars und den Seminaristen der ersten Klasse in zwei Räumen unterrichtet. In seinem Jahresbericht 1861 äußerte sich Direktor Wild zur Übungsschule: »Der Schulbesuch war bei der größten Mehrzahl regelmäßig, während bei einzelnen Kindern viele Versäumnisse vorgekommen sind.«[103] Nach den ›Grundlinien des Seminarplans für die Seminar-Uebungsschule zu Plauen‹ vom 3. Oktober 1855 bezweckte man,

den Seminaristen eine Anschauung von rechter Ausübung der Unterrichtskunst zu geben und ihnen Gelegenheit zu verschaffen, im Unterrichten und Schulhalten sich zu üben, so wie durch Beides die praktische Ausbildung derselben für das Lehramt zu fördern. (...) Zu den katechetischen Uebungen der Seminaristen, welche von dem Director und dem ersten Oberlehrer geleitet werden, werden 4 Stunden in den beiden Abtheilungen der Oberklasse verwendet. Die übrigen 26 Stunden werden von den Seminaristen der ersten Klasse unter Leitung und Aufsicht (...) der Seminarlehrer gehalten. In 16–18 Stunden wohnen die Seminaristen der drei oberen Klassen in kleineren Abtheilungen dem von den Lehrern ertheilten Unterrichte bei.[104]

Nach dem ›Lehrplan für die Seminarschule zu Plauen‹ vom 5. Februar 1857 mussten die Seminaristen der ersten Klasse, so auch Karl May ab Ostern 1861, in den vom Direktor geleiteten katechetischen Übungen »hauptsächlich biblische Geschichten und Gleichnißreden des Herrn erbaulich behandeln«,[105] auch gaben sie unter Aufsicht die übrigen Religionsstunden. Von den Seminaristen der ersten und zweiten Klasse sind wöchentlich insgesamt 19 Stunden Unterricht zu erteilen, davon 9 Stunden durch Zöglinge der Klasse I in der Oberklasse der Übungsschule: 2 Std. Schreiben, je 1 Std. in Katechismus, Bibellesen, Rezitieren, Rechnen, Deutscher Sprache, Realkenntnissen, Singen.

Der Einsatz der Seminaristen wurde in einem Durchlaufplan geregelt. Ihm und dem Stundenplan der Übungsschule sind die vom Seminaristen May (Nr. 7) ab Ostern 1861 wöchentlich unterrichteten Fächer und die aufsichtsführenden Lehrer zu entnehmen: im Monat April Rechnen 2 Std. (Kell), im Mai Biblische Erzählungen 2 Std. (Kühn), im Juni Lesen und Schreiben 2 Std. (Ernst Lohse), im Juli Weltkunde (Große) und Singen (Louis Lohse) je 1 Std., im August Sprachunterricht 1 Std. (Große) und im September Bibellesen und Singen 2 Std. (Wild).[106] In der Übungsschule wurde für den Unterricht in der oberen Abteilung der Oberklasse entsprechend dem Lehrplan »das dritte Zwickauer Schulbuch, der Lutherische Katechismus nach der Zwickauer Ausgabe, die Bibel, das Dresdner Gesangbuch und das Zwickauer Liederbüchlein«[107] benutzt.

Der Unterricht fand unter den denkbar ungünstigsten Bedingungen statt. Der Ministerialbeamte Geheimrat Dr. Gustav Ludwig Hübel, der am 4. Juli 1860 wegen des geplanten Erweiterungsbaues sich vor Ort in Plauen einen eigenen Eindruck verschaffte, schrieb im Bericht an das Kultusministerium:

Da der Seminardirektor Wild im Bade zu Elster sich aufhält, so besprach ich heute den vorstehenden Bauplan mit dem Oberlehrer Kühn. Derselbe fand denselben allendhalben zweckmäßig u. machte mich nur noch auf den Uebelstand aufmerksam, daß die beiden Zimmer für die Übungsschule zu eng sind u. Bänke für die Schüler, noch weniger aber für die Seminaristen ausreichen, die bei dem Unterricht gegenwärtig sein sollen. Ich überzeugte mich davon, daß in dem kleineren Zimmer 50 Schüler nur schwer auf den fünf Bänken untergebracht werden können u. daß zu einer 6ten Bank kein Raum vorhanden ist.[108]

Aber auch im eigentlichen Seminar wirkten sich akuter Raummangel und hohe Schülerzahl »höchst nachtheilig auf den Unterricht und die Disciplin« aus:

Die erste Folge davon ist, daß keine Classe ihr bestimmtes Wohn- und Unterrichtslokal behalten kann, sondern daß alle mit ihren Utensilien fortwährend herum wandern müssen, wobei nicht zu vermeiden ist, daß liegengebliebene Bücher, Federn etc. von den Nachfolgenden benutzt, oder gar entfremdet werden und daß wegen angerichteten Schadens oder Unordnung keine Classe mit Bestimmtheit zur Rechenschaft gezogen werden kann. Eine andere Folge ist die Überfüllung der einzelnen Lehrzimmer, die vorzüglich bei combinirten Classen (in der Singstunde sind alle 81 Zöglinge in dem kleinen Zeichensaale) ein der Gesundheit der Schüler und der Disciplin gleich nachtheiliges gedrängtes Zusammensitzen herbeiführt.[109]

›Uebelstände‹ dieser Art gab es an der Plauener Lehrerbildungsanstalt mehrere, und die Seminardirektion bemühte sich über Jahre hinweg um deren Beseitigung, indem sie die Kreisdirektion Zwickau davon in Kenntnis setzte. Festgestellt wurden sie aber auch bei Kontrollen von Aufsichtsbehörden, die gleichfalls auf die Abstellung der Mängel drängten.

Gesundheitsfragen

»Das Wasser des Seminarbrunnens, welcher schon seit einigen Jahren nicht mehr so rein und gut wie früher war, ist in den letzten Wochen so schlecht geworden, daß es weder zum Trinken und Kochen, noch zum Waschen gebraucht werden kann«, schrieb Seminardirektor Wild am 12. Oktober 1859 an die vorgesetzte Behörde. Eine chemische Analyse des der Sohle des Brunnens entquellenden Wassers habe ergeben, dass es »in der verderbten Beschaffenheit (...) eine ungewöhnliche Menge von Humussubstanzen enthält, von welchen allein der fade, erdige, widrige Geschmack herrühren kann«. Die Verunreinigung wäre »durch die nahe liegende Düngerstelle verursacht« worden, und Wild forderte deshalb, »daß diese Düngerstelle mit möglichster Beschleunigung einer durchgreifenden Reparatur unterworfen, namentlich der Boden derselben (abgedichtet)« wird. Da die fragliche »Düngerstelle« Bestandteil der Aborte war, konnten »die Abtritte des Seminars während dieser Reparaturarbeiten durchaus nicht benutzt werden«.[110] Das benötigte Wasser wurde von außerhalb ins Seminar geholt, erst durch eine Reparatur einer undichten Schleuse in der Nähe des Seminarbrunnens im April 1860 konnte eine Verbesserung des Brunnenwassers erreicht werden.[111] Wenige Wochen später fand Dr. Hübel bei seinem Aufenthalt »ein geruchsfreies Wasser« vor, »welches jedoch ein etwas gelblichen Schein hatte, der wohl von dem Lehmgrunde herrühren mag, aus dem es quillt«.[112] Die Zöglinge werden es bestimmt nicht mit Genuss benutzt und zu sich genommen haben ...

Auch die im Seminargebäude vorhandenen sanitären Einrichtungen reichten für die stets zunehmende Zahl der Zöglinge, Proseminaristen und Übungsschüler nicht mehr aus. Dr. Döhner hatte von der Kreisdirektion den Auftrag erhalten, während seiner Anwesenheit am 30. Mai 1861 zur Wahlfähigkeitsprüfung im Seminar Plauen »zur Beseitigung der noch immer vorhandenen Uebelstände bei den Abtritten im Seminar für die Kinder der Uebungsschule und die Proseminaristen das Erforderliche vorzukehren«. Er einigte sich mit dem Direktor und einem zugezogenen Zimmermeister: Es sei »für die Schulkinder ein bretterner, leicht wieder zu entfernender Abtritt mit 3 Brillen und einem Pissoir an der bereits vorhandenen Düngergrube im Garten anzulegen, der Abtritt für die Proseminaristen aber in den jetzigen Kinderabtritt im Hofraum zu verlegen, und denselben durch Zuziehung eines dem Hausmann unnöthigen zweiten Abtritts angemessen zu vergrößern«. Die Arbeit sei »sofort in Angriff genommen«, berichtete Dr. Döhner wenige Tage später, und »jetzt jedenfalls vollendet«.[113]

Die schlechten Arbeits- und Lebensbedingungen am Seminar wirkten sich nach Ansicht des zuständigen Königlichen Bezirksarztes Dr. Emil Richard Pfaff (1827–1871) auch auf die Diensttauglichkeit der Plauener Absolventen aus. Er fühlte sich deshalb verpflichtet, der Zwickauer Konsistorialbehörde am 15. Dezember 1859 den verursachenden »großen Uebelstand« anzuzeigen:

Bei der dießjährigen Rekrutierung in Plauen mußten 5 oder 6 Lehrer aus benachbarten Ortschaften wegen hochgradiger Kurzsichtigkeit für untüchtig erklärt werden und nach ihrer Angabe hatten sie sich ihre Augen während ihres Aufenthaltes im hiesigen Seminar verdorben, da die Beleuchtung daselbst während der Arbeitsstunden des Abends als eine höchst mangelhafte zu bezeichnen sei.

Demzufolge begab sich der ehrerbietigst Unterzeichnete am 14. December l[aufenden] J[ahres] Abends 8 Uhr mit dem Herrn Seminar-Oberlehrer Schulze in die Arbeitszimmer der Seminaristen und fand die Beleuchtung allerdings so unzureichend, daß ich es für meine Pflicht halte, der Königlichen Hohen Kreisdirection hiervon Anzeige zu machen, da eine Abänderung dieses großen Uebelstandes dringend nöthig ist.

Im Proseminar arbeiten 35 Schüler bei 4 Gasätherlampen, die 21 Zöglinge der ersten und zweiten Seminarclasse müssen sich mit dem kärglichen Lichte von 3 Lampen begnügen und die dritte und vierte Classe des Seminars, welche zusammen 27 Schüler zählen, haben ebenfalls nur 4 Lampen. Es giebt in den Arbeitszimmern Plätze, wo man nur mit der größten Anstrengung zu lesen im Stande ist und die jungen Menschen, welche solche Plätze inne haben, sind wahrhaft zu bedauern.[114]

Zu einer Stellungnahme von der Kreisdirektion aufgefordert, vertrat Seminardirektor Wild in Übereinstimmung mit seinen Kollegen die Ansicht, dass

dem beregten Uebelstande, der übrigens nicht so groß ist, wie der bezirksärztliche Bericht angiebt, durch Vermehrung der Gasätherlampen am einfachsten und wohlfeilsten abgeholfen werden kann. Wenn in jedem der 3 Arbeitszimmer noch eine oder höchstens zwei solche Lampen angebracht werden, so wird sicherlich jeder Platz, an dem die Zöglinge zu arbeiten haben, hinlängliches Licht erhalten. Eine dergleichen Lampe nebst Zubehör an Rollen und Schnuren kostet ungefähr 2 Thaler und es wird demnach ein Aufwand von 8 bis höchstens 10 Thalern nothwendig.[115]

Dr. Döhner genehmigte der Seminardirektion die Anschaffung von »zunächst 3 Lampen«, also je Arbeitszimmer eine zusätzliche Lichtquelle, die während der Weihnachtsferien 1859 installiert wurden. Das Kultusministerium, dem der Bericht des Bezirksarztes zur Kenntnis gegeben worden war, billigte die getroffene Entscheidung, ließ es »bei der Anzeige bewenden« und sandte die eingereichten Unterlagen nach Zwickau zurück.[116]

Als Bezirksarzt des »X. Medicinal-Bezirks« Plauen der Königlichen Kreisdirektion Zwickau hatte Dr. Pfaff alljährlich einen Bericht zu erstellen. Die Missstände im Seminar waren ihm durch seine dienstlichen Besuche hinlänglich bekannt. Da der Mediziner der in der Landes-Seminarordnung geforderten Unterbringung von Zöglingen in Internaten äußerst kritisch gegenüberstand, listete er im Jahresbericht 1859 nicht nur die ›Uebelstände‹ auf, sondern vertrat seine Ansicht auch vehement. Eine »extractweise Abschrift« des Jahresberichtes, der Abschnitt »Die medicinalpolizeiliche Aufsicht in allen vorstehend nicht besonders namhaft gemachten Beziehungen«, wurde am 21. März 1860 innerhalb der Kreisdirektion Zwickau der Kirchen- und Schuldeputation zur Kenntnisnahme und weiteren Bearbeitung übergeben:[117]

Von allen hier befindlichen Schulen ist keine so unzweckmäßig eingerichtet, wie das hiesige Seminar und Ref[erent] hält es nicht nur als Medicinalbeamter, sondern auch blos als Mensch für seine Pflicht, der Königlichen Hohen Kreisdirection einige Details darüber mitzutheilen. Ist schon die Handhabung eines so strengen Internats, wie es den Zöglingen dieser Anstalt auferlegt wird, von medicinalpolizeilichen Standpunkte aus betrachtet, durchaus nicht zu rechtfertigen, nach allgemeinen Humanitätsprinzipien aber schlechterdings zu verwerfen, so muß namentlich das Eingepferchtsein der jungen Leute in die viel zu engen Schulstuben und das anhaltende, von früh bis Abends mit nur kurzen Unterbrechungen fortgesetzte Sitzen derselben auf den schmalen, engbeisammenstehenden Schulbänken in einer mit allerhand menschlichen Ausdünstungen imprägnierte Atmosphäre etc. das Mitleiden eines jeden Menschenfreundes rege machen und ich begreife es in der That nicht, wie Eltern es verantworten können, ihre Söhne dieser traurig eingerichteten Anstalt als Inquiliner[118] zu übergeben. Bedurfte es doch erst meiner offiziellen Berichterstattung an die vorgesetzte Behörde, um den Seminaristen nur hinreichende Beleuchtung zu verschaffen. Während es sich damals bloß um Conservierung der Sehkraft der Zöglinge handelte, gilt es jetzt einer weit wichtigeren Aufgabe, der Berücksichtigung ihrer Gesundheit überhaupt. Sind auch bis jetzt unter den Seminaristen zahlreiche Erkrankungen nicht vorgekommen, so zeigt doch die bleiche Gesichtsfarbe vieler dieser jungen Leute, daß diese Art der Erziehung auf die Entwicklung ihrer Organismen von nachtheiligem Einflusse ist.

Das Local der 21. Seminaristen der ersten und zweiten Classe ist 10. Ellen lang, $10^1/_2$ Ell. tief und $6^1/_2$ Ell. hoch und hat sonach einen Cubikinhalt von etwas über 600. Cub. Ellen. Das Local der 27. Seminaristen der 3. und 4. Classe ist $10^1/_4$ Ell. lang, $10^1/_2$ Ell. tief und $6^1/_2$ Ell. hoch.[119]

Das Schlimmste in der Bestimmung dieser Locale ist, daß dieselben den Zöglingen der Anstalt als Wohn- Arbeits- und Unterrichtszimmer zugleich angewiesen sind und daß die Schüler der erwähnten Classen sich von früh $5^1/_2$ Uhr an bis nach 9. Uhr Abends zur Hauptsache in einem und denselbem Raume befinden, wo im Winter von der Einrichtung einer angemessenen Ventilation keine Rede ist. In einzelnen Fächern, wie Orgelspiel etc., sind die Schüler nach Classen oder Abtheilungen getrennt und empfangen den Unterricht in den verschiedenen übrigen Räumlichkeiten. Das Frühstück, Mittags- und Abendbrod wird im Speisesaale eingenommen. Im Sommer können in den erwähnten beiden Wohn- Arbeits- und Unterrichtszimmern an sich 21. resp. 27. Schüler tagtäglich durchschnittlich 12 Stunden lang aufhalten, die Fenster fleißig geöffnet werden,[120] allein im Winter bei strenger Kälte dürfte das meist unmöglich, oder doch nur ungenügend ausführbar sein.

Berücksicht[igt] man nun, daß nach Prof. Pettenkofer in München einem Zimmer 200. mal mehr frische Luft zugeführt werden muß, als die von den Bewohnern ausgeathmete Luft beträgt, also 60 Cub[ik] Met[er] für je einen Menschen in einer Stunde wenn die Luft gut und gesund bleiben soll,[121] so läßt sich ungefähr bemessen, wie stark die Ventilation sein müßte, um die mehrgedachten [?] beiden Zimmer mit guter Luft zu versorgen.

Das Local für die 34. Proseminaristen ist $10^1/_2$. Ell. lang, $10^1/_2$. Ell. tief und $6^1/_4$. Ell. hoch. Darin werden die Schüler unterrichtet und arbeiten von 7.–9. Uhr früh, von 1–5, bez. 6 Uhr Nachmittags und von 7–9 Uhr Abends. Von 9–12 Uhr wird dieses Zimmer für die Seminarschule verwendet (um die Luft vollends noch zu verderben), während welcher Zeit die Proseminaristen sich in den sonst etwa freien Räumlichkeiten aufhalten. Um nun diese ungesunde Lebensweise, namentlich der Seminaristen, weniger schädlich zu machen, gibt es nur zwei Mittel und zwar

1.) die Einführung eines täglich mindestens einstündigen gymnastischen Unterrichts,

wobei den in der Entwicklung begriffenen jugendlichen Körpern Gelegenheit geboten wird, sich tüchtig auszuarbeiten (bekanntlich ein Haupterforderniß zu einer rationellen physischen Erziehung, das stets gebührende Berücksichtigung verdient, dem Sano ment in corpore sano[122]). Anstatt dessen haben die Seminaristen im Sommer wöchentlich zwei Stunden, im Winter dagegen keinen gymnastischen Unterricht. In letzterer Jahreszeit ist ihnen bei gutem Wetter ein täglicher [korrigiert: wöchentlicher] Spaziergang in der Dauer von einer Stunde nachgelassen, bei schlechtem Wetter fällt er jedoch aus. Es heißt immer, eine Turnhalle, sowie neue Räumlichkeiten sollen für das Seminar gebaut werden und gleichwohl macht Niemand Anstalten hierzu.

2.) Um aber das schädliche Verweilen in einem und denselben Raume (von früh bis Abends) zu verhüten,

müssen den Seminaristen zum Arbeiten besondere Wohnzimmer angewiesen werden,

während die Lehrzimmer nur für den Unterricht zu benutzen sind. Dann könnten diese Wohn- und Lehrzimmer wechselweise gelüftet werden und die der Anstalt anvertrauten Zöglinge wären vor der Verbuttung[123] sicher.

Die jetzige Einrichtung des Seminars muß unbedingt für gesundheitspolizeiwidrich erklärt werden.

Für die Kreisdirektion Zwickau, die schon seit 1857 mehrfach auf die baldige Umsetzung der Pläne zur baulichen Erweiterung des Seminars in Plauen hingewiesen hatte, kam der Bericht nicht ungelegen; sie leitete ihn deshalb am 31. März 1860 nach Dresden weiter. Das Kultusministerium

Das Seminargebäude um 1863, links der Erweiterungsbau. Im Dachgeschoss des Altbaues war der Schlafsaal für 40 Seminaristen.

wolle aus der abschriftlichen Beilage hochgeneigtest ersehen, in welcher Weise der Bezirksarzt Dr. Pfaff in Plauen in seinem allgemeinen Verwaltungsbericht auf das verflossene Jahr, über die Einrichtung des dortigen Seminars sich ausgesprochen und zu welchen Anträgen sich derselbe gedrungen gefühlt hat, um die erheblichen Nachtheile, welche nach seinem Dafürhalten mit der jetzigen Einrichtung für die Gesundheit der Zöglinge des Seminars nothwendig verbunden sind, thunlichst zu beseitigen. Ist nun auch eine gewisse Excentricität in dem was Dr. Pfaff vorträgt, nicht zu verkennen, so muß doch die Kreis-Direction aus eigener Wahrnehmung das, was in der Beilage über die allzu beschränkten Räumlichkeiten in dem Seminar gesagt ist, bestätigen, und sie glaubt daher nicht Anstand nehmen zu dürfen, die Bemerkungen des Bezirksarztes Dr. Pfaff, wie sie von ihm selbst ausgegangen sind, sowie dessen darauf gegründete Anträge zur Kenntniß des Königlichen Hohen Ministeriums zu bringen.[124]

Die Konsistorialbehörde schloss den Wunsch an, »daß der projectirte Erweiterungsbau recht bald zur Ausführung gebracht und dabei sorgfältig auf die Beschaffung vermehrter und ausreichend große Räumlichkeiten für Wohn- Arbeits- Unterrichts- und Krankenzimmer im Seminar bedacht genommen werde«.[125]

Kirchen- und Schulrat Dr. Döhner, der Verfasser des Schreibens, wies das Ministerium noch darauf hin, dass »der beabsichtigte Neubau nach dem Riß des Maurermeisters Vogel abermals zu klein angelegt« sei und einer Überarbeitung bedürfe. Die Behörde schloss sich den von Dr. Pfaff vorgeschlagenen Sofortmaßnahmen an und empfahl dem Ministerium die »alsbaldige Vermehrung des Turnunterrichts«. Schließlich wurde die Bitte ausgesprochen, das Ministerium möge sich auch verwenden für die »unverweilte Herstellung ausreichender Ventilation in den Zimmern der Seminaristen und eine fortwährende Zuführung frischer Luft zu denselben«, und auf das von Professor Pettenkofer in der Literatur vorgestellte Münchener Schulhaus verwiesen, wo dies »mit geringem Kostenaufwande und gutem Erfolge geschehen« sei.

Das Kultusministerium eröffnete der Kreisdirektion Zwickau am 1. Mai 1860, dass »mit dem daselbst beabsichtigten Erweiterungsbau sobald, als möglich, vorgegangen« werde. In nächster Zeit würde ein Kommissar abgeordnet,

> um sich mit der Kreisdirection wegen dieses Baues noch mündlich zu vernehmen, wobei auch die von dem Bezirksarzte Dr. Pfaff zu Plauen (...) gerügten, theilweise wenigstens schon längst erkannten Mängel der dermaligen Localitäten des Seminars, sowie die von demselben und beziehendlich von der Kreisdirection in ihrem Vortrag gestellten diesfallsigen Anträge Gegenstand weiterer Besprechungen sein werden.[126]

Das Ministerium kritisierte in seinem Schreiben, dass die von Dr. Pfaff »über die Handhabung des Internats beim Seminar zu Plauen im Allgemeinen gethane Aeußerung, so, wie sie gethan worden, seiner Stellung schwerlich entsprechen dürfte und überhaupt die exzentrische Art und Weise des gesammten Urtheils auffallend ist«, überließ es aber der Kreisdirektion, »denselben vorläufig hierüber in geeigneter Weise zu verständigen«. Dr. Döhner teilte dem Bezirksarzt am 12. Mai 1860 mit, dass der beabsichtigte Erweiterungsbau »sobald als möglich« errichtet werde, und reichte die Ministeriums-Einschätzung weiter, seine Äußerung über das Internat wäre »seiner Stellung nicht allenthalben angemessen«[127] gewesen. Der Bericht Dr. Pfaffs bewirkte die bereits erwähnte Entsendung des Kommissars Dr. Hübel am 4. Juli 1860 nach Plauen und trug zur vordringlichen Bearbeitung der aufgezeigten Probleme im Kultusministerium bei.

Die Kritik des Bezirksarztes an der »Handhabung des Internats beim Seminar zu Plauen« war zwar von den Behörden nicht gern gesehen, blieb aber für Dr. Pfaff folgenlos, da er sie in Ausübung seines Amtes vorgebracht hatte. Als er seine Ansichten in einer in Berlin erscheinenden Fachzeitschrift unter Bezugnahme auf die am Seminar zu Plauen herrschenden Zustände vertrat, überschritt er jedoch seine Befugnisse. Im Beitrag ›Das Internat in öffentlichen Schulanstalten von medicinalpolizeilichem Standpunkte aus betrachtet‹[128] mit der Verfasserangabe »Bezirksarzt Dr. Pfaff in Plauen« übernahm er wortgenaue Passagen seines Jahresberichtes und erweiterte die Argumentation mit der brisanten These: »Ein anderes, noch ungleich wichtigeres, medicinalpolizeiliches Bedenken gegen den Werth des Internats liegt darin, dass durch das enge Beisammenwohnen junger Leute sexuelle Verirrungen leicht einreissen.« Mit anderen Worten: das Internat fördere die sexuelle Selbstbefriedigung, die Onanie, unter den Zöglingen!

Erst einige Monate später erfuhr das Kollegium der Kreisdirektion Zwickau durch einen Hinweis ihres »Medicinal-Beisitzers«[129] von dem Beitrag. Medizinalrat Dr. med. Rudolf Biedermann Günther (1828–1905), ein ortsansässiger Geburtshelfer, gab am 25. Juli 1860 ein Exemplar »zur Kenntnis« mit dem »ganz gehorsamsten Ersuchen (...), die beigeschlossene Druckschrift seiner Zeit an den Unterzeichneten zurück gelangen zu lassen«.[130] Die Konsistorialbehörde reagierte am 2. August 1860 mit einem Schreiben an Dr. Pfaff, in dem sie ihn aufforderte, er solle erklären, weshalb er Beschuldigungen, »selbst wenn sie begründet wären, (...) öffentlich und noch dazu in einer ausländischen Zeitschrift« erhoben habe. Gleichzeitig wird der Seminardirektion in Plauen der Aufsatz zur Kenntnis gebracht, worauf eine für die Zöglinge entwürdigende Untersuchung in Gang gesetzt wird, auf die noch einzugehen ist.

In seinem der Kreisdirektion Zwickau am 10. August 1860 erstatteten Bericht versicherte der Arzt, er könne »jedes Wort und jeden Gedanken« seines Aufsatzes verantworten, da »alle Angaben auf Thatsachen beruhen und da nicht das Geringste davon aus der Luft gegriffen ist«. Und weiter:

> Ich habe es für meine Pflicht gehalten, Recherchen anzustellen, ob das Internat in medicinalpolizeilicher Beziehung zu rechtfertigen ist, oder nicht und ich bin hierbei zu Resultaten gelangt, die mich in Erstaunen versetzt haben. Ich kenne die Zahl derjenigen Zöglinge des Seminars, die sich geschlechtlichen Verirrungen hingaben und die im Seminar lediglich durch das enge Beisammenleben junger Leute von der Seuche angesteckt worden sind. Ich habe mir als Arzt und Medicinalbeamter vertrauensvolle Mittheilungen von einzelnen Seminaristen eingeholt und weiß Alles, was mir in dieser Hinsicht zu wissen nöthig ist, allein ich darf davon, um nicht die erste Pflicht des Arztes zu verletzen und indiscret zu sein, auch meiner hohen vorgesetzten Behörde nur Allgemeines referiren, denn ich will und werde Niemanden unglücklich machen. Nein! ich habe ja nur das Wohl der jungen Leute im Auge. Aus demselben Grunde habe ich mich auch in dem beregten Aufsatze nur ganz allgemein gehalten, um Niemandem zu nahe zu treten. Aus meiner Ueberzeugung glaubte ich gegen das Internat auftreten zu müssen.

Falls die Behörde »speciellere Angaben« wünsche, würde er nach Zwickau kommen um dem Kreisdirektor »privatim die Details mitzutheilen«.

In einem gesonderten Schreiben vom selben Tag an Kreisdirektor Bruno von Schimpff (1807–1871) betonte Dr. Pfaff, er habe »seit Jahr und Tag nicht bloß hier in Plauen Recherchen angestellt, sondern auch von anderen, theils in- theils ausländischen Schulen, wo das Internat eingeführt ist, Erkundigungen eingezogen« und es für seine »Christenpflicht (gehalten), einen Aufsatz in die Welt zu schicken, um das principiell unhaltbare Einsperrungssystem bei der Jugenderziehung wankend zu machen«. Abschließend bemerkte der Bezirksarzt, er »habe dabei nur das Mißfallen (seiner) hohen vorgesetzten Behörde geerntet. Sic eunt fata hominum!«[131]

Mit seiner Bemerkung spielte er darauf an, dass ihm »wegen eines Hinüberziehens eines zu seinem amtlichen Wirkungskreise gehörigen Gegenstandes auf das schriftstellerische Gebiet vom Ministerium des Innern unterm 22. Juli 1860 eine Rüge und allgemeine Verständigung zu Theil geworden«[132] war. Von diesem Disziplinarverfahren wussten aber weder die Kreisdirektion Zwickau noch das Kultusministerium. Letzteres sah sich im September 1860 veranlasst, den Dr. Pfaff betreffenden Vorgang »auch zur

Kenntniß des Ministerii des Innern zu bringen«.[133] Ein weiteres Einschreiten der Behörden machte sich nicht mehr erforderlich. Schon in seiner Stellungnahme am 10. August 1860 hatte der Arzt der Konsistorialbehörde resigniert zugesichert: »Meine Feder soll in Zukunft Ruhe haben. So wird der Adler flügellahm und so bleibt dem Vulkan Nichts übrig, als ein stiller Berg mit Schlacken und Asche!«

Prüfungen

Schon wenige Wochen nach dem Eintritt in das Plauener Seminar am 4. Juni 1860 konnte der Zögling Karl May zu Eltern und Geschwistern zurückkehren, am 13. Juli begannen nach Unterrichtsschluss die Sommerferien. Die Bahnverbindung mit Umsteigen in Zwickau war sehr günstig, täglich verließen fünf Züge Plauen in Richtung Leipzig.[134] Ob die freien Tage in Ernstthal für May unbeschwert verliefen, wissen wir nicht. Keinesfalls aber war das Ferienende ungetrübt, denn seine jüngste Schwester Emma Maria starb fünf Monate nach ihrer Geburt am 5. August 1860 an Hirnschlag.[135] Da am nächsten Tag für ihn wieder der Unterricht in Plauen begann, muss davon ausgegangen werden, dass er an der Beisetzung »in aller Stille« am 8. August nicht teilnehmen konnte.

Während der Seminarferien hatte König Johann von Sachsen (1801–1873) auf seiner Sommerreise am 21./22. Juli 1860 auch Plauen besucht. So entging den Schülern die Gelegenheit, Augenzeugen der Begrüßung des Monarchen in der Vogtlandstadt zu sein. Ebenfalls noch in den Ferien wurde Oberlehrer Kühn, der für Direktor Wild bis Ende August die Amtsgeschäfte führte, von der Kreisdirektion Zwickau über die von Bezirksarzt Dr. Pfaff veröffentlichten Beschuldigungen in Kenntnis gesetzt.

Nach ihrer Rückkehr aus den Ferien wurden die Zöglinge anscheinend zunächst nicht zur Rede gestellt. Am 26. August 1860 fuhr Kirchen- und Schulrat Dr. Döhner nach Plauen, »um über die durch den Bezirksarzt Dr. Pfaff daselbst zur Sprache gekommene Seuche der Onanie im dortigen Seminar genaue Erörterungen in möglichst vorsichtiger Weise anzustellen«.[136] Nach einem ersten Gespräch mit Direktor Wild, der für einen Tag seinen Urlaub unterbrochen hatte, traf sich Dr. Döhner am nächsten Morgen mit dem Bezirksarzt und erfuhr von ihm, »daß das fragliche Übel in höchst beklagenswerther Weise unter einer großen Menge der Seminaristen herrschend sein solle«. Zusammen mit Oberlehrer Kühn untersuchte Dr. Döhner die Betten im Schlafsaal und fand einige »befleckt«.

In einer Seminarkonferenz wird das Thema ausgiebig behandelt. In einer Befragung des Seminaristen Hantsche aus Mays Klasse, er war wohl auch die Quelle des Bezirksarztes, erfährt Dr. Döhner, »daß wohl an die Hälfte (…) des Seminars der Onanie verfallen wären«. Von einer Bestrafung wird abgesehen, Oberlehrer Kühn jedoch aufgefordert, »unter Zuziehung

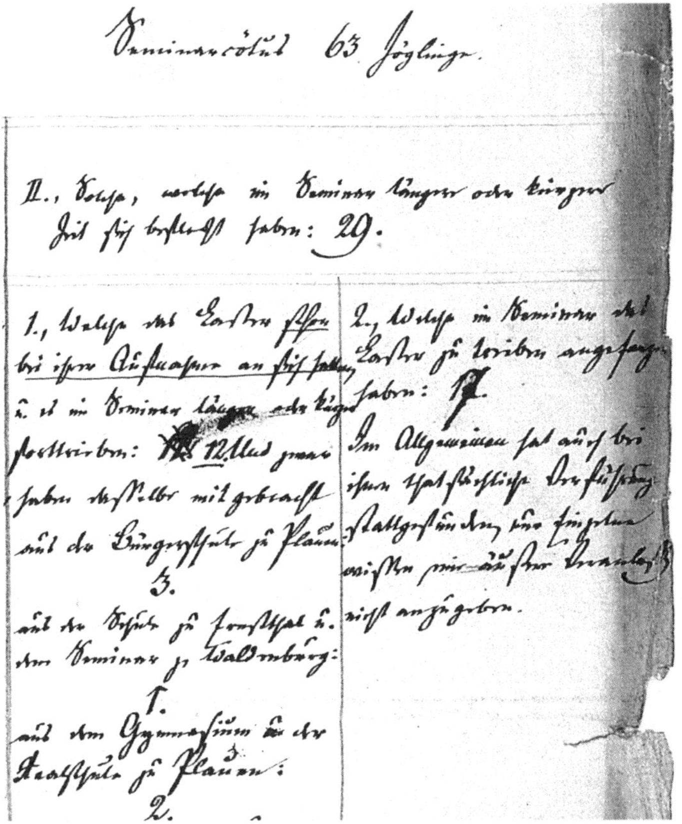

Seminarcötus 63 Zöglinge.

II., Solche, welche im Seminar länger oder kürzer Zeit sich befleckt haben: 29.

1., Welche das Laster schon bei ihrer Aufnahme an sich hatten u. es im Seminar länger oder kürzer forttrieben: 12. Und zwar haben dasselbe mit gebracht aus der Bürgerschule zu Plauen: 3. aus der Schule zu Ernstthal u. dem Seminar zu Waldenburg: 1. aus dem Gymnasium u. der Realschule zu Plauen: 2.	2., Welche im Seminar das Laster zu treiben angefangen haben: 17. Im Allgemeinen hat auch bei ihnen thatsächliche Verführung stattgefunden …

Auszug aus Untersuchungs-Tabelle zur ›Onanie-Affaire‹ am Seminar Plauen.

der beßeren und unbefleckt gebliebenen Zöglinge so viel als irgend möglich auf die Rettung der Onanisten bis zur Rückkehr des Directors hin zu wirken«.[137]

Zurückgekehrt aus Plauen informierte Dr. Döhner am 28. August 1860 in einer Niederschrift die Kreisdirektion Zwickau über das Ergebnis seiner Dienstreise. Pflichtgemäß erstattete die Konsistorialbehörde am 3. September dem Kultusministerium Bericht über die Veröffentlichung Dr. Pfaffs und die Erörterungen zu den »sexuellen Verirrungen« der Seminaristen in Plauen. Dem Bericht wurden Döhners Schreiben und eine Liste mit dem Untersuchungsergebnis des Plauener Seminarcötus beigefügt, aus der hervorgeht, dass auch Karl May zu den ›Onanisten‹ gehörte. In der Rubrik »Welche [Seminaristen] das Laster schon bei ihrer Aufnahme an sich hatten u. es im Seminar länger oder kürzer forttrieben« (12 von 63) findet sich die Eintragung: »Und zwar haben dasselbe mit gebracht (…) aus der Schule zu Ernstthal u. dem Seminar zu Waldenburg: 1.«[138] In dieser für ihn peinlichen Situation kommt Karl May wohl psychisch aus dem Gleichgewicht, »läßt sich Mancherlei gegen die Ordnung des Seminars zu Schulden kommen« und erhält, da er »auch eine außerordentliche Neigung zur Lüge zu haben« scheint, die bereits erwähnte Schulstrafe.

Nachdem sich das Kultusministerium am 25. September 1860 mit dem im Vortrag »ausgesprochenen Gutachten der Kreis-Direction allenthalben einverstanden« erklärt hatte und es ihr überließ, »darnach das Weitere in der Sache zu verfügen«,[139] wies sie am 10. Oktober 1860 Direktor Wild an, »von allen und jeden Strafmaßregeln gegen die Gefallenen« abzusehen, aber »der Gefallenen fernerweit (...) seelsorglich und sonst beiräthig und helfend sich anzunehmen, überhaupt aber der sorgfältigsten Beaufsichtigung aller Zöglinge in der fraglichen Hinsicht und sonst sich zu unterziehen, damit der traurigen Verirrung nachhaltig begegnet und die sittliche Unbescholtenheit der Besseren gewahrt bleibe«.[140] Wie diese ›Hilfe‹ aussah, ist in dem Protokoll der Seminarkonferenz vom 20. Oktober 1860 nachzulesen:

Das Lehrercollegium versichert Alles, was in seinen Kräften steht, thun zu wollen, um diesen Verirrungen vorzubeugen, und den Gefallenen wieder aufzuhelfen. Der Director hat die Betr[offenen] bereits schon vorgenommen, theils soll es noch geschehen, u[nd] hat in ernster, väterlicher Weise über diese Sünde und ihre Folgen mit ihnen geredet; auch haben dieselben ihm versichert, daß sie gegenwärtig die betr. Sünde nicht mehr trieben.[141]

Als Wild einen Monat später in der Konferenz das Lehrerkollegium fragt, »welche Wahrnehmungen dasselbe bezüglich der sexuellen Verirrungen gemacht habe«, erklären ihm die Kollegen,

daß, soweit menschliche Augen sehen, es besser geworden sein müßte und daß sich nur bei einzelnen noch aus momentaner Geistesabwesenheit in den Lectionen ein Schluß auf das Vorhandensein der Sünde machen lasse. Die meisten Lehrer haben nicht nur während des Unterrichts häufig der Sache Erwähnung gethan, sondern auch die Verdächtigen durch Einzelgespräche zur Vermeidung der Sünde zu bestimmen gesucht.[142]

Welchem Druck in jenen Monaten die Schüler des Plauener Seminars und Proseminars, auf das die Untersuchung noch ausgedehnt wurde, ausgesetzt worden sind, lässt sich nur erahnen. Karl May wohnte zu jener Zeit noch im Logenhaus. In die Befragungen sind die Externen ausnahmslos mit einbezogen worden, einer unmittelbaren ›Kontrolle‹ konnten sie jedoch nicht unterzogen werden. Möglicherweise gehörte auch May zu der Gruppe von Seminaristen, über die Direktor Wild im Jahresbericht 1860 schrieb:

(...) die Andern betheuerten, daß sie, seitdem sie zur Erkenntniß der Verwerflichkeit und Schädlichkeit der Verirrung gekommen seien, sich fest vorgenommen hätten, sich nie wieder in der Art zu versündigen, und daß sie diesem Vorsatze bisher treu geblieben seien. Nachdem sie diese Erklärung auf die Erinnerung, daß sie dieselbe als im Angesichte Gottes gegeben ansehen sollten, wiederholt und mit ihres Namens Unterschrift bekräftigt hatten, wurden sie eindringlich ermahnt, ohne Unterlaß zu wachen und zu beten, um nicht wieder auf den Weg des Verderbens zu gerathen.[143]

Mit den anhaltenden Repressionen am Seminar wurde das ›Ziel‹ erreicht. Die Kreisdirektion Zwickau konnte am 7. Januar 1861 dem Ministerium in einem ›Inserat‹ »höchst erfreulich« anzeigen, »daß Wild und Kühn gleich eifrig bemüht gewesen sind, die der Onanie verfallenen Zöglinge zu retten und daß sie hoffen dürfen, die Mehrzahl der Verirrten sittlich gekräftigt zu haben«.[144] Auf Nachfrage Dr. Döhners während seines Plauen-Aufenthaltes anlässlich der Wahlfähigkeitsprüfung am 30. Mai 1861 wird ihm vom Lehrerkollegium versichert, »daß Nichts entdeckt worden sei, was zu der Vermuthung berechtigen könnte, daß dieses Laster noch in der Anstalt verbreitet sei, und daß höchstens Einzelnen in dieser Beziehung noch nicht ganz getraut werden könne«.[145]

Für die Seminaristen in Plauen gibt es nur wenige Abwechslungen im Schulalltag. Zu ihnen gehört die alljährliche Feier des Geburtstages des Königs Johann von Sachsen, an der Karl May am 12. Dezember 1860 teilnimmt. Oberlehrer Kühn hält die Festrede, die Seminaristen der ersten Klasse gestalten die Feierstunde mit Vorträgen und der Aufführung von Musikstücken.[146] Anschließend nehmen das Lehrerkollegium und die Zöglinge ein aus staatlichen Mitteln finanziertes Mittagessen gemeinsam ein. Am 22. Dezember 1860 beginnen die Weihnachtsferien, Karl May kann nach mehr als vier Monaten für kurze Zeit in die Geborgenheit der Familie zurückkehren. Am 2. Januar 1861 wird der Unterricht in Plauen wieder aufgenommen. Da die Seminarordnung keine Heimfahrten außerhalb der Ferien vorsieht, kann er auch nicht am 10. Februar 1861 in Ernstthal dabei sein, als seine ältere Schwester Auguste Wilhelmine den Weber Friedrich August Hoppe (1835–1889) heiratet.

Die Lehrerausbildung nimmt ihn ohnehin voll in Anspruch, denn mit dem zu Ende gehenden Schuljahr 1860/61 steht im Seminar, im Proseminar und in der angeschlossenen Übungsschule die Hauptprüfung an. Am 21. Februar 1861 stellt Oberlehrer Kühn der zweiten Klasse und damit auch Karl May für den stilistischen Aufsatz das Thema: »Gott grüßt wohl, wenn der Mensch nur dankte.«[147] Nur wenige Tage nach Mays 19. Geburtstag, am 28. Februar, fertigte die zweite Klasse ihre katechetische Arbeit. Oberlehrer Kühn bot den Seminaristen Bibeltexte aus den Evangelien zur Auswahl an: »Luc. 15, 11–32 der verlorne Sohn. – Luc. 13, 6–9 das Gleichniß vom Feigenbaum. – Matth. 25, 31–46 Das Weltgericht.« Ob wohl der spätere Schriftsteller schon in Plauen über den ›verlornen Sohn‹ schrieb, mehr als zwei Jahrzehnte, bevor er das biblische Thema in einem Lieferungsroman für den Verleger H. G. Münchmeyer aufgriff?

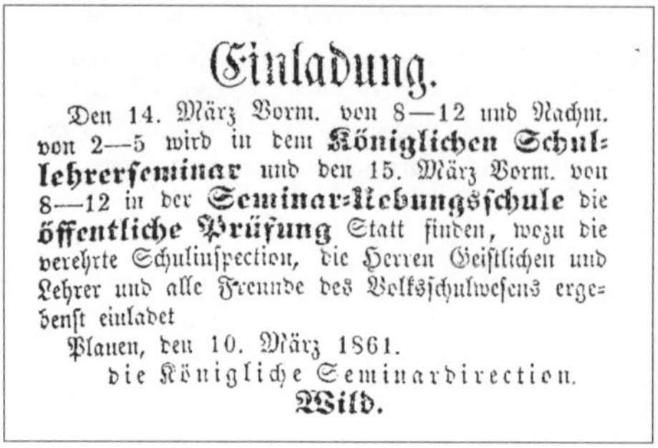
Einladung.

Den 14. März Vorm. von 8—12 und Nachm. von 2—5 wird in dem **Königlichen Schullehrerseminar** und den 15. März Vorm. von 8—12 in der **Seminar-Uebungsschule** die **öffentliche Prüfung** Statt finden, wozu die verehrte Schulinspection, die Herren Geistlichen und Lehrer und alle Freunde des Volksschulwesens ergebenst einladet

Plauen, den 10. März 1861.

die Königliche Seminardirection.

Wild.

Voigtländischer Anzeiger (Plauen) vom 12. März 1861

Am 5. März schloss sich die schriftliche Mathematik-Prüfung an. Als geometrische Aufgaben wurden der zweiten Klasse gestellt: »Durch einen gegebenen Punct eine Parallele zu einer Gerade zu ziehen« sowie »Eine Raute in vier gleichgroße Schrägraute(n) mit gegebener Seite zu verwandeln«. Mit den zu lösenden arithmetischen Aufgaben hatte die zweite Klasse ihre Kenntnisse in der »Termin-, Procent- und Gesellschaftsrechnung« nachzuweisen.[148] Als musikalische Arbeit wurde am 9. März schließlich Mays Klasse aufgegeben, »den Choral ›Großer Prophet, mein Herze begehrt‹[149] nach dem gegebenen bezifferten Basse auszusetzen u[nd] mit dem Grundbasse, sowie mit Zwischenzeilen[150] zu versehen«. Unter Anleitung von Oberlehrer Kell hatten alle Seminaristen zuvor Zeichnungen angefertigt, die sie zusammen mit den unter Leitung von Lehrer Böhringer erstellten kalligraphischen Vorlagen zur Bewertung einreichten.

Zur öffentlichen Prüfung am 14. und 15. März 1861 im Seminar Plauen und in der Übungsschule lud Direktor Wild mit einer Annonce im ›Voigtländischen Anzeiger‹ die »verehrte Schulinspection, die Herren Geistlichen und Lehrer und alle Freunde des Volksschulwesens ergebenst ein«.[151] Am 14. März um 8 Uhr beginnt unter dem Vorsitz von Kirchen- und Schulrat Dr. Döhner, der vom 11. bis 13. März schon die Schulamtskandidatenprüfung abgenommen hatte, die mündliche wissenschaftliche Prüfung der Seminaristen. Direktor Wild prüft über das IV. Hauptstück von Luthers Kleinem Katechismus und die Grundbegriffe der Psychologie, Kühn über

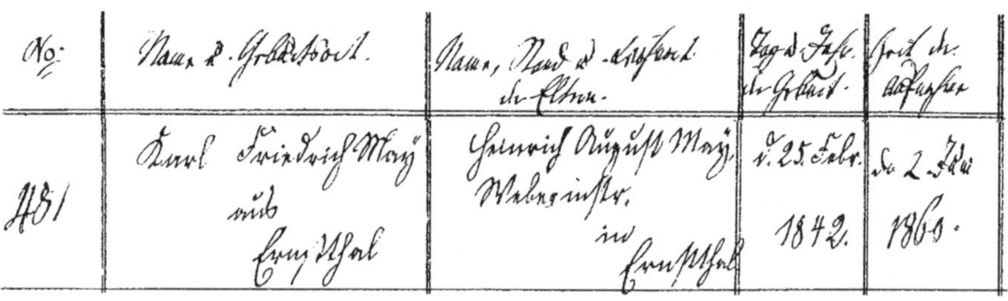

No:	Name u. Geburtsort.	Name, Stand u. Aufenthalt der Eltern.	Tag u. Jahr der Geburt.	Zeit der Aufnahme
481	Karl Friedrich May aus Ernstthal	Heinrich August May, Webermeister, in Ernstthal	d. 25. Febr. 1842.	d. 2. [illegible] 1860.

Auszug aus dem Plauener Matrikel. Die Angaben zum Aufenthalt, Prüfungsergebnis und Nachträge sind von Seminardirektor Wild, die Personalien von May selbst eingetragen worden.

die Geographie von Europa und Katechetik, Kell über Drei- und Vierecke sowie Mineralogie. Zum Schluss lässt Dr. Döhner einige Kirchenlieder rezitieren. Nachmittags findet die musikalische Prüfung (Violine, Generalbass, Klavier und Orgel) statt. Unter Beiziehung der Proseminaristen werden noch einige Choräle und Motetten gesungen. Die Gesamteinschätzung der Prüfungen: »Bezüglich der an den Tag gelegten Leistungen sprach der Herr Vorsitzende seine volle Zufriedenheit aus.«

In der Abschlusskonferenz der Prüfungskommission wird auch über die Vergabe der Stipendien entschieden. Aus Staatsmitteln standen dem Seminar 600 Taler zur Verfügung, die in Zuwendungen zwischen 12 und 14 Taler aufgeteilt werden. Von Mays Mitschülern erhalten Wild, Kramer, Költzsch, Ziegner, Hantsche und Löhnert im neuen Schuljahr diese Förderung. Unberücksichtigt bleiben aus seiner Klasse die Seminaristen Hertel, Ludwig und Valtin. In der am 20. März 1861 abgehaltenen Seminarkonferenz wird May entsprechend seinen Zensuren[152] auf den siebenten Rang (von 10) gesetzt, sämtliche Schüler rücken in die erste Klasse auf. »Nachdem den Sem[inaristen] Obiges mitgetheilt, wurden ihnen ihre Censuren überreicht mit dem Bemerken, dieselben von ihren Vätern, resp. Vormünden unterschreiben zu lassen, u[nd] dieselben nach den Ferien dem Dir[ector] vorzuzeigen.«[153] Am 26. März fuhren die Schüler nach dem Unterricht in die Osterferien.

Mit dem Beginn des neuen Schuljahres am 8. April 1861 kam es zu einigen Änderungen am Seminar. Da nach § 42 der 1857 erlassenen Landes-Seminarordnung »alle Seminarlehrer mit Einschluß des Directors zugleich auch Seminarschullehrer« sein sollten, wurde die gesonderte Lehrerstelle für die angeschlossene Übungsschule auch in Plauen abgeschafft. Das Kultusministerium versetzte zu Ostern 1861 Seminarschullehrer Böhringer als Kantor an die Fürstenschule zu Grimma und schuf als Ersatz eine vierte Seminarlehrer-Stelle in Plauen, die erst nach Fertigstellung des Erweiterungsbaues eingerichtet werden sollte. Auf Vermittlung von Dr. Döhner erhielt sie Kantor Louis Lohse aus Mylau (Vogtland). Am 8. April wurden

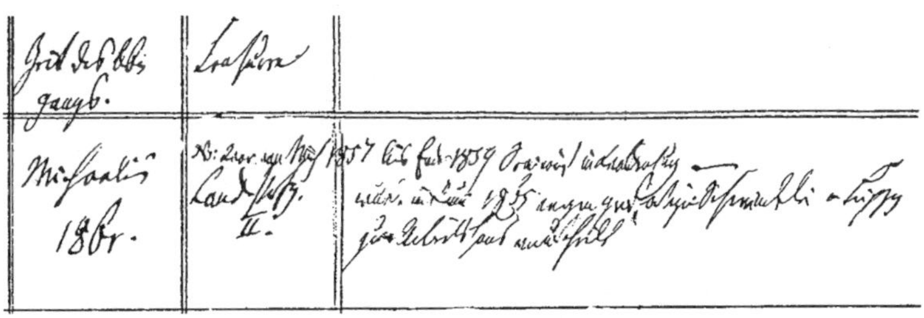

er und Hilfslehrer Ernst Lohse in ihre neuen Ämter eingewiesen.[154] In der Nachfolge Böhringers unterrichtete nun Seminarlehrer Lohse Karl May im Klavierspiel, Hilfslehrer Lohse übernahm den Unterricht im Schreiben. Zu Ostern 1861 war der Turnlehrer Karl Friedrich Wilhelm Schubert durch das Ministerium an die Gymnasial- und Realschulanstalt Plauen berufen worden. Er hatte auch sechs Wochenstunden Turnunterricht am Seminar und Proseminar zu erteilen. Da das Kultusministerium August Wilhelm Kühn zum Direktor des ›Freiherrlich von Fletcher'schen Seminars‹ in Dresden berufen hatte, unterrichtete ab 3. Juni 1861 der neue Plauener Vizedirektor Wilhelm Leopold Große, zuvor Direktor der Bürgerschule zu Buchholz, Mays Klasse in Katechetik, Deutsch und Predigtlesen. Den Geographieunterricht Kühns übernahm Hilfslehrer Lohse.

Die Beseitigung eines Personalproblems des sächsischen Volksschulwesens wirkte sich auch auf Karl Mays Lehrerausbildung aus. Die anwachsende Bevölkerung im Königreich Sachsen erforderte ständig die Schaffung neuer Lehrerstellen, jedoch fehlte es bald an ausgebildeten Pädagogen. Aus Erhebungen des Kultusministeriums wurde Anfang 1860 sichtbar, dass allein im Verantwortungsbereich der Kreisdirektion Zwickau in jenem Jahr 67 Lehrerstellen neu besetzt werden mussten, aber aus den drei Seminaren des Verwaltungsbezirkes nur 28 Abgänger zu erwarten waren.[155] Für das gesamte Königreich bestand ein Missverhältnis von 502 zu 250 Stellen. Diese Vakanzen sind notgedrungen von Lehrern des Ortes oder der Nachbarorte mit verwaltet worden, auch wurde auf emeritierte Kollegen und fähige Seminaristen der Oberklasse zurückgegriffen. Um diesem akuten Lehrermangel entgegenzuwirken, verfügte das Kultusministerium am 10. Januar 1861 in einem Schreiben an alle Konsistorialbehörden als Sofortmaßnahme »die Veranstaltung außerordentlicher Schulamtskandidaten-Prüfungen für ausgezeichnete Zöglinge der Oberklasse vor der gewöhnlichen Prüfungsres[pective] Abgangszeit«.[156] Gedacht war an eine »bis zweimal vorzunehmende Ausnahmemaaßregel (…), welche dem drückendsten Nothstand sofort begegnen und über die Zwischenzeit hinweghelfen sollte, bis durchgreifendere Veranstaltungen ihre wohlthätigen Wirkungen äußern könnten«.[157]

Da die Schulamtskandidatenprüfungen in Plauen in der Regel zu Ostern stattfanden, wurde auf einen Vorschlag des Direktors Wild hin vom Ministerium der Kreisdirektion Zwickau die Möglichkeit eingeräumt, die Extraprüfung auf die Zeit um Michaelis zu verlegen und »die ganze erste Klasse mit Ausnahme besonders Zurückgebliebener, der Abgangsprüfung zu unterwerfen«. Alle nachfolgenden Klassen konnten dann aufrücken, die letzte Seminarklasse sollte durch Übernahme von Proseminaristen gebildet und die Präparandenanstalt durch Neuaufnahmen wieder aufgefüllt werden. »Ganz dasselbe Verfahren würde dann noch einmal zu Ostern 1862 zu wiederholen und damit die Ausnahmemaaßregel zu schließen sein, worauf dann wieder einjährige Aufnahme- und Abgangspausen und einjährige regelmäßige Unterrichtscurse eintreten würden.«

Die Konsistorialbehörde griff den Vorschlag auf und setzte ihn um. In der Seminarkonferenz am 4. Mai 1861 wurden die »nothwendig werdenden Modificationen im Lehrplan« beraten und ein neuer Lektionsplan aufgestellt. Das Lehrerkollegium wies jedoch darauf hin, »daß in den technischen Unterrichtsfächern der bisher erreichte Grad von Fertigkeit nicht zu erlangen sein wird; was die wissenschaftlichen Fächer anlangt, so sind in mehreren, wie Religion, Bibelkunde, Physik, Mathematik, Generalbaß, deutsche Sprache die einzelnen Penßen [Pensen] nicht in der bisherigen Ausführlichkeit zu behandeln«.[158]

Für die beiden Oberklassen werden wöchentlich Zusatzstunden in den Fächern Pädagogik, Katechetik, Geschichte und Naturbeschreibung festgesetzt, aber gleichzeitig, »um die Lehrer nicht mit Lehrstunden zu überbürden«, die bisher in den beiden Oberklassen erteilten sechs Stunden Deutschunterricht auf vier Stunden reduziert. Die Aufsichtsbehörde stellte jedoch die Forderung auf, dass die »ausfallenden und dem Privatfleiße der der Zöglinge zu überlassenden monatlichen Repetitionen von den betreffenden Lehrern möglichst überwacht werden«[159] sollen.

Als sich Karl May in den Pfingstferien vom 17. bis 30. Mai 1861 in Ernstthal aufhielt, konnte er zu Hause von der sich ihm bietenden Chance einer vorgezogenen Abschlussprüfung berichten. Die durch den Wechsel des Seminars verlorenen Monate würden dann kompensiert werden und er könnte seine Ausbildung zu Michaelis 1861 beenden, als wäre er in Waldenburg geblieben. Wegen des in kurzer Zeit zu vermittelnden Lernstoffes wird den Seminaristen der Oberklasse ein verstärktes Selbststudium abverlangt, auch soll »die Privatrepetition von Seiten der Seminarlehrer besonders überwacht werden«.[160] In der Seminarkonferenz am 6. Juli 1861 wurde für die Sommerferien der Zeitraum vom 20. Juli bis 10. August festgesetzt.

Wegen der für die Ferien zu gebenden Aufgaben einigte man sich dahin, dieselben mäßig zu ertheilen, u[nd] zwar soll die 1. Classe die zur Prüfung nöthigen Zeichnungen, Vorschriften u. Biographien liefern. (...) Nach Vorladung der 1. Classe wurde derselben bekannt gemacht, daß sie in Hinsicht der bevorstehenden Präsentation zur Prüfung die dazu nöthigen Arbeiten während der Ferien zu liefern, überhaupt allen Fleiß auf die eigene Ausbildung anzuwenden haben.[161]

Die Seminaristen sind noch in den Ferien, da wünscht schon Dr. Döhner »davon unterrichtet zu sein, wie viel Seminaristen zu der demnächst bevorstehenden Extraprüfung, welche man am 23. September dieses Jahres abzuhalten gedenkt, zugelassen werden sollen, und sieht hierüber umgehend einer kurzen Anzeige der Seminardirection entgegen«.[162] Nach Einschätzung von Direktor Wild hat die gesamte Oberklasse das notwendige Rüstzeug und er meldet nach Zwickau, dass »höchst wahrscheinlich 10 Seminaristen werden zugelassen werden können«.[163] Schließlich wird der Termin noch kurzfristiger angesetzt. »Zur Abhaltung der Extraprüfung an dem Seminar in Plauen sind der 9. September d. J. und die nächst folgenden Tage bestimmt«,[164] wird Direktor Wild am 9. August 1861 von der Kreisdirektion Zwickau mitgeteilt. Auch seien zu dieser Prüfung Präceptor Christoph Traugott Klaus aus Gösen bei Eisenberg im Herzogtum Altenburg und Schulamtsadspirant Karl Hermann Köhler, derzeit Vikar in Gürth bei Bad Elster, vorgeladen.

Die Seminarkonferenz beschließt am 17. August, sämtliche Schüler der ersten Klasse der Kreisdirektion Zwickau als Kandidaten für die außerordentliche Abgangsprüfung zu melden. Die Klasse wird vor die Konferenz geladen, und die Schüler erklären dem Kollegium, die Prüfung bestehen zu wollen. Hinsichtlich der Sitten soll Karl May die zweite Zensur erhalten, vorausgesetzt, dass bis zur Prüfung »nichts vorkomme«.[165]

Am Montag, dem 9. September 1861, begann am Seminar Plauen die Schulamtskandidatenprüfung,[166] der sich mit Ausnahme des Externen Christoph Traugott Klaus alle angemeldeten Schüler stellten. Für May und seine Eltern war die Prüfung mit zusätzlichen Ausgaben verbunden: *Das Examen hatte einen Frackanzug erfordert, für unsere Verhältnisse eine kostspielige Sache.*[167] Der Königlichen Prüfungskommission gehörten Direktor Wild und das Lehrerkollegium an, den Vorsitz übernahm Kirchen- und Schulrat Dr. Döhner. Er gab den Kandidaten am ersten Tag zur schriftlichen Erörterung das Thema: »Was spricht für und gegen die Schulpflichtigkeit der Kinder von ihrem 7. Lebensjahre an?« Nachmittags schreiben die Examinanden Entwürfe zu den für die praktische Prüfung erforderlichen Katechesen und Probevorträgen und lösen einige Rechenaufgaben.

Am zweiten Tag beginnt die mündliche Prüfung, die in zwei Abteilungen stattfindet. Karl May gehört zur zweiten Gruppe, die erst am Donnerstag (12. September) endgültig geprüft wird. Dafür absolviert seine Gruppe (Költzsch, May, Löhnert, Hertel, Valtin) an jenem Dienstag das musikalische Examen. May muss den Choral ›Himmel, Erde, Luft und Meer‹[168] zur Hälfte nach angegebenem bezifferten Bass, zur anderen Hälfte nach zu suchendem bezifferten Bass aussetzen und dazu ein Präludium komponieren. Danach wird er im Klavier- und Orgelspiel und in der Harmonielehre geprüft. Am Mittwoch, dem 11. September 1861, ist die Schulamtskandidatenprüfung unterbrochen, da an jenem Tag mit einer »außerordentlichen Receptionsprüfung« Nachwuchs für die Präparandenanstalt gesucht wurde; von den Bewerbern konnten 18 als Proseminaristen aufgenommen werden.[169]

Nach dem prüfungsfreien Tag eröffnete am Donnerstagvormittag Vorsitzender Dr. Döhner die mündliche wissenschaftliche Prüfung. Seminardirektor Wild examiniert die Kandidaten in Religion (Vorbereitungen auf das Erlösungswerk: Paulus-Briefe und messianische Weissagungen) und pädagogischen Fragen, Dr. Döhner in Schulkunde (u. a. Bestimmungen des Besserungsverfahrens gegen unwürdige Lehrer), Vizedirektor Große in Weltgeschichte (Danielsche Gesichte, Überblick über die vier Weltreiche); Seminarlehrer Lohse lässt sich ausgezeichnete Industriestädte Sach-

Prüfungs-Zeugniss.

Karl Friedrich May

aus Ernstthal, evangelisch-lutherischer Confession, Zögling des Königlichen Seminars zu ~~Plauen~~ Waldenburg von Mich. 1857 bis Ende 1859 u. zu Plauen bis ~~vom~~ 2. Juni 1860 bis Mich. 1861 ~~18~~ jetzt 19½ Jahr alt, hat sich bei der vor unterzeichneter Prüfungscommission am 9. u. 12. Sept. 1861 mit ihm angestellten Candidaten Prüfung in Betreff

1. der einem Schullehrer nöthigen (theoretischen) Kenntnisse und Einsichten, und zwar in Bezug auf
   a) Religion (christliche Glaubens- und Sittenlehre, Bibelkenntniß rc.) gut mit Ausz.
   b) deutsche Sprachbildung gut
   c) Rechnen gut b
   d) Formenlehre (element. Raumlehre) gut
   e) gemeinnützige Realkenntnisse (namentlich in Geschichte, Erdbeschreibung und Naturkunde) gut
   f) Grundsätze der Erziehungs- und Unterrichtslehre gut
   g) specielle Methodik gut
   h) Katechetik gut b
   i) Volksschulkunde vorzüglich b

2. der nöthigen technischen Fertigkeiten, und zwar in Bezug
   a) auf Schönschreiben gut b
   b) auf Zeichnen gut
   c) auf Singen und Violinspiel gut mit Ausz.

3. der Lehrgabe und Lehrfertigkeit überhaupt gut

4. der katechetischen Geschicklichkeit insbesondere gut

erwiesen, worauf demselben, als Hauptergebniß der Prüfung, die Censur

gut

zuerkannt worden ist.

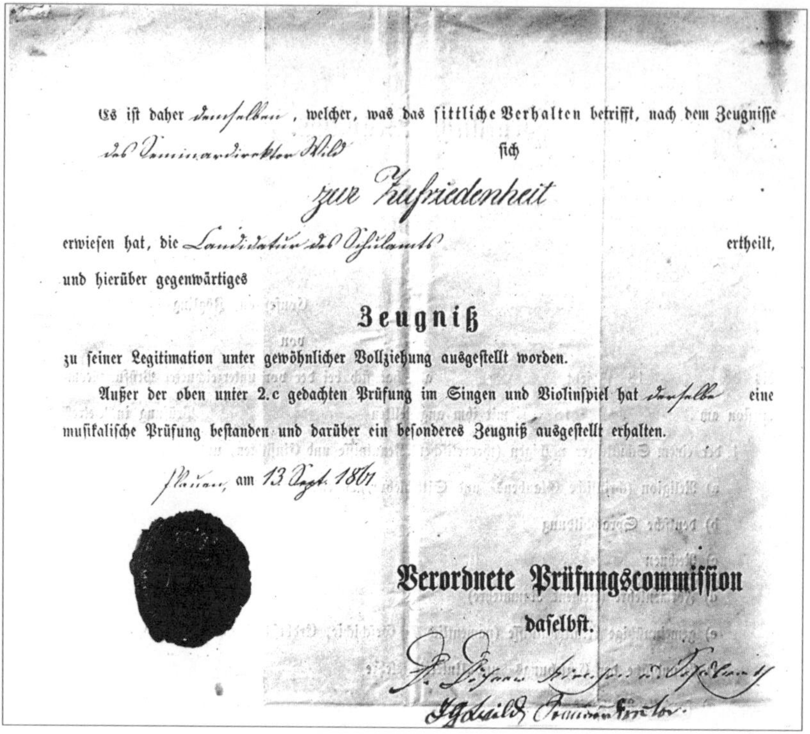

Es ist daher derselbe, welcher, was das sittliche Verhalten betrifft, nach dem Zeugnisse des Seminardirector Wild sich

zur Zufriedenheit

erwiesen hat, die Candidatur des Schulamts ertheilt,

und hierüber gegenwärtiges

Zeugniß

zu seiner Legitimation unter gewöhnlicher Vollziehung ausgestellt worden.

Außer der oben unter 2.c gedachten Prüfung im Singen und Violinspiel hat derselbe eine musikalische Prüfung bestanden und darüber ein besonderes Zeugniß ausgestellt erhalten.

Plauen, am 13. Sept. 1861

Verordnete Prüfungscommission daselbst.

J G Wild Seminardirector

sens nennen, Seminarlehrer Kell prüft in Geometrie (Flächen, Dreieck, arithmetische Aufgaben). Nachmittags um 14 Uhr beginnen die Probekatechisationen, bei denen May Joh. 4,24 zum Thema hat.[170] Im freien Vortrag muss er über das Eigenschaftswort sprechen. Danach singt jeder Examinand mit der anwesenden Klasse der Übungsschule einen Choral und liest zum Schluss eine Predigt aus der Hofackerischen Sammlung vor.

In der Konferenz der Prüfungskommission wird beschlossen, dass Hertel und Valtin die Prüfung wiederholen müssen,[171] die übrigen werden von der Prüfungskommission »als würdig befunden, das gesetzliche Zeugnis ihrer Candidatur zu erhalten«. Karl May besteht die Prüfung mit der Gesamtnote »gut«, sein »sittliches Verhalten« wird »zur Zufriedenheit nach dem Zeugnisse des Seminardirector Wild« eingeschätzt, während die übrigen Schüler sich meist »(z)ur besonderen Zufriedenheit« des Anstaltsleiters verhalten haben.[172] Die erfolgreichen Absolventen erhalten am 13. September 1861 in einer Feierstunde ein »Prüfungs-Zeugniß« und ein gesondertes »Zeugniß über die musikalische Prüfung«,[173] unterzeichnet von Dr. Döhner und Seminardirektor Wild, sowie ein Exemplar der ›Verhaltungsregeln für Schulamtscandidaten im Königreiche Sachsen‹[174] ausge-

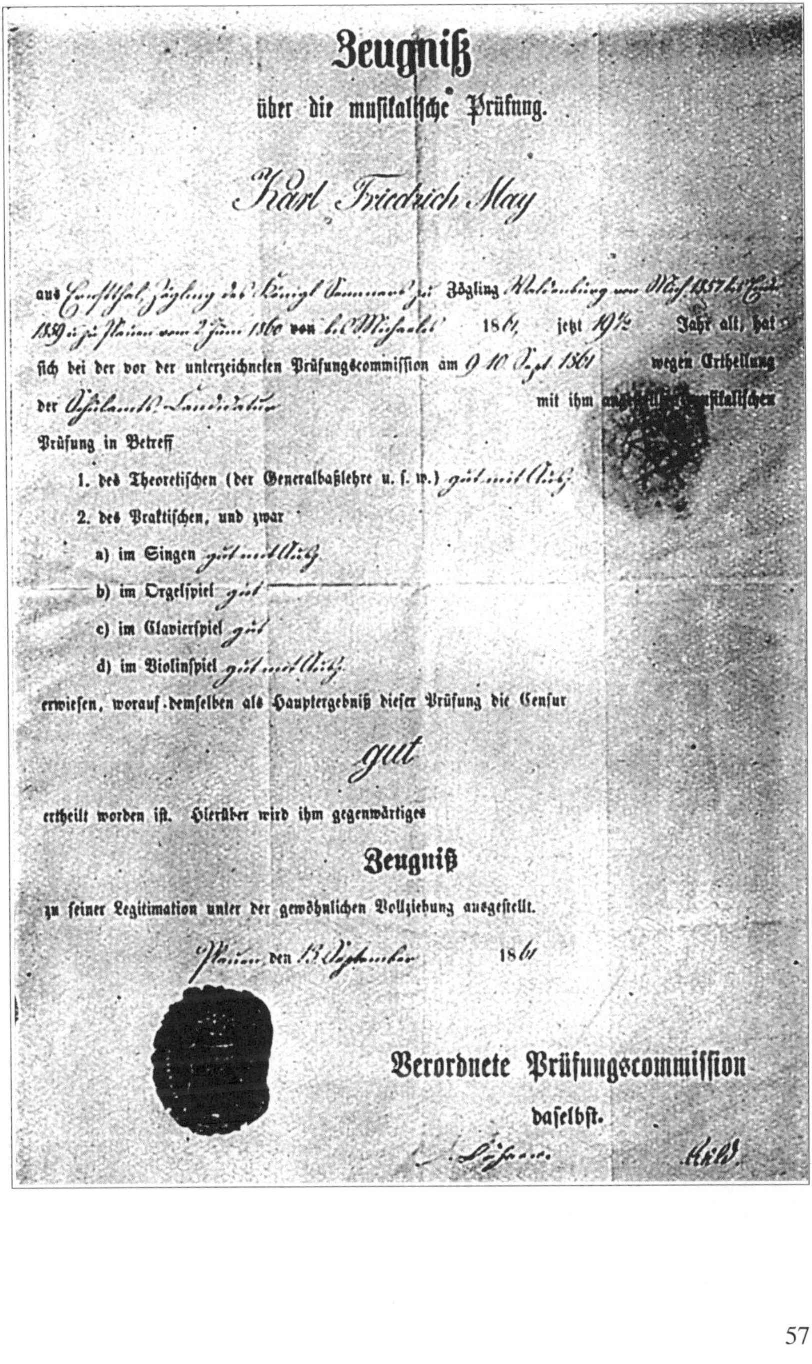

Zeugniß

über die musikalische Prüfung.

Karl Friedrich May

aus Ernstthal, Zögling des Königl. Seminars zu Zögling Waldenburg von Michaelis 1857 bis Ostern 1859 u. zu Plauen vom 2 Juni 1860 von b. Michaelis 1861, jetzt 19½ Jahr alt, hat sich bei der vor der unterzeichneten Prüfungscommission am 9. 10. Sept. 1861 wegen Ertheilung der Schulamtscandidatur mit ihm angestellten musikalischen Prüfung in Betreff

1. des Theoretischen (der Generalbaßlehre u. s. w.) gut mit Lob
2. des Praktischen, und zwar
   a) im Singen gut mit Lob
   b) im Orgelspiel gut
   c) im Clavierspiel gut
   d) im Violinspiel gut mit Lob

erwiesen, worauf demselben als Hauptergebniß dieser Prüfung die Censur

gut

ertheilt worden ist. Hierüber wird ihm gegenwärtiges

Zeugniß

zu seiner Legitimation unter der gewöhnlichen Vollziehung ausgestellt.

Plauen, den 13. September 1861

Verordnete Prüfungscommission

daselbst.

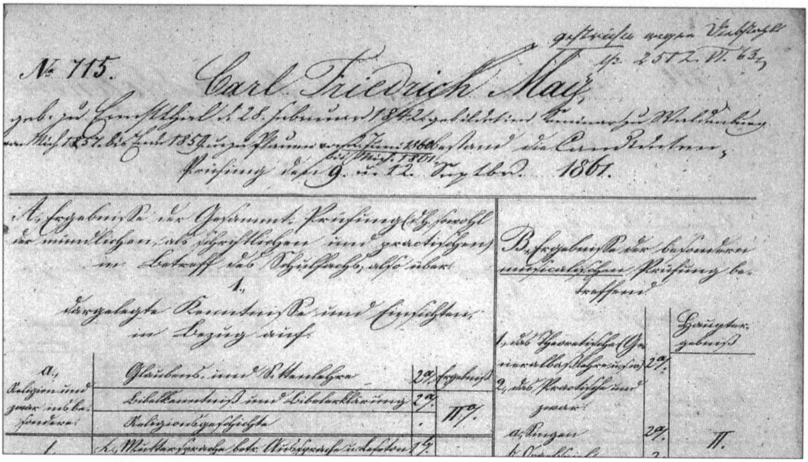

№ 715. Carl Friedrich May

1861.

Auszug aus Karl Mays Zeugnis im bei der Kreisdirektion Zwickau geführten ›Censur-Buch‹ des Plauener Seminars mit dem 1863 in roter Tinte ausgeführten Streichungsvermerk (rechts oben).

händigt. Der Webersohn aus Ernstthal hat es geschafft, steht am Beginn einer hoffnungsvollen Lehrerlaufbahn, doch sind es gerade diese Regeln, gegen die er bald verstoßen wird. Das Kultusministerium streicht ihn schließlich 1863 aus der Liste der Schulamtskandidaten.[175]

Spätere Kontakte

Von den Schullehrerseminaren wurde in der Regel die weitere berufliche Entwicklung ihrer Absolventen verfolgt und in den Matrikeln in Nachträgen festgehalten. Bei Karl May waren es nicht etwa die zeitlich sehr begrenzten Anstellungen in Glauchau und Altchemnitz, von denen man in Plauen Kenntnis bekam, notiert wurde vielmehr eine spätere Bestrafung: »NB: War von Mich[aelis] 1857 bis Ende 1859 Seminarist in Waldenburg – wurde im Juni 1865 wegen [...]artigen (?) Schwindels in Leipzig zu Arbeitshaus verurtheilt.«[176]

Das 75-jährige Seminarjubiläum, das vom 27. bis 29. Mai 1885 festlich begangen wurde, gab den Anlass, sich mit der Entwicklung der Anstalt zu befassen und erstmals eine Festschrift mit Schülerverzeichnis herauszugeben. Sofern deren Aufenthalt bekannt war, erhielten die ehemaligen Schüler am 6. November 1884 eine Drucksache von Seminardirektor Hermann Friedrich Römpler zugeschickt: »Für die Zwecke dieser Festschrift aber bittet der Unterzeichnete, Sie möchten gefälligst umstehende Liste ausfüllen und recht bald an ihn zurückgelangen lassen.«[177] In einer Seminarakte sind die Rückläufe und einzelne Begleitbriefe aufbewahrt, eine Meldung von Karl May sucht man jedoch vergeblich. Dennoch ist im Verzeichnis in der Rubrik »Gegenwärtige bez. letzte bekannte Lebensstellung« zutreffend »Schriftsteller in Dresden«[178] angegeben. Zum Jubiläum sind Mays Mitschüler Költzsch, Löhnert, Ludwig, Valtin und Wild in Plauen anwesend.[179] Julius Ludwig war inzwischen Oberlehrer am Seminar Dresden-Friedrichstadt, Hermann Löhnert unterrichtete als Gymnasialoberlehrer in Bern und hatte von den Gästen die längste Anreise.

Zur Feier des 100-jährigen Bestehens und der 75-jährigen Selbstständigkeit des Seminars (22.–24. September 1910), bei der Kultusminister Dr. Heinrich Gustav Beck (1854–1933) die Festansprache hielt, erschien wieder eine Festschrift.[180] In einer »reichhaltigen Ausstellung (...), die sich auf alle Gebiete des Unterrichts erstreckt«,[181] wurden auch Publikationen von Absolventen präsentiert. Kantor em. Traugott Ludwig Krancher aus Frohburg, Absolvent von 1850, sandte am 31. August 1910 eigene Schriften ein »in der Hoffnung, daß auch literarische Arbeiten von ehemaligen Zöglingen des Plauenschen Seminars in die bevorstehende Ausstellung des Jubelfestes aufgenommen werden«.[182] Diesen Ehrgeiz entwickelte Karl May nicht, er hatte zu dieser Zeit existenzielle Probleme zu bewältigen. Als der Prominente von Victor Klages (1889–1978), dem Redakteur des ›Plauener Sonntags-Anzeigers‹, offenbar um einen Beitrag oder eine Äußerung zum bevorstehenden Seminarjubiläum gebeten wurde, schützte der Schriftsteller Abwesenheit vor, um der Aufforderung nicht nachkommen zu müssen:[183]

VILLA SHATTERHAND *d. 18./9.10.*
RADEBEUL – DRESDEN.

Sehr geehrter Herr Redacteur!
Ihre Zuschrift kommt erst heut zur Beantwortung; ich war bis gestern verreist.[184]

Ich danke Ihnen herzlichst für Ihre freundlichen Zeilen, doch ist es mir leider unmöglich, den durch Sie ausgesprochenen Wunsch zu erfüllen. Erstens wäre hierfür nun doch die Zeit zu kurz, und zweitens geziemt es sich keineswegs für einen so vielfach angegriffenen Mann, wie ich jetzt bin, bei solchen Gedenktagen sich extra öffentlich erwähnen zu lassen. Ich kämpfe einen schweren, einen fast unmenschlich anstrengenden Kampf. Auch zahlreiche Blätter des Voigtlandes sind gegen mich aufgetreten.[185] *Das stimmt mich, der ich das Voigtland und das schöne Plauen herzlich lieb habe, unendlich traurig. Also bitte, erwähnen Sie mich nicht bei diesem Gedenktage. Ich will ihn mitbegehen, aber daheim, still und bescheiden, wie es meiner Lebensaufgabe, die ich zu erledigen habe, angemessen ist.*

Was für eine Aufgabe das ist, bitte ich, aus dem beifolgenden Buch[186] *zu verstehen, welches soeben erschienen ist und mich und mein Wollen ausführlich charakterisiert.*

In vorzüglichster Hochachtung
Ihr
ergebener
Karl May.

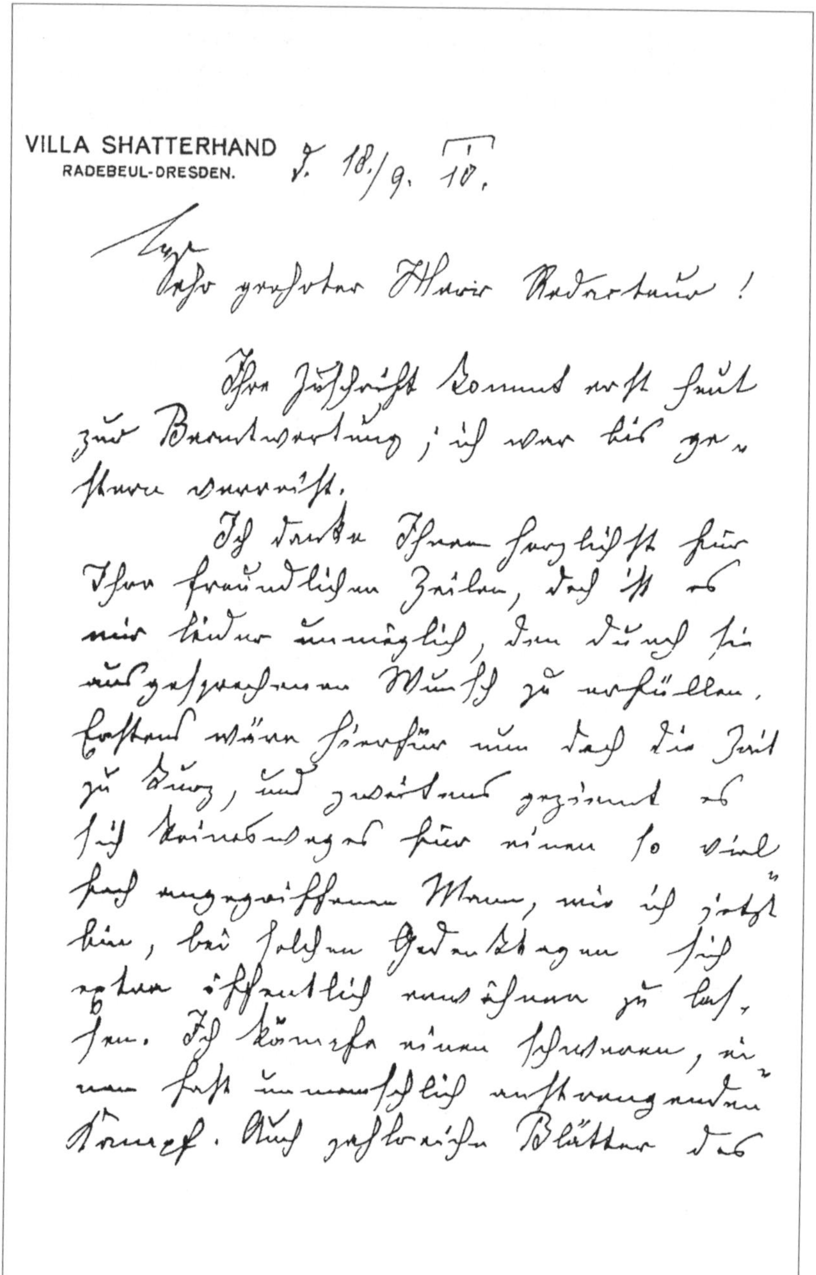

VILLA SHATTERHAND
RADEBEUL-DRESDEN. d. 18/9. 10.

Sehr geehrter Herr Redacteur!

Ihre Zuschrift kommt erst heut zur Beantwortung; ich war bis gestern verreist.

Ich danke Ihnen herzlichst für Ihre freundlichen Zeilen, doch ist es mir leider unmöglich, den durch sie ausgesprochenen Wunsch zu erfüllen. Erstens wäre hierfür nun doch die Zeit zu kurz, und zweitens geziemt es sich keineswegs für einen so viel hart angegriffenen Mann, wie ich jetzt bin, bei solchen Gedenktagen sich extra öffentlich vernehmen zu lassen. Ich kämpfe einen schweren, einen fast unmenschlich anstrengenden Kampf. Auch zahlreiche Blätter das

Was die Lokalzeitung über das Ereignis berichtete, lässt sich nicht nachlesen, denn der Jahrgang 1910 des ›Plauener Sonntags-Anzeiger‹ ist nicht überliefert, auch fehlt ein Beleg aus jener Zeitung bei den zusammengetragenen Ausschnitten in der Seminarakte.[187] Victor Klages, der schon 1912 Plauen verließ, nahm später als Redakteur des ›Berliner Tageblattes‹ mit dem Karl-May-Verlag Verbindung auf. Als Max Finke 1924 »eine kleine Heerschau unter den Verteidigern der Ehre Mays«[188] hielt, nannte er neben den Schriftleitern Fritz Barthel und Otto Eicke auch Klages.

Unter den im Seminar Plauen eingegangenen zahlreichen Glückwünschen befand sich ein am 23. September 1910 in Kötzschenbroda von Pfarrer Wilhelm Leopold Große, »Senior der früheren Seminarlehrer«, aufgegebenes Telegramm. Der ehemalige Vizedirektor des Seminars, Karl Mays Lehrer in Katechetik und Predigtlesen in den Monaten vor dem Examen, hatte 1866 Plauen verlassen und war 1879 als Pfarrer in die Lößnitzgemeinde gekommen. Als der Schriftsteller 1888 nach Kötzschenbroda zog und nicht weit entfernt vom Pfarrhaus wohnte, wird er wohl in dem Ortsgeistlichen seinen Seminarlehrer wiedererkannt haben. Pfarrer Große konnte Mays weiteren Lebensweg ganz aus der Nähe verfolgen. Aber auch Großes Vorgänger in Plauen, Vizedirektor August Wilhelm Kühn, hatte als Pensionär seinen Wohnsitz nach 1886 bis zu seinem Ableben im Jahr 1895 in Kötzschenbroda.

Nach Mays Tod sah sich der ›Vogtländische Anzeiger‹ zu einem ungewöhnlichen ›Nachruf‹ veranlasst:[189]

Karl May, der unlängst verstorbene vielumstrittene Schriftsteller, war, wie auch schon bei einer früheren Gelegenheit mitgeteilt wurde, kurze Zeit Schüler des Lehrerseminars in Plauen. Interessant ist da die auf May bezügliche Eintragung im Schülerverzeichnis eines seiner Lehrer, des vor einigen Jahren hochbetagt entschlafenen Musikdirektors Lohse. Es heißt da, wie uns mitgeteilt wird:

»Karl Friedrich May, geb. 1842 25. Febr. in Ernstthal, Vater: Weber daselbst. Mich. 1857: Seminarist in Waldenburg, aufgenommen ins Seminar Plauen 2. Juni 1860, abgegangen Mich. 1861, Wissenschaften II, Musik II. Juni 1865: Arbeitshaus.«

Wir geben diese, unzweifelhaft interessante und für die Beurteilung von May als Mensch höchst charakteristische Mitteilung lediglich im Lokalinteresse wieder und nicht etwa, um den Gestorbenen noch im Tode zu kränken. Wir halten es insoweit mit Caliban im ›Tag‹,[190] der also sich vernehmen läßt: (...)

Es folgte der Abdruck eines mehrstrophigen Gedichts ›Karl May‹, in dem auch festgestellt wurde: »Ja, erlogen war sein Wandern, / Ja, er brummte mal als Dieb – / Doch zum Unterschied von andern / Stahl er niemals, wenn er schrieb.«

Wie bereits dargestellt, ist in der Plauener Lokalpresse ab 1932 mehrfach über Mays Wohnung im Logenhaus berichtet worden. Unmittelbar vor den Feierlichkeiten zum 100. Geburtstag Karl Mays ging im Karl-May-Verlag in Radebeul ein Brief aus Plauen ein, dessen Inhalt Verlagsleiter Dr. Euchar Schmid bewog, am 12. Februar 1942 Stadtrat Johannes Kötz zu schreiben:

Von Fräulein Traute Künzel, Plauen, Hans-Schemm-Straße 58, stammt die Anregung, am Haus der ›Pyramide‹, in dem Karl May (...) wohnte, eine Gedenktafel anzubringen. Wir würden dies natürlich sehr begrüßen und freuen uns auch, daß Sie anscheinend dem Vorschlag nicht ablehnend gegenüberstehen. (...) Fräulein Künzel schreibt uns (mit Recht), daß die Anbringung der für Plauen vorgeschlagenen Gedenktafel bis zum 25. Februar aus technischen Gründen wohl kaum möglich sei, was wir verstehen. Vielleicht aber bis zum 30. Todestag Karl Mays, das wäre der 30. März d[iese]s J[ahre]s. Jedenfalls würden wir uns sehr freuen, wenn der hübsche Plan gelänge, und wir würden Ihnen auf Wunsch gern mit Rat und Tat zur Verfügung stehen.[191]

Auch auf die Anregung des engagierten Fräuleins wandte sich Dr. Schmid am selben Tag an Studienrat Friedrich Beckmann und bat, »aus den Schulakten die auf Karl May bezüglichen Stellen zu überlassen, damit wir sie abschriftlich für unsere Forschungen verwenden können«. Die erbetenen Abschriften wurden von Studienrat Beckmann am 15. März 1942 nach Radebeul geschickt, Stadtrat Kötz, Leiter der Abteilung für Kunst und Wissenschaft, teilte Dr. Schmid am 1. April 1942 mit, »daß die Umgebung des Gasthauses ›Pyramide‹ vor einigen Jahren im Zuge der Stadtverschönerung neu gestaltet werden sollte, daß die geplanten Arbeiten aber nun erst nach dem Kriege durchgeführt werden können. In Verbindung damit wird der Erinnerung an den Aufenthalt Karl Mays in der ›Pyramide‹ in würdiger Weise Ausdruck gegeben werden.«

Das Logenhaus gehörte zu den vielen Gebäuden in Plauen, die bei dem Luftangriff am 19. März 1945 zerstört wurden, aber auch sonst wäre »nach dem Kriege« kaum eine Gedenktafel für Karl May angebracht worden, der Schriftsteller war für die neuen Machthaber eine ›Unperson‹. Erst nach einem neuerlichen gesellschaftlichen Umbruch kam der einstige Seminarist in *das schöne Plauen*, das er so *herzlich lieb* hatte, zurück. Am 28. April 1999 ehrte ihn die Stadt mit der Einweihung einer Gedenktafel am ehemaligen Seminargebäude.[192] Das Kunstwerk mit einem Porträt des Schriftstellers wurde von dem Plauener Bildhauer Hannes Schulze geschaffen. Die Ansprache hielt Professor Reinhold Wolff, der wenige Monate später zum Vorsitzenden der Karl-May-Gesellschaft gewählt wurde. Anlässlich der Ehrung hatte sich die Vogtlandstadt als Tagungsort für einen Kongress der Karl-May-Gesellschaft beworben, der vom 16. bis 19. Oktober 2003 stattfand.

Karl Mays Lehrer am Seminar Plauen[193]

Johann Gottfried Wild (10. 7. 1802 Zwoschwitz–13. 1. 1878 Bautzen). Direktor des Seminars Plauen ab dessen Erhebung in die Selbständigkeit am 11. 5. 1835 bis zu seiner Emeritierung am 15. 4. 1867.
August Wilhelm Kühn (24. 3. 1826 Sebnitz–10. 1. 1895 Kötzschenbroda). 1855–Mai 1861 Oberlehrer am Seminar.
Karl Rudolf Kell (28. 11. 1814 Pappendorf–3. 6. 1882 Plauen). 1842–1845 Hilfs- und Übungsschullehrer am Seminar, ab 1846 Oberlehrer ebd.
Karl Gotthold Schulze (25. 9. 1812 Neukirch/Oberlausitz–29. 6. 1887 Bayreuth). 1835 bis zu seiner Emeritierung am 1. 7. 1869 Oberlehrer am Seminar.
Rudolf Samuel Böhringer (7. 8. 1828 Dresden–1. 3. 1902 Grimma). Ab 1854 Lehrer an der Seminarübungsschule in Plauen, 1857–April 1861 ständ. Lehrer ebd.
Wilhelm Leopold Große (23. 12. 1828 Zwickau–30. 7. 1911 Kötzschenbroda). Ab 3. 6. 1861 bis Mitte August 1866 Vizedirektor am Seminar, dann Pfarrer in Stolpen, Markranstädt und 1879 bis zu seiner Emeritierung am 1. 10. 1899 in Kötzschenbroda.
Louis Eduard Lohse (22. 9. 1822 Limbach bei Netzschkau–17. 3. 1907 Plauen). 1836–1841 Schüler am Seminar Plauen, ebd. 8. 4. 1861–1873 Lehrer, ab Ostern 1873 erster Oberlehrer und ab Ostern 1875 Königl. Musikdirektor bis zu seiner Emeritierung am 16. 1. 1888.
Ernst Eduard Lohse, auch: Lohße (13. 4. 1841 Memmendorf–26. 2. 1904 Zwickau). 8. 4. 1861–September 1865 Hilfslehrer am Seminar Plauen, ab Ostern 1867 ebd. provisorischer Oberlehrer, Mai 1868–September 1874 Oberlehrer.
Außerdem:
Friedrich Moritz Gast (24. 9. 1821 Beicha b. Lommatzsch–6. 5. 1889 Plauen). Ab 1859 Stadtkantor an beiden Plauener Kirchen, Gesanglehrer an den zwei Bürgerschulen, zugleich externer Gesanglehrer am Seminar Plauen.
Karl Friedrich Wilhelm Schubert (19. 8. 1832 Dittmannsdorf bei Penig–22. 3. 1907 Gera). Ab Ostern 1861 Turn- und Schreiblehrer an der Gymnasial- und Realschulanstalt in Plauen, zugleich Turnlehrer am Seminar Plauen bis zu seiner Emeritierung am 1. 10. 1869.

Karl Mays Klassen-Mitschüler am Seminar Plauen[194]

II. Klasse, Ostern 1860 bis Ostern 1861, 10 bzw. 11 Zöglinge: Bär (bis 23. 8. 1860) – Hantsche – Hertel – Költzsch – Kramer – Löhnert – Ludwig – May (ab 4. 6. 1860) – Valtin – Wild – Ziegner.
I. Klasse, Ostern 1861 bis Michaelis (d. i. Ende September) 1861, 10 Zöglinge: Hantsche – Hertel – Költzsch – Kramer – Löhnert – Ludwig – May – Valtin – Wild – Ziegner.

(Aufn. = Aufnahme, Abg. = Abgang, S = Seminar)
Adolph Robert Bär (26. 1. 1843 Landwüst–3. 1. 1898 Erlbach-Kirchberg). Aufn. Ostern 1858 (S), Abg.: »Ist am 23. Aug. 1860 freiwillig abgegangen, um

Soldat zu werden.« Ostern 1862 Schulamtskandidatenprüfung am Seminar Grimma, zuvor am Privatseminar in Wellerswalde bei Oschatz. 1862 Hilfslehrer in Jahna b. Lommatzsch, Ostern 1864 Vikar in Markneukirchen, 1867 Lehrer in Raun, 1868 Bürgerschullehrer und Organist in Groitzsch, 1873 Kirchschullehrer in Tirpersdorf b. Oelsnitz, 1878/79 Kirchschullehrer in Oberstützengrün, danach in anderen Orten, dann strafentlassen.[195] Nach vielen Gesuchen Rückkehr in den Schuldienst, zunächst ab 1881 Hilfslehrer in Seifersbach b. Mittweida, ab 1888 Schulvikar, später Lehrer in Kirchberg b. Oberlungwitz.

Karl August Ferdinand Hantsche (19. 10. 1843 Kleinwollmsdorf b. Radeberg–23. 5. 1898 Limbach). Aufn. Ostern 1859 (S), Abg. Michaelis 1861; Hilfslehrer in Schwarzenberg, 1864 Proseminarlehrer in Annaberg, im März 1865 wegen Vergehen 6 Wochen (?) entlassen, Mai 1865 Hilfslehrer in Chemnitz, 1866 Bürgerschullehrer in Oelsnitz, 1877 Oberlehrer an der höheren Bürgerschule in Oelsnitz i. Vogtl., 1878 Direktor der Bürger- und Fortbildungsschule in Pegau, 1890–1898 Direktor der I. Bürgerschule in Limbach.

Friedrich Robert Hertel (13. 4. 1842 Gunzen b. Schöneck–? [nach 1899]). Aufn. Michaelis 1859 (S), Abg. Ostern 1862; schon ab Michaelis 1861 Vikar an der Kirchschule in Erlbach b. Markneukirchen, Ostern 1863 suspendiert, 1864 Vikar in Gunzen b. Schöneck, 1865 Lehrer in Pausa, 1867 Lehrer in Treuen, 1870 dienstentlassen.[196] Ab 1873 Lehrer in Burkhardtsgrün b. Schneeberg, 1874 Lehrer in Oberrabenstein b. Chemnitz, seit 1878 Kirchschullehrer in Schwarzbach b. Scheibenberg, Februar 1895 dienstentlassen. Im Oktober 1895 von Scheibenberg aus Bemühungen um Wiedereinstellung in den Schuldienst, Ergebnis nicht bekannt.

Christian Rudolph Költzsch (9. 1. 1843 Plauen–21. 2. 1919 Dresden). Aufn. Ostern 1858 (S), Abg. Michaelis 1861; Hilfslehrer in Oberlosa b. Plauen, 1864 Kirchschullehrer in Ebersgrün b. Pausa, 1876–mind. 1885 Kirchschul- u. dirigierender Lehrer in Rautenkranz.

Franz August Kramer (23. 10. 1842 Pausa–13. 5. 1914 Chemnitz). Aufn. Ostern 1858 (S), Abg. Michaelis 1861; Vikar in Voigtsberg, 1862 Hilfslehrer in Oelsnitz, Ostern 1864 Vikar in Zwickau, 1871–mind. 1909 Oberlehrer am Gymnasium in Chemnitz.

Hermann August Moritz Löhnert (13. 4. 1843 Plauen–8. 2. 1917 Bern). Aufn. Ostern 1858 (S), Abg. Michaelis 1861; Hilfslehrer in Niederzwönitz, Hilfslehrer in Kuhberg bis 1864, danach Privatlehrer in Reval (d. i. Tallinn/Estland). Herbst 1868–1873 Privatlehrer in Basel sowie Studium an der Universität Basel (immatrikuliert Wintersemester 1867/68 bis zum Sommersemester 1872), unterbrochen 1870/71 als Kriegsfreiwilliger im sächsischen 1. Jägerbataillon. Ab Januar 1873 Sprachlehrer für Deutsch und Geschichte an der Realschule Bern, ab 1880 Lehrer der deutschen Sprache und für Geschichte an der Real- und Handelsschule des städtischen Gymnasiums in Bern, 1909 emeritiert. Ehrenbürgerrecht 1903 der Stadt Bern, 1904 der Gemeinde Brigels (Graubünden).

Julius Eugen Ludwig (6. 8. 1841 Stadt Schellenberg, heute Augustusburg–11. 11. 1905 Dresden). Aufn. Ostern 1860 (S), Abg. Michaelis 1861; zunächst Vikar (?) an der Bürgerschule in Plauen, Ostern 1862 Hilfslehrer dort, Ostern

1864 Vikar in Zwickau, Michaelis 1866 Hilfslehrer an der Selektenschule in Treuen, 1868 Lehrer in Dresden, 1874 Oberlehrer am Seminar in Nossen, ab 1878 Oberlehrer am Seminar Dresden-Friedrichstadt.

Hermann Valtin (6. 5. 1843 Straßberg b. Plauen–30. 4. 1925 Grüna). Aufn. Ostern 1858 (S), Abg. Ostern 1862; schon ab Michaelis 1861 Hilfslehrer in Gelenau und gleichzeitig Fabrikschullehrer in der Schillerschen Fabrik im benachbarten Venusberg, Michaelis 1863 Vikar in Schneckengrün, 1864 Lehrer daselbst, 1867 Kirchschullehrer in Kloschwitz b. Plauen, 1870 in Mühlsdorf b. Gera, seit 1874 erster und dirigierender Lehrer in Grüna b. Chemnitz, seit 1894 Oberlehrer und Kantor dort und seit 1911 im Ruhestand.

Friedrich Wilhelm Wild (4. 10. 1842 Jößnitz b. Plauen–18. 4. 1911 Schönau b. Zwickau). Aufn. Ostern 1858 (S), Abg. Michaelis 1861; Vikar in Möschwitz b. Plauen, 1864 Kirchschullehrer in Schönberg b. Brambach, 1874–1896 Dirigierender und Kirchschullehrer in Schönau b. Zwickau.

Karl August Ziegner (27. 11. 1842 Mühltroff/Vogtl.–5. 9. 1911 Leipzig). Aufn. Ostern 1858 (S), Abg. Michaelis 1861; Hilfslehrer in Limbach (Vogtl.), Ostern 1864 Bürgerschullehrer in Mylau (Vogtl.), 1868 Selektenlehrer in Treuen (Vogtl.), 1875 Rektor in Wolkenstein, 1879–1909 Bezirksschuldirektor in Leipzig-Eutritzsch.

Außerdem:

Karl Hermann Köhler (22. 8. 1837 Thierfeld b. Hartenstein–? [nach 1903]). Gebildet bei verschiedenen Lehrern, als Externer Schulamtskandidaten-Prüfung am 9., 10. u. 12. 9. 1861 am Seminar Plauen; Vikar in Gürth b. Bad Elster, 1862 Hilfslehrer in Schöneck (Vogtl.), 1863 Hilfs- und 1865 ständ. Lehrer in Limbach b. Chemnitz, 1866–mind. 1903 Lehrer in Noßwitz b. Rochlitz.

Verwendete Lehrbücher am Seminar / an der Übungsschule Plauen (Auswahl)

Aufgenommen sind nur die in den Akten und Jahresberichten des Seminars genannten Titel, ausgewählt die Auflagen von 1860/61 oder der Vorjahre.

Berthelt, August: Die Geographie in Bildern oder charakteristischen Darstellungen und Schilderungen aus der Länder- und Völkerkunde. 2., verm. u. verb. Aufl. Leipzig 1856

Bibel, die, oder die ganze heilige Schrift Alten und Neuen Testamentes nach der deutschen Uebersetzung Dr. Martin Luthers. Mit Erklärungen, Einleitungen, Aufsätzen und Registern. Zum Gebrauch für alle Freunde des göttlichen Wortes, insonderheit für Lehrer in Kirchen und Schulen bearb. von Friedrich Gustav Lisco. 2 Bde., Berlin 1857–58

Bormann, Karl: Schulkunde für evangelische Volksschullehrer auf Grund der preußischen Regulative vom 1., 2. u. 3. Oktober 1854 über Errichtung des evangelischen Seminar-, Präparanden- und Elementarschul-Unterrichts bearb. 3 Bde.; Bd. 1: 4. Aufl. Berlin 1858, Bd. 2 u. d. T.: Unterrichtskunde für evangelische Volksschullehrer, 5. Aufl. 1860, Bd. 3 u. d. T: Vierzig pädagogische Sendschreiben, Leipzig 1859

Die Bibel
oder
die ganze Heilige Schrift
nach der
Uebersetzung Dr. Martin Luthers
bearbeitet
von
Friedrich Gustav Lisco,
Erste Abtheilung:
Das Alte Testament.
Erster Band.
Berlin, 1844.
G. W. F. Müller's Verlag.

Das
Alte Testament.
Mit
Erklärungen, Einleitungen, Aufsätzen und Registern.
Zum Gebrauch
für alle Freunde des göttlichen Wortes, insonderheit für Lehrer in Kirchen und Schulen,
bearbeitet
von
Friedrich Gustav Lisco,
Erster Band.
(Die historischen Bücher.)
Berlin, 1844.
G. W. F. Müller's Verlag.

Schulkunde
für
evangelische Volksschullehrer
auf Grund der Preußischen Regulative vom 1., 2. u. 3. October 1854 über Einrichtung des evangelischen Seminar-, Präparanden- und Elementarschul-Unterrichts
bearbeitet
von
K. Bormann,
Provinzial-Schulrathe in Berlin.
Zweite unveränderte Auflage.
Berlin.
Verlag von Wiegandt und Grieben.
1855.

Unterrichtskunde
für
evangelische Volksschullehrer
auf Grund der Preußischen Regulative vom 1., 2. u. 3. October 1854 über Einrichtung des evangelischen Seminar-, Präparanden- und Elementarschul-Unterrichts
bearbeitet
von
K. Bormann,
Provinzial-Schulrathe in Berlin.
Berlin.
Verlag von Wiegandt und Grieben.
1856.

Gesangbuch, Dresdner, auf höchsten Befehl herausgegeben. Dresden u. Leipzig 1859

Henning, Carl: Kleine practische und theoretische Violinschule. Eine Reihenfolge fortschreitender Uebungsstücke für angehende Violinspieler, Seminarien und Präparanden-Anstalten hrsg. Eisleben 1854

Hering, Karl Eduard: Buch der Harmonie. Grundlage für Unterricht und Bildung in der Musik. Löbau 1861

Hering, Karl Eduard: Dreissig gebräuchliche Choral-Melodien, zum Gebrauche beim Unterricht in der Harmonielehre mit drei bezifferten Bässen bearbeitet und mit Anmerkungen versehen. 2. verb. Aufl. Löbau [1860]

Hofacker, Ludwig: Predigten für alle Sonn-, Fest- und Feiertage nebst einigen Bußtags-Predigten, Grabreden und einem Anhange. 20. Aufl. Stuttgart 1857

Knorr, Julius: Ausführliche Clavier-Methode in zwei Theilen (1. Methode, 2. Schule der Mechanik). Leipzig 1859

Koch, Eduard Emil: Geschichte des Kirchenliedes und Kirchengesangs der christlichen, insbesondere der deutschen evangelischen Kirche. 4 Bde., Stuttgart 1852–53

Kurtz, Johann Heinrich: Christliche Religionslehre. Nach dem Lehrbegriff der evangelischen Kirche. 7., verb. Aufl. Mitau 1859

Kurtz, Johann Heinrich: Abriß der Kirchengeschichte. Ein Leitfaden für den Unterricht in höheren Lehranstalten. 4. Aufl. Mitau 1858

Liederbüchlein für Volksschulen. Zwickau 1841

Lüben, August, u. Carl Nacke [Hrsg.]: Lesebuch für Bürgerschulen, 6. Theil. Leipzig 1851 (3., verb. Aufl. Leipzig 1856)

Luthers Katechismus mit unterlegten Bibelsprüchen und biblischen Geschichten als Leitfaden zu einem einjährigen Religionsunterricht. 9., unveränd. Aufl. Zwickau 1859

Schubert, Franz [Hrsg.]: C. F. A. Zimmermann's praktische Violinschule. 2. verb. u. vollend. Aufl. Dresden [1845]

Schulbuch, Drittes, für die Oberclassen der Volksschule. Eine Mitgabe fürs Leben aus dem Gebiete gemeinnütziger Kenntnisse. 10. Aufl. Zwickau 1860

Schulze, Carl Gotthold: Achtzig Choräle für drei und vier Männerstimmen bearbeitet und Seminarien, Gymnasien und Männersingvereinen gewidmet. Plauen 1841

Schütze, Friedrich Wilhelm: Praktische Orgelschule. Enthaltend Uebungen für Manual, Pedal, Choräle mit Zwischenspielen, Präludien, Postludien, figurirte Choräle und Choralvorspiele, Fugen, canonische und vierhändige Tonstücke von verschiedenen Meistern. Nach pädagogischen Grundsätzen gewählt, geordnet und in dem Handbuch zur praktischen Orgelschule mit

Sächsisches

Vaterlandsbuch.

Für Schule und Haus,

zur Förderung vaterländischer Geschichts-, Landes-, Orts-, Volks- und Gewerbs-, sowie vaterländischer Gesetz- und Verwaltungskunde und vaterländischen Sinnes im Königreich Sachsen,

zusammengestellt

von

Franz Otto Stichart,

Mit einer von Karl Krumbholz entworfenen und gezeichneten Karte vom Königreich Sachsen.

Dresden,
Verlag von Adler und Dietze.
1855.

unterrichtlichen Bemerkungen, Zergliederungen und Erläuterungen begleitet. Für sich bildende Orgelspieler, insbesondere für den Orgelunterricht in Seminarien und Präparanden-Schulen. 4., verb. Aufl. Leipzig 1858

Stichart, Franz Otto: Sächsisches Vaterlandsbuch. Für Schule und Haus, zur Förderung vaterländischer Geschichts-, Landes-, Orts-, Volks- und Gewerbs-, sowie vaterländ. Gesetz- und Verwaltungskunde und vaterländ. Sinnes im Königreich Sachsen. Dresden 1855

Lehrstoff (Unterrichtsgegenstände) für Karl Mays Klasse am Seminar Plauen

In den Klammern die Lehrer: B = Böhringer, Gr = Große, Kll = Kell, Kn = Kühn, L I = Oberlehrer Louis Lohse, L II = Hilfslehrer Ernst Lohse, Sch = Schulze, Schu = Schubert, W = Wild.

Classe II (Schuljahr 1860/61):[197]

Religion (W), Cl. I u. II: Das erste, dritte, vierte und fünfte Hauptstück des Katechismus nach Kurtz.[198]

Christliche

Religionslehre.

Nach dem

Lehrbegriff der evangelischen Kirche.

Von

Joh. Heinr. Kurtz,

1. Petr. 3, 15.

Siebente verbesserte Auflage.

Mitau, 1859.
August Neumann's Verlag

Abriß

der

Kirchengeschichte.

Ein Leitfaden

für den

Unterricht in höheren Lehranstalten.

Von

Joh. Heinr. Kurtz,

der Theologie Doctor, Staatsrath und ordentl. Professor an der Universität Dorpat, ordentl. Mitglied der historisch-theologischen Gesellschaft zu Leipzig.

Vierte Auflage.

Mitau, 1858.
Aug. Neumann's Verlag.
(Friedr. Lucas.)

Bibellesen (W), Cl. I u. II: Kurze Einleitung in die Ev[angelien], Apostelgeschichte und Paulinische Briefe, gelesen: Reden Jesu bei Johannes, und die Paulinischen Briefe.
Kirchengeschichte (W), Cl. I u. II: Von Innocenz III. bis zum 30jährigen Kriege.[199]
Pädagogik (W): Der Mensch (psychologische Grundbegriffe); der Unterricht: Aufgabe desselben; Unterrichtsgegenstände; Method[ische] Grundsätze, Formen und Mittel des Unt[errichtes].[200]
Schreiben (B), Cl. I u. II: Einüben der gothischen Schrift und der Schleifcanzlei[-Schrift]; Schreiben von Vorschriften in den früher geübten Schriftarten.
Klavierspiel (B), Cl. I–IV: Üben von Tonleitern, Fingerübungen, Etüden von Czerny, Clementi, Bertini, St. Heller, Moschéles,[201] Cramer u.s.w. Nebenbei Vortrag von Clavierstücken leichten u. schweren Styls, insbesondere Clementi's, Haydn's, Mozart's und Beethoven's Sonaten, je nach der Fertigkeit der einzelnen Seminaristen ausgewählt.
Physik (Sch), Cl. I u. II: Einfache Maschinen (Hebel, Rolle, Rad pp.). Das Wasser. Die Luft. Der Schall. Die Electricität. Aus dem Capitel von der Wärme: Der Thermometer.
Generalbaß (Sch): Vollendung der Accordenlehre. Trugcadenzen. Modulationen. Aussetzen von Chorälen nach bezifferten Bässen.
Orgelspiel (Sch), Cl. I u. II: Choralspiel nach bezifferten Bässen mit selbsterfundenen Vor- und Zwischenspielen, Präludien, Fughetten, Fugen pp.
Violinspiel (Sch), 5 Abtheilungen: Violinschule von Henning und Zimmermann. Duetten [sic!] und Quartette von verschiedenen Componisten.
Gesang (Sch), Cl. I u. II: Motetten, Hymnen, Lieder pp.; Cl. I–IV: Choralgesang.
Geographie (Kn), Cl. I u. II: Geographie von Deutschland und Wiederholung der allgemeinen Geogr[aphie].
Rechnen (Kll): Prozentr[echnung], Rabatt-, Diskonto-, Termin-, Kassen- und Gesellschaftsrechnung.
Geometrie (Kll): Das Dreieck und Viereck betreffende Lehrsätze und Aufgaben.
Zeichnen (Kll), Cl. I u. II: Zeichnen nach Körpern und nach Vorlagen.
Predigtlesen (Kn), Cl. I u. II; Katechetik (Kn); Deutsche Stylübungen (Kn); Katechetische Übungen (Kn): ohne nähere Angaben.

Classe I (Sommerhalbjahr 1861):[202]
Religion (W), Cl. I u. II: Zweites Hauptstück des Katechismus nach Kurtz.[203]
Bibellesen (W), Cl. I u. II: Ausgewählte Stellen aus Hiob, Psalme, die salomonischen Schriften und die Propheten nebst Einleitung in das A[lte] T[estament].
Kirchengeschichte (W), Cl. I u. II: Von Christus bis zur Reformation.[204]
Pädagogik (W): Volksschulkunde nach dem Elementarvolksschulgesetz.
Klavierspiel (L I), Cl. I–IV: Methode von Knorr No. 1–180 und Stücke von Mozart, Beethoven, Mendelssohn, Franz Schubert, Schumann[205] u. A.
Physik (Sch), Cl. I u. II: Wärme, Licht, Electricität, Galvanismus, Magnetismus.
Generalbaß (Sch): Modulationslehre. Bearbeitung gegebener Choralmelodieen, Anleitung zur Composition von Präludien.
Gesang (Sch), Cl. I u. II: Lieder, Canon's, Motetten; Cl. I–IV: Choralgesang.
Orgelspiel (Sch): Choräle nach bezifferten Bässen, Prä- und Postludien, Fughetten, Fugen pp.
Violinspiel (Sch), 6 Abtheilungen: In den unteren Abtheilungen wurde die Violinschule von Henning zu Grunde gelegt, während in den oberen Duette von Mazas und Viotti, und Quartette von Mozart gespielt wurden.
Katechetik (Kn, Gr.), Cl. I u. II: Formeller Theil derselben. Materieller Theil derselben: Geschichte der Katechese von d. 2. Jh. an bis auf die neueste Zeit. Behandlung von Bibel, Katechismus u. Kirchenlied in der Unter-, Mittel- u. Oberklasse (§§ werden diktiert u. besprochen).
Deutsch / Stylistik (Kn, Gr), Cl. I u. II: Lehre u. Style, allgem. Theil (§§ diktiert u. besprochen). Behandlung von Lehrstücken nach Lüben u. Nacke, mit Anknüpfung der Literaturgeschichte bis Klopstock.[206] Uebungen in freien Vorträgen nach Tags vorher gegebenem Stoff aus der Geschichte.
Katechetische Übungen (W); Predigtlesen (Kn, Gr): ohne nähere Angaben.
Es fehlen für das Sommerhalbjahr 1861 Aufstellungen von Oberlehrer Kell (Kll) für die Fächer Rechnen, Geometrie und Zeichnen sowie von Hilfslehrer Ernst Lohse (L II) für die Fächer Geographie und Schreiben.

Choräle im Gesangunterricht am Seminar Plauen (Schuljahr 1860/61)[207]

Hinweis: Alphabetische Anordnung mit Notation der laufenden Nummer der Liste in der Seminarakte und erweitert mit der Verfasserangabe der Kirchenlieder sowie einem Nachweis der Choräle (stets Lied-Nrn., keine Seiten) in:
DGB = Dresdner Gesangbuch (...), Dresden u. Leipzig 1859
Sch = Schulze, Carl Gotthold: Achtzig Choräle für drei und vier Männerstimmen (...), Plauen 1841
He = Hering, Karl Eduard: Dreissig gebräuchliche Choral-Melodien (...), 2. Aufl. Löbau [1860]
ZGB = Zwickauer Gesangbuch, Zwickau 1860

2. Ach bleib mit deiner Gnade Josua Stegmann (1588–1632)	DGB 298, Sch 2, He 22
28. Ach Gott und Herr, wie groß Martin Rutilius (1551–1618)	DGB 380, Sch 26
8. Ach Gott, wie manches Herzeleid Martin Moller (1547–1606)	DGB 531, Sch 45
50. Ach, was soll ich Sünder machen Johann Flittner (1618–1678)	Sch 45, ZGB 552
74. Alle Menschen müssen sterben – [Weise:] Jesu der du meine Seele Johann Georg Albinus (1624–1679)	ZGB 1081
53. Allein Gott in der Höh' sei Ehr Nikolaus Decius (um 1480–1529)	DGB 41, Sch 47, He 1
51. Alles ist an Gottes Segen Nikolaus Decius	DGB 650, Sch 46
26. Aufersteh'n, ja aufersteh'n Friedrich Gottlieb Klopstock (1724–1803)	DGB 341
31. Auf meinen lieben Gott unbekannt, Lübeck vor 1603	DGB 468, Sch 28
60. Aus meines Herzens Grunde – [Weise:] Von Gott will ich nicht lassen Georg Niege (1525–1588)	Sch 53, ZGB 1008
1. Christe, du Lamm Gottes Martin Luther (1483–1546)	DGB 209, Sch 1
20. Die Himmel rühmen Christian Fürchtegott Gellert (1715–1769)	DGB 61
38. Dir, dir Jehovah will ich singen Bartholomäus Crasselius (1667–1724)	Sch 33, ZGB 757
78. Ein' feste Burg ist unser Gott Martin Luther	DGB 295, Sch 69, He 23
76. Eins ist noth! Ach Herr, dieß Eine Johann Heinrich Schröder (1667–1699)	DGB 542, Sch 67
65. Ermunt're dich, mein schwacher Geist Johann Rist (1607–1667)	ZGB 43
13. Erschienen ist der herrl'che Tag Nikolaus Herman (um 1480–1561)	Sch 14, ZGB 349
77. Es ist genug; so nimm, Herr Franz Joachim Burmeister (1633–1672)	DGB 760, Sch 68
68. Es ist nun aus mit meinem Leben Magnus Daniel Omeis (1646–1708)	DGB 761, Sch 60
73. Freu dich sehr o meine Seele unbekannt, Freiberg i. Sa. 1620	Sch 65, ZGB 1098
21. Gelobet seist du, Jesu Christ Martin Luther	DGB 121, Sch 15
44. Gott des Himmels und der Erden Heinrich Albert (1604–1651)	DGB 828, Sch 39

49. Gottes Sohn ist kommen — DGB 118, Sch 44
unbekannt, Böhmische Brüder 1544
43. Herr, ich habe mißgehandelt — Sch 38, ZGB 572
Johann Franck (1618–1677)
10. Herr Jesu Christ, dich zu uns wend' — DGB 498, Sch 10
Herzog Wilhelm II zu Sachsen-Weimar (1598–1622)
56. Herr, wie du willst, so schick's mit mir — DGB 457, Sch 50, He 12
Kaspar Bienemann (1540–1591)
14. Herzliebster Jesu, was hast du verbrochen — DGB 202, Sch 13
Johann Heermann (1585–1647)
6. Ich dank' dir schon durch deinen Sohn — DGB 827, Sch 6
unbekannt, Leipzig 1586
22. Ich weiß, mein Gott, daß all' mein Thun — DGB 459, Sch 21
Paul Gerhardt (1607–1676)
23. In dich hab' ich gehoffet, Herr — Sch 22, ZGB 902
Adam Reusner (1496–um 1575)
17. Jesu komm doch selbst zu mir — Sch 18, ZGB 12
Johannes Angelus (1542–1608)
70. Jesu Leiden, Pein und Tod — Sch 62, He 7
Paul Stockmann (1602–1636)
45. Jesus, meine Zuversicht — DGB 249, Sch 40
Louise Henriette v. Brandenburg (1627–1667)
32. Kommt her zu mir, spricht Gottes Sohn — ZGB 799
Georg Grünwald († 1530)
9. Kommt, Menschenkinder, rühmt und preist — Sch 8, He 13, ZGB 739
Valentin Ernst Löscher (1673–1749)
18. Laßt uns Alle fröhlich sein — DGB 137, He 3
Unbekannter Dichter
42. Liebster Jesu, wir sind hier — DGB 501, Sch 37, He 2
Tobias Clausnitzer (1619–1684)
27. Lobet den Herren, den mächtigen König — Sch 25
Joachim Neander (1650–1680)
4. Lobt Gott, ihr Christen allzugleich — Sch 4, He 27, ZGB 67
Nikolaus Herman
30. Mach's mit mir Gott, nach deiner Güt — Sch 27, He 11, ZGB 1137
Johann Hermann Schein (1586–1630)
7. Mein Gott, ich danke herzlich dir — DGB 52, Sch 7, He 18
Unbekannter Dichter
46. Meinen Jesum laß ich nicht — DGB 515, Sch 41, He 14
Christian Keimann (1607–1662)
37. Nach einer Prüfung kurzer Tage — DGB 352, Sch 32
Christian Fürchtegott Gellert
25. Nun bitten wir den heil'gen Geist — DGB 273, Sch 24
Martin Luther

58. Nun danket alle Gott Martin Rinckart (1586–1649)	DGB 53, Sch 51, He 9
55. Nun freut euch, lieben Christen g'mein Martin Luther	Sch 49, ZGB 623
16. Nun kommt, der Heiden Heiland Martin Luther	Sch 17, He 30, ZGB 22
15. Nun lasset uns den Leib begrab'n Michael Weiße (1480–1534)	DGB 766, Sch 9
39. Nun ruhen alle Wälder Paul Gerhardt	Sch 34, He 28, ZGB 1059
5. Nun sich der Tag geendet hat Johann Friedrich Herzog (1647–1699)	DGB 858, Sch 5, He 6
36. O daß ich tausend Zungen hätte Johann Mentzer (1658–1734)	Sch 31, ZGB 448
66. O Ewigkeit, du Donnerwort Johann Rist	Sch 58, ZGB 1193
59. O Gott, du frommer Gott Johann Heermann	DGB 489, Sch 52, He 16
61. O Haupt voll Blut und Wunden Paul Gerhardt	Sch 55, He 8, ZGB 288
52. O Lamm Gottes, unschuldig Nikolaus Decius	DGB 211
24. O Traurigkeit, o Herzeleid Johann Rist	Sch 23, ZGB 298
62. Schatz über alle Schätze Salomon Liscovius (1640–1689)	DGB 526, Sch 54, He 25
75. Schmücke dich, o liebe Seele! Johann Franck	ZGB 673
47. Seelenbräutigam, Jesu, Gottes Lamm; A-Dur Adam Drese (1620–1701)	Sch 42 (B-Dur)
48. Seelenbräutigam, Jesu, Gottes Lamm; F-Dur Adam Drese	Sch 43 (G-Dur)
54. Sei Lob und Ehr' dem höchsten Gut Johann Jakob Schütz (1640–1690)	Sch 48, ZGB 747
19. Sollt' es gleich bisweilen scheinen Christoph Tietze (1641–1703)	DGB 473, Sch 19
69. Straf' mich nicht in deinem Zorn – [Weise:] Mache dich, mein Geist, bereit Johann Georg Albinus	Sch 61, ZGB 605
33. Vater unser im Himmelreich Martin Luther	Sch 29, ZGB 540
12. Vom Himmel hoch, da komm ich her Martin Luther	Sch 12, He 5, ZGB 79
3. Wach' auf, mein Herz, und singe Paul Gerhardt	Sch 3, ZGB 1033

81. Wachet auf, ruft uns die Stimme Philipp Nicolai (1556–1608)	Sch 79, He 15, ZGB 1198
71. Warum sollt' ich mich denn grämen Paul Gerhardt	DGB 652, Sch 63
63. Was Gott thut, das ist wohlgethan Samuel Rodigast (1649–1708)	DGB 472, Sch 56, He 4
64. Was mein Gott will, gescheh' allzeit Albrecht von Brandenburg (1490–1568)	DGB 458, Sch 57
57. Wenn mein Stündlein vorhanden ist Nikolaus Herman	DGB 731
11. Wenn wir in höchsten Nöthen sein Paul Eber (1511–1569)	DGB 667, Sch 11
72. Werde munter, mein Gemüthe Johann Rist	Sch 64, ZGB 1064
34. Wer nur den lieben Gott läßt walten; a-Moll Georg Neumark (1621–1681)	DGB 470, Sch 30, He 10
35. Wer nur den lieben Gott läßt walten; C-Dur Georg Neumark	DGB 470, Sch 30, He 10
67. Wie groß ist des Allmächt'gen Güte Christian Fürchtegott Gellert	DGB 29, Sch 59
80. Wie schön leuchtet der Morgenstern Philipp Nicolai	Sch 78, ZGB 523
79. Wie wohl ist mir, o Freund der Seelen Wolfgang Christoph Deßler (1660–1722)	DGB 328, Sch 74
29. Wir Christenleut' haben jetzund Freud Kaspar Füger (1521–1592)	He 17, ZGB 84
41. Wir glauben All' an einen Gott; C-Dur Martin Luther	DGB 42
40. Wir glauben All' an einen Gott; F-Dur Martin Luther	DGB 42

Lesebuch-Texte im Deutschunterricht am Seminar Plauen

August Lüben und Carl Nacke (Hrsg.): Lesebuch für Bürgerschulen. Sechster Theil. Verlag von Friedrich Brandstetter, Leipzig 1851. 8° (VIII, 312 S.)

a) Inhaltsverzeichnis (S. V–VII)

b) Karl Ritter: Die Katakomben der Thebais in Oberegypten (S. 259–262)[208]

Ritter, Karl, Geograph, Begründer der sog. vergleichenden Erdkunde, geb. 7. August 1779 in Quedlinburg, Schüler am Erziehungsinstitut in Schnepfenthal, pädagogische Studien unter Niemeyer in Halle, ab 1798 Hauslehrer bei einem Bankier in Frankfurt a. M., in dieser Stellung mehrere Reisen durch die Schweiz, Savoyen, Frankreich und Italien, 1814–19 in Göttingen umfangreiche Studien der dortigen Bibliotheksbestände. 1819 Anstellung als Professor der Geschichte am Gymnasium zu Frankfurt a. M., 1820 Berufung zum außerordentlichen Professor der Geographie an die Universität zu Berlin, später auch Lehrer der Statistik an der Kriegsschule sowie Mitglied der Akademie und Studiendirektor der königlichen Kadettenanstalt, gest. 28. September 1859 in Berlin.[209]

Inhalts-Verzeichniß.

Nro.	Ueberschriften.	Verfasser.	Seite
1	17tes Abenteuer: Wie Siegfried erschlagen ward. (Uebers. v. Simrock.)	Aus dem Nibelungenliede . .	1
2	Aus dem Parcival: Gawans Abenteuer im Zauberschlosse. (Uebers. von San-Marte.) .	Wolfr. v. Eschenbach	8
3	Lob deutscher Zucht und deutscher Frauen	Walth. v. d. Vogelweide . .	15
4	Die drei Mauern	Martin Luther	16
5	Der 46ste Psalm	—	—
6	Aussprüche über die Auferstehung . .	—	17
7	Aus Luthers Tischreden	—	18
8	Ein Epitaphium oder klagred, ob der Leich Doctor Martini Lutheri	Hans Sachs	21
9	Gesprech Sanct Peter mit den Landsknechten.	—	23
10	Sommergesang	Paul Gerhardt	25
11	Damokles	Ch. F. Gellert	28
12	Die Güte Gottes	—	29
13	Brief an den Grafen M** von B* .	—	30
14	Der Hirsch	J. L. Gleim	32
15	Das Pferd und der Esel	—	—
16	Johann konnte nicht leben	Justus Möser	33
17	Psalm	Fr. G. Klopstock	36
18	Die Frühlingsfeier	—	37
19	Die frühen Gräber	—	40
20	Zerstreuung	G. E. Lessing	—
21	Aus: Minna v. Barnhelm, 1. Aufz. 8. Auftr.	—	41
22	Aus: Nathan der Weise, 3. Aufz. 5.—7. Auftr.	—	42
23	An Kleonidas. (Sokrates.) . . .	Ch. M. Wieland	51
24	Aus: Oberon, 1. Ges. 12—27. Str. .	—	53
25	Lebensweisheit des alten Witt . . .	Joh. Jak. Engel	57
26	Das Weihnachtsgeschenk	Christ. Garve.	60
27	Brief an Andres	Matth. Claudius	62
28	Ueber das Gebet	—	63
29	Parentation über Anselmo	—	66
30	Von der Freundschaft	—	67
31	Erlkönigs Tochter	J. G. v. Herder	69
32	Das Kind der Sorge	—	70
33	Der sterbende Schwan	—	71

Nro.	Ueberschriften.	Verfasser.	Seite
34	Aus: der Cid, 1.—3., 26., 27. und 67. Romanze	J. G. v. Herder	—
35	Der Kaiser und der Abt	G. A. Bürger .	78
36	Aus: Luise. 1. Idylle	Joh. Heinr. Voß	82
37	Aus: Homer's Ilias. Aus dem 22. Ges.	—	88
38	Aus: Homer's Odyssee. Aus dem 12. Ges.	—	100
39	Das Erdbeben in Calabrien	Fr. L. Graf zu Stollberg .	109
40	Der Tod des Dichters E. v. Kleist .	W. J. v. Archenholz	111
41	Aus: Lienhard und Gertrud. 1. Kap.	J. H. Pestalozzi	112
42	Schlacht bei Morgarten 1315 . . .	Joh. v. Müller	115
43	Ansichten vom Niederrhein	J. G. A. Forster	118
44	Der Handel der alten und der neuen Welt	A. H. L. Heeren	122
45	Aus: Götz von Berlichingen . . .	Göthe	125
46	Wertherische Briefe 1. 2.	—	131
47	Der Adler und die Taube	—	133
48	Das Chamounithal	—	134
49	Der Sänger	—	135
50	Mignon	—	137
51	Italienische Briefe 1. 2.	—	—
52	Aus: Iphigenia auf Tauris. 1. Aufz. 1. Auftr.	—	141
53	Epigramme 1. 2.	—	142
54	Aus: Reineke Fuchs. Aus dem 2. Ges.	—	—
55	Meeresstille. Glückliche Fahrt . . .	—	149
56	Aus: Hermann und Dorothea. 1. Ges.	—	150
57	Der Zauberlehrling	—	156
58	Die Krönung Kaiser Joseph's II. zu Frankfurt a. M.	—	159
59	Jung-Stilling	—	166
60	Gesang der Geister über den Wassern	—	168
61	Der treue Eckart	—	—
62	Hektors Abschied	Schiller . . .	170
63	Herzog v. Alba bei einem Frühstück auf dem Schlosse zu Rudolstadt im Jahre 1547 . . .	—	171
64	Wilhelm v. Oranien und Graf v. Egmont	—	173
65	Die Eroberung Magdeburgs 1631 . .	—	176
66	Die Kraniche des Ibykus	—	180
67	Das Eleusische Fest	—	185
68	Aus: Wallenstein's Lager	—	190
69	Das Lied von der Glocke	Schiller . . .	197
70	Sehnsucht	—	207
71	Chöre aus: Die Braut von Messina .	—	208
72	Aus: Wilhelm Tell. Aus dem 3. Aufz.	—	210
73	Die Neujahrsnacht eines Unglücklichen	J. Paul . . .	219
74	Der Sommer	J. Paul . . .	221
75	Der Winter	Hebel	222
76	Moses Mendelssohn	—	223

Nro.	Ueberschriften.	Verfasser.	Seite
77	Aus: Shakspeares Julius Cäsar. 3. Akt, 2. Scene	A. W. v. Schlegel	224
78	Soldaten-Morgenlied	M. v. Schenkendorf	234
79	Lied zur feierlichen Einsegnung des preuß. Freikorps	Th. Körner	235
80	Schwertlied	—	—
81	Deutscher Trost	E. M. Arndt	238
82	Vaterlandslied	—	—
83	Der Holländer	—	240
84	Das Schloß Boncourt	Chamisso	243
85	Die Kreuzschau	—	244
86	Grenzländer der Steppen und Wüsten Süd-Amerikas	A. v. Humboldt	246
87	Die Fülle des Lebens in der Natur	—	247
88	Die Tropengewächse	—	250
89	Der Kuhbaum	—	252
90	Der Hemdenbaum	—	253
91	Character der norwegischen Gebirge	Hnr. Steffens	—
92	Der Wasserfall	—	254
93	Die Katakomben der Thebais in Ober-Egypten	K. v. Ritter	259
94	Der Tod Schwerins	Varnhagen von Ense	263
95	Maria Stuart und Elisabeth von England	Dahlmann	265
96	Geharnischte Sonette 1. 2.	Rückert	268
97	Der Baum des Lebens	—	269
98	Die Seel' im All	—	270
99	Die Weisheit des Brahmanen 1. 2.	—	271
100	Des Sängers Fluch	Uhland	—
101	Graf Eberhard der Rauschebart	—	273
102	Aus: Ernst, Herzog von Schwaben	—	280
103	Johannes Kant	G. Schwab	282
104	Ein westphälischer Hofschulze	Immermann	285
105	Der Pilgrim vor St. Just	v. Platen	291
106	Harmosan	—	—
107	Der Vesuv im December 1830	—	292
108	Saul und David	—	—
109	Gasele	—	293
110	Venedig	—	—
111	Ein Tag unter dem Aequator	v. Martius	294
112	Die Anden	Pöppig	298
113	Die geographische Gestaltung Ungarns	J. G. Kohl	300
114	Die Zigeuner	—	302
115	Die drei Indianer	Nic. Lenau	305
116	Die Martinswand	A. Grün	306
117	Die Tanne	Freiligrath	309
118	Thürmerlied	Geibel	311

Karl von Ritter.

Geb. 1779 zu Quedlinburg.

93. Die Katakomben der Thebais in Oberegypten.

Die Libysche Bergkette erhebt sich bei Theben steil mit vorsprin= genden Anhöhen 300 bis 400 Fuß hoch. Ein feiner, mittelharter, sehr homogener Kalkstein, trefflich zur Sculptur und zum Ausbau zu benutzen, bildet hier den Berg, und nur selten legen Versteine= rungen, wie Belemniten und Ammonshörner, der Sculptur Schwie= rigkeiten in den Weg. In diesem Bergzuge, zunächst von Medynet= Abou längs dem Memnonium bei Gournah, eine Strecke von zwei Stunden Länge, bis zur Höhe von 300 Fuß, ist dieser ganze Raum von Strecke zu Strecke überall und in allen Höhen durch lange Stollen, Gänge, Gallerien durchschnitten, mit Kammern zu beiden Seiten oder Sälen, mit Zweigen und Nebengängen, die, zu Tau= senden vorhanden, sich labyrinthisch verzweigen, den ganzen Berg durchsetzen, oder in sich selbst wieder zurücklaufen. Steile und be= schwerliche Fußpfade führen zu ihren Eingängen hinauf, die als hohe und tiefe Pforten, Portale, Bogen, Arcaden oft gedoppelt in vor= springenden Felswänden sich zeigen, und da die Bergkette von Nor= den nach Süden streicht, meistentheils von Osten her in den Fels führen. Die größern Eingänge haben Vorhöfe in Fels gehauen unter freiem Himmel, deren Wände dann polirt oder sonst decorirt sind. Andere führen unmittelbar in den Berg hinein. Die einfach= sten dieser Todtengrüfte liegen auf der Höhe, die prachtvollsten am Fuße des Berges, und so verschieden ist der Abstand der Grüfte der Armen von denen der Reichen, wie der unter den Wohnhäusern der verschiedenen Stände. Denn dies sind die Todtenstätten der alten Bewohner von Thebais, alle auf der Westseite des Nils, kein einziges Grab im Osten desselben. Heutzutage wohnen da die Fel= lahs von Gournah; früher suchten die Anachoreten der Thebais hier der Welt zu entfliehen, doch fanden diese erst noch das profane Gö= tzenthum der Egypter zu überwinden. Mit Gyps deckten sie die unheiligen Bilder der Alten zu und malten ihre Heiligen darüber. Eben da, wo einst die egyptische Todtenpompa, da feierten diese Cönobiten seit der Mitte des 4. Jahrhunderts ihre Kirchenfeste. Auf die Todten und Priester folgten also Cönobiten und auf diese die heutigen Troglodyten von Gournah.

Diese, ehedem an 3000, jetzt nur etwa noch 300, sind Araber ohne Moschee; sie wohnen selbst in den Eingängen dieser Catacom= ben und haben darin die Ställe für ihre Heerden, Büffel, Ziegen,

Schafe u. s. w. Sehr eifersüchtig, geben sie nur selten den Fremden den Zutritt, und man muß schon sehr genau mit ihren Ränken und Schlichen vertraut sein, um in das Innere der Grottenwerke zu gelangen, durch deren Besitz sie das Monopol des dortigen Antiquitätenhandels haben; daher sie unvernünftig in ihren Forderungen für Reste des Alterthums sind, zumal für die Papyrusrollen, die sich dort vorfinden. — Gewöhnlich wohnen sie in dem Zwischenraum von dem Eingang der ersten Todtengruft; im hintern Ausgang, den sie mit Erde verstopfen, ist gewöhnlich nur ein Loch zum Durchkriechen für Schafe und Ziegen in den hintern Stall. An den Eingang stellen sie gewöhnlich alte egyptische Bilder vom Fuchs, dem Symbol der Wachsamkeit. Eine schwache Lampe, von Schaffett genährt, im Winkel, erleuchtet den düstern Wohnort, in dem sich jeden Abend die wilde Familie der Fellahs versammelt, wo die am Tage gemachte Beute und der Fund in dem Schutt der Grüfte gezeigt wird. Diese halb nackten, schlauen Höhlenbewohner erzählen sich da ihre Fata, gelagert auf die Schädel und Mumienreste aus den Zeiten der Pharaonen und Ptolemäer; ihr Huhn braten sie am Feuer aus den Todtengebeinen und Mumiensärgen, und denken auf neuen Fang für den folgenden Tag. Belzonis nähere Bekanntschaft mit diesen Höhlenbewohnern leitete ihn zu den höchst wichtigen Entdeckungen in ihrem ganzen durchbrochenen Gebirge; denn er brachte sie durch den vertrautesten Umgang dahin, daß sie auf Taglohn für ihn in den Grüften arbeiteten, wodurch er diese, die bis dahin selbst sehr unbekannt waren, genauer kennen lernte.

Denn so eng und unscheinbar auch die Eingänge sind, so weitläufig wird das Innere dieser Catacomben, die oft in ungeheurer Ausdehnung sich in dunkler Verwirrung hinziehen, die schon manchem Neugierigen das Leben kostete. Denn überall sind unterirdische Gänge, Gemächer, Seitenkammern, Hallen, gerade Treppen hinab und Wendeltreppen in die Tiefe, lange Corridors, von senkrechten Brunnen oder Schachten unterbrochen u. s. w., auf allen Seiten halb verschüttet, zugefallen, schon chaotisch durchwühlt in frühern Jahrhunderten, die Gänge öfter nur hoch genug zum Durchkriechen auf dem Bauche, dabei eine weit höhere Temparatur als in freier Luft, oft große Hitze, gewöhnlich bis 22 Gr. nach Reaumürs Thermometer, größte Trockenheit, daher der enge Luftraum erfüllt mit dem scheußlichen Staube der schwarzen Mumien, die zu vielen Hunderten und Tausenden in allen Winkeln und an allen Wänden aufgeschichtet liegen, und sammt vielen Ornamenten, die sie umgeben, wie Mehl zerfallen bei starker Berührung, so daß der Fuß, der auf sie tritt, leicht durch mehrere Mumienleiber hindurchsinkt, und oft ist kein Schritt zu thun, ohne eine Mumie in den Staub zu treten. Zu alle diesem noch das dampfende Licht der Fackeln, welches überall aus den Winkeln die Schaaren der Fledermäuse aufschreckt, die hier in der unterirdischen Wärme, in dem Dunkel und der Todtenstille zu unzählbaren Schwärmen sich vermehren.

Die engen Eingänge aller Catacomben in sehr große Tiefen setzen voraus, daß nur wenige Menschen zugleich in dem Innern der Hypogäen arbeiten konnten, sie bilden sich also sehr allmählich aus, und wahrscheinlich waren viele Jahrhunderte zu ihrem Entstehen nothwendig. Auch anderwärts finden sich unterirdische Grüfte, wie z. B. in Ellora, Elephanta, Salsette in Indien, um Jerusalem in Palästina, die Catacomben in Sicilien, bei Neapel, Rom, zu Tarquinia in Hetrurien, an den Ufern der Loire jenseit Tours u. s. w.; aber nur die Hetrurischen haben mit diesen einige Aehnlichkeit, keine von allen erreichen aber in Hinsicht des Umfangs und der darin verwendeten Pracht die Thebaischen. Denn diese sind eine Niederlage aller Künste und Wissenschaften des häuslichen Lebens der Egypter, die Monumente des Volkes unter der Erde, wie jene oben beschriebene über der Erde, die des Staates und des egyptischen Priesterthums. In diesen Todtengrüften und nicht in den Bürgerhäusern aus Backsteinen wurde aller Schmuck der Wohnungen angebracht, weil das Leben nur kurz war, der Aufenthalt der Seele im Todtenhause aber nach der Lehre von der Seelenwanderung so lange dauerte, als noch der Leib fortbestand, und dann erst in einem Cyclus von 3000 Jahren zurückkehrte, zum Leben aufsteigend und mancherlei Metamorphosen durchgehend. Dankbarkeit, Pietät gegen die Todten war daher die erste Pflicht der Ueberlebenden; daher bereitete man die Stätte auf das Feierlichste, um zugleich den Aufenthalt angenehm zu machen, mit Allem zu versehen, was das Leben Wünschenswerthes darbot, und den Ruhm des Todten in seiner wahren Behausung der Nachwelt zu überliefern. Auch sind die Wohnhäuser der Lebendigen in Egypten völlig verschwunden, und nur die Wohnungen der Todten reden zur Nachwelt. Es unterstützte diesen Gebrauch die Moral der Egypter, durch das Fortleben des Ruhms und der Thaten der Vorfahren, als durch ein Vorbild, zu leiten; und wie sie Alles festzustellen suchten, so bewahrten sie selbst ihre Körper als Mumien der Nachwelt auf. Die Hypogäen, die Monumente der Frömmigkeit, sind uns daher die Sittenspiegel für das häusliche Leben der Egypter geworden, das hier nach allen Ständen, Gewerben, vornehm, reich und gering, bis in das kleinste Detail abgebildet sich zeigt, in Anlagen der Gemächer, Ausschmükkung der Sculpturen und Malereien, und durch die Art des Einbalsamirens, Ausschmückens und Aufbewahrens von Mumien. Denn jede Familie brachte in ihren Catacomben einen gewissen Vorrath ihrer Reichthümer, ihrer Kenntnisse, ihrer Kunstwerke und Monumente ihrer Gesinnungen an; daher hier bei aller Uebereinstimmung des Styls im Allgemeinen doch ein unendlicher Reichthum des Besondern sich vorfindet, der durch jahrelanges Studium nicht erschöpft werden kann.

c) Karl Friedrich Philipp von Martius: Ein Tag unter dem Aequator (S. 294–298)
Martius, Karl Friedrich Philipp von, Naturforscher und Reisender, geb. 17. April 1794 in Erlangen, studierte dort Medizin, beteiligte sich dann an einer von der österreichischen und bayrischen Regierung 1817–20 veranstalteten wissenschaftlichen Reise nach Brasilien und bearbeitete nach seiner Rückkehr mit seinem Reisegefährten Spix das Werk ›Reise nach Brasilien‹ (München 1824–31, 3 Bde.). Martius wurde 1820 in den Adelstand erhoben, erhielt 1826 die Berufung zum Professor der Botanik in München, ab 1832 Direktor des Botanischen Gartens, gest. 13. Dezember 1868 in München.

Karl Friedrich Philipp von Martius.

Geb. 1794 zu Erlangen.

111. Ein Tag unter dem Aequator.

Wie glücklich bin ich hier, wie tief und innig kommt hier so Manches zu meinem Verständnisse, das mir vorher unerreichbar stand! Die Heiligkeit des Ortes, wo alle Kräfte sich harmonisch vereinigen, zeitiget Gefühle und Gedanken. Ich meine besser zu verstehen, was es heißt, Geschichtschreiber der Natur zu sein. Ich versenke mich täglich in das große und unaussprechliche Stillleben der Natur, und vermag ich auch nicht, es ganz zu erfassen, so erfüllt mich doch die Ahnung seiner Herrlichkeit mit nie gefühlter Wonne. — Es ist drei Uhr Morgens; ich verlasse meine Hangematte, denn der Schlaf flieht mich Aufgeregten; ich öffne die Läden und sehe hinaus in die dunkle, hehre Nacht. Friedlich flimmern die Sterne, und der Strom glänzt im Widerscheine des untergehenden Mondes zu mir herüber. Wie geheimnißvoll und still ist Alles um mich her! Ich wandle mit der Blendlaterne hinaus in die kühle Veranda und betrachte meine trauten Freunde, Bäume und Gesträuche, die um die Wohnung her stehen. Manche schlafen mit dicht zusammengelegten Blättern, andere aber, die Tagschläfer sind, ragen ruhig ausgebreitet in die stille Nacht auf; wenige Blumen stehen geöffnet; nur ihr, süßduftende Paullinien-Hecken, begrüßet mit feinstem Wohlgeruche den Wanderer, und du, erhabene, düsterschattende Manga, deren dichtbelaubte Krone mich gegen den Nachtthau schützet.

Gespensterhaft flattern große Nachtschmetterlinge um die verführenden Lichter meiner Laterne. Immer stärker durchnäßt der Thau die frischaufathmenden Wiesen, und die Nachtluft legt sich feucht auf die erwärmten Glieder. Eine Cicade, die im Hause wohnet, lockt mich mit heimischem Gezirpe wieder hinein und leistet dem glücklichen Halbträumer Gesellschaft, der den Tag erwartet, vom Gesumse der Mosquiten, den paukenähnlichen Schlägen eines Ochsenfrosches oder dem klagenden Rufe des Ziegenmelkers wach erhalten. Um fünf Uhr seh' ich ringsum den Morgen dämmern; ein feines gleichmäßiges Grau, mit Morgenroth verschmolzen und davon erheitert, umzieht den Himmel; nur der Zenith ist dunkler. Die Formen der Bäume treten näher und näher, der Landwind, der in Osten aufsteht, bewegt sich langsam, — schon schimmern rosenrothe Lichter und Reflexe um die Gipfel der Bäume. Die Zweige, die Blätter regen sich; Käfer fliegen, Mücken summen, Vögel rufen, Affen klettern schreiend ins Dickicht zurück, die Nachtschmetterlinge suchen lichtscheu taumelnd ihre Waldnacht wieder; auf den Wegen regt sich's, die Nagthiere laufen ins Gemäuer zurück, und die hinterlistigen Marderarten schleichen sachte vom Geflügel, dem der prunkende Haushahn den Morgen anruft.

Immer heller wird es in der Luft; der Tag bricht an; — eine unbeschreibliche Feier liegt über der Natur; — wie rothe Blitze leuchtet der Sonnenrand; jetzt steigt die Sonne empor, — in einem Nu ist sie ganz über dem Horizonte, auftauchend aus feurigen Wellen, und wirft glühende Strahlen über die Erde hin. Die magische Dämmerung weicht, große Reflexe flüchten sich verfolgt von Dunkel zu Dunkel, und auf einmal steht rings um den entzückten Beschauer die Erde im frischen Thauglanz, festlich jugendlich heiter. Kein Wölkchen steht am Himmel, ungetrübt wölbt er sich über die Erde. Alles ist Leben; Thiere und Pflanzen im Genuß, im Kampf. Um sieben Uhr beginnt der Thau zu verschwinden, der Landwind läßt etwas nach, schon wird die zunehmende Wärme bemerklich. Die Sonne steigt schnell und senkrecht am klaren durchsichtig-blauen Himmel auf, in welchem alle Dünste gleichmäßig aufgelös't sind, bis sich späterhin, niedrig am westlichen Horizonte, kleine weißflockige Wolken bilden; diese spitzen sich gegen das Tagsgestirn zu und verlängern sich allmählich weithin am Firmamente.

Um die neunte Stunde wird die Wiese ganz trocken; der Wald steht im Glanze seiner Lorbeerblätter; andere Blüthen entfalten sich, andere hat die schnellere Entwickelung bereits hinweggerafft. Noch eine Stunde später, und die Wolken wölben sich hoch auf, sie gestalten sich zu breiten dichteren Massen und ziehen bisweilen verdunkelnd und kühlend unter der Sonne hin, die in leuchtender Fülle die Landschaft beherrschet. Es zucken die Pflanzen unter den sengenden Strahlen der Sonne; ganz selbstverloren geben sie sich dem mächtigen Reize hin. Goldbeschwingte Käfer und Kolibri's schwirren lustig näher; ein lebendiges Farbenspiel, gaukeln bunte Schmetterlinge am Ufer durcheinander. Die Wege wimmeln von Ameisen, die in ausgedehnten Zügen Blätter zu ihren Bauwerken schleppen. Aber auch die trägen Thiere empfinden den Sonnenreiz; das Krokodil steigt vom Schlamme des untern Ufers weiter herauf und lagert sich in den heißen Sand; Schildkröten und Eidechsen werden aus ihren feuchten Schatten hervorgelockt; buntschillernde und düsterfarbige Schlangen schleichen in die warm beleuchteten Küstenwege. Die Wolken senken sich tief, sie sondern sich schichtenweise ab, immer schwerer, dichter, düsterer umhüllen sie bläulich-grau den Horizont, gegen den Zenith thürmen sie sich an zu hellern, weitverbreiteten Massen, ein Abbild riesiger Gebirge in der Luft. Auf einmal überzieht sich der ganze Himmel, nur hie und da blickt noch die tiefe Bläue zwischen durch; die Sonne verbirgt sich, aber um so heißer liegt die Gluth der Luft auf der Landschaft.

Mittag ist vorüber; trüb, schwer, melancholisch hängt diese Stunde über der Natur. Hunger und Durst jagen die Thiere umher; nur die ruhigen, die trägen, in die Schatten des Waldes geflüchteten ahnen nichts von der gewaltigen Krise der Natur. Aber sie kommt; schon erkältet sich die Luft; die Winde fahren wild gegen einander, sie wühlen den Wald auf und dann das Meer, das immer schwärzer einherwogt, und die Flüsse, die dunkler, und vom Winde übertönt, lautlos dahin zu fliehen scheinen. Der Sturm ist da! Zwei-, dreimal reißt ein fahler Blitz durch die Wolken, zwei-, dreimal rollt der Donner, rollt langsam, ruhig, erhebend; Tropfen fallen. Die Pflanzen athmen aus der Ermattung neu auf; ein neuer Donner, und — nicht Regen, Wasserströme gießt nun der erschütterte Himmel aus. Der Wald erseufzt! das lispelnde Plätschern der bewegten Blätter wächst zum Rauschen an, zum weithin tönenden dumpfen Getrommel. Blumen schwanken, Blätter fallen, zerrissene Aeste, morsche Stämme stürzen; mit Gewalt nimmt der Orkan den letzten Reiz der Zartheit von den niedergedrückten Pflanzengeschlechtern.

Auch die Thierwelt hat diese furchtbare Stunde ergriffen; verstummt, entsetzt flattert das Gefieder des Waldes am Boden; zitternd suchen die zahllosen Geschlechter der Insekten unter Blättern, an Stämmen Schutz; von Krieg und Mord abgemahnt, läßt das Säugethier nach in der Verfolgung; nur die kaltblütigen Amphibien freuen sich der herabstürzenden Fluth, und tausendstimmig singen die Chöre der Frösche und Unken aus den feuchten Wiesen auf. In

Bächen rauscht das trübe Wasser durch die engen Waldwege dem Strome zu oder ergießt sich in die Risse des Bodens. Mehr und mehr nimmt dabei die Temperatur der Luft ab; die Wolken entleeren sich allmählich, — aber nur noch kurze Zeit, und der Sturm ist vorüber.

In verjüngtem Glanze tritt die Sonne aus langgedehnten Wolkenschichten hervor, die mehr und mehr aus einander ziehen, nach Süden und Norden sich senken und, wie am Morgen, in dünnen, leichten Gestalten den azurnen Grund des Firmaments umsäumen. Schon lächelt der Himmel aus tiefblauem Auge die Erde wieder an, und bald hat sie den Schreck vergessen. Eine Stunde länger, und keine Spur des Sturmes ist vorhanden; in neuer Frische, vom warmen Sonnenstrahl abgetrocknet, stehen die Pflanzen, und das Thier bewegt sich wieder nach alter Weise, dem angestammten Triebe Folge leistend.

So zieht der Abend heran, und neue Wolken erscheinen zwischen den weißen Flecken am Horizonte; sie führen bald einen violetten, bald einen fahlgelben Schein in die Landschaft ein, der harmonisch den Hintergrund der hohen Waldung, den Strom und das Meer verbindet. Die Sonne sinkt und tritt, umgeben vom buntesten Farbenschmelze, aus dem westlichen Thore des Firmaments. Mit ihr verschwinden die unruhigen Bewegungen der Thierwelt, welche nun, stille werdend, sich der nächtlichen Ruhe überläßt. Noch schimmern einzelne Lichtblicke im Abglanz der untergegangenen Sonne um die Firsten; da steigt in stiller Kühle, ruhig, mild und geisterhaft, der silberweiße Mond über den dunkeln Wald hervor, und in neue, weichere Formen verschmelzen sich die Gestalten. Es kommt die Nacht; in Schlaf und Traum sinkt die Natur, und der Aether, sich in ahnungsvoller Unermeßlichkeit über die Erde wölbend, von zahllosen Zeugen fernster Herrlichkeit erglänzend, strahlt Demuth und Vertrauen in das Herz der Menschen, die göttlichste Gabe nach einem Tage des Schauens und des Genießens.

In gleicher Folge, wie das allgemeine Bild sie schildert, treten in Para von Tag zu Tag, wenigstens einen großen Theil des Jahres hindurch, dieselben Naturphänome auf. Mit gesetzmäßiger Herrlichkeit bringt jede Stunde dieselben Spannungen, dieselben Nachlässe der Naturkräfte, und jede Creatur erscheint im vorgeschriebenen Momente auf der großen Bühne, handelt und verliert sich dann wieder in der Mannigfaltigkeit der Nachbargestalten. Jedes gehorcht dem eigenen Triebe seines Daseins und ist doch darin nur Diener der allgemeinen Gesetze; Jedes scheint nur sich selbst im Auge zu haben, und doch ist es so ganz der Allgemeinheit verfallen. Und dieses merkwürdige Verhältniß einer gesetzmäßig voraus bestimmten

Ordnung der Erscheinungen muß sich gerade hier, unter dem Aequator, am deutlichsten offenbaren. Ueberall ist unser Planet bemeistert und gleichsam zur Dienstbarkeit dem höhern Gestirne unterworfen; aber hier allein, wo die Sonne in immer gleicher Entfernung immer dieselben Gesetze vorschreibt, kündigen sich die von jener aufgezwungenen Acte des Erdenlebens wie freie Bewegungen an, und die Erde scheint der Verbündete, nicht der Diener des beherrschenden Weltkörpers.

Wie ganz anders verhält sich dies im Norden und Süden, wo die bezwungene Erde nicht in friedlicher Hingebung, sondern in feindlicher Knechtschaft die verschiedenartigsten Zustände und heftig stürmische Uebergänge von einem in den andern erfahren muß. Der schroffe Gegensatz der Jahreszeiten ist in dieser glücklichen Weltbreite verlöscht; kaum merklich unterscheiden sie sich durch schwachen Unterschied der Tageslänge. Trockene und feuchte Jahreszeit (Sommer und Winter) treten einander kaum gegenüber, da fast jeder Tag in Sonnenschein und Regen wechselt. Gewissermaßen verkündigen sich nur Frühling und Herbst durch die Perioden der Vegetation. Diese aber, hier durch ihre wahren Lebenselemente, Wärme und Feuchtigkeit, begünstigt, erhebt sich in vollster Majestät und bedeckt vom Ufer der Gewässer an alles Land in dichtester Fülle mit immer grünem Laube. Viele Pflanzen, vielleicht gerade diejenigen, deren Vorkommen in die engsten Grenzen der Aequatorialgegenden eingeschränkt ist, sind öfter als einmal im Jahre mit Blüthen bedeckt; manche vergegenwärtigen die Zeit des Frühlings, andere gleichzeitig die des Herbstes; doch möchte die Mehrzahl in den Monaten November bis März ihre Blüthen entfalten und von Juni bis September ihre Früchte reifen.

Jener Stillstand aber, welcher während des nordischen Herbstes und Winters den Wald seines Laubes entkleidet, wird hier niemals beobachtet; mag auch ein Baum auf einmal des alternden Blätterschmuckes beraubt werden, so wird er doch dadurch nicht kahl, denn neue Knospen ersetzen augenblicklich den eingetretenen Verlust. Einem so unendlichen Lebenstriebe entspricht auch die Fülle und Pracht der Früchte, und man kennt in dieser glücklichen Breite nur dem Namen nach Mißwachs und Mangel. Unter den Anschauungen einer solchen Natur muß jeder Fühlende zu höherer Frische des Gemüthes erstarken. Die großartige Harmonie der Weltkräfte, welche, ihm überall entgegentretend, gleichsam die sittliche Aufgabe des Menschen symbolisirt, erfüllet mit Lebensmuth, Hoffnung und Heiterkeit die Seele.

d) Eduard Friedrich Pöppig: Die Anden (S. 298–300)
Pöppig, Eduard Friedrich, Reisender und Naturforscher, geb. 16. Juli 1798 in Plauen/Vogtland, studierte Naturwissenschaften in Leipzig, ab 1822 Reisen in Kuba und Nordamerika, ging 1826 nach Valparaiso und bereiste die mittleren und südlichen Provinzen von Chile. Pöppig erstieg 1829 den Vulkan von Antuco, ging dann zur See nach Lima und von da über die Kordilleren nach der Provinz Maynas, wo er zwei Jahre in Indianerdörfern lebte. Von da fuhr er den Amazonas hinab und kehrte mit reichen botanischen und zoologischen Sammlungen 1832 in die Heimat zurück. Seit 1833 Professor der Zoologie an der Universität Leipzig, gründete das zoologische Museum, gest. 4. September 1868 in Leipzig.

Eduard Friedrich Pöppig.

Geb. 1798 zu Leipzig.

112. Die Anden.

Der Charakter der Anden ist in hohem Grade von dem verschieden, den wohl Jeder nach kurzem Besuche als den bezeichnenden der Schweiz und Tyrols erkennt. Grausenhafte Einöde, völlige Nacktheit der unermeßlichen Felswände, ein riesiger Maßstab, der nirgends zu verkennen ist, spärliche Vegetation der schluchtähnlichen Thäler, fortdauernde Zerstörung und Herabrollen der in endloser Gleichförmigkeit und Kahlheit sich ausdehnenden Bergwände, und eine furchteinflößende Wildniß, welche nirgends durch freundlichere Scenen unterbrochen wird, solche sind die ersten und auffallenden Züge in dem ungewöhnlichen Bilde. In den Umrissen der Alpen herrscht eine außerordentliche Mannigfaltigkeit, ein Pick erhebt sich da über den andern, und neben dem abgerundeten Dome tritt die Form der spitzen Pyramide und grotesk zerrissener Joche auf. Nicht so in den Anden, die in der Ferne und in der Nähe stets als eine ungetheilte Wand erscheinen, über die nur in seltneren Fällen einzelne Spitzen hervorragen. Ihre einzelnen Gruppen liegen als unermeßliche, aber gleichförmige Massen da, an denen sich ein sonderbarer Ausdruck der Starrheit und der Trägheit bemerklich macht. Aber gerade der Umstand, daß die Natur es zu verachten schien, hier durch Contraste den Ausdruck des Großartigen hervorzubringen oder zu erhöhen, veranläßt es, daß die Anden einem Jeden weit mehr imponiren als die Alpen; allein er bringt es auch hervor, daß nur selten für späte Folgezeit ein getreues Bild ihrer Scenen bleibt. In den Alpen Europa's strecken breite grünende Thäler sich hin zwischen den Hochgebirgen, auf denen eine heitere Vegetation sich bis an die unmittelbare Grenze des ewigen Schnees fortsetzt. Laubholz in vereinzelten Gruppen wechselt mit den ausgedehnteren Forsten von Tan-

nen und Fichten. Gletscher glänzen blau von den höchsten Zacken der Gebirgskämme, und in den ausgedehnten Thälern liegen nicht selten ruhige Seen mit fruchtbaren Ufern. Von allem Diesen zeigen die Anden dem Beschauer Nichts. Braune, graue und gelbliche Mitteltinten sind über das Gebirge überall verbreitet, wo nicht der ewige Schnee weiße, horizontal scheinende Ebenen bildet, oder die größere Entfernung ihren mildernden bläulichen Dunst verbreitet. Grell leuchtet hier und da der hochrothe Porphyr von den halbzerstörten Jochen, und die engen, dunklen Schluchten, die selten sich weit genug ausdehnen, um dem Landmanne nützlich werden zu können, sind hoch mit seinen Trümmern überschüttet und bieten nur verkümmerte Sträuche oder vereinzelte Pflanzen, die auf solchem Boden sich nie zu einer saftigen Trift vereinigen können. Von allen Dem, wodurch der Mensch das Ansehen einer Landschaft verändert und verschönert, seinen heimischen Dörfern und geschäftigen Städten, seinen Kunststraßen und wohlangebauten Feldern, enthalten die einsamen Anden keine Spur. Der Ruf der Sennenhirten begrüßt nicht den Wanderer, wenn er am frühen Morgen die steilen Bergseiten erklimmt, und des Abends tönt nicht aus dem Thale dem Heimkehrenden das friedliche Geläute einer Vesperglocke entgegen. Unfähig, in ihrem Schooße eine Bevölkerung zu erhalten, werden die Anden nie anders als in ihrer starren Regungslosigkeit erscheinen können, und dieser Charakter, den man selbst in den Einzelnheiten verfolgt und so schwer mit Worten schildert, wird derselbe bleiben, bis die langsam, aber sicher wirkende Naturkraft im Laufe der Jahrtausende, durch Veränderung des Klima's und die gradweise Zerstörung der Oberfläche, auch diese Gebirge fähig macht, Schauplätze menschlichen Fleißes zu werden.

Wenn manche Einzelnheiten der Anden, ihre Felswände, die nur unbemerklich von der senkrechten Richtung abweichen und doch unzerrissen zweitausend Fuß sich erheben, ihre Schluchten, die so oft über fünftausend Fuß tief sind, wenn diese die Aufmerksamkeit fesseln und die Phantasie mit ihrer Schauerlichkeit aufreizen, so tritt später der kaltrichtende Verstand in seine Rechte ein, und veranlaßt durch ruhigere Erwägung großartiger Thatsachen eine ernste Bewunderung. Diese Anden, die man, innerhalb ihres Schooßes lebend und von ihren gigantischen Wänden umgeben, nie richtig beurtheilt, und von deren Größe man nur in bedeutender Entfernung erst eine gerechte Idee erhält, erstrecken sich in ununterbrochenen Reihen über sechzig Breitegrade, und messen selbst im nördlichen Chile, wo sie als eine einzige Kette auftreten, noch mindestens zwanzig Meilen auf dem Querdurchmesser ihrer Grundfläche. Selbst ohne an die gründliche

Lösung der Frage zu gehen, wie groß die Oberfläche sei, die sie bedecken, staunt man über die Resultate einer flüchtigen Berechnung, und staunt noch mehr, wenn man bedenkt, daß ihre mittlere Höhe, vermöge einer Menge von Beobachtungen, in Chile nicht geringer als zwölftausend Fuß angenommen werden könne.

e) Nicolaus Lenau: Die drei Indianer (S. 305–306)
Lenau, Nikolaus, eigentlich Nikolaus Franz Niembsch, Edler von Strehlenau, österreichischer Dichter, geb. 13. August 1802 in Csatád (Ungarn), studierte in Ofen, dann auf der Universität in Wien, verließ 1831 Österreich, lebte eine Zeitlang in Schwaben, wanderte 1832 nach Amerika aus, kehrte nach Enttäuschung schon 1833 nach Europa zurück, lebte nun abwechselnd in Wien und Stuttgart, verfiel 1844 in Geisteskrankheit, gest. 22. August 1850 in Oberdöbling.

Nicolaus Niembsch Edler von Strehlenau, gen. Nic. Lenau.

Geb. 1802 zu Csatad im Banat; gest. 1850 zu Wien.

115. Die drei Indianer.

1. Mächtig zürnt der Himmel im Gewitter,
Schmettert manche Rieseneich' in Splitter,
Uebertönt des Niagara Stimme,
Und mit seiner Blitze Flammenruthen
Peitscht er schneller die beschäumten Fluthen,
Daß sie stürzen mit empörtem Grimme.

2. Indianer stehn am lauten Strande,
Lauschen nach dem wilden Wogenbrande,
Nach des Waldes bangem Sterbgestöhne;
Greis der Eine, mit ergrautem Haare,
Aufrecht überragend seine Jahre,
Die zwei Andern seine starken Söhne.

3. Seine Söhne jetzt der Greis betrachtet,
Und sein Blick sich dunkler jetzt umnachtet,
Als die Wolken, die den Himmel schwärzen,
Und sein Aug' versendet wild're Blitze,
Als das Wetter durch die Wolkenritze,
Und er spricht aus tief empörtem Herzen:

4. „Fluch den Weißen! ihren letzten Spuren!
Jeder Welle Fluch, worauf sie fuhren,
Die, einst Bettler, unsern Strand erklettert!
Fluch dem Windhauch, dienstbar ihrem Schiffe!
Hundert Flüche jedem Felsenriffe,
Der sie nicht hat in den Grund geschmettert!

5. Täglich über's Meer in wilder Eile
Fliegen ihre Schiffe, gift'ge Pfeile,
Treffen uns're Küste mit Verderben.
Nichts hat uns die Räuberbrut gelassen,
Als im Herzen tödtlich bitt'res Hassen:
Kommt ihr Kinder, kommt, wir wollen sterben!"

6. Also sprach der Alte, und sie schneiden
Ihren Nachen von des Ufers Weiden,
D'rauf sie nach des Stromes Mitte ringen;
Und nun werfen sie weithin die Ruder,
Armverschlungen, Vater, Sohn und Bruder
Stimmen an, ihr Sterbelied zu singen!

7. Laut ununterbroch'ne Donner krachen,
Blitze flattern um den Todesnachen,
Ihn umtaumeln Möven, sturmesmunter;
Und die Männer kommen, fest entschlossen,
Singend schon dem Falle zugeschossen,
Stürzen jetzt den Katarakt hinunter.

August Lüben und Carl Nacke: Commentar zu dem Lesebuch für Bürgerschulen. Zweiter Theil: Sprachmusterstücke. Für den Selbst- und Schulunterricht erläutert und zu Literaturbildern zusammengestellt. Verlag von Friedrich Brandstetter, Leipzig 1855. gr. 8° (XV, 492 S.), S. 403f.

2. Die drei Indianer.

(N. Lenau, Gedichte, S. 185. — Lüben und Nacke, Lesebuch, VI. Thl. Nr. 123.)

1. Erläuterungen.

Dem Lesen des Gedichts ist vorauszuschicken eine Schilderung 1) der Bedrückungen, welche die Indianer durch die Europäer, insonderheit durch die Spanier, nach Entdeckung Amerikas haben erdulden müssen, und 2) des Niagarafalles, des größten Wasserfalles der Erde. Das nöthige Material dazu findet sich in allen größern geographischen Schriften. Vergl. Fr. W. Hoffmann, Grundzüge der allgem. Erdkunde, S. 336, mit Abbildung des Niagarafalles.

2. Str. „Aufrecht überragend seine Jahre“, noch von so kräftiger Gestalt und aufrechtem Gange, wie man es bei einem Greise nicht erwarten sollte.

7. Str. „Katarakt“, Wasserfall.

2. Gedankengang.

Der Dichter schildert zuerst das furchtbare Unwetter, was stattfindet, als die Indianer den Entschluß fassen, ihrem Leben ein Ende zu machen. Dann macht er uns kurz mit dem Aeußern dieser Heroen bekannt. Hierauf läßt er durch den Greis furchtbare Flüche über die Weißen aussprechen, wobei zugleich die beabsichtigte That der drei Indianer motivirt wird. Hieran schließt sich die Mittheilung über die Art und Weise, wie sie ihren Vorsatz, zu sterben, ausführen, wobei nochmals des schrecklichen Unwetters gedacht wird.

3. Darstellungsweise.

Die unmenschliche Behandlung und gänzliche Beraubung, welche die Indianer von den Europäern erfahren, haben in jenen den bittersten Haß erzeugt. Nachdem sie die Ueberzeugung gewonnen, daß sie ihre Freiheit für immer verloren haben, fassen sie den Entschluß, diesem schmachvollen Leben ein Ende zu machen. Ihrer großherzigen Gesinnung entsprechend, wählen sie hierzu den Tod im Katarakt des Niagara. Sie glauben an einen großen Geist, der die Natur beherrscht und sich in den erhabenen Naturerscheinungen am deutlichsten offenbart, und werfen sich ihm in die Arme, suchen bei ihm Befreiung von ihren Leiden, von den Räubern ihrer Freiheit. Diesen grausen Act nun malt der Dichter ganz mit den düstern Farben, die dazu erforderlich sind, doch so, daß die Indianer, namentlich der Greis als muthige, freiheitsliebende Helden erscheinen. Den Hintergrund zu dieser Scene bildet die äußerst gelungene Schilderung des dabei stattfindenden Unwetters. Die Bezeichnung des Blitzes als „Flammenruthen“, der Fluthen als „beschäumte“, der heftigen Bewegung des Waldes als „Sterbegestöhne“, der Möven als „stürmesmunter“ ist trefflich. Es war überhaupt ein glücklicher Gedanke, die Natur bei dieser heldenmüthigen That als empört über die Greuel der Weißen darzustellen. Der Zorn und die That des Greises wird dadurch gebilligt und verstärkt. Ein Leben ohne Freiheit hat für diese freigebornen Söhne der Natur keinen Werth.

Die Verse sind aus fünf Trochäen gebildet, also ziemlich breit und der großartigen Scene ganz angemessen.

Karl Mays Zensuren am Seminar Plauen

Bedeutung der Zensuren:[210] 1 = vorzüglich, 1^b = vorzüglich ^{b}, 2^a = gut mit Auszeichnung, 2 = gut, 2^b = gut ^{b}, 3 = genügend.
In den Klammern die Lehrer: B = Böhringer, G = Gast, Gr = Große, Kll = Kell, Kn = Kühn, L I = Oberlehrer Louis Lohse, L II = Hilfslehrer Ernst Lohse, Sch = Schulze, Schu = Schubert, W = Wild.

Jahrescensuren in der II. Classe (Ostern 1861):[211]

Anlagen	2^a	Schreiben (B)	1^b
Sitten	1^b	Zeichnen (Kll)	2^a
Fleiß u. Aufmerksamkeit	1^b	Turnen (B)	2^a
Fortschritte:		Pädagogik (W)	2^a
Religion[212] (W)	2^a	Katechetik[213] (Kn)	2^a
Bibelkenntniß[214] (W)	2^a	Generalbaß (Sch)	1^b
Kirchengeschichte (W)	2^a	Orgelspiel (Sch)	2
Deutsch (Kn)	1^b	Clavierspiel (B)	2
Geographie (Kn)	2^b	Violinspiel (Sch)	2
Naturlehre[215] (Sch)	1^b	Singen (Sch)	2^a
Geometrie (Kll)	2^a	Katechet. Geschicklichkeit[216] (Kn)	2^a
Rechnen (Kll)	1	Hauptcensur	II^a

Lehrgegenstände (Unterrichtsfächer) in der I. Classe
(Ostern bis Michaelis 1861):

Nach dem Stundenplan für das Sommerhalbjahr 1861[217] hatte Karl May folgenden Unterricht, mit Angabe der Wochenstunden:
Katechismus, 4 Std. (W); Bibellesen, 3 Std. (W); Kirchengeschichte, 2 Std. (W); Deutsch, 4 Std. (Kn, Gr); Geographie, 2 Std. (L II); Naturlehre, 1 Std. (Sch); Geometrie, 1 Std. (Kll); Rechnen, 2 Std. (Kll); Schreiben, 1 Std. (L II); Zeichnen, 1 Std. (Kll); Turnen, 2 Std. (Schu); Pädagogik, 3 Std. (W); Katechetik, 2 Std. (Kn, Gr); Generalbaß, 1 Std. (Sch); Orgelspiel, 1 Std. (Sch); Klavierspiel, 1 Std. (L I); Violinspiel, 1 Std. (Sch); Singen, 2 Std. (Sch); Katechetische Übungen, 3 Std. (W); Predigtlesen, 1 Std. (Kn, Gr); Chor-Singstunde und »Musikprobe«, 3+1 Std. (G); Schulbesuch (Unterricht erteilen) in verschiedenen Klassen der Seminar-Übungsschule nach einem festen Turnus.
Anmerkung zu (Kn, Gr): Im Juni 1861 verließ Vizedirektor Kühn das Seminar, der Unterricht wurde von seinem Nachfolger Große ab 3. Juni 1861 übernommen.

Zensuren der Schulamtskandidatenprüfung (September 1861):[218]

A. Ergebnisse der Gesammt-Prüfung (d. h. sowohl der mündlichen, als schriftlichen und praktischen) in Betreff des Schulfachs, also über:

1. dargelegte Kenntnisse und Einsichten in Bezug auf:

			Ergebniß.
a.	Glaubens- und Sittenlehre	2^a	
Religion und zwar	Bibelkenntniß und Bibelerklärung	2^a	II^a
insbesonderes	Religionsgeschichte	–	
b.	a. Muttersprache betr.		
sprachliche Bildung	Aussprache u. Lesetons	1^b	
	Rechtschreibung und Sprachlehre	1^b	II
	Stylistische Fertigkeit	2	
	b. lateinische Sprache betr.	–	
c.	theoretisches Rechnen	2^b	
Rechnen und Raumlehre	Kopfrechnen	2	II^b
und zwar:	Formenlehre	2	
	Elementar Raumlehre	–	
d.	Geschichte	2^a	
Gemeinnützige Nebenkenntnisse und zwar	Erdbeschreibung	2	II
namentlich:	Naturkunde	–	
	Seelen- und praktische Denklehre	2	
e.			
Pädagogik und zwar:	Erziehungs- und Unterrichtslehre	2	
	Spezielle Methodik	2	II.
	Katechetik	2^b	
	Geschichte u. Literatur der Pädagogik	–	
	Volksschulkunde	1^b	

2. technische Fertigkeiten und zwar:

	a. Schönschreiben	2^b	
	b. Singen	2^a	II
	c. Zeichnen	2	

3. didaktisch-praktische Ausbildung für das Lehrfach:			
	a. Lehrgabe	2	
	b. Lehrfertigkeit überhaupt	2	II
	c. katechecht. Geschicklichkeit insbesondere	2	
4. Geistige Reife überhaupt wie sie sich aus der Gesammtprüfung ergab		2	II
5. Hauptergebniß der Prüfung		II	

B. Ergebnisse der besondern musicalischen Prüfung, betreffend			Hauptergebniß.
	1. das Theoretische (Generalbaßlehre u.s.w.)	2[a]	
	2. das Practische und zwar:		
	a. Singen	2[a]	
	b. Orgelspiel	2	II
	c. Clavierspiel	2	
	d. Violinspiel	2[a]	

C. Urtheil über das sittliche Verhalten
Zur Zufriedenheit nach dem Zeugnisse des Seminardirector Wild.

D. Anmerkungen [keine]

*

Der vorliegende Aufsatz ist die überarbeitete und im Anhang erweiterte Fassung eines 2003 in der in Hohenstein-Ernstthal vom Wissenschaftlichen Beirat herausgegebenen Schriftenreihe ›Karl-May-Haus Information‹ (Nummer 17, S. 1-54) unter dem Titel ›»Plauen is mir nämlich sehr ans Herz gewachsen«. Zum Aufenthalt Karl Mays am Lehrerseminar der Vogtlandstadt‹ abgedruckten Beitrages.

Für die Bereitstellung von Unterlagen und Kopien sowie für Auskünfte und Hinweise dankt der Verfasser den Damen Ingrid Dreger, Herzberg/Harz, Gisela Teistler, Braunschweig, und Uta Wargenau, Plauen, und den Herren Andreas Barth, Kuhschnappel, Manfred König, Munster, Hartmut Kühne, Hamburg, Michael Labach, Hannover, Dr. Martin Lowsky, Kiel, Dr. Hainer Plaul, Lommatzsch, Albrecht Reuther, Hohenstein-Ernstthal, Lothar Schmid, Bamberg, Friedhelm Spürkel, Düsseldorf, Dr. Dieter Sudhoff, Paderborn, und Hans-Ulrich Thieme, Dresden, sowie privaten und öffentlichen Archiven, Einrichtungen und Behörden; insbesondere seien genannt: Archiv des Karl-May-Verlages, Bamberg, Staatsarchiv des Kantons Basel-Stadt, Ev.-Luth. Pfarramt St. Georgen, Bayreuth, Universitätsbibliothek Bayreuth,

Staatsarchiv Bremen, Geheimes Staatsarchiv Preußischer Kulturbesitz, Berlin (Dahlem), Kanzlei der Großloge A.F.u.A.M. von Deutschland, Berlin, Landesarchiv Berlin, Staatsbibliothek zu Berlin – Preußischer Kulturbesitz, Stadtarchiv Bern, Universitätsarchiv Bern, Georg-Eckert-Institut für internationale Schulbuchforschung, Braunschweig, Standesamt Chemnitz, Ev.-Luth. Kirchenbuchamt Dresden, Ev.-Luth. Lukaskirche Dresden, Sächsische Landesbibliothek – Staats- und Universitätsbibliothek Dresden, Sächsisches Hauptstaatsarchiv Dresden, Universitäts- und Forschungsbibliothek Gotha, Ev.-Luth. Pfarramt Grüna, Universitäts- und Landesbibliothek Sachsen-Anhalt, Halle/Saale, Technische Informationsbibliothek und Universitätsbibliothek Hannover, Ev.-Luth. Pfarramt St. Trinitatis, Hohenstein-Ernstthal, Standesamt Leipzig, Universitätsbibliothek ›Bibliotheca Albertina‹ Leipzig (einschließlich Comeniusbibliothek), Ev.-Luth. Kirchgemeinde Limbach-Kändler, Limbach-Oberfrohna, Ev.-Luth. Pfarramt der Johannisgemeinde Plauen, Stadtarchiv Plauen, Vogtlandbibliothek Plauen, Vogtlandmuseum Plauen, Universitätsbibliothek Potsdam, Stadtarchiv Radebeul, Standesamt Radebeul, Ev.-Luth. Pfarramt der St. Rochuskirche Schönau, Wildenfels, Ratsschulbibliothek Zwickau und Standesamt Zwickau.

Bei den Quellenangaben kommen folgende Abkürzungen für die Archive und Behörden in Anwendung: HSTA: Sächsisches Hauptstaatsarchiv Dresden, KDZ: Kreisdirektion Zwickau, MdC: Ministerium des Cultus und öffentlichen Unterrichts, MfV: Ministerium für Volksbildung, SAP: Stadtarchiv Plauen.

1 Siehe Hans-Dieter Steinmetz/André Neubert: »Wie stolz ich war…«. Zu Karl Mays Aufnahme und Aufenthalt am Seminar zu Waldenburg. In: Karl-May-Haus Information (KMHI) Nr. 11 (1998), S. 9-32.
2 Siehe Klaus Hoffmann: Der »Lichtwochner« am Seminar Waldenburg. Eine Dokumentation über Karl Mays erstes Delikt (1859). In: Jahrbuch der Karl-May-Gesellschaft (Jb-KMG) 1976. Hamburg 1976, S. 92-104.
3 Zit. nach ebd., S. 100; siehe auch Jens Pompe: Behördenpost. Der Schlußstrich im Seminar Waldenburg. In: KMHI Nr. 10 (1997), S. 1-5.
4 Brief Carl Hermann Schmidts vom 10. 3. 1860; zit. nach Hoffmann, wie Anm. 2, S. 102
5 Brief Mays vom 6. 3. 1860, zit. nach ebd., S. 101f.
6 Karl May: Mein Leben und Streben. Freiburg o. J. (1910), S. 102f.; Reprint Hildesheim/New York 1975. Hrsg. von Hainer Plaul
7 SAP. Seminar Plauen Nr. 62a. Schullehrerseminar zu Plauen (1860), Bl. 91b; Faksimile in: Der Seminarist und Lehrer Karl May. Eine Dokumentation der Aktenbestände. Hrsg. von Klaus Ludwig/Bernhard Kosciuszko. Hamburg 1999, S. 184
8 Ebd., Bl. 192a; Faksimile in Ludwig/Kosciuszko, wie Anm. 7, S. 198
9 Ebd., Bl. 200a; Faksimile ebd., S. 201; der Briefentwurf ist von Wild versehentlich mit »24. Juni« datiert worden. Der Fehler wird offenkundig durch das erwähnte Pfingstfest (27./28. 5. 1860) und die mehrmonatige Dienstfreistellung Wilds ab 16. 6. 1860 für einen Kuraufenthalt in Bad Elster und anschließenden Erholungsurlaub.
10 Ebd., Bl. 162a/b, 168a-179a (Rede Wilds mit Abriß zur Geschichte der Anstalt)
11 Ebd., Bl. 201a (Protokoll Aufnahmeprüfung, 2. 6. 1860); Faksimile in Ludwig/Kosciuszko, wie Anm. 7, S. 203
12 Ebd.
13 HSTA. MfV Nr. 4745. KDZ, Acta. Das Königliche Schullehrer Seminar zu Plauen betr. Vol. VIII (1859-1861), Bl. 181b (Jahresbericht 1860, 27. 12. 1860); Faksimile (Entwurf und Abschrift) in Ludwig/Kosciuszko, wie Anm. 7, S. 215 u. 281f.

14 Haus- und Lebensordnung für das Schullehrerseminar zu Plauen. Plauen o. J. [1857], S. 5, § 4 (2); Zitate daraus sind nachfolgend mit ›H § (Nr.)‹ gekennzeichnet.

15 Ordnung der evangelischen Schullehrerseminare im Königreiche Sachsen vom Jahre 1857. Leipzig 1857, S. 9 (§ 16); enthalten in: Codex des im Königreiche Sachsen geltenden Kirchen- und Schul-Rechts. Hrsg. Von Eduard Schreyer. Leipzig ²1864, S. 797-808 (800)

16 Ewald Weller: Siebenhundert Jahre Schulgeschichte der Kreisstadt Plauen. Plauen 1941, S. 100; siehe auch Oskar Adalbert Grüllich: Erster Jahresbericht des Seminars zu Plauen. Plauen 1869, S. 166-170.

17 SAP. Seminar Plauen Nr. 24. Schullehrerseminar zu Plauen (Dez. 1860-1861), Bl. 258a (Protokoll Schlußkonferenz, 30. 5. 1861)

18 Formal wurde die Landes-Seminarordnung (Anm. 15) mit einer Bekanntmachung des Kultusministeriums vom 15. 6. 1859 für verbindlich erklärt, nachdem angeblich »nunmehr auch die in den Räumlichkeiten und sonst vorhandenen Hindernisse, welche der sofortigen Durchführung derselben noch entgegenstanden, beseitigt sind« – jedoch nicht am Seminar Plauen! Sie löste die vom Kultusministerium am 17. 6. 1840 erlassene provisorische Seminarienordnung ab.

19 HSTA. MfV Nr. 12517. MdC, Acta das Schullehrer-Seminar zu Plauen betr. (1854-1862), Bl. 76c ff. (Bericht Dr. Gilbert an MdC, 23. 3. 1857)

20 Cötus: Gesamtheit der Schülerschaft

21 Wie Anm. 19, MfV Nr. 12517, Bl. 144b (KDZ an MdC, 9. 2. 1857)

22 Das Internat bot schließlich Platz für 65 Zöglinge. Der Erweiterungsbau wurde 1945 bei einem der Luftangriffe auf Plauen (spätestens am 10. April) zerstört. Weller (wie Anm. 16, S. 100) datiert den Beginn des Umbaues des Seminargebäudes auf 1861, nennt aber 1864 als Fertigstellungstermin des Anbaues, der durch Zwischenzimmer mit dem Altbau verbunden wird. Den Vertrag zur Errichtung des Erweiterungsbaues schloss das Kultusministerium am 1. 11. 1861 mit Maurermeister Wilhelm Vogel aus Plauen ab. (MfV Nr. 12517, wie Anm. 19, unpag., nach Bl. 358) Die Übergabe war bereits am 19. 12. 1862; lt. HSTA. MfV Nr. 4746. KDZ; Acta. Das Königliche Schullehrer-Seminar zu Plauen betr. Vol. IX (1862-1863), Bl. 122a/b).

23 Mit ›Vater Krügel‹ ist nicht der in May-Biographien erwähnte Louis Napoleon Krügel, sondern Eugen Krügel (* 25. 7. 1846) aus Ernstthal gemeint (Ermittlung von Dr. H. Plaul).

24 W. A. [Walter Appelt]: Der Plauener Seminarist Karl May. In: Plauener Sonntags-Anzeiger Nr. 2730 (8. 5. 1932), S. 9; ders.: Karl May – Seminarist in Plauen. In: Ebd. Nr. 3086 (1939), S. 3; zum Standort der May-Stätten siehe Hans-Dieter Steinmetz: Reisefrüchte aus Plauen. Eine Hilfestellung für Karl-May-Freunde. In: KMHI Nr. 2/3 (1990), S. 31-35.

25 Gasthaus zur Pyramide. Zum 50jährigen Gastwirtsjubiläum der Familie Bengisch am 1. April 1940. In: Plauener Sonntags-Anzeiger Nr. 3143 (7. 4. 1940)

26 Servitut: Verbindlichkeit, Dienstbarkeit

27 Georg Günther: Geschichte des Orients Plauen. Festgabe zum hundertjährigen Jubiläum der Freimaurerloge daselbst. Plauen 1889, S. 45; siehe auch Rudolf Seifert: Geschichte der Pyramide in ihren Führern und Heimstätten. Oelsnitz 1928.

28 Geheimes Staatsarchiv Preußischer Kulturbesitz Berlin-Dahlem. Freimaurerlogen und freimaurerähnliche Vereinigungen, 5.2. P 13 Johannisloge ›Zur Pyramide‹, Plauen, Nr. 186. Personal-Akten des dienenden Bruders Wilhelm Franz Pappermann (1858ff.), Bl. 7a/b; außerdem: Ebd., Akte Nr. 45 (Mitgliederverzeichnis). – Pappermann, geb. 13. 4. 1820 Grandstein (Kgr. Sachsen), bis 1834 Dorfschule; danach Diener des Amtshauptmanns von Schütz in Borna; im Juni 1835 durch dessen Versetzung Umzug nach Plauen. 1843- ca. 1869 Expedient der Kgl.

Floßholz-Verwaltung Plauen, 1870-1881 Floßverwalter in Wiesenburg, 1882-1894/95 Holzverkaufsverwalter in Zwickau, gest. 24. 8. 1897 in Zwickau.

29 »P[appermann] ist einer der Westmänner, die O[ld] S[hatterhand] herzlich liebgewonnen hat.« (Das große Karl May Figurenlexikon. Hrsg. von Bernhard Kosciuszko. 3., verbesserte und ergänzte Auflage. Berlin 2000, S. 366) Schon in den frühen Erzählungen ›Auf den Nußbäumen‹ (1876) und ›Husarenstreiche‹ (1878) lässt May Figuren mit dem Familiennamen ›Pappermann‹ auftreten.

30 Siehe Wolfgang Wagner: Der Eklektizismus in Karl Mays Spätwerk. Sonderheft der Karl-May-Gesellschaft (S-KMG) Nr. 16/1979, S. 17-21.

31 Vgl. May: Mein Leben und Streben, wie Anm. 6, S. 69.

32 Nachrichtliches über das Königliche Schullehrerseminar zu Plauen i. V. nebst Mitteilungen über seine Lehrer und Schüler und einer Abhandlung über die Katechese im Dienste des erziehenden Unterrichts zu seinem Jubelfeste 1885. Hrsg. von Hermann Friedrich Römpler. Plauen 1885, S. 40

33 Ebd., S. 44

34 Ebd., S. 55

35 HSTA. MfV Nr. 4744. KDZ, Acta. Das Königliche Schullehrer Seminar zu Plauen betr. Vol. VII (1855-1858), Bl. 117a (Jahresbericht 1857, 29. 12. 1857)

36 Wie Anm. 15, S. 29 (§ 49 (1)). In: Schreyer, wie Anm. 15, S. 806f.

37 a. c. = anni currentis (lat.): des laufenden Jahres

38 Wie Anm. 7, Seminar Plauen Nr. 62a, Bl. 272a; Faksimile in Ludwig/Kosciuszko, wie Anm. 7, S. 205

39 Wie Anm. 17, Seminar Plauen Nr. 24, Bl. 42b; Faksimile in Ludwig/Kosciuszko, wie Anm. 7, S. 219

40 Gerhard Klußmeier/Hainer Plaul: Karl May. Biographie in Dokumenten und Bildern. Hildesheim/New York 1978, S. 32 (Bild 36)

41 Wie Anm. 7, Seminar Plauen Nr. 62a, Bl. 64a-65a (Nr. 33 = Bl. 65a)

42 SAP. Seminar Plauen Nr. 21. Acten für das Proseminar zu Plauen (1858-1868), Bl. 151a/b (Jahresbericht Proseminar 1860, 20. 12. 1860), hier zitiert nach MfV Nr. 12517, wie Anm. 19, Bl. 281a/b.

43 Ebd., Seminar Plauen Nr. 21, unpag. (Jahresbericht Proseminar 1861, 28. 12. 1861)

44 Wie Anm. 17, Seminar Plauen Nr. 24, Bl. 97a (undat., April 1861)

45 SAP. Seminar Plauen Nr. 123. Matrikel des K. Schullehrerseminars zu Plauen (1806-1873), unpag.; die hier gewählte Anordnung entspricht der (alphabetischen) Reihenfolge der Mitschüler-Übersicht (siehe Anhang, S. 63-65). Außerdem: Seminar Plauen Nr. 162. Schüler des Seminars (ab 1801), unpag.

46 [Paul] Schütze: 14. Jahresbericht über das Königliche Lehrerseminar zu Plauen i. Vogtl., zugleich als Festschrift zur Feier des 100jährigen Bestehens der Anstalt. Plauen 1910, S. 11

47 Römpler, wie Anm. 32, S. 56

48 Ebd.

49 Wie Anm. 19, MfV Nr. 12517, Bl. 146a (KDZ an MdC, 9. 2. 1857)

50 Römpler, wie Anm. 32, S. 56

51 Abtritt: Abort

52 Mitteilungen über die Lehrer und Schüler des Königlichen Schullehrerseminars zu Plauen i. V. [Separat publizierter] Anhang der zum Jubelfeste des Seminars im Mai 1885 herausgegebenen Festschriften [wie Anm. 32]. Plauen 1885, S. 12

53 Nach § 5 (3) der Hausordnung sollen die »geordneten Arbeitsstunden (…) vor allem auf Präparation, Repetition und Anfertigung der aufgegebenen Arbeiten verwendet« werden.

54 Wie Anm. 7, Seminar Plauen Nr. 62a, Bl. 273b

55 Karl May: Der schwarze Mustang. In: Der Gute Kamerad. 11. Jg. (1896/97), S. 128; Reprint in: Karl May: Der schwarze Mustang. Hrsg. von Hansotto Hatzig. Ham-

burg 1991. Über die Änderungen des Zitats in der Ausgabe der ›Kamerad-Bibliothek‹ (Stuttgart o. J. [1899], S. 109) siehe Joachim Biermann: Plauener Dessert, historisch-kritisch. In: Mitteilungen der Karl-May-Gesellschaft (M-KMG) 138/2003, S. 42f. Siehe außerdem [Alex Martens:] 75jähriges Bestehen der Gastwirtschaft Tunnel in Plauen. In: Plauener Sonntags-Anzeiger Nr. 2443 (7. 11. 1926), S. 17f.

56 Adreß-Handbuch der Königlich-Sächsischen Kreis-, Fabrik- und Handelsstadt Plauen. Plauen 1854, S. 58

57 Weller, wie Anm. 16, S. 99

58 Siehe Berichte in Leipziger Journal v. 11. 9. 1860 (Morgenblatt) und Voigtländischer Anzeiger Nr. 109 (15. 9. 1860), S. 505.

59 J. G. Elterich: Die geschichtliche Entwicklung der sächsischen Seminare und ihre zu erhoffende Weiterentwicklung. Leipzig 1887, S. 15

60 Siehe MfV Nr. 4744, wie Anm. 35, unpag. (nach Bl. 91): Lehrplan für das bei dem Seminar zu Plauen zu errichtende Proseminar v. 4. 2. 1857, Lehrplan für das Königliche Schullehrerseminar zu Plauen v. 10. 2. 1857 und Lehrplan für die Seminarschule zu Plauen v. 5. 2. 1857. Die nachfolgenden Lehrplan-Zitate ohne nähere Quellenangabe sind dem Seminar-Lehrplan vom 10. 2. 1857 entnommen.

61 Siehe auch die Übersicht im Anhang (S. 68-70).

62 Grüllich, wie Anm. 16, S. 135f.

63 Elterich, wie Anm. 59, S. 20

64 Ulphilas (auch Ulfilas): ein westgotischer Bischof, um 310-um 383 n. Chr., schuf eine bedeutende, aber nur fragmentarisch überlieferte Bibelübersetzung.

65 Friedrich Dittes: Die deutsche Sprache und Literatur auf den sächsischen Lehrerseminaren. Chemnitz 1864, S. 8-10

66 Schütze, wie Anm. 46, S. 7

67 Römpler, wie Anm. 32, S. 56

68 Wie Anm. 22, MfV Nr. 4746, Bl. 47a

69 Lesebuch für Bürgerschulen. Sechster Theil. Hrsg. von August Lüben/Carl Nacke. Leipzig 1851. Die Auswahl im 6. Teil des ›Lesebuchs‹ (3., verb. Auflage 1856, VIII, 320 S.) blieb ab 1860 (4., verb. Auflage, VIII, 348 S.; erweitert um 7 Gedichte, meistens Kirchenlieder, und Biogramme) über zwei Jahrzehnte unverändert, erst durch die Revision von H. Huth (20. Auflage 1882, VIII, 368 S.) ist sie »um 9 Autoren mit 17 klassischen, christlich-nationalen Geist atmende Dichtungen vermehrt worden« (u. a. Karl Gerok, Friedrich Bodenstedt, Gustav Freytag, Annette von Droste-Hülshoff, Adelheid von Stolterfoth, Luise Hensel).

70 Vgl. August Lüben/Carl Nacke: Commentar zu dem Lesebuch für Bürgerschulen. Erster Theil: Musterstücke für den Sprachunterricht erläutert und zu Literaturbildern zusammengestellt. Leipzig 1852; zweibändige Neuausgabe mit dem Untertitel ›Sprachmusterstücke. Für den Selbst- und Schulunterricht erläutert und zu Literaturbildern zusammengestellt‹ (Leipzig 1854 und 1855).

71 Lüben/Nacke: Lesebuch, wie Anm. 69, S. III-IV

72 Siehe das Inhaltsverzeichnis im Anhang (S. 75-77).

73 Es konnte nicht ermittelt werden, welchen Werken die Lesetexte entnommen worden sind, der Auszug ›Die Anden‹ möglicherweise aus: Eduard Pöppig's ›Reise in Chile, Peru und auf dem Amazonenstrom während der Jahre 1827-1832‹ (Leipzig 1835/36); siehe Faksimiles im Anhang (S. 86-88).

74 Hingewiesen sei auf Heinz Stolte: Auf den Spuren Nathans des Weisen. Zur Rezeption der Toleranzidee Lessings bei Karl May. In: Jb-KMG 1977. Hamburg 1977, S. 17-57, speziell S. 31f.

75 Hartmut Vollmer: Karl May – Nikolaus Lenau. Ein notwendiger Vergleich? In: M-KMG 44/1980, S. 20f.

76 Karl May: Geographische Predigten. In: Schacht und Hütte. 1. Jg. (1875/76), S. 142 (Lenau), S. 278, 367 (Schiller); Reprint in: Schacht und Hütte. Blätter zur Unter-

haltung und Belehrung für Berg-, Hütten- und Maschinenarbeiter. Hildesheim/ New York 1979; auch im ›Buch der Liebe‹ (1876) zitiert May mehrfach ›Das Lied von der Glocke‹; siehe Hedwig Pauler: Deutscher Herzen Liederkranz. Lieder und Gedichte im Werk Karl Mays. Teil III. S-KMG Nr. 99/1993, S. 6ff.

77 Dittes, wie Anm. 65, S. 11

78 Grüllich, wie Anm. 16, S. 159

79 Bibliographische Angaben zu den genannten Lehrbüchern siehe die Übersicht im Anhang (S. 65-68).

80 Gesetz, das Elementar-Volksschulwesen betreffend, vom 6. 6. 1835 sowie Verordnung zum Gesetze über das Elementar-Volksschulwesen v. 9. 6. 1835. In: Schreyer, wie Anm. 15, S. 430-454 bzw. 454-495

81 Grüllich, wie Anm. 16, S. 159

82 Ebd., S. 143

83 Wie Anm. 13, MfV Nr. 4745, Bl. 94a (Jahresbericht 1859, 31. 12. 1859)

84 Wie Anm. 17, Seminar Plauen Nr. 24, Bl. 259a (Protokoll Schlußkonferenz, 30. 5. 1861)

85 Grüllich, wie Anm. 16, S. 154f.

86 Gemeint sind Carl Czerny (1791-1857), Muzio Clementi (1752-1832), Henri-Jerôme Bertini (1798-1876), Stephen (István) Heller (1813-1888), Johann Baptist Cramer (1771-1858), Joseph Haydn (1732-1809), Wolfgang Amadeus Mozart (1756-1791), Ludwig van Beethoven (1770-1827).

87 Wie Anm. 17, Seminar Plauen Nr. 24, Bl. 253a/b (Referat Dr. Döhner an KDZ, 4. 6. 1861); Römpler, wie Anm. 32, S. 56

88 Gemeint sind die Stadtkirche St. Johannis und die Gottesackerkirche (1883 in Lutherkirche umbenannt).

89 Gemeint sind Jacques-Féréol Mazas (1782-1849), Giovanni Battista Viotti (1755-1824), Joseph Baron von Blumenthal (1782-1850), wahrscheinlich: Andreas Jakob Romberg (1767-1821) bzw. sein Cousin Bernhard Heinrich Romberg (1767-1841).

90 Wie Anm. 17, Seminar Plauen Nr. 24, Bl. 43b-44a

91 Max Finke: Karl May und die Musik. In: Karl-May-Jahrbuch (KMJB) 1925. Radebeul 1924, S. 39-63 (60f.); das Thema ist umfassend dargestellt von Hartmut Kühne/Christoph F. Lorenz: Karl May und die Musik. Bamberg/Radebeul 1999 (mit CD).

92 Gemeint sind Bernhard Klein (1793-1832), Franz Vinzenz Krommer (1759-1831), Joseph Ignaz Schnabel (1767-1831), Friedrich August Reißiger (1809-1883), Friedrich Schneider (1786-1853), Felix Mendelssohn Bartholdy (1809-1847).

93 Carl Gotthold Schulze: Achtzig Choräle für drei und vier Männerstimmen bearbeitet und Seminarien, Gymnasien und Männersingvereinen gewidmet. Plauen 1841, S. III (Vorwort)

94 Beispielsweise in MfV Nr. 4745, wie Anm. 13, Bl. 259a-260a (Choralmelodien, welche im Schuljahr 1860/61 im Königlichen Schullehrerseminare zu Plauen gelernt worden sind; 81 Positionen); siehe Anhang (S. 70-74).

95 Wolfgang Hammer: Lieder mit entscheidender Wirkung in Karl Mays Werken. In: M-KMG 113/1997, S. 57; Text des Chorals von Johann Rist (1607-1667) in: Schulze: Achtzig Choräle, wie Anm. 93, S. 52 (Nr. 58) bzw. ders.: 90 Choräle für vier Männerstimmen bearb. und Seminarien, Gymnasien und Männersingvereinen gewidmet. 2., revid. und verm. Aufl. Plauen 1864, S. 44 (Nr. 65) – zuletzt in: Evangelisches Kirchen-Gesangbuch (EKG). Leipzig 1973, Lied 324. Nicht mehr enthalten in: Evangelisches Gesangbuch (EG). Leipzig 1994.

96 Karl May: Gesammelte Reiseerzählungen Bd. XIX: Old Surehand III. Freiburg 1896, S. 494ff.; Reprint Bamberg 1983

97 Siehe Eduard Emil Koch: Geschichte des Kirchenlieds und Kirchengesangs. 4. Bd. Stuttgart 1853, S. 515; zitiert bei Hammer, wie Anm. 95, S. 58.

98 Hammer, wie Anm. 95, S. 58
99 Grüllich, wie Anm. 16, S. 157
100 Weller, wie Anm. 16, S. 101
101 Wie Anm. 13, MfV Nr. 4745, Bl. 93a (Jahresbericht 1859, 1. 12. 1859)
102 Weller, wie Anm. 16, S. 101
103 Wie Anm. 22, MfV Nr. 4746, Bl. 7a (Jahresbericht 1861, 27. 12. 1861)
104 Wie Anm. 33, MfV Nr. 4744, Bl. 39a, 41b
105 Ebd., unpag. (nach Bl. 91)
106 Wie Anm. 17, Seminar Plauen Nr. 24, Bl. 98b/99a (»Auftheilung der von den Seminaristen der I. Claße im Unterrichtsjahr 1861/62 zu haltenden Lehrstunden«); siehe auch Stundenpläne der Übungsschule Sommerhalbjahr 1861 in ebd., Bl. 107b/108a, 109a (gültig bis 2. 6. 1861) sowie 226b/227a (gültig ab 3. 6. 1861).
107 Wie Anm. 35, MfV Nr. 4744, Bl. 40a
108 Wie Anm. 19, MfV Nr. 12517, Bl. 245b-246a
109 Wie Anm. 17, Seminar Plauen Nr. 24, Bl. 258b (Protokoll Schlußkonferenz, 30. 5. 1861)
110 Wie Anm. 13, MfV Nr. 4745, Bl. 63a-64a
111 Ebd., Bl. 150b (Wild an KDZ, 24. 4. 1860)
112 Wie Anm. 19, MfV Nr. 12517, Bl. 250b (Bericht Dr. Hübel an MdC, 4. 7. 1860)
113 Wie Anm. 17, Seminar Plauen Nr. 24, Bl. 252a/b (Bericht Dr. Döhner an KDZ, 4. 6. 1861)
114 Wie Anm. 13, MfV Nr. 4745, Bl. 79a/b
115 Ebd., Bl. 81a/b (Wild an KDZ, 21. 12. 1859)
116 Ebd., Bl. 82a (Dr. Döhner an Wild, 23. 12. 1859); MfV Nr. 12517, wie Anm. 19, Bl. 194a-195a (KDZ an MdC, 23. 12. 1859 und MdC an KDZ, 28. 12. 1859)
117 Ebd., Bl. 154a-156b, bzw. MfV 12517, wie Anm. 19, Bl. 228a-231a
118 Inquilin: Mietbewohner
119 1 sächsische Elle (1858) = 56,64 cm. Umgerechnet ergeben sich für die im Bericht genannten Räume folgende Flächen: Cl. I/II: 33,68 m² (Raummaß: 5,66 m x 5,95 m x 3,68 m), Cl. III/IV: 34,57 m² (5,81 m x 5,95 m x 3,68 m), Proseminar/Seminarschule: 34,57 m² (5,95 m x 5,81 m x 3,54 m).
120 Weil die Luft in den Arbeitszimmern wegen der vielen Schüler »außerordentlich drückend« war, hatte die Seminarkonferenz schon am 19. 5. 1860 festgelegt, »während d. Monate Juni, Juli, August die Arbeitsstunde v. 7-8 U[hr]. Ab[en]ds in Wegfall kommen zu lassen, u. dafür die St[unde] v. 5-6 Uhr Morgens als Arbeitsstunde zu bestimmen.« (Seminar Plauen Nr. 62a, wie Anm. 7, Bl. 101a)
121 Max Pettenkofer: Ueber Luft in den Schulen und über Ermittlung der Grenze zwischen guter und schlechter Zimmerluft. In: Monatsschrift für exacte Forschung auf dem Gebiete der Sanitätspolizei. 2. Jg., H. 1 (Januar 1860), S. 1-15; der vom Begründer der wissenschaftlichen Hygiene Max von Pettenkofer (1818-1901) ermittelte so genannte ›Pettenkofersche Behaglichkeitswert‹ von 0,1 Vol.% entsprechend 1000 ml/m³ Kohlendioxid als Grenze für das Wohlbefinden gilt noch heute. Als Faustformel kann man davon ausgehen, dass bei stündlichem mindestens 5 minütigem Querlüften (Durchzug!) der Pettenkofer-Wert erreicht wird.
122 Mens sana in corpore sano, lat.: ein gesunder Geist in einem gesunden Körper.
123 verbutten: verdummen
124 Wie Anm. 19, MfV Nr. 12517, Bl. 225a/b
125 Ebd., Bl. 225b-226b (KDZ an MdC, 31. 3. 1860); siehe auch Brief-Entwurf Dr. Döhner v. 26. 3. 1860 in: MfV Nr. 4745, wie Anm. 13, Bl. 157b.
126 Wie Anm. 13, MfV Nr. 4745, Bl. 159a/b
127 Ebd., Bl. 161a

128 Monatsschrift für exacte Forschung auf dem Gebiete der Sanitätspolizei. 2. Jg., H. 3 (März 1860), S. 116-123 (nachfolgendes Zitat S. 122); der Beitrag ist referiert bei Andreas Graf: Lektüre und Onanie. Das Beispiel des jungen Karl May, sein Aufenthalt auf dem Seminar in Plauen (1860/61) – und die Früchte der Phantasie. In: Jb-KMG 1998. Husum 1998, S. 84-151 (84-87).

129 Im Gegensatz zur Darstellung bei Andreas Graf, ebd., S. 84 (»Denn er schickte auch einen Bericht [...]«)

130 Wie Anm. 22, MfV Nr. 4746, vorgeheftetes ›Interimsfascikel‹, 5 Bl.; nachfolgende Zitate ebd.; das ›Interimsfascikel das Seminar zu Plauen betreff. / Kr. Dir. Zwickau 1860.‹ wurde für das Kultusministerium zusammengestellt und erst am 14. 5. 1862 nach Zwickau zurückgeschickt. Ab etwa 1869 bis zu seinem Ableben am 13. 6. 1871 war Dr. Pfaff Königlicher Bezirksarzt in Dresden.

131 lat.: So gehen die menschlichen Schicksale.

132 Wie Anm. 22, MfV Nr. 4746, Bl. 58a/b (MdC an KDZ, 14. 5. 1862)

133 Wie Anm. 19, MfV Nr. 12517, Bl. 263a-264a (Entwurf MdC an Ministerium des Innern, 25. 9. 1860)

134 Adreß-Buch der Stadt Plauen für 1863. Plauen o. J. (1862), S. 120

135 Pfarrarchiv St. Trinitatis Hohenstein-Ernstthal. Totenbuch Ernstthal 1851-1877, S. 152 (lfd. Nr. 67/1860)

136 Wie Anm. 19, MfV Nr. 12517, unpag., nach Bl. 262b (Dr. Döhner an KDZ, 28. 8. 1860); Faksimile in Ludwig/Kosciuszko, wie Anm. 7, S. 258; die beiden folgenden Zitate S. 259, 261 – siehe auch Graf, wie Anm. 128, S. 88-90.

137 Wie Anm. 19, MfV Nr. 12517, unpag., nach Bl. 262b (Dr. Döhner an KDZ, 28. 8. 1860); Faksimile in Ludwig/Kosciuszko, wie Anm. 7, S. 263f. – einen Zögling »Namens Sparschuh«, wie im Reprint transkribiert, gab es nicht am Seminar.

138 Ebd., Tabelle ›Seminarcötus 63. Zöglinge‹ (Anlage KDZ an MdC, 3. 9. 1860); Faksimile in Ludwig/Kosciuszko, wie Anm. 7, S. 277

139 Wie Anm. 13, MfV Nr. 4745, Bl. 172a, bzw. MfV Nr. 12517, wie Anm. 19, Bl. 264a/b

140 Wie Anm. 7, Seminar Plauen Nr. 62a, Bl. 252a/b; Faksimile in Ludwig/Kosciuszko, wie Anm. 7, S. 207f.

141 Ebd., Bl. 272b

142 Ebd., Bl. 273a (Protokoll Seminarkonferenz 22. 11. 1860)

143 Wie Anm. 19, MfV Nr. 12517, Bl. 274a-278b (Zitat: Bl. 276b, 277a), bzw. Seminar Plauen Nr. 24, wie Anm. 17, Bl. 10a-14b und MfV Nr. 4745, wie Anm. 13, Bl. 181a-184b (Jahresbericht 1860, 27. 12. 1860); Faksimile in Ludwig/Kosciuszko, wie Anm. 7, S. 285f.

144 Ebd., Bl. 272b; Faksimile in Ludwig/Kosciuszko, wie Anm. 7, S. 292

145 Wie Anm. 17, Seminar Plauen Nr. 24, Bl. 258a (Protokoll Schlußkonferenz, 30. 5. 1861)

146 Wie Anm. 7, Seminar Plauen Nr. 62a, Bl. 280a

147 Ablauf und Themen der Prüfung nach Seminar Plauen Nr. 24, wie Anm. 17, Bl. 275a-277b (Protokoll der Hauptprüfung Ostern 1861 o. D. [15. 3. 1861])

148 Termin- und Gesellschaftsrechnung waren Standardthemen des Mathematikunterrichts im 18. und bis zur Mitte des 19. Jahrhunderts. Die geforderten geometrischen Konstruktionen verlangen Kenntnisse der klassischen Parallelogramm-Eigenschaften. In den Schulen heute wird dieser Stoff gewöhnlich in der 8. Klasse behandelt.

149 Richtig: ›Großer Prophete, mein Herze begehret‹; Text: Joachim Neander (1650-1680), Melodie: (gesungen nach der Melodie ›Jesu, hilf siegen‹) ders. bzw. Georg Christoph Strattner (um 1650-1704). Nicht in Schulze: Achtzig Choräle, wie Anm. 93, ebenfalls heute nicht im Evangelischen Gesangbuch (EG), wie Anm.

95. Nachgewiesen in: Voigtländisches neu eingerichtetes Gesang-Buch. Plauen 1726, S. 312f.

150 Mit den Zwischenzeilen sind wohl die Mittelstimmen gemeint, »d. h. gegeben ist die Melodie und bezifferter Baß; der bezifferte Baß deutet die Harmonie an (also Terz, Quarte, Quinte u. ä. zum Baßton). Der Schüler muß aufgrund dieser Angaben eine gut singbare Alt- und Tenorstimme schreiben. Das wird in musikalischen Prüfungen für Harmonielehre auch heute unverändert so gehandhabt.« (Hartmut Kühne am 25. 3. 2003 an den Verf.)

151 Voigtländischer Anzeiger (Plauen), 72. Jg., Nr. 30 (12. 3. 1861), S. 135

152 Zensurenliste in MfV Nr. 4745, wie Anm. 13, Bl. 255b/256a, bzw. Seminar Plauen Nr. 24, wie Anm. 17, Bl. 90b/91a (Verzeichniß der Zöglinge des Königl. Schullehrerseminars zu Plauen Ostern 1861); Faksimile in Ludwig/Kosciuszko, wie Anm. 7, S. 224f.; siehe auch die Übersicht im Anhang (S. 91).

153 Wie Anm. 17, Seminar Plauen Nr. 24, Bl. 43a-45a (Zitat: Bl. 45a)

154 Siehe Grüllich, wie Anm. 16, S. 114f.

155 HSTA. MfV Nr. 13143. Acta, die Abhülfe des Mangels an Hülfslehrern etc. betr. Vol. IV (1859-1867), unpag. (KDZ an MdC, 28. 2. 1860, General-Tabelle)

156 Ebd., Bl. 53a

157 Wie Anm. 17, Seminar Plauen Nr. 24, Bl. 197b/198a (MdC an KDZ, 24. 4. 1861), die nachfolgenden Zitate ebd. Bl. 201a.

158 Ebd., Bl. 103a; siehe die modifizierten Stundenpläne Sommerhalbjahr 1861 ebd., Bl. 107b/108a und 226b/227a (siehe S. 30).

159 Ebd., Bl. 235a/b (KDZ an Seminardirektion Plauen, 20. 6. 1861)

160 Ebd., Bl. 271a (Protokoll Seminarkonferenz 6. 7. 1861)

161 Ebd.

162 Ebd., Bl. 266a (KDZ an Seminardirektion Plauen, 1. 8. 1861)

163 Ebd., Bl. 266b (Direktor Wild an KDZ, 8. 8. 1861)

164 Ebd., Bl. 267a

165 Ebd., Bl. 271b; Faksimile in Ludwig/Kosciuszko, wie Anm. 7, S. 227

166 Nachfolgende Angaben zu Ablauf und Themen nach: SAP. Seminar Plauen Nr. 204a. Wahlfähigkeitsprüfung (1861-1867), Bl. 24a-26b (Protokoll Schulamtskandidatenprüfung); Faksimile in Ludwig/Kosciuszko, wie Anm. 7, S. 239-244.

167 May: Mein Leben und Streben, wie Anm. 6, S. 103

168 Text: Joachim Neander, Melodie: Georg Christoph Strattner. Nicht in Schulze: Achtzig Choräle, wie Anm. 93, heute in: Evangelisches Gesangbuch (EG), wie Anm. 95, Lied 504.

169 Wie Anm. 22, MfV Nr. 4746, Bl. 6a (Jahresbericht 1861, 27. 12. 1861)

170 Joh. 4, 24: Gott ist Geist, und die ihn anbeten, die müssen ihn im Geist und in der Wahrheit anbeten. (Luther-Übersetzung)

171 Sie verbleiben nicht am Seminar, »Hertel wird als Vicar nach Erlbach und Valtin zur interimistischen Verwaltung der Hülfslehrerstelle nach Gelenau gesendet.« (MfV Nr. 4746, wie Anm. 22, Bl. 6a: Jahresbericht 1861 v. 27. 12. 1861) Den Schülern wird von der Seminardirektion von Zeit zu Zeit eine Aufgabe gestellt, die sie einsenden müssen, Ostern 1862 bestehen sie die Prüfung am Seminar Plauen.

172 Wie Anm. 166, Seminar Plauen Nr. 204a, Bl. 30b und Bl. 18a-20a (Tabelle Ergebnisse der Schulamtscandidatenprüfung); Teil-Faksimile in Ludwig/Kosciuszko, wie Anm. 7, S. 248f., 233-235

173 Erstmals veröffentlicht von Fritz Prüfer: Die Zensuren des Schulamtskandidaten Karl May. In: KMJB 1925. Radebeul 1924, S. 26-38, Faksimile zw. S. 112/113 u. bei S. 144; hier auf S. 92f.

174 Verhaltungsregeln für Schulamtscandidaten im Königreiche Sachsen. Zwickau 1856; Teilabdruck in: Schreyer, wie Anm. 15, S. 499f.

175 Siehe Hans-Dieter Steinmetz: Verspätete Konsequenzen. Zur Streichung Karl Mays aus der Schulamtskandidatenliste. In: KMHI Nr. 10 (1997), S. 37-47. Dieser Streichungsvermerk (mit roter Tinte: »gestrichen wegen Diebstahls cp[?] 2512.VI.63«, siehe Faksimile-Auszug auf S. 58 ist auch in den von der Kreisdirektion Zwickau aufbewahrten Abschriften der Prüfungszeugnisse des Plauener Seminars vorgenommen worden; siehe HSTA. MfV Nr. 7229. KDZ, Die Prüfungen der Schulamtscandidaten in Plauen betr. Censur-Buch Bd. 1 (1835-1869), lfd. Nr. 715 (Karl Friedrich May).

176 Wie Anm. 45, Seminar Plauen Nr. 123, lfd. Nr. 481; hier auf S. 51.

177 SAP. Seminar Plauen Nr. 95. Acta betr. das Seminarjubiläum 1885, unpag.

178 Römpler, wie Anm. 52, S. 25 (Nr. 483). – Eine Übernahme aus dem Deutschen Literaturkalender 1884 (›Kürschner‹) ist auszuschließen, denn dort ist »Redakt[eur] Dresden-Blasewitz« angegeben.

179 Druckschrift ›Verzeichnis der Teilnehmer am 75jähr. Jubiläum des Königl. Seminars zu Plauen vom 27.-29. Mai 1885‹, S. 5

180 Schütze, wie Anm. 46

181 Neue Vogtländische Zeitung (Plauen), Nr. 222 (24. 9. 1910), 3. Blatt

182 SAP. Seminar Plauen Nr. 91. Glückwünsche zur 100-Jahrfeier (1910), unpag.

183 In Privatbesitz, bislang auszugsweise zitiert in: M-KMG 115/1998, S. 33. Der Umschlag ist adressiert: *Sr. Hochwohlgeb. / Herrn Redacteur / Victor Klages / (»Plauener Sonntags-Anzeiger.«) / Plauen, / Voigtland.*

184 Nach derzeitigem Forschungsstand gibt es keine Belege für eine Abwesenheit Mays.

185 Karl May spielt hier auf die Berichterstattung über das Charlottenburger Urteil vom 12. 4. 1910 an. Auch die Redaktionen der Plauener Lokalzeitungen übernahmen die Gerichtsberichte der Korrespondenzbüros, enthielten sich aber eines Kommentars, sodass es eigentlich für den Schriftsteller keinen Grund gab, besonders enttäuscht zu sein. Siehe Neue Vogtländische Zeitung (Plauen) v. 13. 4. 1910, S. 3 (›Also doch im Zuchthaus gewesen. Räuberhauptmann Karl May‹ in der Rubrik ›Telegramme und Telephonmeldungen‹ sowie Vogtländischer Anzeiger und Tageblatt (Plauen) v. 14. 4. 1910, S. 2 (umfangreicher Gerichtsbericht ›Der Reiseschriftsteller Karl May als Kläger‹, Verfasser: Hg.).

186 Es könnte sich um die Buchausgabe von ›Winnetou IV‹ handeln, der Band erschien im Juni 1910; siehe Hainer Plaul: Illustrierte Karl-May-Bibliographie. Leipzig 1988, S. 353f.

187 Wie Anm. 182, Seminar Plauen Nr. 91, unpag. – Als 1984 der Nachlass von Victor Klages, er schrieb unter den Pseudonymen Waldemar Keller und Victor E. Wyndheim Fortsetzungsromane für Zeitschriften und Illustrierte, Romane und Novellen, dem Landesarchiv Berlin übergeben wurde, befanden sich darunter drei Jahrgänge des ›Plauener Sonntags-Anzeigers‹ (1910-1912), die lt. Findbuch des Nachlasses in die Zeitungssammlung des Archivs eingegliedert werden sollten, aber heute dort nicht aufzufinden sind. – Auch durch eine bundesweite Recherche konnten die Zeitungsbände nicht nachgewiesen werden. Dies ist umso bedauerlicher, als Victor Klages mit Sicherheit Beiträge zu May in seine Zeitung aufnahm. Überliefert ist im Archiv des Karl-May-Verlages ein Presseausschnitt mit einem Auszug aus Mays ›Mein Leben und Streben‹, betitelt: ›Meine Trommel. Von Karl May‹ (›Plauener Sonntags-Anzeiger‹, 18. 8. 1912).

188 Max Finke: Das siebente Jahr. In: KMJB 1924. Radebeul 1924, S. 5-29 (7f.)

189 Vogtländischer Anzeiger und Tageblatt (Plauen) v. 5. 4. 1912, S. 9

190 Der Tag (Berlin) v. 3. 4. 1912, Illustrierte Unterhaltungsbeilage

191 Archiv des Karl-May-Verlages, ebenso die nächsten zitierten Briefe.

192 Siehe Freie Presse (Plauen) v. 29. 4. 1999, Vogtlandblick (Plauen) Nr. 17 (2. 5. 1999).

193 Angaben nach Römpler, wie Anm. 52, S. 5-7, sowie ergänzenden Recherchen; Porträts der Lehrer siehe Klußmeier/Plaul, wie Anm. 40, S. 33-35 (Bilder 38-45)

194 Ebd., S. 24f.; Seminar Plauen Nr. 123, wie Anm. 45; Handbuch der Schul-Statistik für das Königreich Sachsen (›Ramming‹), Ausgaben 1862-1913; sowie ergänzende Recherchen.

195 HSTA. MfV Nr. 12207. MdC, Acta, den Kirchschullehrer Adolph Robert Bär in Oberstützengrün betr. (1869-1892)

196 HSTA. MfV Nr. 12113. MdC, Acta, den Lehrer Friedrich Robert Hertel zu Treuen betr. (1870-1899)

197 Wie Anm. 13, MfV Nr. 4745, Bl. 261a-265a

198 Siehe Johann Heinrich Kurtz: Christliche Religionslehre. Nach dem Lehrbegriff der evangelischen Kirche. 7., verb. Aufl. Mitau 1859, S. 11-72 (Erstes Hauptstück: Die zehn Gebote), S. 184-187 (Drittes Hauptstück: Das Vaterunser), S. 190-202 (Viertes Hauptstück: Das Sakrament der heiligen Taufe) und S. 205-212 (Fünftes Hauptstück: Das Sakrament des Altars oder das heilige Abendmahl).

199 Siehe Johann Heinrich Kurtz: Abriß der Kirchengeschichte. Ein Leitfaden für den Unterricht in höheren Lehranstalten. 4. Aufl. Mitau 1858, S. 80-165. Der Lehrstoff umfasste das Kapitel ›Mittlere Kirchengeschichte (800-1517)‹ ab Papst Innocenz III. (1198-1216) sowie die ›Erste Periode der neuern Kirchengeschichte (1517-1648)‹. Der Lehrer stützte sich vermutlich auf das Standardwerk von Kurtz ›Lehrbuch der Kirchengeschichte‹ (3. Aufl. Mitau 1857, S. 298-511).

200 Siehe Karl Bormann: Unterrichtskunde für evangelische Volksschullehrer. Berlin 1856, S. 1-98 (Kapitel ›Von dem Unterricht im Allgemeinen‹).

201 Gemeint ist Ignaz Moscheles (1794-1870).

202 Wie Anm. 22, MfV Nr. 4746, Bl. 43a, 45a-47a

203 Siehe Kurtz: Religionslehre, wie Anm. 198, S. 73-184 (Zweites Hauptstück: Der Glaube).

204 Siehe Kurtz: Abriß Kirchengeschichte, wie Anm. 199, S. 11-143 bzw. ders.: Lehrbuch Kirchengeschichte, wie Anm. 199, S. 32-455. Der Lehrstoff endete vermutlich mit dem Augsburger Religionsfrieden (25. September 1555).

205 Gemeint ist Robert Schumann (1810-1856).

206 Siehe Lüben/Nacke: Lesebuch, wie Anm. 69 und dies.: Commentar (Sprachmusterstücke), wie Anm. 70 (Klopstock im 1.Teil, S. 226ff.).

207 Aufbereitung der Liste ›Choralmelodien, welche im Schuljahr 1860/61 im Königlichen Schullehrerseminare zu Plauen gelernt worden sind‹ aus MfV Nr. 4745, wie Anm. 13, Bl. 259a-260a; siehe auch Anm. 94.

208 Siehe zum Text bei Lüben/Nacke: Commentar (Sprachmusterstücke), wie Anm. 70, 2. Teil; S. 237. Von den weiteren ausgewählten Lesebuch-Texten ist nur noch Lenaus ›Die drei Indianer‹ kommentiert: ebd., S. 403f.; siehe Faksimile S. 88-90.

209 Die beigegebenen Biogramme stützen sich auf Artikel in ›Meyers Konversationslexikon‹, 4. Aufl. 1888, Band 13, S. 855f. (Ritter), Band 11, S. 300f. (von Martius), Band 13, S. 235 (Pöppig) sowie Lüben/Nacke: Lesebuch, wie Anm. 69, 14. Aufl. 1874, S. 281 (Ritter) und S. 330 (Lenau) bzw. dies.: Commentar (Sprachmusterstücke), wie Anm. 70, 1. Teil, S. 237f. (Ritter) und S. 405-410 (Lenau).

210 SAP. Seminar Plauen Nr. 23. Acta. Das Königliche Schullehrerseminar zu Plauen betreffend (1855), Bl. 70a sowie Vergleichs-Zeugnisse.

211 Wie Anm. 17, Seminar Plauen Nr. 24, Bl. 90b/91a; Faksimile in Ludwig/Kosciuszko, wie Anm. 7, S. 224f.; Lehrer lt. Stundenplan Winterhalbjahr 1860/61 (Seminar Plauen Nr. 62a, wie Anm. 7, Bl. 242b/243a)

212 Als Lehrgegenstand (Unterrichtsfach) ›Katechismus‹ im Stundenplan (S. 30) ausgewiesen.

213 Entspricht dem Lehrgegenstand ›Katechetische Übungen‹.

214 Entspricht dem Lehrgegenstand ›Bibellesen‹.

215 Dazu gehörte z. B. Physik.
216 Entspricht dem Lehrgegenstand ›Predigtlesen‹.
217 Wie Anm. 17, Seminar Plauen Nr. 24, Bl. 226b/227a (Stundenplan, gültig ab 3. 6. 1861); zusätzlich: MfV Nr. 4745, wie Anm. 13, Bl. 226a-227b
218 Wie Anm. 166, Seminar Plauen Nr. 204a, Bl. 30b; Faksimile in Ludwig/Kosciuszko, wie Anm. 7, S. 248f.; bzw. MfV Nr. 7229, wie Anm. 175, lfd. Nr. 715; Faksimile (ohne Streichungsvermerk) in Klußmeier/Plaul, wie Anm. 40, S. 36 (Bild 46)

Bildnachweise:

Archiv Dr. Plaul: S. 13
Geheimes Staatsarchiv Preußischer Kulturbesitz Berlin-Dahlem: S. 16
Stadtarchiv Plauen: S. 17, 21, 24 (rechts), 43, 50f.
Vogtlandmuseum Plauen: S. 19
Vogtland-Verlag Plauen: S. 24 (links)
Georg-Eckert-Institut Braunschweig: S. 27 (links), 75-89
Technische Informationsbibliothek und Universitätsbibliothek Hannover: S. 27 (rechts), 89f.
Staatsbibliothek Preußischer Kulturbesitz Berlin: S. 32
Ratsschulbibliothek Zwickau: S. 33 (links)
Sächsische Landesbibliothek – Staats- und Universitätsbibliothek Dresden: S. 33 (rechts), 35, 36 (oben), 68 (oben), 69
Universitätsbibliothek Potsdam: S. 36 (unten)
Sächsisches Hauptstaatsarchiv Dresden: S. 47, 58
Vogtlandbibliothek Plauen: S. 50 (oben), 67
Privatarchiv Nachlass Dr. Schmid: S. 55-57
Sammlung Dreger: S. 60
Universitätsbibliothek Leipzig (einschließlich Comeniusbibliothek): S. 66, 68 (unten)

HELMUT SCHMIEDT

Von Trauerrändern, Kamelexkrementen und Verwesungsgeruch
Karl Mays Umgang mit einer anderen Seite des abenteuerlichen Lebens[*]

Als Erwachsener liest man die Bücher, die man schon in seiner Jugend gelesen hat, mit anderen Augen. Veränderte und erweiterte Lektüre- und Lebenserfahrungen sind dafür verantwortlich, dass man das Bekannte bei der Wiederbegegnung ertragreich unter neuen Vorzeichen betrachten kann. Aber manchmal erscheint es ratsam, sich auf das frühere Leseerlebnis zu besinnen: Mag sein, dass der kindlichen Spontaneität einiges auf- und eingefallen ist, was sich der Routine des Erwachsenen nicht mehr erschließt, weil es von den mittlerweile eingeübten Wahrnehmungsmechanismen gar nicht mehr erkannt oder sogleich hinwegrubriziert wird, obwohl es von der Sache her eigentlich besondere Aufmerksamkeit verdiente. Mit anderen Worten: man soll das Gewicht früher Leseerfahrungen nicht gering schätzen.

Ich habe mir bei meiner Karl-May-Lektüre in jungen Jahren gelegentlich eine Frage gestellt, die damals nie eine Antwort fand. Bekanntlich wird Old Shatterhand/Kara Ben Nemsi immer wieder von seinen Feinden überwältigt, gefesselt und dann für längere Zeit, z. T. über viele Tage hinweg in diesem Zustand gehalten. Auch da muss er doch regelmäßig – so habe ich mir ganz naiv gedacht – im Hinblick auf die Verdauung, die körperliche Verarbeitung des Gegessenen und Getrunkenen, seinen natürlichen Bedürfnissen nachgeben, und wenn die Feinde ihn zu diesem Zweck losbinden und beiseite treten lassen – wovon ich fest überzeugt war –, dann ergeben sich wunderbare Möglichkeiten zur Flucht. Aber nichts dergleichen wird erzählt, May schweigt sich über das Ganze aus, als gebe es bei seinem Helden diese natürlichen Bedürfnisse nicht!

Er hält sich auch zurück in Bezug auf ähnliche, sozusagen benachbarte Themen. Z. B. beim Spurenlesen: Wenn die Helden die Fährte einer Reitergruppe prüfen, um zu ergründen, wer sich wie weit und in welcher Absicht vor ihnen her bewegt, dann beachten sie alles Mögliche, vom Feuchtigkeitsgehalt des Bodens bis zum Knickwinkel zertretener Gräser; aber ein hinter allen Reitergruppen zweifellos vorhandenes, aussagekräftiges

* Vortrag, gehalten am 16. 10. 2003 auf der 17. Tagung der Karl-May-Gesellschaft in Plauen.

Indiz beachten sie offenbar überhaupt nicht: die Ausscheidungen der Tiere. Dass sich aus deren Zustand Vermutungen ableiten ließen, wann die Reiter an diesem Ort gewesen sein müssen, liegt geradezu auf der Hand; umso erstaunlicher ist es, dass das Thema ausgespart bleibt.

Dem erwachsenen Leser bereiten solche Defizite keine Probleme mehr. Er registriert sie überhaupt nicht oder geht, wenn es doch geschieht, routiniert darüber hinweg, denn er weiß inzwischen, dass der allergrößte Teil der Literatur generell keinen Wert darauf legt, seine Figuren in sämtlichen Dimensionen ihrer Alltäglichkeit zu präsentieren, dass Exkremente traditionsgemäß nur begrenzt literaturfähig sind, und er unterstellt wie selbstverständlich, dass es bei May auch so ist. Literarisch gezeugte Lebewesen funktionieren nicht nach den üblichen biologischen Regeln.

Doch gar zu schnell sollte man das Problem nicht als erledigt ansehen, die kindliche Perspektive hat durchaus einiges für sich. Das Geschehen in Mays Romanen wird ja in hohem, gegenüber vielen anderen literarischen Werken überdurchschnittlichem Maße durch körperliche Aktivitäten bestimmt; wie kräftig jemand im Vergleich zu anderen ist, wie weit er schauen und wie genau er riechen kann, wie sehr seine Feinmotorik ausgebildet ist, wie ausdauernd er zu reiten oder laufen vermag: das alles ist von entscheidendem Gewicht für den Spielraum May'scher Figuren und damit für die Entwicklung der Handlung, und in diesem Zusammenhang hat die Forschung denn auch zu Recht darauf hingewiesen, dass es sich um Abenteuer für die Sinne handelt.[1] Die Bedeutung von Intelligenz, Wissen und Bildung, die zumal den Ich-Helden prägt, darf darüber nicht ignoriert werden; aber es führt kein Weg an der Feststellung vorbei, wie sehr Mays Texte das Körperliche akzentuieren, und da ist es schon bemerkenswert, dass in diesem Bereich zumindest auf den ersten Blick so große Lücken klaffen: im Unterschied übrigens zu einigen Quellen Mays, denn der Graf d'Escayrac z. B., dessen Reiseberichte Mays Schilderungen vom Spurenlesen wesentlich mit inspiriert haben, weist sehr deutlich sogar auf die Aussagekraft menschlicher Exkremente hin.[2] Vom literaturhistorischen Umfeld wird Mays Zurückhaltung auch nicht unbedingt nahegelegt: Die späten 1880er und die 1890er Jahre bilden die Epoche des deutschen Naturalismus, und da wird die physische Komponente des menschlichen Daseins fast programmatisch in den Mittelpunkt literarischen Interesses gerückt, wobei – ganz anders als im vorausgehenden Realismus – gerade allerlei unerquickliche Besonderheiten breit ausgemalt werden, etwa Alkoholismus und körperliche Brutalität.

Wir stoßen hier auf ein unter den verschiedensten kulturgeschichtlichen Aspekten höchst interessantes Phänomen. Zum guten Geschmack, zum bürgerlichen Verständnis angemessener Kommunikation und wertvoller Kultur, wie es sich zumal im 18. Jahrhundert ausbildet, gehört, dass man über bestimmte Bereiche des menschlichen Lebens – z. B. über Sexualität – nur sehr diskret und über anderes – z. B. alles, was mit der Verdauung zusammenhängt – am besten gar nicht spricht. (…) diese Haltung (bestimmt) das äußere Erscheinungsbild weiter Phasen der Literatur in Aufklärung und Klassik und dominiert auch im 19. Jahrhundert;[3]

nur in verklausulierter, verkappter Form oder bei den Außenseitern, Provokateuren und Avantgardisten der Literatur können »die für heikel befundenen Aspekte der Körperlichkeit des Menschen ins Licht rücken«.[4] Seit einigen Jahrzehnten allerdings gilt das nicht mehr: Die vorher weithin tabuisierten Seiten unserer Existenz haben Literatur, Bühne, Bildschirm, Kinoleinwand usw. erobert, Wörter wie ›Arsch‹, ›Scheiße‹ und Entsprechendes aus dem Sexualbereich sind zu Standardvokabeln in öffentlichen Darbietungen geworden, und dass die Kategorie des Ekels lange Zeit das ganz Andere im Spektrum ästhetischer Empfindungen war,[5] lässt sich inzwischen kaum noch nachvollziehen. Vor einigen Jahren hat Daniel Calls Theaterstück ›Tumult auf Villa Shatterhand‹ etliche Gemüter erhitzt;[6] vermutlich lag das nicht zuletzt auch daran, dass es weitgehend dem skizzierten neuen Trend folgt.

Wie steht es da nun bei näherer Prüfung mit Karl May? Wird er in den Abenteuerromanen mit seiner bekannten Ambition, *»der Lehrer meiner Leser«*[7] zu sein, so sehr von literarischen Konzepten des 18. und frühen 19. Jahrhunderts geprägt, dass er sich gewissen Tendenzen völlig verschließt, die in der Luft liegen und vom Stoff der Romane eigentlich begünstigt werden? Oder ist es – man denke daran, dass er immerhin des öfteren exzessive Gewalttaten und Sadismen schildert – doch anders, gibt es doch ein intensiveres Sich-Einlassen auf traditionell tabuisierte Körperlichkeit, als der junge May-Leser registriert hat? – Ich nehme die Antwort pauschal vorweg: Der Komplex der Ausscheidungen, des Schmutzes, des Ekligen überhaupt taucht in der Tat nicht eben selten auf; es lohnt sich, der Sache genauer nachzugehen.

In einem Privatbrief aus dem Jahr 1894, der mit einem Hinweis auf die *noch heut* vorhandenen *Narben von den Wunden, die ich erhalten habe*, intensiv an der Old-Shatterhand-Legende webt, schreibt May: *Von den kleineren Beschwerden, Entbehrungen und Entsagungen, die man zu erdulden hat und die in ihrer Gesamtheit viel schwerer zu ertragen sind als einzelne schwerere Schicksalsstreiche, kann man freilich in keinem Buche erzählen.*[8] Warum *kann* man das nicht? Die Antwort muss wohl lauten: weil es sich nicht ziemt, weil es unschicklich wäre; es gibt Dinge im Alltagsleben des Abenteurers, über die damals zu schreiben die Peinlichkeitsschwelle zu überschreiten hieße. Noch deutlicher wird May an sehr exponierter, von vornherein für die Öffentlichkeit bestimmter Stelle: im ersten ›Winnetou‹-Band. Der Ich-Erzähler berichtet da, dass er ein dreiwöchiges Wundfieber in ein und derselben Kleidung durchlitten hat, und dann fährt er verallgemeinernd fort:

Was das heißt, drei Wochen lang in einem solchen Anzuge im Wundfieber zu liegen, das kann man sich wohl denken. Es giebt Verhältnisse, die man zwar durchmachen und erleben kann, niemals aber in einem Buche mit erzählen darf. Der Leser eines solchen Buches beneidet wohl einen solchen weitgereisten, vielerfahrenen Mann, würde sich aber, wenn er die mit Schweigen übergangenen Nebendinge erführe, sehr hüten, in seine Fußstapfen zu treten. Wie oft bekomme ich Briefe von begeisterten Lesern meiner Werke, in denen sie mich benachrichtigen, daß sie ähnliche Reisen unternehmen wollen. Sie fragen mich nach den Kosten, nach der Ausrüstung, wenige aber auch nach den Kenntnissen, welche dazu gehören und nach den Sprachen, die man vorher zu lernen hat. Diese abenteuerlichen Herren kuriere ich mit untrüglicher Sicherheit durch meine aufrichtigen Antworten, in denen ich den Vorhang von jenen verschwiegenen Dingen ziehe.[9]

Man muss nicht lange darüber nachgrübeln, auf welche Aspekte des Abenteuerlebens der Erzähler hier anspielt. Es handelt sich offenbar um ziemlich extreme Erfahrungen, da der Bericht über sie geeignet ist, ganze Lebensplanungen umzustoßen – aber indem May dies den Romanlesern sagt, erspart er es sich, hier Konkreteres über sie selbst zu sagen.

Dass er die *Nebendinge* in seinen Büchern gänzlich ignoriert, trifft indes nicht zu; schon die gerade zitierte Passage bietet ja, wenn man sie in den Zusammenhang des Textes rückt, ein Gegenbeispiel. Der im Apachenlager gefangene Old Shatterhand steht da im Begriff, sich von den Folgen seiner schweren Verletzung zu erholen. Er gilt den Apachen als Feind, hat aber seinerzeit heimlich den gefesselten Winnetou befreit und ihm dabei ebenso unbemerkt eine ›Haarlocke‹ abgeschnitten; wenn er die nun vorlegt, ist der Beweis erbracht, dass er de facto auf der Seite der Apachen steht. Die Frage ist nur, ob das wertvolle Indiz noch zu finden ist; denkbar wäre, dass die Apachen es dem Gefangenen während seiner wochenlangen Bewusstlosigkeit abgenommen haben. An dieser Stelle erwähnt der Erzähler/Held, dass er immer noch seinen *vollständigen Anzug*[10] trägt, vom Beginn der Leidensphase an, und dieser Umstand bietet dann den Anlass für die zitierten grundsätzlichen Darlegungen. Bis jetzt weiß der Leser nicht, wie es um die Haarlocke steht; erst im Anschluss an das allgemeine Räsonnement notiert das Ich, es habe seine Taschen untersucht und festgestellt, dass mit Ausnahme der Waffen alles noch vorhanden ist, Winnetous Locke inklusive.

Die Erläuterung zu den *verschwiegenen Dingen* hat also, neben ihrer sachlichen Bedeutung, eine retardierende Funktion: Sie verzögert den Fortgang der Schilderung dessen, was aktuell von Belang ist. Soeben hat Nscho-tschi dem Gefangenen in Aussicht gestellt, er werde bald sterben; der Arme besinnt sich auf ein *unfehlbares Mittel,*[11] diesem Schicksal zu entgehen, eben auf die Haarlocke, erschrickt plötzlich, weil er sich ihres Vorhandenseins nicht sicher sein kann, und durchsucht eilends seine Taschen – aber statt dass der Leser sogleich über das Ergebnis der Suche informiert wird, belehrt der Erzähler ihn eine halbe Seite lang über jene unhygienischen *Nebendinge* und seinen erzieherisch geschickten außerliterarischen Umgang damit.

Wir betrachten weitere Textpassagen dieser Art. Nach einer alten Tradition werden die handfesten und die akustisch wahrnehmbaren Folge- bzw. Begleiterscheinungen des Verdauungsvorgangs oft für derb-komische Szenen genutzt; der skatologische Schwank vergangener Jahrhunderte arbeitet mit dieser Möglichkeit, ebenso mancher neuere Film, heiße er nun ›Ballermann 6‹, ›Scary Movie‹ oder ›Der Schuh des Manitu‹. Auch Karl May greift auf diese Tradition zurück, allerdings nur im Hinblick auf tierische Produkte und unter Aussparung des Akustischen. In einer Episode des Bandes ›In den Schluchten des Balkan‹ kriecht Kara Ben Nemsi in einen morschen Taubenschlag, um die eine Etage darunter stattfindende Versammlung der Feinde zu belauschen. *Schmutz gab es da in Masse*;[12] man kann sich vorstellen, woraus er in erster Linie besteht. Nach einiger Zeit findet sich auch Halef oben ein, gegen den Willen seines Sihdi, und er stellt gleich ausdrücklich fest, was den Lauscherraum auszeichnet: *»Wie stinkt es hier!«* Halefs Bewegungen führen dazu, dass getrockneter *»Kot«* aufgewirbelt wird und nach unten rieselt, was die dort sitzenden Verbrecher zunächst einmal fluchend auf das Wirken einer herumstreunenden Katze zurückführen. Aber Halef ist auch weiterhin den Anforderungen der Umgebung nicht gewachsen. Ein heftiger Husten- und Niesreiz ergreift ihn, treibt ihn zu erst noch halb unterdrückten Äußerungen wie *»Puh«*, *»Ah«* und *»oh«*, versetzt seinen Körper dann in *eine krampfhafte, wurmartige Bewegung*[13] und entlädt sich schließlich in einem heftigen Ausbruch, der so gewaltig gerät, dass er einen Teil des Taubenschlagbodens zum Einsturz bringt und Halef mitten zwischen die Feinde fällt. Erst jetzt kann auch Kara Ben Nemsi nicht mehr an sich halten: *Ich … hustete und nieste, als ob ich es bezahlt bekäme.*[14]

Die Szene verbindet Elemente der Spannung mit solchen der Komik. In motivischer Hinsicht ist sie durch das Verfahren der Umkehrung mit einer Episode des Folgebandes ›Durch das Land der Skipetaren‹ verbunden: Werden hier die Verbrecher unfreiwillig mit Kot beschmutzt, der von oben auf sie herabfällt, so wird dort eine ähnliche Ganovenversammlung im oberen Teil eines Turmes absichtlich festgesetzt und mit Wasser übergossen, das Halef mit einem Schlauch in die Höhe treibt.[15] Darüber hinaus trägt die Taubenschlag-Szene zur Charakterisierung der Figuren bei: Kara Ben Nemsi quartiert sich frühzeitig an dem unwirtlichen Ort ein, harrt ruhig der Dinge, die da kommen werden, und wird auch physisch mit den unerquicklichen äußeren Umständen fertig; Halef dagegen mag auf den lange abwesenden Freund nicht warten, folgt ihm ungeduldig und ist dann prompt den ekelhaften Verhältnissen nicht gewachsen. Der Besonnenheit, Umsicht und Selbstdisziplin des obersten Helden kontrastieren die Unvorsichtigkeit und körperliche Reizbarkeit Halefs. Einmal mehr ergibt sich, welche Unterschiede zwischen den beiden Hauptfiguren des Orientromans bestehen und dass es für die Begleiter des Helden gut und richtig wäre, sich stets an seinen Vorgaben zu orientieren.

Solche Hierarchisierungen kristallisieren sich auch in anderen Zusammenhängen heraus. In der Erzählung vom ›Sohn des Bärenjägers‹ kehrt geradezu leitmotivisch die Jagd auf wilde Tiere wieder. Zunächst erzählt Martin Baumann, unter welch furchtbaren Umständen er vor vielen Jahren in den Besitz eines Bärenfells gelangt ist; dann muss er einen Grizzly zu seinem Schutz und dem des Negers Bob töten. Bald darauf erzählt der Hobble-Frank von einer lange zurückliegenden Konfrontation mit einem Bären, die eher groteske Züge aufwies, und vollends komisch wird es schließlich bei der Wildtierjagd von Masser Bob: Er will ein Opossum zur Strecke bringen, stößt aber versehentlich auf ein Stinktier.[16] Es spritzt *zu seiner Verteidigung eine außerordentlich schlecht riechende, scharfe, gelb ölige Flüssigkeit* aus,[17] und anschließend verbreitet Bob einen derart *entsetzlichen Geruch*,[18] dass sich niemand mehr in seiner Nähe aufhalten mag.

Das viermalige Auftauchen des Jagdmotivs ist durch wenigstens zwei konsequente Entwicklungen gekennzeichnet. Die erste betrifft den dramatischen Gehalt der Ereignisse: Die zunächst erzählte Auseinandersetzung mit einem Bären kostete Martins Mutter und Schwester und beinahe auch ihn selbst das Leben, die folgenden entbehren jeder Tragik und geraten sogar zunehmend komischer. Entsprechend hat es der Leser mit immer weniger ernsten Figuren zu tun. Martin Baumann, Protagonist der Jagden eins und zwei, ist der jugendliche Held der Erzählung, Hobble-Frank ist eine Mischung aus komischer Figur und solidem Westmann, und am unteren Ende der Skala rangiert der gelegentlich zwar auch heroische, im Kern aber als lustige Figur angelegte, radebrechende, kurios eitle Bob, dem der Autor denn auch nicht die Ehre gönnt, sich mit einem ernsthaften tierischen Gegner zu duellieren. Zum Abschluss seines Abenteuers wird Bob bedeutet, dass er sich ob des an ihm haftenden Geruchs tagelang von den Mitreisenden werde fernhalten müssen, und erst einmal setzt er sich zwecks intensiven Waschens in einen Teich, dabei *Grimassen* schneidend, denen, so der Erzähler, *wirklich lustig zuzusehen*[19] ist. In der Taubenschlag-Episode mokiert sich der Text nur bedingt über Halef, die Person, die unfreiwillig für den humoristischen Einschlag sorgt. Die Komik im ›Bärenjäger‹ dagegen geht voll auf Kosten Bobs; dass es gerade ein als nett, aber auch ziemlich dumm gezeichneter ›Neger‹ ist, mit dem May auf ›lustige‹ Weise das Motiv des unausstehlichen Gestanks verknüpft, mag auch der kritische Leser für etwas heikel halten, der nicht gleich die Maßstäbe späterer Political Correctness anlegt.

Ähnlich dubios, dabei allerdings ohne jeglichen Ausgriff ins Komische, verfährt May mit dem Phänomen des Schmutzes bei Judith Silberstein, der jüdischen Femme fatale in der ›Satan‹-Trilogie. Judith ist bekanntlich eine Frau, die sich ihre Liebhaber nach deren mutmaßlicher ökonomischer Potenz aussucht, und da sie so außerordentlich attraktiv ist, dass sie selbst Old Shatterhand nicht ganz kalt zu lassen scheint, fallen ihr die diesbezüglichen zahlreichen Wechsel nicht schwer. Auch noch in der im dritten Band geschilderten späten Phase dieser Amerika, Deutschland und Nordafrika umspannenden Abenteuergeschichte bemerkt der Ich-Held, dass Judith *ein schönes Weib* ist, und er sitzt einmal sogar händchenhaltend *neben ihr auf dem Diwan* und wird *mit einem neckischen Augenaufschlage* beglückt. Aber er registriert auch noch anderes: Ihr *Scheitel lag voller Haarschuppen; der Hals schien heute noch nicht gewaschen zu sein; die schön geformten Fingernägel hatten Trauerränder.*[20]

Die schöne Judith ist also eine unreine, eine schmutzige Frau, und ganz ohne Zweifel darf man diese Feststellung auch im übertragenen Sinne verstehen. May operiert hier unter der Hand mit einer Vorstellung, die sich in der gutbürgerlichen Gedankenwelt seit langem festgesetzt hat und noch heute etwa in der Werbung und sicherlich im Alltagsleben unzähliger deutscher Familien eine zentrale Rolle spielt: mit der Vorstellung vom einzigartigen Wert absoluter Sauberkeit. Wo sie fehlt, ist generell nichts Gutes zu erwarten; wo sie zu finden ist, kann es wenigstens nicht ganz schlimm zugehen. Insbesondere die in Deutschland angesiedelten Teile der Münchmeyer-Romane – ein Bereich des May'schen Gesamtwerks, der sonst nicht Gegenstand dieser Untersuchung ist – enthalten etliche Schilderungen trauriger Verhältnisse, die durch den Verweis auf die in den betreffenden Räumen herrschende Reinlichkeit letztlich doch aufgehellt werden und den Stempel sittlicher Hochwertigkeit erhalten. So betritt im ›Verlornen Sohn‹ einmal der ebenso reiche wie zwielichtige Herr Seidelmann ein Haus, das außen und innen *einen Anblick der bittersten Armuth, ja des Elendes* bietet; er findet eine mangels Brennmaterials kalte Wohnung vor sowie Möbel und andere Utensilien in ganz geringer Zahl und obendrein jämmerlichstem Zustand – *Und doch war Alles blank und sauber. Dieses Elend wurde verklärt durch jene Reinlichkeit, welche selbst den ärmlichsten Gegenstand noch besitzenswerth erscheinen läßt.*[21] Wenn Judith Silberstein demgegenüber zwar von der Natur mit großer Schönheit ausgestattet worden ist, Hygiene und Sauberkeit aber vernachlässigt, weiß der Kundige sofort, dass es um ihre moralische Qualität schlecht bestellt sein muss, schlechter noch als vorher, und tatsächlich notiert der Erzähler, dass sie ihre zweifelhaften *Anlagen fleißig ausgebildet hatte und eine vollständige Kokette geworden war.*[22]

Immer wieder verweist der Erzähler da, wo ihm etwas suspekt erscheint oder wo er negative Urteile formuliert, auf ein Übermaß an Schmutz. So verhält es sich bei den großen Städten des Orients: Von außen, aus der Ferne betrachtet, machen sie mitunter einen imponierenden Eindruck; aber in ihrem Inneren sieht es oft ganz anders aus, dort herrschen Dreck und Verkommenheit, und analog dazu entdeckt man Brutstätten des Verbrechens. Konstantinopel etwa bietet von außen *einen herrlichen Anblick; aber tritt man in die engen Straßen selbst, so ist's mit der schönen Täuschung vorüber.*[23] Auch religiöser Fanatismus kann sich physisch *in höchst widerlicher Weise* artikulieren. Am Rande der Todeskarawane stoßen Kara Ben Nemsi und seine Begleiter auf einen Bettler, der Nägel, Haken und Nadeln an seinem Körper befestigt hat und aufgrund der dadurch verursachten Wunden von einem *Schwarm von Fliegen und Mücken*[24] umgeben ist. Der Erzähler spricht von einem *fanatisch dummen Menschen*, der einen *ekelhafte(n) Anblick*[25] biete, und konsequenterweise verhält sich der Bettler dann auch höchst abstoßend, als er ein nach seiner Ansicht zu geringes Almosen erhält.

Das extrem widerliche Äußere dieses Menschen ist also von vornherein ein Indiz für die Nichtsnutzigkeit der Person insgesamt. Ekelhafte physische Phänomene können aber nicht nur als signifikante Begleiterscheinung, sondern auch als Konsequenz bösartigen Verhaltens auftreten, und dann wirken sie wie eine gerechte Strafe. Diese Verbindung ergibt sich bei einem Schurken des Orientromans, der ein Doppelleben als frommer Mübarek und armer Krüppel Busra führt, von Kara Ben Nemsi entlarvt und in den Arm geschossen wird. Schon nach zwei Tagen klingen die medizinischen Prognosen für den Verletzten nicht optimistisch: *Im allergünstigsten Fall behielt er einen steifen Arm; wahrscheinlicher aber war, daß ihm wenigstens der Vorderarm amputiert werden müsse. Wenn der Verwundete nicht sehr bald in die richtige Pflege kam, so stand mit Sicherheit zu erwarten, daß der Brand eintreten würde.*[26] Später hat Kara Ben Nemsi die Gelegenheit, den Mübarek genauer zu untersuchen, und da werden – entsprechend dem fortgeschrittenen Siechtum – diese vergleichsweise nüchternen Formulierungen durch drastische Worte ersetzt. Erst ist die Rede von *blutunterlaufenen Augen, … Gischt, welcher ihm vor dem Mund stand*, und im Hinblick auf die Verletzung von einem *üble(n) Geruch*. Als Kara Ben Nemsi die nachlässig verbundene Wunde freilegt, kommt es noch schlimmer: *Der Brand, die zersetzende Fäulnis, war bereits eingetreten, und die ekelhafte Jauche verbreitete einen Verwesungsgeruch, welcher entsetzlich war.*[27] Das Leben des Mübarek ist nicht mehr zu retten, schließlich wird er von einem Bären zerfetzt.

Kein Zweifel: es geschieht ihm recht. Der Mübarek ist ein zu allen Schandtaten bis hin zum Mord bereiter Schwindler, der mit der Manipulation seiner Physis die Umgebung getäuscht hat; wer in der Nähe des scheinbar uralten heiligen Mannes stand, konnte angeblich die Knochen in dem dürren Körper aneinander stoßen hören, aber was da klapperte, waren in Wirklichkeit die unter dem weiten Gewand verborgenen Krücken, mit denen der Bösewicht sich als Busra fortbewegte. Nachdem dieser Verbrecher lange Zeit in zwei scharf voneinander abgegrenzten Rollen agiert hat, löst sich nun der Körper, mit dem er manipulierte, in schrecklicher Weise auf und wird dann auch noch von martialischer Gewalt zerstört.

Einige Zeit vorher droht auch Kara Ben Nemsi ein schlimmes Schicksal: Er wird im Zusammenhang seiner Begegnung mit der Todeskarawane von der Pest befallen. Äußere Eindrücke, wie die vom eben erwähnten Bettler und von Männern, die *eine halb verfaulte Menschenleiche wieder in die auf-*

geplatzte Filzdecke zu wickeln versuchen, stimmen atmosphärisch auf die Krankheit ein. Der Held selbst fühlt sich erst matt, dann zunehmend unwohl und wird plötzlich von einem unwiderstehlichen Brechreiz ergriffen, dessen Produkt über eine *schleimig gallige Beschaffenheit*[28] verfügt. Auf dem Höhepunkt der Krankheit treten Pestbeulen an diversen genau benannten Stellen des Körpers auf. Dem Erzähler scheint der eigene Mut, all diese Details wiederzugeben, nicht ganz geheuer zu sein, aber er beruft sich auch jetzt auf seine Aufgaben als literarischer Lehrer: Die Schilderung falle deshalb so ausführlich aus, *weil ein Pestfall bei uns eine so große Seltenheit ist*;[29] man muss die Gelegenheit nutzen, genauestens über die Krankheit zu informieren.

Die Therapie, die Kara Ben Nemsi anwendet, steht nun bezeichnenderweise in diametralem Gegensatz zu allen Erscheinungen von Widerwärtigem und Unreinem: Neben einem *Schnitt in den Karfunkel* erscheinen ihm nur *frische Luft, gute Reinigung der Haut durch fleißiges Baden*[30] sinnvoll, nicht etwa irgendeine der Arzneien, die er mit sich führt. Die Kur bewährt sich, der Held bleibt folglich *dabei, Rettung vom Wasser und von der freien Luft zu erwarten*,[31] und erholt sich ebenso wie der gleichfalls erkrankte Halef. Bei Judith Silberstein und dem Bettler sind die abstoßenden Äußerlichkeiten Zeichen der Verdorbenheit ihrer Person, beim Mübarek entwickeln sie sich im Zuge seiner Bestrafung, während im Falle Kara Ben Nemsis quasi das Gegenteil zu Schmutz und Gestank erfolgreich herangezogen wird, um die hässliche und lebensgefährliche Krankheit zu bekämpfen.

Der hier vielleicht nahe liegende Gedanke, dass Sauberkeit immer und überall die Domäne des obersten Helden sei, dass man ihn womöglich mit Hilfe dieses Kriteriums von allen anderen und zumal den bösen Figuren generell unterscheiden könne, trifft freilich nicht zu; erinnert sei noch einmal an die Taubenschlag-Episode und an Old Shatterhands Leiden im Apachenlager. Überhaupt ist es auch für ihn im abenteuerlichen Leben nahezu unvermeidbar, mit Schmutz aller Art in engste Berührung zu kommen. Im zweiten Band des ›Mahdi‹-Romans wird Kara Ben Nemsi für kurze Zeit in einer tiefen Grube gefangen gehalten, die in unmittelbarer Nähe des Nils liegt, und da *kann man sich denken, daß der Grund derselben feucht, moderig, ja schlammig ist, daß allerhand Unrat da abgeworfen wird, allerhand Ungeziefer dort sein Wesen treibt.*[32] Der Held wird aber rasch befreit und tritt direkt danach einigen Frauen unter die Augen: in seiner

Erscheinung so wenig salonfähig, daß ich jetzt, wo ich dies niederschreibe, die Augen, allerdings nur für zwei Sekunden, niederschlage. Hatte mein Anzug schon während der langen Fahrt und der vorherigen Erlebnisse bedeutend gelitten, so war ihm nun vorhin in der schlammigen Grube der »letzte Rest« gegeben. Mein Aussehen war nichts weniger als gentlemanlike.[33]

Dies ist eine jener Stellen, an denen May mit unnachahmlicher Beiläufigkeit die Identität des Helden mit dem deutschen Reiseschriftsteller betont.

Es wird auch deutlich, dass der Erzähler in Verhältnissen beheimatet ist, die dem Prinzip größtmöglicher Sauberkeit huldigen: Andernfalls würde er nicht beim Schreiben die Augen schamhaft niederschlagen. Aber das tut er eben *nur für zwei Sekunden,* denn die äußeren Umstände ließen kein anderes Auftreten zu, und so kommen auch die Besonderheiten des Abenteuers zu ihrem Recht. Mit Begriffen wie ›salonfähig‹ und ›gentlemanlike‹ auf der einen Seite und dem Plädoyer zugunsten der Legitimität situationsbedingten Schmutzes auf der anderen fixiert May ein weiteres Mal die Doppelrolle seines Ichs, das sich souverän durch unterschiedliche Kulturen und Lebensverhältnisse bewegt.

Manchmal schildert der Erzähler positiv Konnotiertes aus dem abenteuerlichen Kosmos, das er dem Leser doch nicht ganz uneingeschränkt ans Herz legen mag. In ›Old Surehand III‹ hat man *Bärenbraten gegessen* und sieht einer äußerst schmackhaften Fortsetzung dieses Genusses entgegen: *Die Tatzen, bekanntlich das beste von dem Bären, wurden eingewickelt, um aufgehoben zu werden, denn sie haben erst dann den höchsten Grad von Delikatesse erreicht, wenn die Würmer darin zu »wibbeln« beginnen.* Sie haben *dann den höchsten Grad von Delikatesse erreicht*: das ist eine eindeutige Feststellung, ohne Einschränkungen und Wenn und Aber, so dass man annehmen muss, der Erzähler wolle hier etwas über jeden Zweifel Erhabenes vermitteln. Aber natürlich ist May – dem deutschen Schriftsteller, der er ist, und dem, den er in seinen Romanen fingiert – bewusst, dass dieses Mahl nicht alle Leser goutieren werden und sich vielleicht schon beim Lesen schütteln, und so setzt er einen abgekürzten und unbeantwortet bleibenden Fragesatz hinzu: *Ob jedermanns Geschmack?*[34] Der Satz dementiert die vorherige Auskunft nicht und bietet doch eine Konzession an die Empfindungen eines Publikums, das den wildwestlichen Essensgewohnheiten ziemlich fern steht.

Mein letztes Beispiel führt noch einmal in die ›Satan‹-Trilogie. Dort meldet sich Old Shatterhand in einer Amtsstube der Stadt Ures, um Hilfe für bedrohte deutsche Auswanderer zu erbitten. Er findet unter anderem eine *junge Dame* vor, *Cigaretten rauchend und nicht allzu wählerisch in ein nicht allzu weißes Morgengewand gekleidet,*[35] dazu mit ungeordneten Haaren; ferner gibt es da einen mit einem Kettchen angebundenen Papagei. Nachdem Old Shatterhand mit Goldmünzen das Interesse der Dame geweckt hat, schickt sie sich freundlich an, auch ihm eine Zigarette zu drehen. Dazu heißt es im Text:

Unter dem Sitze des Papageies war ein Kästchen angebracht, in welchem sich Tabak und Cigarettenpapier befand. Sie nahm eines dieser Papiere in den Mund, um es mit Speichel anzufeuchten, legte eine Prise Tabak darauf und drehte beides mit ihren niedlichen Fingern in Raupenform, brannte diese Raupe an ihrem Stummel an und reichte sie mir dann mit einem herzgewinnenden Lächeln zu.

Hm! Das Anfeuchten! Diese Fingerchen, bei deren melierter Färbung man im unklaren war, ob sie in Handschuhen steckten, oder einen sonstigen Ueberzug hat-

ten! Und dazu der Ort, an welchem sich der Tabak befand, gerade unter dem Papagei! Kurz und gut, ich nahm die Cigarette zwar mit einer tiefen Verbeugung an, hütete mich aber, sie nach dem Munde zu führen.[36]

Aus der erbetenen Hilfe für die Auswanderer wird im Übrigen nichts, die Zigarette landet am Ende wieder im *»Tabakskasten«*,[37] zusammen mit einer weiteren, die die Dame auf Bitten ihres Gemahls für Old Shatterhand gedreht hat.

Es ist eine höchst eigenartige, doppelbödige Begegnung, die May seinen Figuren in diesen Sätzen beschert. An der Oberfläche dominieren Freundlichkeit, Höflichkeit, formvollendetes Benehmen: Die Dame bietet dem *»Cavallero«*[38] eine Gabe an, er nimmt sie mit einer gründlich ausgeführten Dankesbezeugung entgegen. Aber damit betreibt er ein falsches Spiel, denn in Wahrheit ekelt es ihn davor, die Zigarette nun auch zu rauchen: Er hat die Spenderin sofort als unrein und ungepflegt identifiziert; im mutmaßlichen Kot an der Aufbewahrungsstelle des Tabaks gipfelt ein Crescendo vom Unsauberen bis zum dezidiert Widerwärtigen. Zunächst aber benimmt sich der Held in diesem Fall durchaus gentlemanlike, allerdings unter strikter Wahrung seiner körperlichen Unversehrtheit und seines Geschmacksempfindens. Der Leser wird ihn dafür nicht tadeln und sein Verhalten leicht nachvollziehen können, denn was die Dame dem Herrn zumutet, ist, wenn man genauer hinsieht, in der Tat ein starkes Stück. Sie erscheint freilich zu arglos, als dass sie die Schattenseiten bemerken könnte, und handelt insofern ausgesprochen ehrlich; der Held aber durchschaut die Situation in ihrer Widersprüchlichkeit, weiß, was er einerseits der Dame und ihrem Angebot, andererseits sich selbst schuldig ist, und entwickelt eine Reaktion, die beiden Verpflichtungen entspricht. Er kennt sich mit den Regeln des konventionellen guten Benehmens aus und wendet sie flexibel an, im Hinblick auf die näheren Umstände einer genau beobachteten speziellen Situation. Dass er auch ein wenig komisch wirkt, wie er so dasteht, schließlich gar *zwei von ihr angebrannte, zwischen meinen Fingern aber wieder ausgelöschte Tabakswürmer in der Hand*,[39] ficht ihn nicht an, denn diesen Nebeneindruck gewinnt allenfalls der Leser, nicht aber die Dame. Zusätzlich spiegelt die dezente Rhetorik der Schilderung ihren zwiespältigen Inhalt: Zwar wird für jeden Leser unmissverständlich klar, was der Erzähler meint, aber anders als in der Taubenschlag-Episode aus ›Balkan‹ und der Grubenszene des ›Mahdi‹ arbeitet er hier nicht mit expliziten Formulierungen – ›Kot‹, ›Unrat‹, ›Ungeziefer‹ –, sondern mit diskreten Andeutungen.

Man könnte die Liste solcher Beispiele noch lange fortsetzen. Erinnert sei an jene Szene im ›Schut‹, in der Halef beharrlich an einem ebenso wohlschmeckenden wie zähen Stück Wurst herumkaut; die nähere Untersuchung ergibt schließlich, dass sich die Zähigkeit einem Stück Handschuh verdankt, das in die Wurst geraten ist.[40] Im dritten ›Mahdi‹-Band tritt ein

Wirt auf, bei dem die am Körper klebenden Exkremente buchstäblich Teile der Kleidung ersetzen.[41] In demselben Band stößt der Held auf *Reste von Kamelexkrementen*,[42] die zwar nicht näher untersucht werden, aber immerhin als Beweis dienen, dass er einen Karawanenweg gefunden hat. Die Heroen des Wilden Westens legen normalerweise keinen Wert *auf Glanz und Sauberkeit* und verachten *einen jeden, der auf sein Aeußeres etwas gibt*; dies führt gelegentlich dazu, dass sie Old Shatterhand verkennen, der dann, wenn es die Umstände gestatten, *sogar seine Hände rein gewaschen* hat.[43] Von erlesener Ekelhaftigkeit ist eine Szene, die mit allerlei Hinweisen auf die Schattenseiten des Reisens im Orient, auf das *Schicklichkeitsgefühl*[44] des Erzählers und den *Kampf gegen Schmutz und Ungeziefer*[45] eingerahmt wird: Eine Reiskugel landet auf Umwegen im Mund von Krüger-Bey, und der Arme muss sie hinunterschlucken, obwohl er genau weiß, dass darin ungekochte Kleintiere stecken, die deren voriger Besitzer sich gerade *aus dem Nacken* gezogen und *zwischen den Nägeln seiner Daumen guillotiniert* hat.[46] Aber auch ohne den genauen Blick auf weitere Textstellen lässt sich ein Fazit formulieren, das unsere einleitenden Beobachtungen weiterführt.

Zunächst einmal: Es ist also tatsächlich ganz und gar nicht richtig, dass Mays Abenteuerromane den Komplex Schmutz, Kot, Gestank, körperlicher Ekel etc. vollständig aussparen; das alles kommt in reichem Maße und in den verschiedensten Zusammenhängen vor (in den Kolportageromanen wohl noch intensiver als in den hier besprochenen, aber sie sind eben nicht Gegenstand dieser Arbeit). Der Autor geht mit dem Thema phantasievoll um und spricht dabei die ganze Spannbreite menschlicher Sinne an. Einige seiner Figuren produzieren durch mangelhafte Hygiene ihre körperliche Unsauberkeit selbst, anderen wird sie durch äußere Umstände aufgezwungen. Schmutz und Schlimmeres können ein Zeichen charakterlicher Defizite sein, das Schlimmere kann aber auch im Dienste höherer Gerechtigkeit den Erzbösewicht strafen. Der atmosphärische Gehalt der einschlägigen Szenen variiert ebenfalls: Sie können komisch, aber auch tragisch sein oder irgendwie dazwischen liegen und diverse Kombinationen aufweisen. Gelegentlich wird die Reflexion über das Thema als retardierendes Moment eingesetzt; es kann sich aber auch als unmittelbar spannungssteigerndes Element entfalten und dazu dienen, die Identität von handelndem Ich, erzählendem Ich und Reiseschriftsteller zu beglaubigen. Von Unsauberkeit ist manchmal ganz nebenbei, in kaum mehr als einem Halbsatz, die Rede; an anderer Stelle wird sie dagegen zum Motor der Handlung.

Auffallend ist, dass an fast allen Stellen, da von besonders ekligen Dingen die Rede ist, diese rasch in einen übergreifenden bzw. anderweitigen Kontext eingeordnet werden: Als die Ausscheidungen ins Blickfeld rücken, in denen der verletzte Old Shatterhand wochenlang herumliegt, kommt der Erzähler auf den Umgang mit gewissen Lesern zu sprechen; Judith Silbersteins Körperschmutz wird sogleich als Zeichen ihrer charakterlichen Entwicklung gedeutet; die Schilderung der Pestsymptome wird als

Angebot für ein Bildungserlebnis deklariert. May vermeidet es also in der Regel, die Unappetitlichkeiten lange als solche stehen zu lassen, und mindert damit ihren unmittelbaren Eindruck. Er zielt auf gedämpfte Effekte und Affekte.

Wenn man von den Einzelheiten abstrahiert und nach einer Gesamttendenz sucht, muss man zunächst wieder den – ich nenne es einmal so – ideologischen Stellenwert des Prinzips Sauberkeit beachten: Das Reine adelt, das Unreine ist schändlich. May nutzt das Thema, um seine Figuren zu sortieren und damit Übersicht und Ordnung in seinem abenteuerlichen Kosmos zu fördern: Der oberste Held hängt dem Prinzip Sauberkeit an – einmal rettet es ihm sogar das Leben –, seine Freunde folgen ihm da in gewissem Abstand, und wer fahrlässig oder absichtlich grob gegen das Prinzip verstößt, ist in unterschiedlichem Grade negativ konnotiert; auch rassische, nationale und kulturelle Stereotypen machen sich bemerkbar. Aber die Wildnis ist nun einmal kein heimatliches Wohnzimmer, in dem ein Staubkörnchen auf der Vitrine oder ein Schmutzfleck im Sofakissen die Hausfrau blamieren würde; absolute Prinzipientreue wäre hier lächerlich, und so huldigt May vor seiner Phantasiewelt denn auch noch einem anderen Grundgedanken, dem Realitätsprinzip: Bis ins Extrem kann er das reinlichkeitsorientierte Sortieren in Anbetracht der Verhältnisse nicht treiben. Wenn die Situation es erfordert, darf auch der Held im Dreck agieren; mehr als eine sekundenlange spätere Scham kostet ihn das nicht, und es ziert ihn sogar, dass er – siehe die Taubenschlag-Episode – eine verkotete, stinkende Umgebung besser erträgt als Freund Halef. Wie wenig das Empfinden des Normallesers dazu taugt, die besonderen Umstände der Abenteuerwelt einvernehmlich nachzuvollziehen, zeigt en passant, aber dafür umso nachdrücklicher das Beispiel der schmackhaft durchwurmten Bärentatzen, und die Reflexion aus ›Winnetou I‹, die ich zu Beginn zitiert habe, weist generalisierend auf diese Fremdheit hin. Indem May einerseits das jedem Leser bekannte Prinzip Sauberkeit hochhält, es andererseits aber vielfältig relativiert, wird auch bei diesem Komplex sichtbar, wie heikel und facettenreich sich die Beziehungen zwischen der Traumwelt des Helden und der empirischen Wirklichkeit von Autor und Leser gestalten.

Mays Umgang mit dem Thema hat Grenzen, die er nicht überschreitet: Seine Figuren müssen nicht urinieren und nichts ausscheiden, die menschliche Anal- und Sexualsphäre bleiben – zumindest vordergründig – tabu; Sätze wie das aus dem ›Götz von Berlichingen‹ stammende berühmteste aller Goethe-Zitate scheinen bei Karl May ebenso undenkbar wie Länder namens Pipi und Popo, die in Georg Büchners ›Leonce und Lena‹ auftauchen. Andererseits meidet er im Hinblick auf physische Aspekte des Schmutzes und Ekels nur Schilderungen, die er für extrem gehalten haben mag: Während menschliche Fäkalien nicht vorkommen, kann vom Erbrechen als einem Krankheitssymptom im Zusammenhang mit Informationen über eine seltene Krankheit die Rede sein; von der eigentlich sinnvollen genauen Untersuchung tierischen Kots wird nichts gesagt, die Sache selbst aber wird zum Agens spannender Episoden. So bewegt sich der Erzähler May an den Schicklichkeitsgrenzen seiner Zeit entlang und entwirft einen fruchtbaren Kompromiss zwischen den edlen idealistisch-erzieherischen Ambitionen seiner Texte und der Rekapitulation durchaus unedler Körperfunktionen, die unabdingbar zur vermeintlichen Realität der dargestellten Welt gehören. Es ist ein Kompromiss, der sich auch literaturhistorisch gut nachvollziehen lässt, indem er auf originelle Weise alte Tabus und neue Derbheit verknüpft.

Für Hinweise danke ich den Herren Klaus Eggers, Walther Ilmer (†) und Martin Lowsky.

1 Vgl. Harald Eggebrecht: Sinnlichkeit und Abenteuer. Die Entstehung des Abenteuerromans im 19. Jahrhundert. Berlin/Marburg 1985; Andreas Graf: Abenteuer und Sinnlichkeit. Ein Versuch. In: Jahrbuch der Karl-May-Gesellschaft (Jb-KMG) 1993. Husum 1993, S. 338-355.

2 Vgl. Helmut Lieblang: »Sieh diese Darb, Sihdi ...«. Karl May auf den Spuren des Grafen d'Escayrac de Lauture. In: Jb-KMG 1996. Husum 1996, S. 133.

3 Helmut Schmiedt: Analrhetorik. Zur literarischen Karriere von etwas, über das man nicht spricht. In: Wirkendes Wort. 50. Jg. (2000), Heft 3, S. 337

4 Ebd, S. 338

5 Vgl. Winfried Menninghaus: Ekel. Theorie und Geschichte einer starken Empfindung. Frankfurt a. M. 1999. Zum neueren kulturellen Umgang mit der Analsphäre generell vgl. Reinhard Wilczek: »Ich find' dich scheiße«. Anmerkungen zur (literarischen) Analkultur der Gegenwart. In: Wirkendes Wort. 52. Jg. (2002), Heft 1, S. 138-148.

6 Vgl. Helmut Schmiedt: Ein neues deutsches Theaterstück in Dortmund uraufgeführt. In: Mitteilungen der Karl-May-Gesellschaft 115/1998, S. 48f.

7 Karl May: Gesammelte Reiseromane Bd. VII: Winnetou, der Rote Gentleman I. Freiburg 1893, S. 153; Reprint Bamberg 1982. Zu Mays pädagogisch-didaktischen Intentionen generell vgl. Ulf Abraham: Der Held als Musterschüler und Oberlehrer. Der Motivkomplex ›Schule – Lernen – Belehren‹ in ausgewählten ›Reiseerzählungen‹ Karl Mays. In: Jb-KMG 2002. Husum 2002, S. 67-80.

8 Zit. nach: Bernhard Kosciuszko: »Mit herzlichem Gruße Ihr Old Shatterhand«. Karl May als Briefeschreiber. In: Briefkultur des 19. Jahrhunderts. Hrsg. von Rainer Baasner. Tübingen 1999, S. 127

9 May: Winnetou I, wie Anm. 7, S. 317

10 Ebd.

11 Ebd.

12 Karl May: Gesammelte Reiseromane Bd. IV: In den Schluchten des Balkan. Freiburg 1892, S. 372; Reprint Bamberg 1982

13 Ebd., S. 382

14 Ebd., S. 383

15 Vgl. Karl May: Gesammelte Reiseromane Bd. V: Durch das Land der Skipetaren. Freiburg 1892, S. 463ff.; Reprint Bamberg 1982.

16 Vgl. Karl May: Der Sohn des Bärenjägers. In: Die Helden des Westens. Stuttgart u. a. o. J. (1890), S. 39ff., S. 114ff., S. 128ff., S. 137ff.; Reprint der ersten Buchausgabe u. d. T. Der Sohn des Bärenjägers. Bamberg 1995.

17 Ebd., S. 138
18 Ebd., S. 139
19 Ebd., S. 141
20 Karl May: Gesammelte Reiseerzählungen Bd. XXII: Satan und Ischariot III. Freiburg 1897, S. 34; Reprint Bamberg 1983
21 Karl May: Der verlorne Sohn oder Der Fürst des Elends. Dresden 1884-86, S. 113; Reprint Hildesheim/New York 1970
22 May: Satan und Ischariot III, wie Anm. 20, S. 33
23 Karl May: Gesammelte Reiseromane Bd. VI: Der Schut. Freiburg 1892, S. 100; Reprint Bamberg 1982
24 Karl May: Gesammelte Reiseromane Bd. III: Von Bagdad nach Stambul. Freiburg 1892, S. 304; Reprint Bamberg 1982
25 Ebd., S. 305
26 May: Durch das Land der Skipetaren, wie Anm. 15, S. 443
27 May: Der Schut, wie Anm. 23, S. 117f.
28 May: Von Bagdad nach Stambul, wie Anm. 24, S. 324
29 Ebd., S. 333
30 Ebd., S. 334
31 Ebd., S. 339
32 Karl May: Gesammelte Reiseromane Bd. XVII: Im Lande des Mahdi II. Freiburg 1896, S. 550; Reprint Bamberg 1983
33 Ebd., S. 555
34 Karl May: Gesammelte Reiseerzählungen Bd. XIX: Old Surehand III. Freiburg 1896, S. 406; Reprint Bamberg 1983
35 Karl May: Gesammelte Reiseerzählungen Bd. XX: Satan und Ischariot I. Freiburg 1897, S. 88; Reprint Bamberg 1983
36 Ebd., S. 90
37 Ebd., S. 94
38 Ebd., S. 90
39 Ebd., S. 91
40 Vgl. May: Der Schut, wie Anm. 23, S. 82ff.
41 Vgl. Karl May: Gesammelte Reiseerzählungen Bd. XVIII: Im Lande des Mahdi III. Freiburg 1896, S. 155 und 157; Reprint Bamberg 1983.
42 Ebd., S. 408
43 May: Der Sohn des Bärenjägers, wie Anm. 16, S. 56f.
44 May: Der Schut, wie Anm. 23, S. 99
45 Ebd., S. 102
46 Ebd., S. 100

KARL MARKUS KREIS

Buffalo Bill
*Old Shatterhands Herausforderer, Rivale oder Vorbild?**

Vor der Karl-May-Gesellschaft zu sprechen ist für mich eine große Ehre. Ich möchte mich für die Einladung angemessen revanchieren, indem ich heute eine These vortrage und zu belegen versuche, die die schriftstellerische und persönliche Entwicklung Karl Mays wenigstens teilweise in einem neuen Licht erscheinen lassen kann. Sie lautet: Die Begegnung mit ›Buffalo Bill's Wild West‹ in Dresden im Jahre 1890 hat Karl May zutiefst aufgewühlt und sein Schaffen als Autor in den folgenden Jahren wesentlich mitgeprägt. So weit meine These. Und gleich eine Anmerkung dazu: Dass May sich dazu in der fraglichen Periode, also in der ersten Hälfte der 90er Jahre, nicht direkt äußerte, ist kein Gegenbeweis – es bedeutet lediglich, dass wir nach indirekten Belegen suchen müssen. Das werde ich hier und heute versuchen. Dabei werde ich zuerst die öffentliche Wirkung des Gastspiels von Buffalo Bill beschreiben, dann nach den Spuren desselben in Mays Werk suchen (vor allem in den ›Surehand‹-Bänden) und schließlich etwas zum Mythos, zu den Legenden um die beiden Personen Karl May und William F. Cody sagen.

›Buffalo Bill's Wild West‹ in Dresden 1890

Zunächst lade ich Sie ein, sich mit mir in das Frühjahr des Jahres 1890 zu versetzen, zu dem 48-jährigen Karl May. Sein Erfolg als Schriftsteller beginnt sich jetzt zu stabilisieren, die Abenteuer seiner Helden in aller Welt erscheinen im ›Deutschen Hausschatz‹ und im ›Guten Kameraden‹ und kommen beim Lesepublikum immer besser an, es geht endlich bergauf, die trüben Kapitel der Vergangenheit liegen mittlerweile zehn Jahre zurück, im Vorgriff auf künftigen Ruhm hat er sich in der ›Villa Idylle‹ in Kötzschenbroda als Dr. phil. Karl May angesiedelt und dort ein »erschreckend arbeitsreiches Jahr«,[1] das Jahr 1889, verbracht – kurzum, auch wenn er in diesem Frühjahr 1890 wieder etwas zurückstecken und in eine weniger teure Wohnung umziehen muss, scheint er doch seinen Weg und auch die notwendige Anerkennung gefunden zu haben. Wenn er nun trotz seines enor-

---

* Vortrag, gehalten am 17. 10. 2003 auf der 17. Tagung der Karl-May-Gesellschaft in Plauen.

men Schreibpensums die Zeit fand, um die Tageszeitungen durchzublättern, so muss er im Mai 1890 auf eine dieser marktschreierischen Anzeigen gestoßen sein:

Eine historische Sehenswürdigkeit (...) Erstes Auftreten in Sachsen. (...) Nur für 10 Tage. Col. W. F. Cody Buffalo Bill's Wild West. Vorstellung des amerikanischen Indianer- und Hinterwäldlerlebens unter Leitung des Buffalo Bill, Obersten W. F. Cody, ehemaliger Chef of Scouts der Armee der Vereinigten Staaten. Die Truppe besteht aus 200 Indianern, Cowboy's Hinterwäldlern, Jägern, mexikanischen Vaqueros, Lassowerfern, Scharfschützen, (...) u. s. w. Es kommen grossartige Scenen und Bilder aus der Geschichte der Niederlassung im fernen Westen, Indianerkriege und Ueberfälle und dergleichen zur Darstellung, welche naturgetreu von Personen aufgeführt werden, die sie wirklich erlebt haben

– eine Weltsensation, wie der Hinweis auf »New York, London (Jubiläum der Königin), Paris (Weltausstellung), Barcelona, Neapel, Rom, Mailand und München« belegen soll.[2]

Aber auch wenn May keine Zeit gehabt hätte, in die Zeitungen zu schauen, wäre ihm bei jedem Gang in die Stadt der riesige Reklamerummel aufgefallen, mit dem dieses Ereignis angekündigt wurde. Schon Wochen vor dem Eintreffen

zeigen farbige Bildplakate an allen Ecken und Enden das überlebensgroße Bild des Führers der Karawane, der dadurch wie mit einem Schlage für alle Dresdner eine populäre Persönlichkeit wurde. Alles interessirt sich für den Mann mit dem kühnen und scharfen Adlerblick und dem phantastisch langen Haar. Es ist der amerikanische Oberst W. F. Cody, in seiner Heimath berühmt unter dem Namen Buffalo Bill, d. h. Büffel-Wilhelm.[3]

Aber genauso wichtig wie die Person des Büffel-Wilhelm war das, was er mitbrachte, nämlich die ›naturgetreue‹ Darstellung des echten Wilden Westens, zum Anschauen und auch beinahe zum Anfassen:

Die Schaustellungen sind durchaus nicht mit den Produktionen eines Zirkus zu vergleichen, sondern es sind Bilder aus dem Westen Amerikas voll echter anziehender Mohikaner-Romantik. (...) Dem Besucher wird auch Gelegenheit gegeben sein, echtes indianisches Lagerleben beobachten zu können, denn die Wigwams und Zelte für die Indianer und Cowboys (...) sind während den Pausen dem Publikum zugänglich.[4]

Als der ›Wild West‹ endlich mit einem 35 Wagen zählenden Sonderzug am frühen Morgen des 1. Juni eintraf, herrschte dementsprechend riesiger Andrang am Bahnhof: Eine »tausendköpfige Menge, voran die liebe Schuljugend«, wollte die Indianer, Cowboys usw. begrüßen und am Nachmittag desselben Sonntags kamen zur ersten Aufführung mehr als 10 000 Menschen.[5]

Die Erwartungen der Dresdner wurden auch nicht enttäuscht: Nach der ausverkauften Premiere schrieb eine Zeitung, Bezug nehmend auf die vorangegangene Reklame:

die anhaltende Thätigkeit der Lärmposaune darf in dem gegebenen Falle aber auch vollauf auf Berechtigung Anspruch machen, da in der That Scenen und Bilder der fesselndsten Art an dem Auge des Besuchers vorübergeführt werden. Die ganze Schaustellung ist durchaus nicht mit den gewöhnlichen Productionen eines Circus zu vergleichen; man findet vielmehr in jedem einzelnen Theile der Vorführung den kühnsten Realismus und zugleich wieder unverfälschte Indianer-Romantik, wobei nicht minder Gelegenheit gegeben wird, eine Reihe der interessantesten Persönlichkeiten aus dem Trapper- und Hinterwäldler-Leben des fernen amerikanischen Westens kennen zu lernen.[6]

Und ein anderes Blatt:

Waren schon lange vorher durch die Ankündigungen die Erwartungen hoch gespannt, so wurden sie noch übertroffen durch das wirklich Dargebotene. Alles hat nur eine Stimme des Lobes und der Anerkennung und ist überrascht von der Großartigkeit des naturwahren Schauspiels, das sich hier in einer Kette der herrlichsten malerischen Bilder vor den Augen der Besucher abwickelt. Man bekommt da wirklich ein lebendiges Bild des Jäger- und Indianerlebens in den nordamerikanischen Prairien, dessen Figuren vielleicht stellenweise etwas greller kolorirt und schärfer charakterisirt sind, als es in der That der Fall ist, das aber doch mit hinreißender, packender Unmittelbarkeit und Realität wirkt.[7]

Falls es noch Zauderer gab, die dem Spektakel skeptisch gegenüberstanden, so konnte sie vielleicht die Interessebekundung allerhöchster Herrschaften zum Besuch bewegen: Gegen Ende der angekündigten Gastspielzeit, an einem Montag, geruhte das Königspaar, den ›Wild West‹ zu besuchen. Die Arena war mit 16 420 Personen überfüllt, von verzweifelten Zuspät-Gekommenen wurden 20 Mark für einen 4-Mark-Platz geboten. Zur Begrüßung »verneigte [Cody] sich ehrfurchtsvoll vor Ihrer Majestät der Königin und reichte Sr. Majestät mit echt ritterlicher Würde die Hand, welcher Gruß von Sr. Majestät durch einen Händedruck freundlichst erwidert wurde«. Nach diesem Extraschub an Reklame wurden die Vorstellungen bis Sonntag, den 15. Juni verlängert.[8] Am Ende zog das Dresdener ›Tageblatt‹ Bilanz und schätzte: »Wohl über 100 000 Personen haben sich in diesen zwei Wochen die Indianergesellschaft angesehen.«[9]

War Karl May einer dieser Hunderttausend? Es ist schwer vorstellbar, dass er nicht dabei war. Ein einziger Hinweis lässt sich einem Bericht Klara Mays entnehmen, in dem sie sich an ihren und Karl Mays Besuch bei Buffalo Bill im Jahre 1906 erinnert:

So kam Buffalo Bill mit seiner Völkerschar wieder einmal nach Dresden. Auch ich hatte bis dahin noch keinen Indianer gesehen und plagte meinen Mann, der an ihn von Oberst Cody ergangenen Einladung Folge zu leisen und ihn zu besuchen. Ungern willigte er ein, (...). Der alte Herr empfing uns in liebenswürdigster Weise, vor der selbst die Steifheit Karl Mays etwas schwand, der ihn übrigens schon vor Jahren einmal kennen gelernt hatte (...).[10]

Auf jeden Fall halte ich es für ausgeschlossen, dass May sich dem öffentlichen Sog des Themas entziehen konnte, zumal der Siegeszug des ›Wild West‹ sich fortsetzte, zunächst in Leipzig, dann im Juli in Berlin usw. May muss dieses Ereignis also in irgendeiner Weise mitbekommen, verarbeitet und ›verdaut‹ haben. Aber wie? Um darauf eine Antwort vorzubereiten, lassen Sie uns zunächst einen Blick auf die hervorragendsten Personen des ›Wild West‹ werfen. Wer faszinierte das Publikum – oder zumindest die Reporter – am meisten? Die Antwort ist einfach: an erster Stelle Oberst Cody selbst, aber gleich neben ihm der Anführer der Cowboys, Buck Taylor, dann selbstverständlich die Indianerhäuptlinge und ihre Gruppen und nicht zuletzt die weiblichen Scharfschützen, allen voran Annie Oakley. Uns interessieren hier insbesondere die beiden Erstgenannten, also Cody und Taylor.

William F. Cody und Buck Taylor

Wie schon die Reklame, so sind auch die Presseberichte beherrscht von der Person Buffalo Bill Codys, aber mit ihm wird meistens Buck Taylor hervorgehoben, der ›König der Cowboys‹, wie er im Programm angekündigt wird. So liest man über »die einnehmende Gestalt Buffalo Bill's« zum Beispiel: »Eine edle Männlichkeit spricht aus Antlitz und Wuchs, aus Haltung und Gebahren. Er ist kein Jüngling mehr aber unter den grauen Haaren leuchtet noch ein jugendlich feuriger Blick.«[11] In einem anderen Bericht über die Premiere heißt es von Buffalo Bill:

Er steht zwar nicht mehr in der Blüthe der Jahre, wie ihn die Riesenporträts an den Straßenecken zeigen, ist aber noch immer ein sehr interessanter Mann voll Eleganz und Grandezza. Von seinen Landsleuten ist seine Persönlichkeit geradezu mit einem sagenhaften Nimbus umgeben. Wenn man seinen Biographien, die er hier verbreiten läßt, glauben kann, so ist Oberst Cody ein Held der Prairie, der im Kampfe gegen die Indianer mehr Abenteuer bestanden hat, als irgend einer der Cooper'schen Romanhelden,

und über seinen jugendlichen Begleiter:

Eine ungekünstelte Prachtgestalt ist aber der Stallmeister der Gesellschaft, Buck Taylor, der König der Cowboys, ein junger Hüne mit lang herabwallendem, rückwärts in einen Knoten gebundenem Haare, der noch in allen Städten, die der »wilde Westen« besuchte, die lebhafteste Aufmerksamkeit der Damenwelt auf sich gezogen hat.[12]

In ähnlichem Sinne: »An der Spitze des Zuges sprengte hoch zu Roß der ›König der Cowboys‹ (...) Die kräftige Gestalt Buck Taylor's, mit den wallenden Locken unter einem mächtigen Sombrero, machte einen imponirenden Eindruck.«[13] Noch ein letztes Zitat, das die unterschiedlichen Erscheinungsbilder der beiden Helden und Codys einmalige Wirkung betont:

Auch Buck Taylor, »der König der Kuhhirten,« ein prächtiger baumlanger Reiter mit langem Haarschopf der Scalplocke, ist einfach gekleidet, der Held des Tages aber, Büffel-Wilhelm, trägt ein phantastisches, mit Seide gesticktes Ledercoller und reitet einen sehnigen, ziemlich eleganten Schimmel mit einer Leichtigkeit und Eleganz, wie wir sie noch in keinem Cirkus gesehen haben. Er ist der Indianer-Romanheld, wie er im Buche steht, ein nicht mehr junger, aber noch ungebeugter bildschöner Reck voll angeborner Anmuth, wenngleich nicht ohne theatralische Affectation, der im wahren Sinne des Wortes mit dem Pferde verwachsen zu sein scheint, denn er macht sich auch im rasendsten Laufe nicht mit demselben zu schaffen, faßt kaum den Zügel, widmet seinem Gange keinen Blick und lenkt und tummelt und parirt es doch spielend und blitzschnell in den schwierigsten Wendungen.[14]

Wir werden auf die beiden, und zwar insbesondere auf den ›König der Cowboys‹, zurückzukommen haben.

Die Indianer und ihre Chiefs

Wie Buck Taylor als der Anführer der Cowboys vorgestellt wird, so werden auch als Anführer der verschiedenen Indianergruppen deren Häuptlinge in den Zeitungsberichten immer namentlich genannt:

Black Heart (Schwarzes Herz) mit den Arrapahoes-Indianern, Little Chief (Kleines Haupt) mit den Bruce-Indianern, Brave Bear (Tapferer Bär) mit Mitgliedern des Stammes der Cutt Off, Eagle Horn (Adler-Horn) mit den Cheyennes, die Boy Chiefs (Kleinen Häuptlinge der Sioux), Low Neck (Niedriger Hals) mit den Ogalla-Indianern, Rockey Bear (Felsenbär), der Medicinmann der Sioux (...).[15]

Auch bei anderer Gelegenheit werden einzelne Indianer von Cody hervorgehoben und in den Zeitungen dementsprechend gewürdigt: Beim Besuch der Königlichen Hoheiten in Dresden durfte beispielsweise »ein Enkel des berühmten Indianer-Häuptlings der Sioux Red Cloud (rothe Wolke) und Sohn des Broncho Bill, welcher Dolmetscher der Indianer ist«, ein Rosenbouquet überreichen.[16] Ich kann hier nicht ausführlicher auf die Berichte eingehen, mit denen die Indianer und ihre Aufführungen wiedergegeben und kommentiert werden: die Fremdartigkeit ihrer Körperbemalung, ihrer Kostümierung und ihrer Tänze, ihre beeindruckenden Reitkünste.[17] Dass man sie in ihrem Lager besuchen konnte, wurde schon erwähnt. Aber nicht nur dort konnte man ihnen begegnen, wie einer Meldung zu entnehmen ist: »Wiederholt ist es in den letzten Tagen vorgekommen, daß einzelne Indianer Restaurants besuchten, daselbst zechten und sich alsdann ohne Zahlung mit den Worten: ›Wir kommen morgen wieder‹ entfernten. Das ist durchaus keine schöne indianische Sitte.«[18]

Den Frauen in der Schau waren sogar einige besondere Zeitungsartikel gewidmet, allen voran beeindruckte das Publikum »Frl. Annie Oakley, die beste Schützin der Gegenwart«.[19] Das wäre ein Thema für sich, ich muss es aus Zeit- und Platzgründen hier mit diesem Hinweis bewenden lassen.

So weit mein Überblick über die wichtigsten Elemente der Wirkung von ›Buffalo Bill's Wild West‹ auf das Dresdner Publikum, und damit – das unterstelle ich – auch auf Karl May, sei es durch eigenen Besuch, sei es durch den öffentlichen Wirbel um die Schau. Es ist bekannt, dass dies nicht die ersten Indianer in Dresden waren, geschweige denn in Deutschland. Für Dresden hat alles Wichtige Klaus Hoffmann zusammengestellt.[20] Nur ein paar Monate vor Buffalo Bill war z. B. sein amerikanischer Konkurrent Doc Carver in Berlin mit einer Truppe aufgetreten. Aber der ›Wild West‹ übertraf sie alle an Aufwand, spektakulärer Dramatik und modernen Show-Qualitäten. Seine Wirkung war nicht nur in Dresden enorm, sondern von überall gab es ähnlich enthusiastische Berichte. Das steigerte sich eher noch im folgenden Jahr, als die kriegsgefangenen Geistertänzer der Sioux hinzustießen, mit den Anführern Short Bull und Kicking Bear, nach dem Ende der Kämpfe und dem Massaker am Wounded Knee. Der Faszinationskraft dieser Berichte kann man sich auch heute nur schwer entziehen: Sie beschwören nicht nur das, was die Berichterstatter als Darbietung konkret vor sich erlebten, sondern auch den ganzen Hintergrund von Indianerbildern seit J. F. Cooper. Unter diesem Eindruck fragte ich mich zwangsläufig: Und was sagte Karl May dazu? der doch damals gerade in dieses Thema mit wachsendem Erfolg einstieg? War er begeistert, die guten oder auch bösen Helden seiner Bücher leibhaftig vor sich zu sehen, ihnen im Lager zu begegnen, eventuell wie die Journalisten per Dolmetscher mit ihnen zu reden? Aus diesen Jahren, also 1890ff., ist mir aber nichts bekannt geworden an ausdrücklichen Kommentaren aus seiner Feder. Erst später, als er auf der Höhe seines Erfolges und Ruhmes steht, lässt er sich über Buffalo Bill, seine Indianer und andere Wildwestprotagonisten aus. Das hört sich dann so an:

1898 antwortete Karl May seinen Verehrern in München auf eine Frage nach seinen Westmänner-Gefährten, die meisten seien tot, und Buffalo Bill sei schuld an ihrem Tod. Seine Beurteilung der Indianer, die mit Cody im Jahre 1890 auch in München aufgetreten waren, wird so wiedergegeben: »Es waren zwar echte Indianer, aber von ihrem Stamme Ausgestoßene, denn nach May würde sich ein Indianer lieber das Leben nehmen, als sich zu solchen Vorstellungen hergeben.«[21] Am heftigsten äußerte May sich aber im Flugblatt gegen seinen Feind Lebius im Juni 1910, in dem er sich gegen den Vorwurf verwahrte, Schundliteratur zu verfassen:

Man schaue nach, seit wann solcher Schund erscheint! Seit dem ersten Auftreten von Buffalo Bill und Konsorten. Seit dem Erscheinen jener Wild-West-Schaustellungen, bei denen rote Räuber, rote Diebe, rote Schurken, rote Mörder die Hauptrolle spielten. Und die, welche diese niederträchtigen, verlogenen Rollen gaben, waren – – – Indianer![22]

Im gleichen Jahr 1910 schrieb er in Band IV des ›Winnetou‹:

Die sogenannten Medizinmänner der von Zeit zu Zeit hier bei uns herumvagabundierenden Völkerwiesenindianer sind alles andere, aber nur keine wirklichen Medizinmänner, und an ihren Verrenkungen, Sprüngen und sonstigen Possen würde ein solch letzterer gewiß ebensowenig teilnehmen, wie zum Beispiel bei uns ein ernstgesinnter Gottes- oder Weltgelehrter auf den Gedanken kommen könnte, auf einem Jahrmarkt oder Vogelschießen für Geld und öffentlich einen Schuhplattler oder einen Purzelbäumler zu tanzen.[23]

Immerhin unterstellt er den angeblichen Medizinmännern nur, sie würden das indianische Äquivalent zu harmlosen Volkstänzen aufführen. Wie falsch er mit seiner Einschätzung über die Show-Indianer selbst liegt, zeigt der Fall des Sioux Black Elk (nicht ganz korrekt im Deutschen als Schwarzer Hirsch wiedergegeben): heute bekannt als »ein großer Mystagoge und inspirierter Medizinmann«,[24] hoch geschätzt von Carl Gustav Jung und Eugen Drewermann – er tingelte in der Tat zwischen 1887 und 1889 auf Jahrmärkten durch Deutschland, Italien und Frankreich, mit der kleinen Truppe des Mexican Joe, nachdem er die Abfahrt des Überseedampfers mit Buffalo Bill nach dem Gastspiel in England verpasst hatte. Freilich: Karl May konnte nicht wissen, so wenig wie Black Elk selbst es damals wusste, welche Karriere dieser mehr als ein Jahrhundert später in Deutschland machen würde. Aber wie es scheint, lehnte er schon rundweg ab, zu akzeptieren, dass die bei Buffalo Bill auftretenden und ausdrücklich so eingeführten Häuptlinge solche waren und eben keineswegs von ihren Stämmen ausgestoßene Randfiguren.

Die Frage stellt sich also erneut und verschärft: Karl May, seit etlichen Jahren erfolgreicher Autor von Wildwestgeschichten, erlebt den Triumph von ›Buffalo Bill's Wild West‹ 1890 an einem Ort, an dem die Wogen der Begeisterung besonders hoch schlagen, er kommentiert aber Jahre später aufs abfälligste, was er gesehen hat – ganz im Gegensatz zur vorherrschenden Begeisterung des Publikums (übrigens auch seiner zweiten Frau Klara). Ich kann mir nicht vorstellen, dass seine offenkundige Zurückhaltung mit Kommentaren zu Buffalo Bill in den Jahren nach 1890 mit mangelndem Interesse zu erklären ist oder dass ihn die Begegnung einfach kalt gelassen hätte. Wenn aber das Gegenteil der Fall ist, dann könnten die späteren scharfen Verurteilungen als Zeugnisse einer latenten inneren Auseinandersetzung mit dem Erlebten zu verstehen sein, und wenn dem so ist, dann muss in dieser Zwischenzeit das Thema Buffalo Bill und sein Wilder Westen May doch beschäftigt haben, und zwar sehr stark.

Spuren im Werk

An diesem Punkt meiner Überlegungen angekommen, machte ich mich daran, die Bücher durchzusehen, die in den Jahren nach der Begegnung mit ›Buffalo Bill's Wild West‹, also ab 1890 entstanden sind. Denn was einen Autor umtreibt, sollte man zuerst in seinem Werk aufspüren, auch in seiner Rolle, seinem Verständnis, seinem Schicksal als Autor. So fand ich z. B. im zweiten Band von ›Satan und Ischariot‹ jenes bekannte, wie Walther Ilmer es nennt, »fast aberwitzige Vorkommnis«:[25] Winnetou taucht in Dresden im Gesangverein Mays auf, was May im Oktober 1894 im ›Hausschatz‹ erstmals berichtet hat,[26] und zwar so, als wäre es in jüngster Vergangenheit geschehen. Nun: von allen angeblichen Begegnungen Mays mit Indianern ist dies vielleicht die am wenigsten aberwitzige und konstruierte. Denn wir haben ja gesehen, dass die Indianer des ›Wild West‹ auch in Dresden zum Essen ausgingen. Aus Leipzig wurde berichtet, wie sie in verschiedenen Geschäften Tuche und anderes einkauften; in Dortmund machten sie eine Kneipentour zwischen Innenstadt und Gastspielplatz. Ähnliches wird aus allen größeren Städten berichtet. Zur Reklame für ›Buffalo Bill's Wild West‹ gehörte überall die Präsenz der Indianer in der Öffentlichkeit – freilich, wegen des Aufmerksamkeitseffekts, normalerweise in voller Montur. Aber es war May sicherlich bekannt durch andere Berichte (z. B. das von Catlin gemalte Bild: ›Wi-jun-jon, auf der Reise nach Washington und bei seiner Rückkehr‹), wie Indianer sich neuerdings zu Hause und in Zivil kleideten: eben z. B. wie Winnetou in Dresden: *Eine dunkle Hose, eine eben solche Weste, um welche ein Gürtel geschnallt war, einen kurzen Saccorock; … auf dem Kopfe einen hohen Cylinderhut …*[27] Nimmt man hinzu, dass ›Buffalo Bill's Wild West‹ ja nicht die erste Show mit Indianern war, die in Dresden gastierte, so dürfte diese Szene May und seinen Leserinnen und Lesern doch gar nicht so unvorstellbar vorgekommen sein.

Doch dies ist nur eine Episode. Gewichtiger ist eine Aussage, die May später zur Figur des Winnetou grundsätzlich machte: Er sei als Gegenentwurf zu den Show-Indianern angelegt. Er schreibt im Rückblick 1910: *Es sind nur wenige deutsche Schriftsteller, denen es geglückt ist, sich von diesen Eindrücken* [der Shows] *freizumachen, sich über sie zu erheben. Ich selbst habe mir die größte Mühe gegeben, diese Blutrünstigkeiten auszuwischen, den roten Mann als sympathisch hinzustellen und ihn in meinem »Winnetou« zu idealisieren.*[28] Man könnte diese Aussage, in zwanzigjährigem Abstand von der Begegnung mit ›Buffalo Bill's Wild West‹ und in der Hitze der Lebius-Kontroverse getan, als Rückwärtsprojektion abtun, die über Mays Schaffensziele der frühen 1890er Jahre wenig mitteilt. Nimmt man sie aber ernst, dann passt sie hervorragend zu den Umständen der Entstehung der drei ›Winnetou‹-Bände. 1891/92, als die deutsche Öffentlichkeit noch unter dem Eindruck von ›Buffalo Bill's Wild West‹ steht, lernt May den Verleger Fehsenfeld kennen. Der 1. Band ›Winnetou‹ entsteht, die Bände ›Winnetou II/III‹ werden rasch zusammengezimmert und alles wird 1893 erstmals herausgebracht. Damit beginnt, so möchte ich es nennen, die Inszenierung eines parallelen Wilden Westens durch May und Fehsenfeld, kein Abklatsch der Geschichten Buffalo Bills (die ja auch als Groschenhefte zu erscheinen beginnen), sondern eine eigene, originelle Version, mit deutschem Personal und in deutscher Färbung, ein Gegenstück zu den, wie das Programmheft sie nannte, »amerikanische(n) Spielen«[29] und den Helden von *Buffalo Bill und Konsorten*,[30] mit dem Deutschen Old Shatterhand und dem deutsch erzogenen Edelindianer Winnetou. Wie eng dieser Weg in einen eigenen Wilden Westen an die Erfahrung von ›Buffalo Bill's Wild West‹ anknüpft, zeigt Mays Selbstinszenierung als ›Westmann‹, die in diesen Jahren beginnt: Die berühmte Fotografie von May als Old Shatterhand ähnelt unleugbar dem Bild Buffalo Bills im deutschen Programmheft der Show von 1890.[31] Um die Frage im Titel meines Vortrags aufzugreifen, könnte man also sagen: Buffalo Bill mit seinem ›Wild West‹ wurde von May als Herausforderung an seine eigene literarische Fantasie und seine Schöpfungen empfunden, er sah BB als Rivalen in der Gunst um das deutsche Publikum, dem er seinen Gegenentwurf präsentierte, wobei er aber auch Buffalo Bill in der Selbstinszenierung als ›Westmann‹ für sich zum Vorbild nahm.

Mit dieser Antwort bin ich aber noch nicht zufrieden. Auch andere im deutschen Unterhaltungsgeschäft ahmten ja Buffalo Bill nach (am bekanntesten wurde Hans Stosch-Sarrasani mit seiner Indianerschau), ohne ihn mit Häme zu übergießen. Wenn May von Buffalo Bill und seinen Indianern so abwertend, ja gehässig spricht, ihm gar den Tod von Old Shatterhands Gefährten in die Schuhe schiebt, dann höre ich daraus etwas anderes: den Widerklang einer tiefen Verstörung, die die Begegnung mit Buffalo Bill, seinem Wild-West-Spektakel, seinen Indianern und der unglaublichen Begeisterung des Publikums bei May ausgelöst haben muss. Und zwar einer Verstörung, die sich auch in seinem Werk nachweisen lassen sollte. Machen wir uns noch einmal klar: Buffalo Bill verkörperte alles, was May sein wollte und zu sein behauptete: Held des Westens, Indianerkämpfer und Indianerfreund, vom Publikum umjubelt, von Majestäten hofiert. Zutreffend schreiben Cornelia und Peter Lindig: »William F. Cody alias Buffalo Bill lebte in Wirklichkeit das Leben, von dem der Schriftsteller aus Hohenstein-Ernstthal nur träumen konnte. Was der eine mit seiner Phantasie niederschrieb, erlebte der andere im täglichen Überlebenskampf.«[32] Ich füge eine wichtige Ergänzung an: Zumindest musste es May so erscheinen, denn es entsprach der Inszenierung des ›Wild West‹.

Im Folgenden konzentriere ich mich auf Mays Auseinandersetzung mit den vorhin zuerst beschriebenen Protagonisten des ›Wild West‹, also Bill Cody und Buck Taylor. Denn ich kenne Mays Werk nicht gut genug, um die Frage zu behandeln, ob die Scharfschützinnen und anderen starken Frauen, die das Publikum ja enorm beeindruckten, irgendwo bei May Spuren hinterlassen haben. Auch will ich nicht weiter eingehen auf sein konkretes Verhältnis zu den Indianern in der Show von 1890; ich denke, da sie zu den Sioux, den Mördern Winnetous, gehörten, konnte er zu ihnen äußerlich und innerlich leicht auf Distanz gehen. Aber die weißen Helden, Oberst Bill Cody und der ›König der Cowboys‹ Buck Taylor?

Meine These ist, dass May sich mit diesen beiden Helden in den Bänden auseinander setzt, die in den folgenden Jahren entstehen: ›Old Surehand I und III‹, ja dass vor dem Hintergrund dieser Auseinandersetzung die Figuren und Geschehnisse der ›Surehand‹-Bände zumindest teilweise in neuem Licht erscheinen. Diese Auseinandersetzung mündet, und diese Interpretation ist wohl nicht so neu, in die ›Veredelung‹ Old Shatterhands zu einem Menschen, der Glaubensgespräche führt, der den ›Westmann‹, also sein bisheriges Ideal, in sich und in der Personifikation des Old Wabble wesentlich ergänzt. Ich denke, es ist auch nicht neu, diesen Prozess als parallel zu sehen zu dem der ›Veredelung‹ der Figur des Indianers in Winnetou, die ja May gleichzeitig vollzieht. Mir kommt es aber darauf an, die Verbindung dieser Entwicklung im Werk Mays zu seiner Erfahrung von ›Buffalo Bill's Wild West‹ zu belegen. Diese sehe ich in der Figur des ›Königs der Cowboys‹ Old Wabble und in der ihr zugeordneten Rolle des falschen Generals Douglas. Dazu einige Erläuterungen.

So wie May auch sonst Persönlichkeitsmerkmale von Menschen (auch eigene) herauslöst und auf unterschiedliche Figuren verteilt, neu zusammensetzt, so scheint er mir auch hier vorzugehen. May übernahm für den ersten Band des ›Old Surehand‹ die Erzählung ›Der erste Elk‹, die er Anfang 1890 geschrieben hatte.[33] Darin ist Old Wabble einfach ein ehemaliger Cowboy aus Texas. Im 1894 neu geschriebenen Teil ist er aber der *›König der Cowboys‹* geworden.[34] Woher stammt dieser Begriff? Auf jeden Fall war der erste so bezeichnete ›König der Cowboys‹, Buck Taylor von ›Buffalo Bill's Wild West‹,[35] ebenfalls aus Texas und mit langem wallenden Haar begnadet. Bald wird der Titel angewandt auf andere Show-Cowboys im Gefolge von Buck Taylor, zu Mays Lebzeiten auf Texas Jack, gegen den er in einem Atemzug mit Buffalo Bill polemisierte, dann auf Tom Mix, Billy Jenkins und andere. Die von May skizzierte Figur des alten Wabble macht den ›echten‹ König der Cowboys, den jungen Hünen und Schwarm der Frauen, zu einer zunehmend bedauernswerten Gestalt von nunmehr 90 Jahren. Der falsche General Douglas wiederum – *Diese beiden schienen unzertrennlich zu sein*[36] – ist der eigentlich Böse: ein angeblicher Bürgerkriegsgeneral, der in bekannten Schlachten gekämpft hatte.[37] Ohne die psychologische Dimension in Frage stellen zu wollen, nach der der ›General‹ – so etwa für Claus Roxin – Mays Vater verkörpert,[38] möchte ich doch darauf hinweisen, dass einiges anklingt, das an Cody erinnert: sein Titel Colonel und überhaupt seine militärische Karriere, die im Programmheft ausführlich beschrieben und von namhaften Generälen bezeugt wird. Auch an General Custer könnte man denken, als einen, der in den in ›Old Surehand‹ genannten Schlachten dabei war. Andererseits erinnert Wabbles Name Cutter ebenfalls an ihn.

Fest scheint zu stehen, dass die Arbeit an ›Old Surehand‹ für May eine zentrale Entwicklungsperiode bedeutet: Einerseits belastete sie ihn aufs äußerste, andererseits gelang ihm hier erstmals die Zeichnung einer differenzierten, ja widersprüchlichen Persönlichkeit, eben Old Wabble. Erstmals erzählt er überdies – »wenn auch verzerrt«[39] – von seiner Kindheit und Jugend, seiner Blindheit. Die May-Biografen sind sich, bei unterschiedlicher Gesamtbewertung der ›Surehand‹-Bände, anscheinend doch einig, dass May in ihnen mehr von sich preisgibt als bisher, dass das Werk Ausdruck einer Krise, eines Übergangs ist. Mir fiel beim Wiederlesen vor allem das mächtige moralische Geschütz auf, das Old Shatterhand gegen Old Wabble auffährt und mit dem er sich als moralisch überlegen positioniert: Shatterhand als frommer Christ gegen Wabble als zynischen Gottesleugner und -verleumder. Der verflucht Shatterhand: *»Ich hasse dich mit einem Hasse, wie ihn noch nie ein Mensch empfunden hat …«* Dagegen spielt Shatterhand seine moralische Überlegenheit aus:

»Und dich bedaure ich aus vollstem, tiefstem Herzen … Ich habe viele, viele beklagenswerte Menschen kennen gelernt, der beklagenswerteste von allen diesen der bist du! Du ahnest und begreifst gar nicht, wie unbeschreiblich groß das Mitleid ist, welches du erwecken mußt. Möge Gott dereinst nur einen kleinen, kleinen Teil des Mitleids, des Erbarmens für dich haben, welches ich jetzt für dich hege! Das ist die Antwort, die ich dir auf deinen Fluch erteile, …«

Darauf antwortet Wabble mit einer quasi-theologischen Tirade, die endet: *»Wir haben hier auf der Savanne nicht neben einander Platz; einer muß fort, und da du so große Scheu und Angst vor Menschenblut hast, so werde ich dir bei unserm nächsten Wiedersehen die Adern öffnen.«*[40] Der ›König der Cowboys‹ wiederholt dies später: *»Er oder ich! Von uns zweien hat nur einer Platz auf der Erde, und da ich dieser eine bin, so ist er der andere, der weichen muß.«*[41]

Der moralisch überlegene Shatterhand weiß freilich, *»daß schon längst der verhängnisvolle, weiße Stab über seinem Haupte schwebt, um von einer ganz andern, mächtigern und höhern Hand gebrochen zu werden.«*[42] Aber, wie allen May-Lesern sattsam bekannt ist, bekehrt Shatterhand Old Wabble im letzten Augenblick seines langen grässlichen Sterbens und vergibt ihm sogar seine Sünden, als wäre er ein Priester.[43] Die Selbstcharakterisierung Shatterhands war schon vorher überdeutlich ausgefallen, als

eines Mannes, der jeden nützlichen Käfer von der Straße aufhebt und dahin setzt, wo er nicht zertreten wird, eines Weltläufers, der überall, wohin er seinen Fuß setzte, bedacht war für den Nachruf: »er war ein guter Mensch«, und endlich eines Schriftstellers, der seine Werke nur in der Absicht schreibt, ein Prediger der ewigen Liebe zu sein und das Ebenbild Gottes im Menschen nachzuweisen![44]

Das schien wohl selbst May zu dick aufgetragen, denn er merkt an:

Nicht wahr, lieber Leser, ich bin doch ein ganz übermäßig frommer Mensch? So wirst du vielleicht denken; aber du wirst dich da wohl irren. Uebermäßig? Nein! Die wahre Frömmigkeit kennt kein Uebermaß; sie kann überhaupt gar nicht gemessen werden.[45]

Erklärlich ist dieser Überschwang meines Erachtens, weil es May darauf ankommt, sich eine neue Rolle zuzulegen: nicht mehr Westmann in erster Linie, sondern Christ zu sein: *»Ich bin erst in fünfter, sechster Stelle Westmann, in erster aber Christ.«*[46] Und den obersten Westmann, den König der Cowboys, lässt er sterben, in dessen Bekehrung und Sündenvergebung schwingt sich May auf zu unübertrefflicher moralischer Größe. Shatterhands Gefährten Pitt Holbers lässt er dann beim Tod Old Wabbles das Fazit aussprechen: *»Farewell, alter King! Dein Königreich hat nun ein Ende.«*[47] Er sagt nicht: du als König bist am Ende, du bist kein König mehr im Königreich, sondern ganz radikal: dein Königreich, das Reich der Cowboys, ist vorbei. Und der ›General‹ verendet, kaum vorstellbar, noch um ein Vielfaches elender, und unbekehrt: *es kann kein toller Hund, kein Vieh, auch nicht die allerniedrigste Kreatur so verenden wie er. Old Wabble war ein Engel gegen ihn.*[48] Hier bleibt Shatterhand lediglich die Hoffnung auf einen gnädigen Gott. Meint May mit dem General vielleicht tatsächlich (auch) Colonel Cody, Buffalo Bill?

Ich will nicht bestreiten, dass Old Wabble auch »die düstersten Möglichkeiten des früheren, des kriminell gewordenen Karl May«[49] verkörpert. Näher liegender scheint mir aber, dass er die aktuelle Rolle des Westmannes verkörpert, die sich May angeschwindelt hat und die er wie in einem Exorzismus austreiben möchte. Es erscheint natürlich als eklatanter Widerspruch dazu, dass gleichzeitig die Fotos entstehen, auf denen May als nachgestellter Buffalo Bill sich zeigt, und er auch sonst dem Bild des Westmannes Old Shatterhand in seinen öffentlichen Auftritten frönt. Dennoch bleiben die selbstbezogenen Aussagen bestehen, in denen May den Westmann in sich hintanstellt. Dies könnte seine Krise erklären, als Folge einer kaum erträglichen inneren Zerrissenheit. Mir scheint, dass May sich in ›Old Surehand‹ in erster Linie auseinander setzte mit seiner eigenen Gegenwart: den falschen Ansprüchen, die ihm bewusst werden und die ihn quälen und die er seit der Begegnung mit Buffalo Bill und seinem ›Wild West‹ nicht mehr verdrängen kann, während sie gleichzeitig immer stärker werden. Die Auseinandersetzung mit seiner früheren, kriminellen Vergangenheit spielt zwangsläufig herein, wenn schon mal Verdrängtes hochtreibt. Aber ich meine, das halb unterdrückte Wissen um die gefälschte Gegenwart könnte ihn ebenso bedrängt haben wie das um die kriminelle Vergangenheit. So wäre dies der Ausweg, den May findet: dass Old Shatterhand überlebt und mit Gottes Hilfe siegt über den bösen König der Cowboys und seinen noch schlimmeren Generalskumpanen, indem er sich als moralisch überlegen erweist und es Gott überlässt, sie zu töten. So wird, parallel zur Konstruktion des Winnetou als Edelmenschen, Old Shatterhand inszeniert als priesterlicher Christ, und beide überwinden sie zusammen die bösen Westmänner und blutrünstigen Indianer der Wild-West-Show.

Karl May/Old Shatterhand und William Cody/Buffalo Bill: Legende und Starkult

Die abschließende Fragestellung wird uns zum bisher Gesagten wieder zurückführen: Gab es Ähnlichkeiten zwischen den Personen Karl May und William F. Cody? Meine Antwort: eindeutig ja. Nicht im Leben und Erleben, aber in ihrer Rolle als lebende Legenden, bei denen Wahrheit und Fantasie ineinander verwoben waren, denn beide waren Stars des beginnenden Medienzeitalters.

Einen Schlüssel zum Phänomen des Buffalo Bill bietet Cody schon im ersten Satz seiner Autobiografie, mit dem er seine Geburt angibt: »Mein Debüt auf der Bühne der Welt fand statt am 26. Februar 1845.«[50] Bemerkenswert an diesem Satz ist zweierlei: dass Cody schon seine Geburt beschreibt als Theater-, als Schauauftritt und – dass er die Wahrheit verbiegt: das angegebene Jahr ist falsch. Es wird vermutet, so schreibt sein Biograf Don Russell, er habe ein zusätzliches Jahr dazugeschummelt, um mehr Abenteuer in seine Kindheitsjahre unterbringen zu können. Allerdings hat er beim Schummeln nicht aufgepasst: In den Westen, nach Kansas, zog er in Wirklichkeit zwei Jahre später als er in derselben Autobiografie behauptet, was dem widerspräche.[51] Es würde zu weit führen, hier all die Kontroversen nachzuzeichnen, die sich um seine wirklichen oder angeblichen Abenteuer spinnen. Ich greife hier nur eines heraus, das auch für die Show zentral war: Im Programm wird ein »Historisches Ereignis aus dem Leben von Buffalo-Bill« angekündigt, der

> berühmte Einzelkampf mit Yellow Hand (Gelbe Hand) Häuptling der Sioux zu War Bonnet Creek, und die Niederlage und Tod desselben am 17. Juli in Gegenwart der indianischen und amerikanischen Truppen. Dieser Zweikampf zwischen

zwei Repräsentanten zweier verschiedener Menschenracen hat denselben historischen Werth in Amerika, wie der berühmte Kampf zwischen den Horatci und Coratci.

Gemeint sind die Horatier und Curiatier in der frühen römischen Geschichte, und eine gewisse Neigung zur Selbstübersteigerung kann man hier nicht bestreiten. Im Programmheft wird das so beschrieben:

Als dann beide Parteien sich zurückzogen, um aus weiterer Entfernung das Glück eines neuen Kampfes zu berechnen, ritt einer der Wilden (...) einige Meter weit vor die Front der Seinigen und rief Buffalo Bill (...) die folgenden Worte zu: »Ich Dich kennen, Pa-he-has-ka (d. i. Langhaar); Du, großer Häuptling, viele Indianer tödten; ich, grosser Häuptling, viele Bleichgesichter tödten; komme jetzt und kämpfen mit mir!« Vor dieser directen Herausforderung wich Buffalo Bill nicht zurück. Es war nicht die erste, die er erhielt. Er rief hierauf dem Indianerhäuptling die folgende Antwort zu: »Ich nehme die Herausforderung an. – Kommt! – Die Indianer und die Weißen mögen zurücktreten und zusehen, wie der rothe Häuptling und Langhaar ein Büchsenduell ausfechten!« Da dieses Duell etwas ganz Neues und von höchstem Interesse war, näherten sich die Truppen bis zu einem Punkte, von wo aus sie den Duellplatz überschauen konnten, während die Indianer auch ihrerseits etwas weiter vorritten, um Augenzeugen des Kampfes zu sein.

Der Ausgang dieses Kampfes, der so ganz nach dem Muster eines Ritterturniers beschrieben wird, ist bekannt: Buffalo Bill tötet den Indianer, nimmt seinen Skalp und ruft triumphierend: »›Der erste Scalp für Custer!‹«[52]

Um den Wahrheitsgehalt dieser Geschichte gab es heftige Debatten, Russell widmet dem Thema ein ganzes Kapitel und rückt zurecht: es war kein Sioux namens Yellow Hand, sondern ein Cheyenne namens Yellow Hair, der Schauplatz war nicht War Bonnet Creek, und vor allem war es kein ritterliches Duell, sondern die beiden schossen aufeinander in dem Augenblick, als sie aufeinander trafen, ohne vorher miteinander zu sprechen.[53] Ein anderes tatsächliches Detail des Kampfes ist vielsagend: Cody, der in den Jahren zuvor im Osten der USA auf der Bühne mit seinen Wildwestgeschichten aufgetreten war, trug am Tag des Kampfes einen seiner Bühnenanzüge, ein Vaquero-Outfit aus schwarzem Samt, mit scharlachrotem Besatz und silbernen Knöpfen und Verzierungen: Laut Russell hatte er schon vorher mit einem Kampf gerechnet und wollte später dieses Kostüm seinen Zuschauern präsentieren als das, welches er im Kampf getragen hätte.[54] Der Skalp, den Cody dem Indianer nahm, war sein einziger, wie er selbst kurz danach schrieb, und das passte nur zu gut zu der theatralischen Inszenierung des Vorgangs. Der Höhepunkt dieser Selbstinszenierung wurde dann ›Buffalo Bill's Wild West‹, bei dem sein Compagnon Nate Salsbury und vor allem sein PR-Manager John Burke eine geniale modern-professionelle Fertigkeit zeigten. Schon 1928 erschien ein Buch, verfasst von

Milton Salsbury, dem Sohn von Nate, und Richard Walsh, ›The Making of Buffalo Bill‹, dessen Hauptthese es ist, dass Buffalo Bill ein Produkt des gezielten und höchst geschickten Gebrauchs von Öffentlichkeitsarbeit (»publicity«) war.[55] Im Unterschied zu May strickten auch andere kräftig an der Buffalo-Bill-Legende. Im persönlichen Gespräch nahm Cody die ganz groben Erfindungen seiner unglaublichen Abenteuer nicht ernst, bestritt viele auch öffentlich:

Aber die Legenden hielten sich. Sie wurden von fast dreihundert Groschenromanen am Leben gehalten, vom Geschick und Eifer der Presseleute und von unterwürfigen Memoiren, die von anderen Leuten geschrieben, von Codys Frau und Schwester aber gefördert wurden. (…) Von vielen dieser Abenteuer wollte er selber nie sprechen, außer im Spaß. Als er alt wurde, begann er hingegen einige davon selber zu glauben und in allem Ernst zu sagen: »Während meiner ganzen frühen Jahre stand ich zwischen Barbarei und Zivilisation.«[56]

Es gäbe noch einige andere Punkte von Gemeinsamkeiten in den Persönlichkeiten der beiden, wie z. B. Ehe- und Finanzprobleme, und in ihrer Inszenierung: die Berufung auf Bestätigung und Anerkennung durch Autoritäten – bei Cody militärische, bei May moralische. In ihrer Selbstinszenierung gemischt aus Fakten und Fiktion, im Leben mit und in einer Legende, an deren Entstehung sie als Teil einer neuen massenmedialen Kultur beteiligt waren – und zwar als Täter wie als Opfer –, sind sie beide sehr moderne Figuren: populäre Stars, um nicht zu sagen: Popstars[57] oder zumindest deren Vorläufer; auf jeden Fall aber Medienhelden, die einen Starkult um sich entwickeln, dem sie zwar als Menschen auch skeptisch gegenüberstehen können, der sich aber verselbständigt und sie zu Figuren macht, weil ein Publikum und die es fütternden Medienleute: Verleger, Show-Unternehmer usw. nach ebendieser Mischung von Legende und Person verlangen.

Von heute aus betrachtet lässt sich freilich auch ein gravierender Unterschied in dieser Rolle als legendenumwobene Stars erkennen. Cody blieb sich, d. h. seiner Legende, treu bis ans Ende, obwohl er die Erfahrung des Scheiterns in geschäftlichen und persönlichen Belangen sehr wohl kannte. Seine Legende lebt daher auch fort, trotz oder wegen all ihrer fantastischen Wucherungen. Selbst die indianischen Teilnehmer bzw. ihre Nachfahren würdigen ihn als ihren Freund und Unterstützer. Karl May dagegen scheiterte an seiner Legende, am erlebten Widerspruch zwischen Fantasie und Wirklichkeit. Der Held William F. Cody alias Buffalo Bill lebt ungebrochen selbst als Mythos weiter – Karl Mays Erbe sind seine Geschöpfe, allen voran Winnetou und Old Shatterhand, die sich von ihm lösten und so weiterleben, während wir ihn selbst sehen vor allem als deren Schöpfer, nicht als den Helden selbst, und, dem Verständnis seiner späten Jahre folgend, als Verkünder eines moralisch verstandenen Edelmenschentums, das sich gerade vom naiven Heldentum à la Buffalo Bill absetzt. Karl May in seinen letzten Jahren erscheint als tragischer, von Anfeindungen gequälter, sogar gebrochener Held, während Buffalo Bill Cody auch heute[58] als strahlender Siegertyp weiterhin eine Verkörperung, ja eine Ikone des amerikanischen Mythos von Fortschritt und Zivilisation darstellt, so fragwürdig dieser auch in europäischen Augen gelegentlich erscheinen mag.

1 Hermann Wohlgschaft: Große Karl May Biographie. Leben und Werk. Paderborn 1994, S. 759
2 Ohne Quellenangabe in der Ausschnittsammlung (›scrapbook‹) im Buffalo Bill Historical Center, Cody (Wyoming), der sämtliche hier zitierten Zeitungsberichte mit den dort angegebenen Fundstellen entnommen sind.
3 Anzeiger für Tharand und Mohorn, 3. Juni 1890
4 Anzeiger und Tageblatt Freiberg, 1. Juni 1890
5 Vogtländischer Anzeiger und Tageblatt Plauen, 3. Juni 1890
6 Anzeiger und Tageblatt Pirna, 3. Juni 1890
7 Nachrichten und Anzeiger Zittau, 5. Juni 1890
8 Anzeiger für Tharand und Mohorn, 12. Juni 1890
9 Tageblatt Dresden, 15. Juni 1890
10 Klara May: Old Shatterhand und Buffalo Bill. In: Karl-May-Jahrbuch 1918. Breslau 1918, S. 201-205 (202)
11 Vogtländischer Anzeiger und Tageblatt Plauen, 3. Juni 1890
12 Anzeiger für Tharand und Mohorn, 3. Juni 1890
13 Anzeiger und Tageblatt Pirna, 3. Juni 1890
14 Meißener Tageblatt, 3. Juni 1890
15 Anzeiger und Tageblatt Pirna, 3. Juni 1890; die Angaben sind samt Schreibfehlern so aus dem Programmheft übernommen.
16 Anzeiger für Tharand und Mohorn, 12. Juni 1890
17 Mehr dazu in: Karl Markus Kreis: Kirchenlied und Kriegsgeheul. Vertrautes und Fremdes in deutschen Berichten über Sioux-Indianer um 1890. In: Beiträge Jugendliteratur und Medien. 54. Jg. (2002), Heft 4, S. 253-265; ders.: Indians Playing, Indians Praying: Native Americans in Wild West Shows and Catholic Missions. In: Germans and Indians. Fantasies, Encounters, Projections. Hrsg. von Colin G. Calloway/Gerd Gemünden/Susanne Zantop. Lincoln/London 2002, S. 195-212; Lester G. Moses: Wild West Shows and the Images of American Indians 1883-1933. Albuquerque 1996.
18 Tageblatt Dresden, 15. Juni 1890
19 Vogtländischer Anzeiger und Tageblatt Plauen, 3. Juni 1890
20 Klaus Hoffmann: Circensische Völkerschauen und exotische Abenteuerliteratur in Dresden. In: Dresdner Hefte. 7. Jg. (1989), Heft 5, S. 68-76; neuere Monographien zum Thema: Paul Reddin: Wild West Shows. Urbana/Chicago 1999; Joy S. Kasson: Buffalo Bill's Wild West. Celebrity, Memory, and Popular History. New York 2000; Indians and Europe. Hrsg. von Christian F. Feest. Lincoln/London 1999
21 Ernst Abel: Aufzeichnungen und Erinnerungen an Dr. Karl May; abgedruckt bei: Siegfried Augustin: Karl May in München. Eine Dokumentation seiner Besuche in den Jahren 1897/98 und seiner Verbindung mit dem »May-Club-München«. In: Karl-May-Jahrbuch 1978. Bamberg/Braunschweig 1978, S. 90. – Über seinen Opponenten, den kanadischen Mohawk Brant-Sero, vgl. Karl Markus Kreis: John O. Brant-Sero's Adventures in Europe. In: European Review of Native American Studies, 15. Jg. (2001), Heft 2, S. 27-30.
22 Karl May: Herr Rudolf Lebius, sein Syphilisblatt und sein Indianer. Juni 1910; abgedruckt in: Karl May: ›An die deutsche Presse‹ und andere Flugblätter. Mit Einleitung und Anmerkungen von Ekkehard Bartsch. In: Jahrbuch der Karl-May-Ge-

sellschaft (Jb-KMG) 1979. Hamburg 1979, S. 314-321 (316), sowie faksimiliert bei Ekkehard Bartsch: Archiv-Edition. Abteilung I: Leben. Gruppe a: Biographische Selbstzeugnisse. Heft 1. Karl May. An die deutsche Presse! und andere Flugblätter. Bad Segeberg o. J., S. 19.

23 Karl May: Gesammelte Reiseerzählungen Bd. XXXIII: Winnetou IV. Freiburg 1910, S. 20f.; Reprint Bamberg 1984

24 Wohlgschaft, wie Anm. 1, S. 722; vgl. Karl Markus Kreis: Indianische Spiritualität und christlicher Glaube: Der Seher und Katechet Black Elk. In: Orientierung, 62. Jg. (1998), Heft 18, S. 196-200.

25 Walther Ilmer: Winnetou im Gesangverein. Ein Traum des Gefangenen. Sonderheft der Karl-May-Gesellschaft Nr. 35/1982, S. 22

26 Karl May: Krüger Bei. In: Deutscher Hausschatz. XXI. Jg. (1895), S. 55f., 58f., 74f.; Reprint in: Karl May: Krüger Bei/Die Jagd auf den Millionendieb. Hrsg. von der Karl-May-Gesellschaft. Hamburg/Regensburg 1980; Buchausgabe: Karl May: Gesammelte Reiseerzählungen Bd. XXI: Satan und Ischariot II. Freiburg 1897, S. 247-262; Reprint Bamberg 1983

27 May: Krüger Bei, wie Anm. 26, S. 55

28 May: Herr Rudolf Lebius, wie Anm. 22, S. 316 (Jb-KMG) bzw. S. 19 (Faksimile)

29 Der volle Titel des Programmheftes lautet: Buffalo Bill's Wild West. Amerikanische Spiele. Illustrierte Bilder historischer Ereignisse und Skizzen. Wien 1890. – Cody selbst nannte seine Show niemals ›Show‹.

30 Wie Anm. 22

31 Ingrid Schorn zeigt ein Bild Codys aus der Montrealer Fotoserie mit Sitting Bull in: Mitteilungen der Karl-May-Gesellschaft (M-KMG) 102/1994, S. 65; Joachim Klarner: Buffalo Bill – Showman und Büffeljäger. Zum 150. Geburtstag einer Legende. In: M-KMG 110/1996, S. 49-51, macht auf Cody aufmerksam, ohne allerdings die Beziehung zu May zu analysieren.

32 Cornelia und Peter Lindig: Wer meuchelte Old Surehand? In: Karl May in Leipzig. Sonderheft 3. Mai 2001, S. 3.

33 Karl May: Der erste Elk. In: Ueber Land und Meer. 9. Jg. (1892/93). III. Bd., Sp. 341-350; Reprint in: Karl May: Der Krumir. Seltene Originaltexte Bd. 1. Hrsg. von Herbert Meier. Hamburg 1985; vgl. Karl May: Gesammelte Reiseromane Bd. XIV: Old Surehand I. Freiburg 1894, S. 13-31; Reprint Bamberg 1983.

34 May: Old Surehand I, wie Anm. 33, S. 31; siehe Hartmut Vollmer: Die Schrecken des ›Alten‹: Old Wabble. Betrachtung einer literarischen Figur Karl Mays. In: Jb-KMG 1986. Husum 1986, S. 155-184; ebenfalls in: Karl Mays »Old Surehand«. Hrsg. von Dieter Sudhoff/Hartmut Vollmer. Paderborn 1995, S. 210-242.

35 Don Russell: The Lives and Legends of Buffalo Bill. Norman 1960, S. 305

36 May: Old Surehand I, wie Anm. 33, S. 602

37 Vgl. ebd., S. 553.

38 Vgl. Claus Roxin: Werkartikel ›Old Surehand I-III‹. In: Karl-May-Handbuch. Hrsg. von Gert Ueding in Zusammenarbeit mit Klaus Rettner. 2. erweiterte und bearbeitete Ausgabe. Würzburg 2001, S. 209.

39 Wohlgschaft, wie Anm. 1, S. 260

40 Karl May: Gesammelte Reiseerzählungen Bd. XIX: Old Surehand III. Freiburg 1896, S. 75-77; Reprint Bamberg 1983

41 Ebd., S. 254

42 Ebd., S. 80

43 Ebd., S. 500

44 Ebd., S. 308

45 Ebd., S. 342

46 Ebd., S. 81

47 Ebd., S. 501

48 Ebd., S. 565
49 Wohlgschaft, wie Anm. 1, S. 287
50 The Life of Hon. William F. Cody Known as Buffalo Bill. The Famous Hunter, Scout, and Guide. An Autobiography; Reprint Lincoln/London 1978, S. 17 (Übers. K. M. Kreis)
51 Russell, wie Anm. 35, S. 5f.
52 Programmheft, wie Anm. 29, S. 33
53 Russell, wie Anm. 35, S. 226
54 Ebd., S. 231f.
55 Richard J. Walsh/Milton S. Salsbury: The Making of Buffalo Bill. A Study in Heroics; Reprint Kissimmee, Florida 1978, S. V
56 Ebd., S. 18 (Übers. K. M. Kreis)
57 Vgl. Peter Krauskopf: Karl May und die populäre Kultur. In: Mitteilungen der Karl-May-Gesellschaft 84/1990, S. 19-23; Peter Krauskopf/Thomas Range: Der Popstar aus Sachsen. Old Shatterhand am Elbestrand. In: ZEIT-Magazin. Nr. 27 (28. 6. 1991), S. 10-20.
58 Aus der kaum übersehbaren Literatur zur Erfindung und zum Mythos des amerikanischen Westen vgl. den Essay des Western-Autors Larry McMurtry: Inventing the West. In: The New York Review of Books. Jg. 47 (2000), no. 13 (http://www.nybooks.com/articles/3).

RUDI SCHWEIKERT

Münchhausen aus Mühlhausen
*Die Reise durch ein ›Wurmloch‹ im Text von Karl Mays ›Der Sohn des Bärenjägers‹ Hin zum Hofrat Beireis und dem Charlatan-Topos**

Mikrologie muß sein
Ernst Bloch

»Die Erfahrung hat mich gelehrt, in allen Lagen auch das Kleinste zu beobachten«, weist Kara Ben Nemsi in ›Von Bagdad nach Stambul‹ das bewundernde Lob Hassan Ardschir-Mirzas bescheiden zurück, nachdem er einen Diener der Gefangenenbefreiung überführt hat.[1] Lassen wir uns von dieser Einsicht, selbst das Geringfügigste zu beachten, auch leiten, wenn wir Karl Mays Texte betrachten, die aufgrund ihres spezifischen ›Sogs‹, den sie auf viele Leser ausüben, eher zum Übersehen denn zum Verfolgen von hie und da eingestreuten, den Text gewissermaßen transzendierenden kurzen Signalen verführen. Lesen wir May also gegen den Strich. Das heißt: Achten wir auf das einzelne Wort, beobachten wir selbst das Kleinste.

Ausgangspunkt der mikrologischen philologischen Reise, zu der ich Sie einladen möchte, ist jene Szene in ›Der Sohn des Bärenjägers‹, in der der Dicke Jemmy seinen Spezial, den Hobble-Frank, mit einer Münchhauseniade zu foppen und ihm einen gewaltigen Bären aufzubinden versucht.[2] Jemmy erzählt genau in der bekannten Münchhausen-Manier, die das Unmögliche als humoristisch pointierte Tatsache und Selbstverständlichkeit ausgibt:

»Ich war bei einem Freunde, dessen Vater Rittergutsbesitzer war und ein bedeutendes Jagdrevier besaß, auf Besuch. Der Herr hatte einen siebenbürgischen Bärenbeißer geschenkt erhalten, konnte ihn aber nicht auf die Probe stellen, weil es keine Bären gab. Der Hund gewöhnte sich schnell an mich und begleitete mich auf allen meinen Spaziergängen.«[3]

Bei einem dieser Spaziergänge schlägt der Hund vor der Tür eines Bauernhauses an; sie treten ein – der Hund springt auf einen Tisch, auf dem ein Buch liegt, leckt die Seiten um, bis er bei einem bestimmten Blatt anhält, es verbellt und schnappt, als ob er sich in ein Tier verbeiße. Dem Hobble-

* Vortrag, gehalten am 17. 10. 2003 auf der 17. Tagung der Karl-May-Gesellschaft in Plauen.

Frank ist dies unbegreiflich, es ist ihm terra incognita – oder, wie er es ausdrückt – *»terra in Cognaco«.*[4] Des Rätsels aberwitzige und typisch münchhauseniadische Lösung: Der Hund hat draußen auf der Straße die Abbildung eines Bären in einem ABC-Buch gewittert und durch sein Beißen des Bildes unter Beweis gestellt, daß er ein richtiger Bärenbeißer ist. In diese Fopperei durch den Dicken Jemmy verbeißt sich nun postwendend der Hobble-Frank, und man bekommt folgende Tirade zu hören:

»Ehe Sie im Schtande sind, mir nur eenen eenzigen Bären offzuhängen, hab' ich mir selber schon mehr als fuffzig offgebunden. In Beziehung off das aktiv-passive Anlügenlassen bin ich Ihnen weit über. Sie sind ja der reene Münchmeier, und wenn – – –«

»Münchhausen heißt es,« fiel Jemmy ein.

»Wollen Sie gleich off der Schtelle schtille sein, Sie dicker Loobfrosch, Sie! Een Münch, der andere bemeiert, kann eben nur Münchmeier heeßen. Wenn dieser Lügenkönig seit eeniger Zeit zuweilen Münchhausen genannt worden ist, so ist das die mißverschtandene Folge eener idealen Begriffsverwechslung im materialen Zusammenhange mit seinem Geburts- und Heimatsorte. Nämlich nach dem Impfscheine, welcher von ihm noch vorhanden ist, wurde er zur Zeit des schtarken Augusts im Schtädtchen Mühlhausen, Kreisdirektion Sonderschhausen, Regierungsbezirk Schaffhausen geboren, drei Orte, die mit ›hausen‹ endigen, weil dort die mehrschte Hausenblase verschifft wird. Bei so vielmal ›hausen‹ ist es gar keen Wunder, daß man diese Endung aus Versehen an das ›Münch‹ gehängt hat. Unsereener aber ist nich so leicht zu täuschen. Meine historisch weltgeschichtlichen Schtudien befähigen mich, solche Schpreu vom guten Weizen auszuscheiden, und darum habe ich ooch, noch ehe Sie Ihre Geschichte angefangen hatten, sofort mit meinem angenehmen Scharfblicke erkannt, daß es off eene großartige Lüge und Münchmeierei abgesehen war. Ich hab' Sie aber reden lassen, weil ich von jeher een eifriger Bewunderer des parlamentarischen Taktes gewest bin. Ich hab' mich großmütig in meine Ueberlegenheet gehüllt und von oben herunter bemerkt, wie Sie mich von unten herauf angelogen haben. Jetzt aber geb' ich meiner Langmut den allerletzten Gnadenschtoß und fordere Sie allen Ernstes off: Geben Sie in Zukunft dem Kaiser, was des Kaisers ist, und dem Frank, was dem Frank gehört, nämlich Anerkennung seiner Schtandeswürde und ergebene Berücksichtigung seiner Persönlichkeet.«[5]

Uns als Kennern des Lebens und Werks von Karl May ist natürlich etwas aufgefallen, was den Lesern des ›Guten Kameraden‹, der Stuttgarter Jugendzeitschrift, in der ›Der Sohn des Bärenjägers‹ 1887 erschienen ist, zwangsläufig entgehen mußte, da sie von Mays langjähriger Tätigkeit für den Verlag von Heinrich Gotthold Münchmeyer in Dresden kaum etwas wissen konnten. Wir sehen mit gewissem Vergnügen, wie sich May gekonnt in diejenige Sphäre literarischer Anspielung begibt, die Thomas Mann Privatscherz nannte und die häufig würziges Ingrediens besonders von Texten polyhistorisch orientierter Humoristen der sogenannten Hochliteratur ist. Es steckt jene diebische Autor-Freude hinter solchen und artverwandten anderen ›Beziehungszaubereien‹, die Thomas Mann einmal in einem Brief an Karl Kerényi gewissermaßen lächelnd händereibend so umschrieb: »Ich warte auf den Kritiker, der als Erster merkt, woher ich das Kapitel ›Die Hündin‹ im dritten Josephbande habe. Einmal muß er doch kommen.«[6]

Daß May solche kleinen poietischen Tricks wie die Meister seines Fachs beherrschte, wirkt bei ihm immer wieder überraschend. Es kommt unerwartet, daß seine Texte nicht nur als riesige Fläche mit zahlreichen zu untersuchenden Bezugspunkten auf ihr betrachtbar sind, sondern gelegentlich auch, abgesehen von der gewollten Bedeutungsschwere im Spätwerk, in ungeahnte Tiefen verweisen – wovon jener Privatscherz um die tatsächlichen oder vermeintlichen Beschummelungen Mays durch seinen Verleger Münchmeyer, der ihm zum Beispiel eine versprochene *»feine Gratifikation«* nach Abschluß des ›Waldröschens‹ schuldig blieb, welch letztere daraufhin als Stich- und Stichelwort wie ein nicht umzubringender Revenant durchs Werk geistert, nur ein Vorschein ist.

In die Tiefe der Geistes- und Kulturgeschichte führt bei dieser Tirade des Hobble-Frank eine Stelle, die völlig belanglos klingt. Es ist eine Stelle, die man noch leichter überliest als den bitteren Privatscherz mit Münchmeyer, durch den May das tut, was mindestens bis zu Lessings Zeiten mit dem Ausdruck ›jemandem hinterwärts einen Münch (oder Mönch) stechen‹ bezeichnet wurde: hinter jemandes Rücken über ihn lästern und spotten, ihn verhöhnen und ihm giftige Stichwörter nachreden, auch: hinter ihm eine obszöne Gebärde (die Feige) machen.[7] – So bewahrheitet sich in gewissem Sinn die Aussage Hobble-Franks, nun gemünzt auf May, daß er (Hobble-Frank wie May) seinem Antipoden (Münchmeyer oder dem Dicken Jemmy) beim insgeheimen oder auch offensichtlichen Bärenaufbinden beziehungsweise beim Bemeiern, beim Foppen und Hintergehen mithin,[8] weit über sei. Zumindest haben diese beiden, May und Hobble-Frank, das letzte Wort, jedenfalls vorläufig.

Versuchen wir jetzt, das zu tun, was Hobble-Frank vorgibt zu tun oder zu beherrschen, nämlich aufgrund ganz kurzen historisch-weltgeschichtlichen, auch geographischen Studiums die Spreu vom guten Weizen in Hobble-Franks Rede zu trennen. In einigen Fällen wenigstens.

Zur Zeit des Starken August, Augusts II. von Sachsen (1670–1733), soll also laut Hobble-Frank der ›richtige‹ Münchhausen-Münchmeier gelebt haben. Der tatsächliche Lügenbaron, Karl Friedrich Hieronymus Freiherr von Münchhausen, war damals allerdings noch ein Kind. Er kam 1720 zur Welt und starb 1797. Geboren wurde er bekanntlich in Bodenwerder, einem kleinen Städtchen im Kreis Holzminden in Niedersachsen – und nicht in der thüringischen Stadt Mühlhausen, rund 30 Kilometer südwestlich von Sondershausen an der Wipper, eine Ortschaft, die mehr als meilenweit von Schaffhausen an der schweizerisch-deutschen Grenze entfernt liegt.

Auf den ersten Blick haben wir damit den für die Figur des Hobble-Frank typischen Wissenskuddelmuddel und lachhaften Nonsens vor uns. Doch sollten wir uns hüten, es bei dieser Bewertung bewenden und die ganze Angelegenheit auf sich beruhen zu lassen.

Wenn der Hobble-Frank sich als Kipper und Wipper von Worten und Wendungen betätigt, der mit Bedeutungen als Meister der Verwechslung jongliert, dann steckt in diesem scheinbaren Unsinn doch auch die unausgesprochene Aufforderung an diejenigen, die den Text lesen, das behauptete Verkehrte ins Zutreffende und tatsächlich Verbürgte zu verwandeln. Es handelt sich dabei um die Spielart einer Grundkonstante von Mays Erzählen, die ich die Wissensprobe genannt habe. Sie taucht in fast unzählbar vielen Variationsformen auf, von denen ich bei verschiedenen Gelegenheiten einige bereits vorgestellt und kommentiert habe.[9] Allein wenn man die Wissensprobe als Auftakttopos näher untersucht, kommt man bei flüchtiger Durchmusterung von Mays Œuvre leicht auf mehr als ein Dutzend Varianten.[10] Nicht nur ein rein innerfiktionales Spiel ist dies, in dem sich einzelne Gestalten im Dialog auf die Probe stellen, sondern in manchen Fällen auch ein metafiktionales, ein die Fiktion transzendierendes, ein interaktives Spiel zwischen dem Text und seinen Lesern. Es stellt dies eine besondere Form der Lust am Lesen dar, die gerade bei einem Autor wie May, dessen erzählende Texte auf eine andere Art der Leselust, nämlich aufs ›Verschlingen‹, auf rasches und vergleichsweise flüchtiges Konsumieren angelegt zu sein scheinen, nicht erwartet wird. Läßt man sich allerdings auf das metafiktionale Wissensprobe-Spiel ein, erscheint eine bisher wenn überhaupt, dann nur unscharf wahrgenommene Facette des Schriftstellers May konturierter – die nämlich des gelehrten humoristischen Autors in der Tradition eines Rabelais oder Laurence Sterne. Was für andere Traditionen, in denen May mit seinem Schreiben steht, nüchtern betrachtet gilt, gilt auch für diese ästhetische Nebenkomponente: Gemessen an den Hochleistungen der jeweiligen Traditionen, in die Mays Texte begründet zu stellen sind, befinden sie sich, will man denn werten, in der Niveau- und Rangskala eher am unteren Ende, bestenfalls im mittleren Bereich.

Karl Mays Wissensprobe-Spiele sind in der Regel – wie wir es eben auch bei unserem Dialog zwischen dem Hobble-Frank und dem Dicken Jemmy gesehen haben – mit einem weiteren generell textstrukturierenden Element verknüpft – dem des Foppens, das im Erzählen Karl Mays mit seinen teilweise wenig offensichtlichen subversiven Strategien ebenfalls innerfiktionalen wie metafiktionalen Status besitzt, und es behält sein Gewicht bis zuletzt.[11] Mays spezifische Tricks zu erkennen, mit denen er seine Leser foppt, wird nicht nur durch das Klandestine seiner diesbezüglichen Erzählstrategie erschwert, sondern, für uns heutige Leser, auch durch den historischen Abstand, den wir mittlerweile zum konkreten Wissensfundus seiner Zeit haben. Uns sind mittlerweile beträchtliche Teile des Hintergrundwissens, das Karl May sich erlesen hatte, abhanden gekommen. Gerade um die verborgenen, unterschwelligen Anspielungen oder Spielangebote der Mayschen Texte, einen Reichtum besonderer Art, wiedererkennen zu können, ist es vonnöten, bei der Interpretation zusätzlich eine Archäologie des Wissens zu betreiben.

Wenden wir uns nach diesen allgemeineren Ausführungen wieder unserer Textstelle aus dem ›Sohn des Bärenjägers‹ zu.

Für die hauptsächliche Leserzielgruppe des ›Guten Kameraden‹, die jungen werdenden Bildungsbürger ausgangs des 19. Jahrhunderts, war es eine leichte Übung, Münchhausen betreffende Informationen wie Desinformationen richtig einzuordnen, denn lustige Geschichten à la Münchhausen oder Eulenspiegel gehörten zum Lesekanon selbst der einfachen Schulverhältnisse: Mit solchen Histörchen war man aufgewachsen. Wurde man mit ihnen auf die Probe gestellt, war der Wissenstriumph gewiß.

Doch wie sieht's mit der Reihung Mühlhausen – Sondershausen – Schaffhausen aus und der Angabe, daß dort die meiste Hausenblase, also Fischleim verschifft werde? Das ist doch barer Unsinn, oder? Was die Verschiffung von Hausenblase angeht, ja. Die kam, gewonnen aus der Schwimmblase großer Fische, vorzugsweise Störe, im 19. Jahrhundert meist aus Rußland (nebenbei einem aus den Münchhausengeschichten wohlbekannten Land) und diente zum Klären von Wein, Bier und Likören, zum Leimen, zur Herstellung von Kitt, zum Appretieren und noch manch anderem.[12]

Hier aber, an dieser Unsinns-Stelle, versucht der Text, den Lesern kaum bemerklich hinterwärts einen raffinierten Münch zu stechen, sie zu verladen, sie zu leimen. Damit meine ich jetzt weniger den Umstand, daß Mühlhausen, die Kreisstadt an der Unstrut, im 19. Jahrhundert unter anderem für ihre Leimfabrikation und Bierbrauerei bekannt war,[13] sondern vielmehr die Aussage, daß der Lügenkönig in Mühlhausen geboren worden sei. Die schelmische Tücke bei dieser Formulierung ist, daß die Aussage sowohl wahr als auch falsch ist.

Hinsichtlich des historischen Lügenbarons ist sie eindeutig falsch, mit Blick auf eine andere historische Persönlichkeit von (kuriosem) Rang, den man nach dem Lügenbaron einen Münchhausen nannte, ist sie richtig.

Wir haben hier, wenn wir beim Lesen von Mays Erzählung abrupt innehalten und das Kleinste, nämlich die bestenfalls flach-witzig erscheinende Wendung ›(Münchhausen/Münchmeier) in Mühlhausen geboren‹ beobachten, bei genügender Kenntnis deutscher Geistes- und Kulturgeschichte die Möglichkeit, wie durch ein Dimensionstor, wie durch ein Wurmloch in eine andere ›geistige Weltgegend‹ zu gelangen. Hier, in dieser Bemerkung vom – laut Hobble-Frank – fälschlich so genannten Münchhausen, der in Mühlhausen geboren sei, überlappen und durchdringen sich gewissermaßen drei semantische Beziehungskreise oder, räumlich gedacht, -kugeln: erstens die semantische Sphäre der Figur, die diese Bemerkung äußert, also das meist verzerrende irrwitzige Spiegelkabinett von Hobble-Franks Wissens-Scherben, einem durcheinandergeschüttelten Büchmann plus vielbändigem Konversations- oder, wie er es selbst einmal kippend und wippend bezeichnet: *»Konvexationslexikon«*[14] gleich; zweitens die semantische Sphäre des Texts, die sich teilweise mit der des Autors deckt (teilweise deswegen, weil sich Beziehungen auch außerhalb des vom Autor Intendierten ergeben); und drittens die semantische Sphäre, auf die die jeweiligen Zitate und Anspielungen verweisen – in unserm Fall: auf wen oder was ›Münchhausen aus Mühlhausen‹ als Reiz- oder Schlüsselwendung verweist.

Einfach machen könnten wir es uns natürlich, etwa indem wir lapidar vermerken: es gibt eine Anspielung (oder es ist eine Anspielung zu vermuten), die einen bestimmten Sinnzusammenhang mit einem außerhalb des betrachteten Textes liegenden Gegenstand herstellt – und es damit sein Bewenden haben lassen. Doch dies wäre ein Lesen der einfachen und im Grunde stupiden und zu bequemen Art (wie es allzu häufig akademisch betrieben wird).

Nein, wir haben uns, wie ich es bereits bei früherer Gelegenheit einmal durch den Eideshelfer Henry David Thoreau habe aussprechen lassen, beim Lesen gefälligst Mühe zu geben; wir haben es beim Lesen mit »einer erhabenen, geistigen Anstrengung« zu tun,[15] die uns nötigt, auch jenen anderen, jenen durch die Schlüssel- oder Reizwörter angedeuteten Bereich zu betreten, zu dem die Anspielung uns weist. Denn dort könnte – und tut es häufig – geheimer Sinn liegen, der uns die Stelle, von der aus wir hierhin geraten sind, erst voller begreifen läßt.

Unternehmen wir diese Reise.

Als Schlüssel und ›Sesam öffne dich‹ ist dabei die Kenntnis vonnöten, daß Mühlhausen in Thüringen der Geburtsort eines zu seiner Zeit berühmten und späterhin bis ins 20. Jahrhundert zumindest als Kultur-Kuriosum noch bekannten phantastischen Gelehrten war, der als Münchhausen bezeichnet wurde.[16] Sein Name: Gottfried Christoph Beireis, ein Zeitgenosse des historischen Münchhausen, zehn Jahre nach diesem geboren (1730) und 1809 in Helmstedt, wo er die meiste Zeit seines Lebens verbrachte, gestorben.

Beireis, bereits zu Lebzeiten eine Legende und wie May ein ›Star‹, zu dem man neugierig-verehrungsvoll pilgerte, war der Inbegriff des etwas wirren Polyhistors und gelehrten Sonderlings, freilich mit viel Schalk im Nacken und großer pseudologisch fundierter Überzeugungskraft, der durch Übertreibungen zu beeindrucken suchte, sich seinerseits aber durch rationale Einwände, anekdotischer Überlieferung zufolge, überhaupt nicht beeindrucken ließ.[17] Insofern geht der Hobble-Frank mit seinem Wissen und Verhalten genau in seinen Spuren – bis hin zur Wissenspräsentation in, bei Beireis, sächsisch-thüringisch gefärbter Aussprache.

Signifikant für Beireis ist die Geschichte, wie er, der der Ansicht war, dem Verzehr von Kartoffeln sei die zunehmende Verdummung der Menschen zuzuschreiben, sich herauswand, als ihm nach einem Essen, das ihm ganz ausgezeichnet geschmeckt hatte, von der Dame des Hauses eröffnet wurde, daß es mit Kartoffelmehl zubereitet worden sei. »Darüber ausgelacht, bewährte er eine vortreffliche Begabung, nämlich den esprit du moment: ›Da sehen Sie die Bestätigung von dem, was ich stets predige. Die Kartoffeln haben mich so dumm gemacht, daß ich sie gar nicht erkannt habe.‹«[18] – Die Nähe zum jeder Logik hohnsprechenden Humor Hobble-Frankscher Prägung ist, denke ich, spürbar.

Betrachtet man den Lebenslauf von Beireis, vermeint man, Karl May mit Haarbeutelperücke, in Habit und Schnallenschuhen um hundert Jahre zeitversetzt vor sich zu erblicken.

Beireis' Vater erkannte gleich Mays Vater, so wie wir es aus Mays eigener Darstellung kennen, früh die Talente des Sohns und förderte sie mit wie auch immer geartetem Nachdruck. »Ein ungewöhnlicher Ernst, eine außerordentliche Reizbarkeit, glühende Imagination und Lebhaftigkeit des Geistes, verbunden mit dem treuesten Gedächtnisse und großer Wißbegierde, die schon den Knaben (...) auszeichneten, bestimmten den Vater (...,) der wissenschaftlichen Erziehung und Ausbildung seines Sohnes allen Fleis zu widmen«, heißt es im Beireis-Artikel der ›Allgemeinen Encyclopädie der Wissenschaften und Künste‹, des nach seinen beiden Herausgebern so genannten und auch von Karl May gelegentlich benutzten Ersch-Gruber 1821.[19] Im Gegensatz zu May kann Beireis mit seinen Kenntnissen »in alten und neuen Sprachen, in Mathematik, Physik und Geschichte«, der es nebenbei auch »in Musik und selbst in gymnastischen Übungen (...) ungemein weit gebracht« hat[20] oder haben soll, die Universität in Jena beziehen (1750), studiert die Rechte, »aus Neigung aber Mathematik, Physik, Chemie und Medizin«.[21] Danach verliert sich für einige Jahre seine Lebensspur. Es setzt das ein, was in der May-Forschung unter dem Stichwort Frühreisen-Legende läuft.

Aus dieser Zeit ist eine Anekdote überliefert, die jede von Karl May geschilderte Pferdebändigungsepisode, was Wunschdenken und pseudorationale ›Berechnung‹ betrifft, bei weitem in den Schatten stellt:

> Unser Reisender ergeht sich in Genua. Das Volk strömt nach einem Platz, wo ein Bereiter demjenigen ein vorgeführtes Pferd zum Geschenk bietet, der es zu reiten vermöge. Zahllose vergebliche Versuche! Bald hat B e i r e i s mit scharfem mathematischen Blick beobachtet und berechnet, daß das Thier dahin dressirt sei, den Reiter nur unter einem Winkel von 87° 35´ aufsitzen zu lassen. Er tritt vor, besteigt das Pferd mit richtiger Körperneigung, dieses folgt dem Zügel wie ein Lamm, und das Volk läßt stürmisch den divino Beireisio hochleben. Selbstredend wird das Pferd nicht angenommen.[22]

Beireis gibt später an, auf weiten Reisen in fernen Ländern gewesen zu sein, unter anderem in Indien (nach einer anderen Quelle in Ägypten[23]), und dabei »große Schätze zusammengebracht, erstaunlich viel Sprachen gelernt und seltsame, den meisten Menschen unzugängliche Erfahrungen gesammelt« zu haben.[24] Einer, der im 20. Jahrhundert über ihn schrieb, der gerade zitierte Alexander Bessmertny, hat dazu und zu Beireis' Sprachenkenntnissen folgende schöne Geschichte parat, die uns ebenfalls an May erinnert, an seine Mezzofanti-Phantasien der gewandten Vielsprachigkeit wie an das Talent, aus dem Stegreif zu fabulieren, als berichte er Selbsterlebtes:[25]

Mit seinen sprachlichen Kenntnissen pflegte Beireis besonders gern zu prunken, aber er sprach englische und französische Worte, noch dazu in seinem thüringisch-sächsischen Dialekt, so aus, wie sie geschrieben wurden.[26] Von orientalischen Sprachen wußte er kaum etwas, und wahrscheinlich ist er überhaupt nie im Ausland gewesen. Aber er hatte die Fähigkeit, Schilderungen, die er irgendeinmal gelesen haben mag, so lebendig in seinen Erzählungen zu benutzen, daß diese plastischen Darstellungen wie eigene Erlebnisse wirkten. Als er einmal wieder erzählte, sagte ein Zuhörer, der unbemerkt die Daten seiner Reisen notiert hatte: ›Herr Hofrat, Sie sind wirklich ein außerordentlicher Mensch, Sie sind bereits dreizehn Jahre vor Ihrer Geburt auf Reisen gegangen.‹ – Aber so etwas brachte ihn weiter nicht in Verwirrung. Eines Tages wollte ihn der Graf von Veltheim aufziehen und gab ihm eine Etikette mit chinesischen Schriftzeichen von einer Teepackung. Beireis sah das Papier und rief begeistert: ›Wie sind Sie dazu gekommen? Das ist das bisher fehlende Stück aus dem berühmtesten chinesischen Roman.‹ Und dann spann er zum Entzücken der Zuhörer eine halb traurige, halb lustige Liebesgeschichte aus dem alten China aus, so daß man ganz darüber vergaß, daß man Beireis eigentlich hatte hereinlegen wollen, und daß er den Spieß umgedreht und seine Zuhörer mit reizender Ironie selbst zum besten hatte.[27]

So mag es auch bei mehr oder minder trauten, kritisch-unkritischen Runden mit Karl May im Mittelpunkt zugegangen sein.

Im Unterschied zu May erreichte Beireis alles, was ersterem versagt blieb: An der kleinen Universität zu Helmstedt lehrte Beireis, anscheinend ein begabter Arzt, Medizin und daneben eine Vielzahl naturwissenschaftlicher Fächer, von der Botanik über Mineralogie und Metallurgie, Chemie, Farbenlehre, Hydraulik, Mechanik bis zur Optik und Mathematik, dazu noch Musik, Ästhetik, Numismatik und Ökonomie – es wird schon danach gewesen sein. Lehrstühle für Physik, Medizin und Chirurgie hatte er inne.

Bessmertny erzählt:

(S)ehr schnell hatte er bald acht Lehrstühle an der kleinen Universität besetzt. Er zeigte so viele Vorträge und auf so verschiedenen Gebieten an, wie es kein deutscher Professor vor oder nach ihm je gewagt hätte. Aber mit seinen Vorlesungen war es eine eigene Sache. Die Studenten lernten bei ihm eine ganze Menge, aber nur nicht gerade das, was sie dem Thema nach lernen wollten. Er schweifte dauernd ab und erzählte zum Beispiel in dem Kolleg über die Luftpumpenversuche des Otto von Guericke, dessen Apparate er besaß, viel über die Familie Guericke und über den ganzen magdeburgischen Adel, nur auf die Luftpumpe selbst kam er nicht zu sprechen.[28]

Auch dies gemahnt an die kunterbunten und digressionsreich zelebrierten ›analytischen Beiträge‹ des Hobble-Frank und an das in seinen Texten vorgetragene polyhistorische Vielwissen Mays, das, rhetorisch geschickt aufgepumpt, nach mehr klingt, als es ist.

Beireis, klein von Statur wie May,[29] war berühmt-berüchtigt für seine Aufschneidereien und seine Prahlsucht, ebenso für seinen Hang zur Fopperei, aber auch für seine Generosität – auch darin ein Pendant zu May. In seinen umfangreichen Sammlungen – Gemälde, Münzen, physikalische Apparate, Rechenmaschinen und Vaucansonsche Automaten sowie Naturalien aller Art – mischte sich Echtes mit Falschem, von Beireis alles mit großer Charlatanerie als unübertrefflich gepriesen. Kamen Kenner zu Besuch, war so manches ›Prunkstück‹ gerade in Reparatur oder plötzlich unauffindbar; wurde von hartnäckig neugierigen Besuchern nachgefragt oder genauer hingeschaut, wechselte der Meister das Thema oder führte einen vom zu sehr interessierenden Objekt weg – wir erinnern uns ähnlicher Ausflüchte bei May. Auch daß die Renommierschaustücke sich in ruinösem Zustand befanden, wird von Besuchern beider ›Stars‹ berichtet; im Falle von Beireis war es Goethe, im Falle Mays Egon Erwin Kisch.[30] Selbst den Zug, eine Narbe am Körper als Beweis für eine erfundene Tat herzuzeigen, teilten beide.[31] Als wahrer ›Fürst des Schwindels‹ erwies sich Beireis, wenn es um seinen Haupt- und Staats-›Diamanten‹ ging:

> Selten und am wenigsten Kennern zeigte er [= Beireis] eine durchsichtige Masse, die größer als ein Hühnerei war, und von der er behauptete, daß sie ein Diamant von 6400 Karat Gewicht sei, den alle Fürsten der Erde nicht zu bezahlen im Stande wären. Er erzählte, daß der Kaiser von China dies kostbare Juwel bei ihm versetzt habe, und wußte diese Fabel mit allen Einzelnheiten auszuführen.[32]

Nur schade, daß der Stein gar kein Diamant war, wie unter anderen Goethe aufgrund seiner mineralogischen Kenntnisse unschwer erkennen konnte.[33]

Große Anziehungskraft übte Beireis auf seine Zeitgenossen auch deswegen aus, weil er suggerierte, Gold künstlich erzeugen zu können, wofür er den Beinamen des ›Adepten von Helmstedt‹ beziehungsweise den des ›Letzten Alchemisten‹ erhielt.[34] Er zählt als Spätkömmling zur Galerie der galanten Charlatane des 18. Jahrhunderts, zu den Düpierern von Rang wie Cagliostro oder Saint-Germain, die als Verkörperung der Rätselhaftigkeit, des Geheimnisses, des außergewöhnlichen Wissens, des Okkulten und Übernatürlichen galten und fast unwiderstehlich reizend wirkten auch auf die Nachwelt, und zwar mit einem Potential, das zahlreiche Schriftsteller nur allzu kräftig ausmünzten, ob in der Bel-Etage der Literatur oder im Souterrain, von Goethe und Schiller über Ludwig Tieck, Alexandre Dumas père, Willibald Alexis, ja sogar einen schriftstellernden Sproß des Hauses Münchhausen, Philipp Otto von Münchhausen, bis zu Karl May mit seiner Erzählung ›Aqua benedetta‹ (1877) beziehungsweise ›Ein Fürst des Schwindels‹ (1880), in der er einen vermutlich zwanzig Jahre vor Beireis

Geborenen, den Grafen von Saint-Germain, in den Mittelpunkt des Geschehens stellt.

Womit wir unversehens im Zentrum von Karl Mays Heldenkonzeption stehen, denn ohne diese essentielle Komponente dessen, was sich im literarisch populär vermittelten Charlatan-Konzept bündelt, sind Mays Helden-Figuren nicht angemessen zu verstehen.

Das Lockende dieses Stoffes vom überlegen vielwissenden und nahezu alles vermögenden, allgegenwärtigen Einzelnen – die lange Faust-Tradition gehört ebenso zu dieser Sphäre wie die magisch angereicherte Gestalt des Ewigen Juden, auf die in Mays Texten immer wieder verwiesen wird; es gehören dazu das zentrale Motiv der geheimen Gesellschaft oder bestimmte Zweige des Schauerromans –: all das liegt in Urträumen des Menschen, in kollektiven Unterschichten des Gattungsgedächtnisses, geboren aus Angst und Glücksverlangen. Dies ist die Ursuppe, aus der die Super- wie die Subhelden in Karl Mays Erzählkosmos ihre Kraft gewinnen. An einer Stelle von Mays Kolportageroman ›Deutsche Herzen, deutsche Helden‹ wird es elliptisch ausgesprochen, als der ebenso omnipotente wie omnipräsente Superheld Oskar Steinbach ins Erzählgeschehen eingeführt wird: *»Hm! Er verglich sich mit dem ewigen Juden. Vielleicht haben wir es mit einem geistreichen Abenteurer, mit einer neuen Auflage von Cagliostro, Casanova oder Graf von Saint Germain zu thun.«*[35] Ebenso signifikant ist die emotional hoch aufgeladene Stelle in ›»Weihnacht!«‹, als der Ich-Erzähler Sappho/Old Shatterhand seinem Jugendgeliebten Carpio wiederbegegnet. Dort heißt es, nachdem der Ich-Erzähler bekannt hat, daß er *»nämlich noch aus einigen anderen Existenzen«*[36] besteht, innerhalb des Umfangs von einer Textseite des Erstdrucks: Ich (= Old Shatterhand) bin *»Ueberall und nirgends«* zu Hause, und: Er (= Old Shatterhand) ist *»ein großes Rätsel«* und steckt *»in lauter Geheimnissen«*.[37]

Damit haben wir es in diversen Verwandlungen und in diversen hintergründigen mythischen Verkleidungen (etwa dem Freischütz, dem sagenhaft sicher Treffenden) bis zum Ende von Karl Mays Werk zu tun. Selbst der Kara Ben Nemsi, selbst der Old Shatterhand der letzten Phantasien Mays, selbst die letzte fiktionale Inkorporation seines Ichs zieht ihre Kraft zur Beförderung der Humanität aus diesem archetypischen Extrakt-Gemisch. – Magie ist eben immer eine gute Suppe.

Um Vollkommenheitsideen, um menschliche Wahnideen dreht es sich dabei – Gold, das Heilige, die Sonne auf Erden, aus minder ›edlen‹ Metallen herstellen; über das Rezept überlangen Lebens, unbeschwert von Krankheit, verfügen (denken Sie an Marah Durimeh und Tatellah-Satah); das Triebschicksal, die Trennung, die Gabelung in zwei Geschlechter überwinden und wieder zurückkehren zur ersehnten Androgynität, dem ursprünglichen Zustand (denken Sie noch einmal an die späte Dyade Marah Durimeh – Tatellah-Satah in ›Winnetou IV‹, aber auch an das, was pars pro toto in der Schmetterhand Old Shatterhands wie Dr. Karl Sternaus gebündelt erscheint: ›männliche‹, gegebenenfalls tötende Gewalt ebenso wie ›weibliche‹ Zartheit, denn die Faust, so die Fiktion an verschiedenen Stellen festschreibend, gehört zu einer ›Frauenhand‹, einer ›Ladieshand‹[38]). Und es geht weiter: darüber hinaus souverän-sichere Verbindungen mit der höheren Welt besitzen, den Genius, den Schutzgeist, gegen jede Gefährdung um sich wissen (und auch jetzt können Sie beispielsweise an die Figur der Marah Durimeh denken, die diese Funktion andeutet); ja, nicht nur die machtverleihenden Geheimnisse um solche Dinge, sondern schlichtweg alles und gerade das Allersekreteste bis in die hintersten Winkel jeglicher Geheimgesellschaft zu wissen – all das führt uns Karl May in seinen buchgewordenen Phantasmagorien mal verborgen, mal offen und, von Ausnahmen abgesehen, meist in häufiger Wiederholung vor.

Wie sehr Karl Mays Gedankenwelt von Anfang an bis zu seiner späten Edelmenschen-Idee auch durch solche ›Ursuppe‹ voller Hybris gespeist wurde, zeigen die oft tragisch für ihn ausgehenden Maskenzüge seines Lebens ebenso wie seine Werke (und ihr Erfolg) – in der Kindheit ausgelöst durchs dumpfe Stubengemunkel vom Besseren-Höheren inmitten bitterster Entbehrung und sehnsüchtigem, verzweifelt überall nach ›Rettung‹ und nach Rückerstattung des Verlorenen-Vorenthaltenen suchendem Aber-Glauben. May, oft genug Fiktionen für Fakten nehmendes Menschheitsproblem im Singular, ging stets, ob ahnungsvoll, ob ahnungslos, in archaischen Verhaltensspuren der Gattung, deren Verwandlung in Literatur gleich welcher Art sich gemeinhin nicht schlecht verkauft.

Wohin hat uns unsere mikrologische Reise geführt? Bis hin zum Allgemeinen im Besonderen Mayschen Fabulierens. Ins Reich der Düpierer, Fopper und Gaukler, das der Ursprung von Mays Phantasieren war, in das der Märchen- und Lügengeschichtenerzähler, das so alt ist wie das Erzählen überhaupt. Ins Reich des Doppelzüngigen, Uneindeutigen, Sinnverdrehenden, ins Reich der mehrfachen Wahrheiten. Ich bin diesen Weg auf schmalem Grat gegangen, der semantischen Stärke einer winzigen Formulierung im Buchstabenkosmos Karl Mays trauend.

Natürlich ist ein solcher Gang riskant und mit der Gefahr des Fehlgehens und Überinterpretierens besonders behaftet. Um bei Ihnen aber das mögliche Mißtrauen gegenüber einem solchen Verfahren zu mindern, bleibe ich bei Karl Mays Schwindler-Geschichte um den raffinierten Grafen von Saint-Germain, die am Hofe Ludwigs XV. zu Versailles einsetzt. Nach authentischen Quellen sei die Erzählung verfaßt, gibt der Untertitel der Zweitfassung kund. May nennt die Quellen natürlich nicht. Was man bei einem fiktionalen Text ja auch nicht tut. Aber irgendwie scheint es die Schriftsteller doch zu jucken – siehe das Briefzitat von Thomas Mann –, einen Hinweis, und sei er noch so unbestimmt, auf die Herkunft dessen, was sie jetzt so schön-neu und mit Pfiff oder Chuzpe aus vorgegebenen Materialien zusammenfabuliert oder gar nur abgeschrieben haben, zu geben – an entlegener Stelle, versteckt und völlig unauffällig, versteht sich.

Fünf Jahre nach dem Erstdruck der Hochstapler-Erzählung (›Aqua benedetta‹, 1877) kann May, durch was auch immer geleitet, nicht umhin, im fernen Westen Nordamerikas ein Eckchen seiner maßgeblichen Quelle fürs erste Kapitel der Geschichte aus dem galanten Europa um den Charlatan Saint-Germain aus dem Text hervorlugen zu lassen. Und damit haben wir ein weiteres ›Wurmloch‹ vor uns, diesmal eines, das auf klandestine Weise zwei thematisch voneinander entlegene May-Texte miteinander verbindet.

Es handelt sich um die Erzählung ›Ein Oelbrand‹, die 1882/83 im ›Neuen Universum‹ veröffentlicht wurde, das ebenso wie später der ›Gute Kamerad‹ im Verlag von Wilhelm Spemann in Stuttgart herauskam. May läßt seinen Old Shatterhand als Einstieg in die Erzählung folgendes Genrebild leicht augenzwinkernd entwerfen:

Einer nicht ganz leichten Verwundung wegen hatte ich in Fort Caß am Zusammenfluß des Bighorn mit dem Yellowstrome einige Wochen lang das Lager gehütet, und das war eine recht trübselige Zeit gewesen. Nicht daß es mir an Mitteln gefehlt hätte, die Zeit meines gezwungenen Verweilens mir so angenehm wie möglich zu machen; ich hatte vier volle Maultierladungen Felle mitgebracht und ein schönes Sümmchen dafür gelöst; aber die hier gebotenen Genüsse gipfelten in Tabakrauchen und Brandytrinken. Der Tabak bestand zur Hälfte aus Surrogat, und der Brandy schien verdünnte Schwefelsäure zu sein. Außerdem gab es drei oder vier Spiele Karten, deren Bilder kaum mehr zu erkennen waren, und eine Bibliothek von drei Bänden, nämlich Shakespeares Heinrich VIII., bestehend aus Einband und Titelblatt; die andern Blätter waren bereits zu Pfropfen verwendet worden! – Voltaires Karl XII. – einmal in den Feldkessel gefallen und die Blätter infolgedessen fest zusammengeklebt; – und der vierte Band der Chronik des Oeil de Boeuf – hatte im Zuckerkasten des Majors gelegen und war von den Ameisen halb aufgefressen worden.[39]

Von drei Büchern ist also die Rede, die sich aber, dank banausischer Mithilfe einiger Nebenmenschen, dem Gelesenwerden verweigern. Als Titel sind sie da und dennoch nicht zugänglich oder, wie beim letzten angeführten Buch, nur noch zur Hälfte vorhanden. Die Bücher foppen gewissermaßen unseren Old Shatterhand: Er hat sie vor der Nase und kann nichts oder nur ganz wenig mit ihnen anfangen. Je ein Werk von Shakespeare und Voltaire, die sich in den Wilden Westen verirrt haben. Zwar wird ›The Famous History of the Life of King Henry the Eighth‹ Shakespeare nur zugeschrieben, Voltaires ›Histoire de Charles XII‹ aber ist authentisch, und die Leser, wenn sie wollen, können mehr mit den Büchern anfangen als Old Shatterhand und fühlen sich wissend und nicht gefoppt. Doch was ist das Dritte? Die ›Chronik des Œil de Bœuf‹? Sie ist das Werk, mit dem jetzt auch den Lesern eine Nase gedreht wird, in metafiktionalem hermetischem Spiel, ohne daß wir entscheiden können, ob das Spiel diesmal vom Autor wie bewußt auch immer angezettelt worden ist oder nicht. Entscheidend sind bei solchen Spielformen immer Mays Texte und die Prätexte, aus denen er sich umschöpfend bedient hat.

Halten wir uns wieder an unseren Ausgangs- und Leitsatz: »*Die Erfahrung hat mich gelehrt, in allen Lagen auch das Kleinste zu beobachten*«. Forschen wir also der rätselhaften Chronik nach. Sie erschien ohne klare Verfasserangabe in acht Bänden zwischen 1830 und 1832 in Paris. »Herausgegeben durch die verwittwete Gräfin von B**« (»publiées par Mme la comtesse donairière de B***«), heißt es auf dem Titelblatt, doch in Wahrheit wurde sie von dem französischen Schriftsteller und Historiker Georges Touchard-Lafosse (1780–1847) geschrieben, auf der Basis von Dokumenten und Memoirenwerken. Sie stellt also eine (romanhaft erzählende) Kompilation dar. In Frankreich war sie, da unterhaltsam geschrieben, ein ›Renner‹ und wurde bis weit ins 20. Jahrhundert immer wieder aufgelegt. Ihr vollständiger Titel lautete ›Chroniques pittoresques et critiques de l'Œil-de-bœuf, des petits appartemens de la Cour et des salons de Paris, sous Louis XIV, la Régence, Louis XV et Louis XVI‹. Das Werk wurde parallel ins Deutsche übertragen (von Ludwig von Alvensleben) und kam 1832 in der Wigand'schen Verlags-Expedition zu Leipzig heraus unter dem Titel ›Chronik des Œil de Bœuf der innern Gemächer des Schlosses und der Gesellschaftssäle von Paris. Eine Schilderung der Sitten und ihres Verfalles unter den Regierungen Ludwigs XIV., der Regentschaft, Ludwigs XV. und Ludwigs XVI. Herausgegeben durch die verwittwete Gräfin von B**‹. In Nordamerika lief die Sittengeschichte unter dem Namen ›The Rollicking Chronicles of Touchard-Lafosse‹, und in Spanien erschien noch 1966 eine Ausgabe (›Cronicas del ojo de buey‹).

In Deutschland freilich wurde das Werk im Laufe des 20. Jahrhunderts vergessen.

Die berichteten beziehungsweise erzählten wichtigen oder für wichtig gehaltenen Ereignisse sind darin nach Jahren geordnet, und so findet sich nicht im vierten, wohl aber im siebten Band der deutschen Übertragung (beziehungsweise im sechsten Band der französischen Originalausgabe) die Regierungszeit Ludwigs XV. dargestellt. Die Seiten 131 bis 146 aus dem vierten Kapitel hat Karl May akkurat für seine Saint-Germain-Geschichte benutzt, das heißt ganz klar abgeschrieben und nur hin und wieder stilistisch glättend geändert, wobei das genaue Kopieren-Plagiieren bis zum aus der Vorlage übernommenen Druckfehler reicht. Was May zum Zucker für seine Charlatan-Erzählung wurde, der süße Bücher-Quell, aus dem er mehr als nippte, den steckte er, ob als dankbare Reminiszenz, ob als Einbekennen des schlechten Benutzer-Gewissens, ob völlig unabsichtlich, in den Zuckerkasten des Majors im Fort Caß und ließ ihn dort von den ebenso emsig wie er selbst arbeitenden Ameisen halb vertilgen. Aber eben nur halb – damit der findige ideale, nicht der rasch konsumierende reale Leser irgendwann einmal (denn einmal muß er doch kommen) zum Genuß dieser gehobenen inter- und metatextuellen Verflechtung gelangen kann.[40]

Mit diesen Ausführungen – und damit komme ich zum Schluß – wollte ich Ihnen zeigen, daß hinter dem Lesen von Abenteuern, wie sie uns Karl

May schildert, auch das Abenteuer Lesen in elaboriertem Sinn stehen kann. Ein Plädoyer für das ästhetisch genußvolle partielle Anders-Lesen Karl Mays sollten sie sein, ein Anders-Lesen, das aufgrund kleiner und kleinster Signale im Fließtext Mayschen Erzählens eine philologische Detektivgeschichte sui generis erzeugt; ein Plädoyer für eine May-Philologie, die sich mit Gewinn, mit Erkenntnis-Gewinn, in aufmerksam nachhorchender und nachsuchender Tiefenbohrung sozusagen, in behutsamer und möglichst wissender Archäologie auch auf das Kleinste einläßt, ohne der Gefahr intersubjektiv nicht mehr überprüfbaren Assoziierens zu unterliegen. Damit sollte es auch ein Plädoyer sein gegen die allgemeine Rutschbahn ins Nichtwissen, maskiert als medial-digitales Raten, auf der die Gesellschaft derzeit laut johlend-bohlend sich dumm amüsiert und den Verlust kulturellen Bewußtseins bejubelt.

Um das Sichtbarmachen von untergründigen Textqualitäten ging es mir, und darum, hervorzuheben, daß Karl May bei aller zeilenschindenden flinken Lohnschreiberei auch (mit gebührendem Erstaunen) als ernstzunehmender polyhistorisch-humoristischer literarischer Spieler von einigem Niveau zu begreifen ist. *Geben Sie in Zukunft dem Kaiser, was des Kaisers ist, und dem Frank, was dem Frank gehört,* beziehungsweise: gebt dem May, was dem May gehört, könnte ich die eingangs zitierten Worte aus dem ›Sohn des Bärenjägers‹ aufgreifen, *nämlich Anerkennung seiner Schtandeswürde* als autodidaktisch vielgelehrter Autor *und ergebene Berücksichtigung seiner Persönlichkeet,* die wohl doch noch mehr enthielt, als bisher nachhaltig wahrgenommen wurde. Was den Respekt vor Karl Mays Lebensleistung sicher noch erhöht.

1 Karl Mays Werke. Historisch-kritische Ausgabe. Abt. IV. Bd. 3: Von Bagdad nach Stambul. Hrsg. von Hermann Wiedenroth und Hans Wollschläger. Nördlingen 1988, S. 208. – Dies ist ein wiederkehrender Gedanke bei May; siehe Karl May: Gesammelte Reiseerzählungen Bd. XXVI: Im Reiche des silbernen Löwen I. Freiburg 1898, S. 576; Reprint Bamberg 1984: *»Ich pflege auf meinen Reisen den geringsten Umstand zu beachten und habe sehr häufig die Erfahrung gemacht, daß Kleinigkeiten, welche andern entgehen würden, mir, wenn ich sie im Gedächtnisse behalten hatte, später großen Nutzen brachten.«*

2 Vgl. Karl May: Der Sohn des Bärenjägers. In: Der Gute Kamerad. 1. Jg. (1887), S. 315; Reprint in: Karl May: Der Sohn des Bärenjägers/Der Geist der Llano estacata. Hrsg. von der Karl-May-Gesellschaft. Hamburg 1983.

3 Ebd.

4 Ebd.

5 Ebd.

6 Thomas Mann an Karl Kerényi am 4. 5. 1937, zitiert nach: Thomas Mann/Karl Kerényi: Gespräch in Briefen. München 1967, S. 84 (sonderreihe dtv)

7 Vgl. Jacob und Wilhelm Grimm: Deutsches Wörterbuch. 6. Bd. Leipzig 1885, Sp. 2489f. s. v. Mönch.

8 Vgl. ebd. Sp. 1904 s. v. Meier bzw. Sp. 1906 s. v. meiern.

9 Vgl. insbesondere vom Verf.: Von Befour nach Sitara – in Begleitung der Wilden Jagd. Über ein mythisches Muster, die Wissensprobe als artistisches Prinzip bei

Karl May sowie etwas über sein Lesen, Denken und Schreiben. Ein Fantasiestück in philologischer Manier. In: Jahrbuch der Karl-May-Gesellschaft (Jb-KMG) 1994. Husum 1994, S. 104-142.

10 Vgl. vom Verf.: Die Wissensprobe als Auftakttopos bei Karl May. Ein Überblick. In: Ders.: Geheime Erzählerfreuden. Studien zu Werk und Wirkung Karl Mays. Husum 2004 (im Erscheinen).

11 Daß der Erzähler von ›Im Lande des Mahdi I‹ sich selbst die Eigenschaft, *angeborene(n) Schabernack* zu besitzen, zuspricht, darf man angesichts der Fülle von erzählten Foppereien im Gesamtwerk ruhig als Selbstaussage Mays ansehen (Karl May: Gesammelte Reiseromane Bd. XVI: Im Lande des Mahdi I. Freiburg 1896, S. 208; Reprint Bamberg 1983). Die letzten fiktionalen Foppereien präsentiert May in ›Winnetou IV‹, z. B. in der Szene auf den ersten beiden ›Teufelskanzeln‹, als der Erzähler mit seinem Herzle *»Allotria«* treibt (Karl May: Gesammelte Reiseerzählungen Bd. XXXIII: Winnetou IV. Freiburg 1910, S. 192; Reprint Bamberg 1984). Zum Thema des auch metaliterarischen Foppens bei May siehe Schweikert: Von Befour nach Sitara, wie Anm. 9, bes. S. 115f.

12 Vgl. den Artikel ›Hausenblase‹ z. B. in Meyers Großem Konversations-Lexikon. Bd. 8. Leipzig ^{6}1904, S. 884.

13 Vgl. hierzu z. B. die Einträge ›Mühlhausen‹ in: Pierer's Universal-Lexikon der Vergangenheit und Gegenwart oder Neuestes encyclopädisches Wörterbuch der Wissenschaften, Künste und Gewerbe. Bd. 11. Altenburg ^{4}1860, S. 510f. oder in: Meyers Großes Konversations-Lexikon, wie Anm. 12, Bd. 14 (1906), S. 219.

14 Aus dem ›Schatz im Silbersee‹ ist uns in Erinnerung, wie sich der Dicke Jemmy und der Hobble-Frank wie hier im ›Sohn des Bärenjägers‹ um vermeintliche und tatsächliche Wissensgüter streiten und der Hobble-Frank dabei den denkwürdigen Ausspruch fallenläßt: *»Ich werde schon wissen, wie ich mich im Konvexationslexikon zu benehmen habe!«* (Karl Mays Werke. Historisch-kritische Ausgabe. Abt. III Bd. 4: Der Schatz im Silbersee. Hrsg. von Hermann Wiedenroth und Hans Wollschläger. Nördlingen 1987, S. 403.)

15 Schweikert: Von Befour nach Sitara, wie Anm. 9, S. 105 und 133 (Nachweis in Anm. 2)

16 Vgl. Carl von Heister: Nachrichten über Gottfried Christoph Beireis, Professor zu Helmstedt von 1759 bis 1809. Berlin 1860, S. 199: Beireis »war Menschenkenner. Fand er, daß die Fremden lediglich gekommen seien, um die Neugierde zu befriedigen, um vom wundersamen Hofrath erzählen zu können, gab sich der Besucher wissenschaftliche Blößen, so brach ein Strom von Mystifikation über ihn herein. (…) So kam es, daß die Besucher [von dieser Art] (…) ausposaunten, sie hätten Alles, was man von Beireis erzähle, weit übertroffen gefunden, und gegen ihn sei Münchhausen ein glaubwürdiger Mann.« – Carl von Heister unterscheidet zwei Arten von Besuchern: die wissenschaftlich gebildeten und relativ schwer hinters Licht zu führenden, bei denen Beireis »das Prahlen zurück(hielt)« (ebd.), und die (vermeintlich) düpierbaren, die dann die Kunde von Beireis als ›Super-Münchhausen‹ verbreiteten. Von Heister versucht in seinem Buch, Beireis gegen die letztere Einschätzung zu verteidigen: »Wir möchten gleich hier hervorheben, daß Beireis eigentlich ein Münchhausen nicht war.« (S. 26)

Am bekanntesten sind Goethes Schilderungen eines Besuchs bei Beireis im Jahre 1805 (Johann Wolfgang von Goethe: Tag- und Jahres-Hefte als Ergänzung meiner sonstigen Bekenntnisse. [1805] In: Goethes Werke. Hrsg. im Auftrage der Großherzogin Sophie von Sachsen. 1. Abt. 35. Bd. Weimar 1892, S. 205f., 210-232). Einer der jüngsten Nachdrucke in: Kleine Bettlektüre für den passionierten Sammler. Ausgewählt von Gert Woerner. Bern u. a. o. J., S. 23-39.

17 Vgl. von Heister, wie Anm. 16, Beilage Nr. 44 (Urtheile zweier Anonymi in der Casseler Allgemeinen Zeitung vom Jahre 1810 über Beireis), S. 361f. (362):

»Beireis befand sich in Harbke, bei dem Vice-Berghauptmann von Veltheim, in einer größeren Gesellschaft, zu welcher auch der Hofrath Schrader, ein witziger und satirischer Kopf, auch als Dichter nicht ganz unbekannt, gehörte. Man setzte Beireis in Athem und ließ ihn von seinen Reisen erzählen. Schrader setzte sich bei Seite und zeichnete genau auf, wie lange sich Beireis in jedem Ort aufgehalten haben wollte. Am Ende fragt Schrader: ›Wie alt sind Sie, Herr Hofrath?‹ Beireis, welcher diese Frage selten beantwortete, nannte diesmal eine bestimmte Zahl. ›Nun, bei Gott,‹ erwiedert Schrader, – ›Sie sind doch in Allem außerordentlich und wunderbar. Sie sind bereits dreizehn Jahr vor Ihrer Geburt gereist.‹ Diese und ähnliche Sarkasmen brachten den Mann durchaus nicht aus der Fassung, und er verstand die Kunst, die Unterhaltung augenblicklich so zu leiten, daß man an das Vorhergegangene nicht mehr dachte. –«

18 Ebd., S. 142, mit dem Zusatz von Heisters: »An anderer Stelle ist von einem Mittagsessen die Rede, wo Alles von Kartoffeln bereitet war.«

19 Baur: Artikel ›Beireis‹. In: Allgemeine Encyclopädie der Wissenschaften und Künste in alphabetischer Folge von genannten Schriftstellern bearbeitet und hrsg. von J. S. Ersch und J. G. Gruber. 6. Theil. Leipzig 1821, S. 375-377 (375)

20 Ebd.

21 Ebd. – Die Angaben variieren allerdings in den verschiedenen Nachschlagewerken des 19. Jahrhunderts.

22 von Heister, wie Anm. 16, S. 52

23 Baur, wie Anm. 19, S. 375

24 Alexander Bessmertny: Deutsche Abenteurer und Originale. III. Gottlieb [sic!] Christoph Beireis, der Adept von Helmstedt. In: Die Woche. 33. Jg. (1931), 2. Bd., S. 1039f. (1039)

25 Bessmertnys Quelle ist das Buch von Heisters; bei den Übernahmen formulierte Bessmertny leicht um und zitierte gelegentlich ungenau. Die Wiedergabe der Anekdote um die ›Frühreise‹ dreizehn Jahre vor der Geburt im folgenden Zitat zeigt ersteres bereits. Siehe auch Anm. 28.

26 Ergänzend hierzu von Heister, wie Anm. 16, S. 111: »Einst citirte er [= Beireis] einen englischen Autor, den ›Thesamius‹. Man schlug nach und fand ›the same‹, den nämlichen Verfasser als vorhergehend.«

27 Bessmertny, wie Anm. 24, S. 1039; von Heister, wie Anm. 16, S. 131f: »Ein Blättchen mit chinesischer Schrift, worin Tusche eingewickelt gewesen, wird Beireis vorgelegt, ob er es lesen könne. ›Ja wohl, und mit besonderer Freude ersehe ich, daß sich hier ein Bruchstück eines der beliebtesten chinesischen Romane findet.‹ Diesen trägt er nun sofort höchst interessant und spannend vor. Als es aber zu der Katastrophe kommt, steht er auf und sagt: ›den Schluß der Geschichte wollen Sie gefälligst selbst hier auf diesem Blättchen nachlesen.‹ – So hatte sich der abgeschossene Pfeil der Mystifikation gegen den Schützen gewendet.« Dazu folgt die erklärende und quellennachweisende Fußnote (S. 132): »G. A. Eberhard will dieses Geschichtchen von Curt Sprengel gehört haben. Es wird zu Ungunsten von Beireis aufgefaßt; jedoch heißt es von diesem: ›einer der berühmtesten und interessantesten Zeitgenossen.‹ Abendzeitung vom 24. Febr. 1843.« – Achim von Arnim, der in seinem Roman ›Armut, Reichtum, Schuld und Buße der Gräfin Dolores‹ (1810) Eindrücke eines Besuches bei Beireis (1806) literarisiert wiedergibt, versieht diese Anekdote mit einem anderen Schluß und erzählt die Geschichte so: »Er [ein namenlos Bleibender] habe ihm [Beireis] nämlich einen Umschlag von einer chinesischen Tusche sauber geplättet, so daß es wie ein Blatt aus einem Buche ausgesehen, vorgezeigt, da er nun behaupte alle Sprachen zu verstehen, habe er ihm dies Blatt gezeigt und gefragt, was es besage. Mit großer Dreistigkeit habe jener ihm versichert, es sei ein Stück aus einem chinesischen Romane und es sogleich übersetzt. Lachend habe er ihm darauf gesagt, es sei aber ein bloßer Umschlag vom

Tusch. Ohne in Verwirrung zu geraten, versicherte hierauf der Doktor, die Chineser pflegten, um Stellen ihrer guten Schriftsteller zu verbreiten, die gewöhnlichsten Bedürfnisse darin einzuwickeln.« (Ludwig Achim von Arnim: Sämtliche Romane und Erzählungen. Bd. 1. Hrsg. von Walther Migge. München 1962, S. 278)

28 Bessmertny, wie Anm. 24; vgl. von Heister, wie Anm. 16, S. 80f.: »Kam der Apparat von Guerike vor, so lernte man nicht allein die Genealogie des Erfinders kennen, sondern zugleich die des gesammten magdeburgischen Adels. Auch wurde man in einem naturwissenschaftlichen Kollegium auf das Angenehmste in specieller deutscher Reichsgeschichte gefördert. ›Man lernt sehr viel, aber selten viel von dem, wofür man das Honorar bezahlt hat.‹«

29 Vgl. von Heister, wie Anm. 16, S. 376: »Er war ein kleines hageres Männchen, dabei aber sehr rührig.« (Beilage Nr. 55, Mitteilung eines Schülers von Beireis.) Siehe auch das Zeugnis Fouqués, der im Juli 1806, im Jahr nach Goethe, Beireis besuchte: »ein kleiner, hagrer, todtbleicher Mann mit scharfen, bedeutsamen Gesichtszügen (...).« (Lebensgeschichte des Baron Friedrich de la Motte Fouqué. Aufgezeichnet durch ihn selbst. Halle 1840, S. 273. Orthographisch leicht verändert zitiert von Arno Schmidt in: Der Zauberer von Helmstedt. In: Arno Schmidt: Bargfelder Ausgabe. Werkgruppe III Bd. 3. Bargfeld/Zürich 1995, S. 129-133 (132), und in: Fouqué und einige seiner Zeitgenossen. Bargfelder Ausgabe. Werkgruppe III Bd. 1. Bargfeld/Zürich 1993, S. 187)

30 Vgl. Goethe, wie Anm. 16, S. 211f.: »Gar manches (...) war in den jämmerlichsten Umständen; die Vaucansonschen Automaten fanden wir durchaus paralysirt. In einem alten Gartenhause saß der Flötenspieler in sehr unscheinbaren Kleidern; aber er flötete nicht mehr (...). (...) Die Ente, unbefiedert, stand als Gerippe da, fraß den Haber noch ganz munter, verdaute jedoch nicht mehr (...).«
»Daß Shatterhands Wunderwaffen in späten Jahren nicht mehr in so hellem Glanz erstrahlten, kritisierte Egon Erwin Kisch (1885-1948). Er hatte sich am 9. Mai 1910 ›im Wigwam Old Shatterhands‹ aufgehalten und konnte allerlei besichtigen, ›darunter ein altes verrostetes Schießholz – den unfehlbaren Henrystutzen, den Sehnsuchtstraum der abenteuerlichen Gymnasiasten, ... der allerdings gar kein Stutzen war, sondern ein gewöhnliches Winchestergewehr, wie es die Armeen haben, auch europäische ... (...)‹ ›Die Silberbüchse erwies sich als Torso eines europäischen Schießprügels, dem die Läufe fehlten‹.« (Klaus Hoffmann: Silberbüchse, Bärentöter, Henrystutzen – Mythos und Realität. In: Klaus Hoffmann/Jochen Rascher/Peter Richter: Silberbüchse, Bärentöter, Henrystutzen. Die berühmtesten Gewehre des Wilden Westens. Radebeul 1990, S. 24; auch in: Klaus Hoffmann: Silberbüchse – Bärentöter – Henrystutzen, »das sind die drei berühmtesten Gewehre der Welt«. Herkunft, Wirkung und Legende. In: Jb-KMG 1974. Hamburg 1973, S. 74-108 (87)) Vgl. auch die leicht abweichende Version in Kischs Reportage: Im Wigwam Old Shatterhands. In: Egon Erwin Kisch: Gesammelte Werke in Einzelausgaben. Bd. 5. Berlin/Weimar 1974, S. 313-339 (338).

31 Zu May siehe das Zeugnis von Joseph Bernhart, das Claus Roxin (»Dr. Karl May, genannt Old Shatterhand«. Zum Bild Karl Mays in der Epoche seiner späten Reiseerzählungen. In: Jb-KMG 1974. Hamburg 1973, S. 26) zitiert. – Zu Beireis siehe von Arnim, wie Anm. 27, S. 289: »Er [Beireis] zeigte die herrlichsten anatomischen Präparate; das war ihm aber nicht genug, er zog auch den Strumpf von seiner Wade, und zeigte eine Lücke im Fleische; nun holte er ein kostbares Glas mit angeschliffenen Vergrößerungsgläsern sehr pathetisch aus dem Schranke, und versicherte: von diesem Ausgeschnittenen habe er diese einfache, schlechthin nicht weiter zu zerteilende Urmuskelfaser geschnitten.«

32 Artikel ›Beireis‹. In: Allgemeine deutsche Real-Encyklopädie für die gebildeten Stände. (Conversations-Lexikon.) 1. Bd. Leipzig [7]1830, S. 759f. (759) (F. A. Brockhaus)

33 Was Goethe freundlich-ironisch-zurückhaltend formulierte. Siehe Goethe, wie Anm. 16, S. 232: »Indessen (...) hatte ich, chromatischer Prüfungen eingedenk, das Wunderei vor die Augen genommen, um die horizontalen Fensterstäbe dadurch zu betrachten, fand aber die Farbensäume nicht breiter, als ein Bergkrystall sie auch gegeben hätte; weßhalb ich im Stillen wohl einige Zweifel gegen die Echtheit dieses gefeierten Schatzes fernerhin nähren durfte.«
»Doch war der Obermedizinalrath Klaproth in Berlin so glücklich ihn [den ›Diamanten‹] zu sehen, und er fand nichts weiter darin, als ein übrigens durch seine Größe ausgezeichnetes Topasgeschiebe, dergleichen kleinere hie und da in Samlungen unter dem Namen madagaskarische Kiesel vorkommen.« (Baur, wie Anm. 19, S. 376)

34 Siehe dazu auch den historischen Roman von Hermann Klencke: Der Adept zu Helmstedt. Leipzig 1851.

35 Karl Mays Werke. Historisch-kritische Ausgabe. Abt. II Bd. 20: Deutsche Herzen, deutsche Helden. 1. Bd. Hrsg. von Hermann Wiedenroth und Hans Wollschläger. Bargfeld 1996, S. 49

36 Karl Mays Werke. Historisch-kritische Ausgabe. Abt. IV Bd. 21: »Weihnacht!«. Hrsg. von Hermann Wiedenroth und Hans Wollschläger. Nördlingen 1987, S. 318

37 Ebd., S. 317f.

38 Siehe z. B. Karl Mays Werke. Historisch-kritische Ausgabe. Abt. II Bd. 4: Waldröschen. 2. Bd. Hrsg. von Hermann Wiedenroth und Hans Wollschläger. Bargfeld 1997, S. 1072: *»... diese Hand, so weich wie eine Frauenhand.«* (Über Sternaus Hand); Karl May: Der schwarze Mustang. In: Der Gute Kamerad. 11. Jg. (1896/97), S. 30; Reprint in: Karl May: Der schwarze Mustang. Hrsg. von Hansotto Hatzig. Hamburg 1991: *»Man hat mir gesagt, daß seine Hände trotzdem fast so klein wie Ladieshände seien«* (Über Old Shatterhands Hände); May: Im Reiche des silbernen Löwen I, wie Anm. 1, S. 12: *»Das ist ja eine Frauenhand.«* (Über Old Shatterhands Hand).

39 Karl May: Ein Oelbrand. In: Das Neue Universum. 4 Bd. (1882/83), S. 1; Reprint in: Jb-KMG 1970, Hamburg 1970, S. 221-257 (221), und in: Winnetou's Tod. Hrsg. von Roland Schmid. Bamberg 1976, S. 13-180 (13)

40 Detailliert stelle ich dies dar in: Karl Mays Saint-Germain-Erzählung. Texte – Kommentare – Interpretation. Materialien zum Werk Karl Mays. Husum (in Vorbereitung).

JÜRGEN HAHN

Last Exit to ›Dschinnistan‹
Ein Beitrag zur Konstruktion des ›Neuen Menschen‹ um 1900

Ein natürlicher, musterhafter Mensch ist
ein Dichtertraum
Novalis: Dialoge 5

der in der Wendezeit zum zwanzigsten Jahrhundert in vielfacher Form – so grotesk wie heroisch – geträumt ward. Das Phantom eines ›musterhaften‹, eines ›Edelmenschen‹ ging um, zu dem sich der ›Gewaltmensch‹ emporzuläutern habe; gleichzeitig aber gibt der Glaube der Zeitgenossen an den zu schaffenden ›Neuen Menschen‹ eindeutig Auskunft über dieses »durch irgendeinen unaussprechlichen Zusammenhang« von Zucht und Ordnung generierte »Bedürfnis nach Totschlag«,[1] das, weltgeschichtlich gesehen, nicht mehr, aber auch nicht weniger als eine Vignette des Erlöserbedürfnisses darstellt. Dieses manifestiert sich in Begriffen wie ›Reich‹ und ›Edelmensch‹, an denen, gerade weil sie mit einer höchst kontingenten ideengeschichtlichen Hypothek belastet sind, kein Weg vorbei führt, will man erfassen, wie die Menschen an der Wende vom 19. zum 20. Jahrhundert sich ihren weltanschaulichen Hausrat finanzierten. »Größeres Gewicht als den oft schnell wechselnden und gelegentlich nahezu austauschbaren politischen Optionen kommt den Erfahrungen der Modernisierung und deren Verarbeitung in Phantasien über das Zeitalter zu.«[2] Was das heißt, wird man, den Stand der Dinge zu erkunden, gerade auch bei den ›poetae minores‹ nachfragen müssen. So erweist sich das Spätwerk von Karl May (der Autor stirbt 1912) in seiner für den Roman des 19. Jahrhunderts typischen öffentlichen Form intimer Kommunikation geradezu als ein Laboratorium im Umgang mit Phantasien, als penetrant kryptopolitische Erzählwelt: und das um so mehr für den, der ihr ästhetisch nur einen mediokren Status zubilligen will. Die Kunst des Genies kann, zumindest zeitweise, den Zeitgeist überwinden. In zweitrangigen Werken hingegen findet sich ein genaues Abbild ideologischer Obsessionen einer Zeit, werden oft mit erschreckender Klarheit Ideen ausgebreitet, die zu den monströsesten Klischees ihrer Epoche zählten. Dazu gibt es buchstäblich Illustrationen und Kunstwerke aus ganz Europa, die sich, unterstützt durch pseudo-intellektuelle Aufsätze und Bilder, mit den gleichen Voreingenommenheiten beschäftigen: Geschlecht, Klasse, Rasse und Mystizismus. Man wird freilich für Mays spätes Schaffen zugeben müssen, daß, verglichen mit dem letzten, den drei ersten Themen kaum mehr als applikative Funktion zukommt.

Dennoch wickelt gerade die Bilderwelt dieser letzten Erzählungen Mays – und nur ein flüchtiger Blick auf das Gesamtwerk bestätigt, daß sie sich schon im frühen und mittleren Werk gleichsam maskiert vorfindet – Mythen, Symbole und Phantastereien von unheimlicher politischer Kontingenz ab. Unheimlich deshalb, weil Phantasien einen Status historischer Kausalität erlangen können, wenn sie in Glauben und Werten von sozialen Gruppen verankert werden. Man kann sie als wichtige Symptome für bevorstehende kulturelle Veränderungen und politische Prozesse betrachten. Sie zu beleuchten, folgen wir dem Ruf: *Empor ins Reich der Edelmenschen!*[3] des Fackelträgers populären Fortschritts, wie er um die Wende vom 19. zum 20. Jahrhundert auf seinem Weg durch Nacht zum Licht, in nietzscheanischem Überschwang blitzartig das nächtliche Firmament bürgerlicher Schläfrigkeit und Vertröstung stürmend, den Weg nach Sitara weist, und nähern uns ihnen zunächst auf dem Boulevard der Alltagsmythen, an dem sich die dschinnistanische Herberge als ein hochtechnisiertes Casino der Happy-Few präsentiert, ein Grandhotel, dem Schloß des Schech el Beled zum Verwechseln ähnlich. Noch 1912 fand es in Karl May einen erbaulichen Agenten, der luxuriöses Wohnen über dem Abgrund verhieß.[4]

*

Vor wenig mehr als hundert Jahren, am 14. April 1900, lernte die Treppe öffentlich das Laufen. Der Prototyp des von George Wheeler entwickelten ›Escalator‹ war eine Attraktion der Pariser Weltausstellung. Und der Andrang des Publikums war so groß, daß die Herstellerfirma der ersten Rolltreppe der Welt für eine Probefahrt zehn Centimes verlangen konnte. Aber schon 1896 hatte der ›Endless Conveyor or Elevator‹ des Ingenieurs Jesse W. Reno, dessen Transportleistung 9000 Personen je Stunde betrug, im New Yorker Vergnügungspark Coney Island Premiere. Der ›Elevator‹ transportierte die Passagiere auf gummierten Holzplanken. Halt fanden sie an einem beweglichen Handlauf aus Plüsch. Wen der Mut bei dieser Art Himmelfahrtskommando verließ, der konnte auf eine parallel geführte gewöhnliche Treppe wechseln. Unkomfortabel war eine Fahrt mit dem Fließband vor allem deshalb, weil die Füße der Passagiere entsprechend der Steigung der Diagonale nach oben angewinkelt waren.

Mochte das zunächst noch wenig kommod sein – was tat's! Dem zunehmenden Massenandrang auf dem Weg nach oben, dem der elitäre Vertikaltransport in der Liftkabine nicht gewachsen war, öffnete sich somit ein ausreichendes Ventil: empor in die Konsumetagen. Denn Wirkungsstätten dieser im wahrsten Sinne des Wortes erhebenden Installationen waren vor allem die Kaufhäuser, aber auch die Vergnügungsparks, die rasch einmal den Charakter von Ersatzparadiesen annahmen. Hier zelebrierten die Mengen den Aufstieg in die Einkaufsparadiese und stellten so ihren Anspruch auf einen Platz an der Sonne – metaphorisch – zur Schau. Das Zeitalter zeigte sich von einem Höhenrausch erfaßt, den, ihre Existenzlust zu steigern, die Massen in der Beletage der Konsumtempel der Metropolen, die Eliten mutatis mutandis in den Hotelpalästen des alpinen Hochgebirges zu befriedigen suchten. Hinter der materiellen Gestikulation verbarg sich ein spirituelles Bedürfnis. Denn im Trivialmythos von der Rolltreppe vereinigt sich allegorisch alles, was das Lebensgefühl des vorletzten Fin de siècle ausmacht, das zwischen Abgrundahnung und Luftschifferglück pendelnd nach einem Wort von Hermann Glaser »den Kohlepreis aufs Seelische hin zum Transzendieren brachte«:[5] zuvörderst jener Drang nach oben, den 1871 – im Jahre der Reichsgründung – Conrad Ferdinand Meyer im Versepos ›Huttens letzte Tage‹ als Imperativ: »Empor ins Licht!«[6] thematisierte und den 1912 – im Abendrot eben dieses Reiches – Karl May als Titel seines Wiener Vortrags ›Empor ins Reich der Edelmenschen‹ symbolistisch instrumentalisierte.

Dazu ist zu vermerken: ›Empor!‹ war die Devise dieses Zeitalters: ein Aufruf freilich eher eskapistischer als realistischer Natur. Aus den Niederungen, den Ussulistans und Ardistans, der Demontage des theologischen, mithin anthropozentrischen Weltbildes, aus den Devastationen jener drei von Freud diagnostizierten ›großen Kränkungen‹ der ›naiven Eigenliebe‹ des Menschen durch die Wissenschaft: jener durch Kopernikus, Darwin und ihn selbst verursachten, aus der Ohnmacht oder Arroganz, sie nicht verarbeiten zu können oder zu wollen – aus diesem öden Tiefland metaphysischer Verarmung und technizistischen Totalitarismus galt es zu entkommen: die Jakobsleiter – engelgeschützt (1. Mose 28, 12) – oder auch die Rolltreppe hinauf in das Hochland geistiger Tröstung – Dschinnistan gehört dazu –, wo so mancher Prophet, Visionär, Führer und neuer Heiland seiner Gemeinde neue Siedlungsgebiete versprach – und mochte es auch nur ein Hotelier oder schlimmstenfalls nur ein Kellner sein, der seine kranke Kundschaft in den Sanatorien des Hochgebirges zur Kur empfing, oder ein verhinderter Maler, der ihren Gesichtskreis mit idyllischer oder auch heroischer Postkartenkonfektion staffierte. – Die Zeit erwies sich für Surrogate empfänglich: banal oder erhaben – sie mußten nur über den Wolken – oben! – die Verheißungen verwalten, die auf Erden ein Überleben sinnvoll zu machen versprachen. Dieser himmelstürmende Drang, nach ›Wolkenkuckucksheim‹ zu emigrieren, fand gleichzeitig in dem ikarischen Unternehmen Ausdruck, das sich damals endlich verwirklichen ließ: dem Flug, genauer dem Vogelflug. Für Otto Lilienthal endete er 1896 noch ganz nach den Maßgaben des Mythos, nämlich tödlich; am Reichsparteitag 1934 in Nürnberg – in Form einer korrumpierten Theologie – transportierte er in der Anfangsszene von Leni Riefenstahls Propagandafilm ›Triumph des Willens‹ die Vision eines im Flugzeug herabschwebenden Erlösers Hitler, am von Karl May 1910 als Menschheitsberg verklärten Mount Winnetou lenkte der Indianer Junger Adler

seinen Flieger wie ein sicher gehendes, äußerst gehorsames Pferd. Er glitt einige Male in Bogen- oder Schlingenformen vor mir hin und her … und entfernte sich so schnell, daß er schon nach kurzer Zeit meinem Auge als kleiner Punkt entschwand. Das versetzte mich in eine ganz eigenartige Stimmung. Ich fühlte mich als Mensch so stolz, und doch auch wieder so klein, so außerordentlich klein! Es lag in mir wie ein Sieg über alles Hemmende und Niedrige und doch auch zugleich wie eine Angst, ob das Große, was wir uns vorgenommen hatten, wohl auch gelingen werde.[7]

Das Tremolo ist verräterisch, und um es gleich vorwegzunehmen: aus der Sicht vom Jahrhundertende auf den Jahrhundertanfang ist dieses *Große* – die Expedition nach Dschinnistan wohl – gründlich mißlungen.

Dazu hat die Angst – von ihrer Wirkung wird noch zu sprechen sein – das Zeitalter zu sehr im Griff, gezeugt aus dem Konflikt zwischen Technikstolz und reaktionärer Mutlosigkeit, einem geistigen Reduktionismus, der, in Furcht vor den destruktiven Folgen der Technik, sein Heil im Antidot der Atavismen und Mythologien sucht, deren Antimodernismus den ideologischen Wahn gebiert, den Stupor, es möchte über den Wolken das Paradies sich als nicht mehr denn eine gemalte Wand erweisen und es möchten die Sterne – nach einem Hegel zugeschriebenen Wort[8] – ›nur ein leuchtender Aussatz am Himmel‹ sein, last Exit to Dschinnistan in eine Sackgasse führen.

»Sobald ich das Thor hinter mir hatte, blieb ich, mich umschauend, halten. Wie groß war mein Erstaunen, als ich nichts, aber auch gar nichts zu entdecken vermochte, was ich hätte himmlisch oder paradiesisch nennen können! Ich befand mich in einer unbeschreiblich kahlen, öden, leblosen Traurigkeit. Man hatte es nicht einmal für der Mühe wert gehalten, die Innenseite der Mauer ebenso zu bemalen wie die äußere. Die Malereien da draußen waren angebracht worden, durch die mit ihnen bezweckte Täuschung die kurzsichtigen und vertrauensseligen Gläubigen anzulocken. Da man aber keinen, der das Chabl el Milal hinter sich hatte, wieder zurückkehren ließ, so hielt man es nicht für nötig, diese Beschönigungen dann im Paradiese fortzusetzen. Ich sah weder Baum noch Strauch. Kein Wasser floß. Kein Weg war zu erkennen. Nichts als verwehte Spuren im ausgetrockneten, unfruchtbaren Sande, so lag vor meinen Augen das sogenannte Eden, von welchem die ›Erleuchteten des Herrn‹ in hundert Zungen der Verzückung sprachen! Es mußte jedem Fuße grauen, einen Vorwärtsschritt in diese wüste Hoffnungslosigkeit zu wagen.«[9]

Karl May hat 1903 einen schonungslosen Ausblick auf ein Dschinnistan als die Abraumhalde menschlicher Verlogenheiten beschrieben. Er gestaltete damit eine Obsession der Epoche, die ihre Angst, über die letzte Ausfahrt in eines der noch verbliebenen Reservate und Paradiese vermeintlicher Sinnerfüllung – sei es solcher des Nationalismus, Kommunismus, Sozialismus, Ästhetizismus, der Kunstreligionen, der heroischen Zirkel der Eingeweihten, der nietzscheanischen Weltübermenschen, der Mystagogen und Ersatzheiligen, der spirituellen Cagliostros und Mesmer-Jünger –, beim Surfen also durch verschiedenste utopische Auslaufmodelle in den Entsorgungsarealen theologisch-philosophisch-ideologischer Konstrukte zu landen, die dieses unterschwellig rumorende Unbehagen mit dem Arrangieren immer neuer, zugegeben pittoresker und origineller weltanschaulicher Kulissen zu sublimieren versuchte. Eine der beliebtesten Soffitten – mit ehrwürdiger Tradition – war das Hochgebirge, das sich schon topographisch am besten dazu eignete, dem Weltflüchtigen den Ausblick auf eine nihilistische Unendlichkeit zu verstellen und gleichzeitig die Nähe des Göttlichen zu garantieren. Wo, wenn nicht auf der Berge Gipfel, war seit Mose und des olympischen Zeus Zeiten die Gottheit zu orten?

Maloja

> They were beautiful mountains but they were hard. She did not think they would forgive many mistakes.
> Stephen King: The Shining

Empor ins Reich der Edelmenschen! Das ist zunächst eine montane, eine bergsteigerische Metapher, die um die Jahrhundertwende weltanschauliche Konjunktur hat und der sich auf der ideologischen Metabühne das Erlöserdrama verbindet. Beides ist Gestalt geworden auf einem überlebensgroßen Wandgemälde in der Vorhalle des ›Rammelsbergs‹, jenes altehrwürdigen Silberbergwerks bei Goslar, als Allegorie des Steigers, frontal mit nacktem Oberkörper ekstatisch die Arme reckend. Die ›Lichtgestalt‹ des Fidus gibt für diesen Erlöser, der die Wirklichkeit der Bergleute verklärt, das Vorbild ab. Von beidem ist zu handeln: zunächst vom alpinen Bereich, den Gletschern als Glacis, über die der Weg »in eine vermeinte Einheit«[10] führt, die Dschinnistan (ver)heißt.

Das Hochland … ist gebirgig, gesund, ewig jung und schön im Kusse des Sonnenstrahles, reich an Gaben der Natur und Produkten des menschlichen Fleißes, ein Garten Eden, ein Paradies. Man nennt es Dschinnistan. Dschinni heißt Genius, wohltätiger Geist …, und bildlich bedeutet es den angeborenen Herzenstrieb nach Höherem … Dschinnistan ist also das Territorium der wie die Berge aufwärtsstrebenden Humanität und Nächstenliebe, das einst verheißene Land der Edelmenschen.[11]

Tiefland–Hochland: die uranische Kulisse hat ehrwürdiges Alter. »Vom Himmel kommt es, / Zum Himmel steigt es« (Goethe[12]) – und zwischendrin: der Mensch, von seinem Schöpfer ausgesetzt und der Ethik dieses Berglandes überlassen:

ut tui ipsius quasi arbitrarius honorariusque plastes et fictor in quam malueris tu te formam effingas. Poteris in inferiora quae sunt bruta degenerare, poteris in superiora quae sunt divina ex tui animi sententia regenerari.[13]

Das allegorische Hochland ›Dschinnistan‹ ist zunächst die Region göttlicher Inspiration (»superiora quae sunt divina«), wo ein gnostischer Dualismus Regie führt und *ein Garten Eden, ein Paradies* in den Orient verweist, Persien als ›Reich des silbernen Löwen‹ imaginiert. Hier sind die Menschen religiös und streben zum Licht. Lexikalisch heißt das: auf einem Hochplateau von durchschnittlich 1500 Metern weist der kosmische Magnetismus der Sonne möglicherweise eine stärkere Anziehung auf als die Schwerkraft des Erdkerns, die ihre Bewohner hinab zur Materie zieht. Auf der sich über anderthalb Millionen Quadratkilometer erstreckenden Hochebene Irans ist die Sonne faßbarer, das Licht heller als in den meisten anderen Ländern. Es ist ein uraltes Licht, die Urenergie, aus der der Religionsstifter Zarathustra einst die Welt entstehen ließ. Ahura Mazda nannte er diese Energie: Schöpfer, Erhalter und Zerstörer der Welt. Am Anfang, so lehrte Zarathustra, stand die Urkraft aus Licht und Klang, das Wort, das *im Kusse des Sonnenstrahles*, in Glauben und Kunst als dem *angeborenen Herzenstrieb nach Höherem* Gestalt annimmt.

Hier erscheint das Hochgebirge als Grenzgebiet zum Göttlichen, und schon früh bedienen sich Mythos und Tourismus einträchtig der Alpen als eines prominenten Exempels aus den Musterbüchern coelester Erhabenheitstopographie: zum Beispiel Hölderlin, der sich zur Entfaltung seiner mythischen, organologischen Naturansicht vor allem die schweizerischen Gebirgspanoramen instrumentiert. In Hölderlins Vision ist die Aura des Erhabenen, welche das bisherige – auf Haller zurückgehende – Alpenbild bestimmte, verwandelt in den Glanz des Schönen. In der Hymne ›Patmos‹ bezeichnet er das Gebirge als »hochgehoben, ein silbern Geländer«,[14] womit er zwar die Gipfel Asiens meint, für sie aber die schweizerischen Churfirsten als reales Modell nimmt, wie Lothar Kempter überzeugend nachweist.[15] In der Sicht der organologischen Natur- und Kunstphilosophie Schellings und Hölderlins wechseln die Alpen aus dem kategorialen Bereich des Erhabenen in den des Schönen, in dem sich das Vollkommene, letzten Endes das Göttliche manifestiert.

Die gleiche Überblendung von schweizerisch-alpinem und iranisch-asiatischem Hochland vollzieht sich auch in den Prospekten Dschinnistans. Hier wie in der alpinen Inszenierung Hölderlins und in seiner Gefolgschaft der Landschaftsmalerei des neunzehnten Jahrhunderts – vor allem Caspar David Friedrichs – liegt das Göttliche transmontan. Hölderlin ›malt‹ in der Elegie ›Heimkunft‹ regelrecht die Szenerie: »Ruhig glänzen indeß die silbernen Höhen darüber, / Voll mit Rosen ist schon droben der leuchtende Schnee. / Und noch höher hinauf wohnt über dem Lichte der reine / Seelige Gott vom Spiel heiliger Stralen erfreut.«[16] Der Wandernde nach Dschinnistan bewegt sich in dieser äußerst dünnen, äußerst lichten Höhenluft. *Wir aber wendeten unsern weitern Aufstieg nun den Bergen, über deren Pässe der Weg nach Dschinnistan führte, und unsrem hohen, weiteren Ziele zu.*[17] Intendiert ist hier natürlich auch allegorisch eine ›Heimkunft‹ über ein platonisches Itinerar, um dem Göttlichen zur Seite in einer Art Ideenteichoskopie die Ideale des Friedens zu erschauen. »Und der Horizont / Ein silbern Geländer«:[18] *Dort … sah meine Phantasie das Tor, aus dem der Erzengel trat, und die Mauern, auf denen seine Scharen erschienen, um nach dem Frieden auszuschauen.* (34, 403A)[19]

Die alpine Kammlinie, deren Macht 1757 schon Edmund Burkes Abhandlung über das Erhabene huldigte, ist der Logenplatz der göttlichen Inspektion. Insofern erscheint der Titel von Hölderlins Elegie ›Heimkunft‹ durchaus doppeldeutig: im gnostischen Sinne eine ›Heimkunft‹ der Seele zu ihrem Ursprung, in der Terminologie des Origenes eine ›Apokatastasis‹. Und als Zeichen ihrer Verwandtschaft mit dem Göttlichen wird im Zeichen der Sonne über das Wasser der Seele der rote Teppich ausgerollt: der Führer nach Dschinnistan bemüht den Glanz des katzenmächtig springenden, ja zarathustrahaft tanzenden Tagesgestirns als Evokation des Transits ins Empyreum:

Zu gleicher Zeit zuckte es im Osten leuchtend auf. Die Sonne erschien. Sie erschien nicht nach und nach, sondern sie stand gleich mit einem Male über dem Horizonte. Nun lagen nicht nur die Kuppen und Spitzen im Morgenrot, sondern das Rot verwandelte sich in flüssiges, ganz plötzlich wie vom Himmel niedersinkendes Gold, und das ganze Gebirge und die ganze, um uns sichtbare Welt stand in hellem, glücklichem Tagessonnenlichte. (35, 923A)

Sprachmächtig hat das der Visionär auf ›Patmos‹, der sich ›Asia‹ als das gelobte Land imaginiert, schon getan: »Im goldnen Rauche blühte / Schnellaufgewachsen / Mit Schritten der Sonne / Mit tausend Gipfeln duftend / Mir Asia auf (…)«.[20] Das tut es dann auch – den Vorhof zum Empyreum mit Dante entliehenen Bildern ausmalend – für die Reisenden nach Dschinnistan, indem auch ihnen über den Wassern der rote Teppich leuchtet und damit ihren Eintritt in den Bereich des Göttlichen legitimiert. Erstmals wird dieser ›rote Teppich‹ im Jahre 1850 in der ›Königlich-Preußischen Ceremonialverordnung‹ für Krönungen, die Erhebung in den Adelsstand und die ›Reception regierender Souveräne‹ erwähnt. Seine Funktion ist mythischen Ursprungs, sahen doch schon Kelten und Germanen im Blutrot des ausgerollten Bodenbelages ein Zeichen für die Bindung von Familie und Gefolgschaft. Wer ihn betritt, gehört zur Gemeinde, ist eingeweiht. Potenziert wird seine Wirkung hier durch die Verbindung mit Wasser, hinter dem Dschinnistan liegt und wo die Sonne im Untergehen begriffen ist, und in der Symbolträchtigkeit des Pferdes. *Dann zügelte sie ihren Zelter nach West, der untergehenden Sonne entgegen, die jetzt dem Horizonte so nahe stand, daß strahlende Feuergarben über das Wasser zuckten und der ganze dortige Himmel in Flammengluten stand.* (35, 932A)

Soweit die spirituell-morgenländisch-mystische Kulisse der Allegorie ›Dschinnistan‹; dahinter freilich eröffnet ein eher utilitaristisch-abendländischer, kapitalistisch-protestantischer Prospekt den Blick auf ein alpines Kanaan, und dieses steht in Einklang mit den Versprechungen der Tourismusindustrie. Die Emblematik hebt den ›Bürgersinn‹ über die Poetisierung in den Stand des Theologischen; dem Topos widerfährt eine Sakralisierung vor aus dem metonymischen Magazin der Heraldik entliehenen Bergkulissen, wonach wer Berge sagt, schon immer Schweiz meinte. Denn Dschinnistan trägt neben den persischen auch unverkennbar helvetische Züge: und sicher hat für El Hadd die Schweiz Modell gestanden. Erhabene Gletscher, naive Schäfer und reiche Bürger: arkadisch war die Schweiz, die Jean-Jacques Rousseau nicht ohne Sinn für ihr touristisches Potential pries: »Nur die Schweiz bietet ihrem Besucher diese großartige Mischung von wilder Natur und menschlichem Fleiß.«[21] Und schon die europäischen Eliten des 18. Jahrhunderts folgten dem Lockruf. Das alpine Événement befriedigt bereits in seiner infrastrukturellen Absicherung das große Verlangen der Wendezeit vom 19. zum 20. Jahrhundert nach der Synthese von Naturwissenschaft und Eschatologie, um die Errungenschaften der modernen Technik mit einer religiösen Haltung auszusöhnen, die versprach, *daß das Begonnene sich vollendete und das Gehoffte sich erfüllte* (35, 935A): Marah Durimeh träumt davon im Anblick der Berge des Berner Oberlands, wo die Epiphanie Dschinnistans *»(w̧)ie ein Alpenglühen im Himmelreich!«* (35, 935B) – im Vorhof des Empyreums: El Hadd – sich vollzieht, *nämlich im Lauterbrunnertal*, unter dem *Gipfel der Jungfrau* (35, 935Af.): »(…) darunter (…) ist man erst auf dem rechten Fleck.«[22] Dazu gehören ebenso *Pilatus*, *Rigi* und *Vierwaldstädter See* (sic! 35, 930B). Sie evozieren für Dschinnistan – je steiler um so theophaner – eine malerische, touristische Szenerie, ein Entkommen in Lichte Höhen von des Hoteliers Gnaden. »(…) dahin dringt jeder große Austritt aus dem kleinen Leben.«[23] Das Ergebnis profaner Spekulation ist der »Ort« im alttestamentarischen Sinne als Identität Gottes, der Eintritt »in eine vermeinte Einheit«[24] gewährt. Und die verklärende Sicht der ›Rigi‹ *als die heil'ge Stufe, / die mich dem Himmel heute näherbringt*, als Säule, worauf *die Macht der Liebe … felsenfest sich … baut,* wie es die versifizierte und gereimte Vedute aus der Edition ›Lichte Höhen‹ beschwört,[25] wird nun wortwörtlich Panorama, Programm und baedekerhafter Leitfaden für die Visualisierung ›Dschinnistans‹. Eine die Grenze zum Grellen immer wieder überschreitende Kreuzung aus Merian und Mystik.

Der Kessel, der nun unter uns lag, war nichts als der wohlterrassierte, plötzliche Absturz der weit vorherrschenden Ecke eines Hochplateaus, an dessen Südseite sich das eigentliche Dschinnistan nun erst zu erheben begann. Die Füße aller der Berge, die man da sah, standen im Wasser. Ungefähr so, aber in gigantischer Vergrößerung, wie der Vierwaldstädter See sich derart innig um die Fundamente des Rigi, des Pilatus und anderer Berühmtheiten legt, daß sehr oft zwischen Wasser und Fels kein gangbarer Pfad zu ermöglichen ist, so windet sich auch da oben im südlichen Grenzgebiet von Dschinnistan eine vom tiefsten Blau bis zum hellsten Grün zu den Menschen sprechende Flut in der Weise zwischen den hochstrebenden Felskolossen hin, daß man behaupten möchte, diese letzteren seien nicht durch die Füße der Sterblichen, sondern nur auf ähnliche Weise zu erreichen, wie der Gegensatz von diesen Bergen, nämlich die Unterwelt, einst nur durch Charons Kahn zu erreichen war. (35, 930B)

In Umkehrung des Mythos wandelt sich Charon zum Funktionär einer coelesten Reiseagentur: zum Psychopompos ins Empyreum, das an dieser Stelle nicht mehr bietet als eine Teichoskopie paradiesischer Pyrotechnik. An die Bergerlebnisse Nietzsches und C. F. Meyers, die sich vor allem auch den Schweizer Alpen verdanken, ist hier also ebenso zu erinnern wie an die Bergmythologie eines Roland Barthes. Sie alle verwenden als Material die Legierung von Theologie und Orographie bei Dante und Petrarca. Denn:

malerisch ist alles, was uneben ist. Man begegnet hier der bürgerlichen Rangerhöhung des Gebirges wieder, dem alten Alpenmythos (er stammt aus dem 19. Jahrhundert), den Gide zu Recht mit der helvetisch-protestantischen Moral in Verbindung brachte und der immer wie eine bastardhafte Mischung von Naturismus und Puritanismus wirkt (Erholung durch die reine Luft, moralische Ideen beim Anblick der Gipfel, der Aufstieg der Bürgertugend usw.).[26]

Das Hochgebirge als Kulisse für ›the pilgrim's progress‹. »Wie der Kleinbürger begann, sich an den Alpen zu erbauen, von Bergriesen schwärmte und von Gebirgsmajestäten, so wurde auch seine mechanistische Weltanschauung poetisiert«:[27] und die materialistische oder kapitalistische neuplatonisch psychologisiert: angesichts des Staubbach-Falls – »Es ist ein sehr erhabener Gegenstand«[28] – malt sich Goethe 1779 aus, wie »des Menschen Seele (…) vom Himmel kommt«;[29] nämlich – in den Worten Mays – *von den Bergen herab, die gen Himmel ragen, in Gestalt des klaren, reinen, hellschimmernden Wassers und des sich von den Felsenwänden milchweiß abhebenden Reiterzuges, dessen Helme und Lanzenspitzen goldene Strahlen zu uns sandten.* (35, 851B)

Das Bergerlebnis garantierte denen, die es wagten, und das hieß oft nur, die dazu finanzkräftig genug waren, *in eine Welt einzudringen, wo nur das Große, Erhabene Platz zu finden, die alles Kleine, Gewöhnliche zu erdrücken, zu zermalmen schien*,[30] Teilhabe an Anachoreten- und Heroentum, an der Mystik des Wasserzyklus, dem ›Gesang der ›lieblichen‹ Geister über den Wassern‹ des Staubbach-Falls oder ›in der Wüste‹, wo ihn Goethe in der Abschrift Charlotte von Steins[31] erklingen ließ – eine wie auch immer zu bewertende Prolepsis der Quell- und Strommetaphorik Dschinnistans –, an der Hygiene, Sublimation religiöser Erbauung, sittlicher Aufrüstung, geistiger Erneuerung – kurz Entkommen aus den entsittlichenden Hippodromen des Kapitalismus, die das industrialisierte ›Ardistan‹, das Mittelland, beherrschten und von wo man in den Luxusschiffen der Belle-

Epoque-Hotels freilich dann auch zu einem neuen ›embarquement pour Cythère‹ aufbrach.

Und sei's auch nur, daß man auf diesen Luxuslinern in die Reaktion segelte auf der Flucht vor der proletarischen Bedrohung, die aus den Sümpfen der Großstädte aufzusteigen schien und ein ganzes Set von Reformbewegungen stimulierte; diese ermöglichten eine »Regression aus der sozialen in die natürliche und biologische Realität«;[32] ob nun in den Luzerner Gletscher- oder den Pfitznerschen Liebesgarten. Der ›alpine Tourismus nach Dschinnistan‹ war eine Form der Fluchtbewegungen unter vielen. Die Vignetten, die er zum raschen, ungehinderten Fortkommen auf den Ideen-Bahnen nutzte, boten sich in ihrer Ikonographie als austauschbar an. ›Dschinnistan‹ selbst gar dient ähnlich wie etwa ›Jugend‹ »als Beschwörungswort einer neuen Erdenbürgerschaft, die sich in den weiten Räumen des Alls eher als in der städtischen Enge zu Hause fühlte«[33] und nur zu gerne aus den Ruinen einer untergehenden Sittlichkeit in das utopische Reservat eines heilen Lichtreiches emigrierte, um auf »blumige(m) Anger« und an »eine(m) blauen See«, wo »auf kleiner Felseninsel ein Tempel sich erhebt«[34] – in einem elysäischen Glyndbourne sozusagen – zu picknicken, geschützt von den auserwählten Hütern des Lichts, nach dem »ja das All mit Schmerzgewalt (ringt)«.[35] Ihr haben Hans Pfitzner und sein englischer Librettist James Grun, nach kräftigen Explorationen in den Gralsgärten des Wagnerschen ›Parsifal‹, den »Liebesgarten« als jenen »andere(n) planeten« – ›Sitara‹ significata praesumptaque – eingerichtet, von dem 1907 Stefan George nur ›Luft‹ spürte, indessen Karl May schon 1902, ein Jahr nach der Uraufführung von der ›Rose vom Liebesgarten‹, im dritten ›Silberlöwen‹-Band die transitorische Wirkung der ›Rose‹ erfuhr, die als einzige Zutritt gewährt zu dem »Reich (...), daraus mit nie gebeugter Macht / die ew'gen Siegeskräfte gehn / und jährlich durch den Weltbau wehn, / um frisch, in wunderbarem Streit, / zu ringen mit der Sterblichkeit«;[36] einem »Reich«, dessen Inventar wir auch prompt in den späten, ab 1900 den weiten plains and mountains eines gnostischen Mystizismus gewidmeten Reisehandbüchern Karl Mays begegnen: Sitara wird zum »Liebesgarten«, wo – wenn vor der Macht der ›Rose‹ »die Schranke sinkt – Sphäre auf Sphäre in grenzenloser Weite sich dem Blick (öffnet)«, im »All (...), im Mutterherzen, der ew'ge Friede und das Weltgeschick (ruht)« und »die Kreatur (...) zur Gottesjugend siegreich auferblüh'n (darf)«.[37] – Die Utopie als glanzvolles »Splendide-Hôtel« für die Geistes- und Lichtheroen, »bâti dans le chaos de glaces et de nuit de pôle«.[38] Aber wie jedes Unternehmen waren auch diese ›Operetten‹-Inszenierungen nicht sicher vor dem Konkurs, wenn auch nicht alle fallierenden Entrepreneurs sich – wie vom Grafen de Renesse erzählt wird – im Champagnerrausch in ein tiefes Tobel stürzen sollten. Von ihm sei im folgenden kurz die Rede, zeigt er doch eindrücklich, daß die Stücke vom ›Neuen Menschen‹ aus dem Repertoire der Semiseria stammen.

*

Die Analogie hat ihre durch den Zeitgeist soufflierten, ebenso grotesken wie aufklärenden Züge. Das wird am Beispiel des ›Hotel-Kursaal de la Maloja‹ deutlich: der semitragische Held, der belgische Graf Camille de Renesse, reist 1880 der Gesundheit wegen ins Engadin, wo zur selben Zeit an »eine(m) der ergreifendsten und großartigsten Orte nicht nur des Engadins, sondern der ganzen Schweiz«[39] im Peripatos Friedrich Nietzsche seine zoroastrischen Gedanken pflegte, und ist sofort »erstaunt von dem Glanz dieses Landstrichs, (…) von den unermeßlichen Schätzen, die er für ein klug geleitetes Unternehmen bereithielt (…)«;[40] eben vom kanaanitischen Versprechen Dschinnistans: *gesund, ewig jung und schön im Kusse des Sonnenstrahles, reich an Gaben der Natur und Produkten des menschlichen Fleißes*.[41] Im Heimatland von Puritanismus und protestantischer Ethik braucht es nicht viel, um vom Geist des Kapitalismus raptim spiritaliterque inspiriert zu werden, und so reift schnell in ihm der Plan zu einer kompletten touristischen Erschließung der Umgebung von St. Moritz.

Der nun folgenden Inszenierung eines kapitalistischen Dschinnistan durch den Grafen entspricht seine verblüffende metaphysische Umdeutung durch Karl May. Das muß den Intuitionen des Zeitgeistes geschuldet sein; denn beide Herren wußten ja nichts voneinander. Hinter den Fenstern des ›Hotel-Kursaal de la Maloja‹ (›Maloja Palace‹), eines fünfgeschossigen Riesengebäudes, das der Graf de Renesse in der Rekordzeit von zwei Jahren hatte errichten lassen, wohlgemerkt mit zusammengeborgtem Kapital – und um dieses zurückzuzahlen, nahm er offenbar den Tod seiner Frau (man kolportierte einen Mord) in Kauf –, ging die Sonne niemals unter; denn das Haus war als eines der ersten der Gegend elektrifiziert und besaß mangels Stromnetz auch sein eigenes kleines Wasserkraftwerk: nicht anders als, um den Fluß des Gewinnes sicherzustellen, 1890 der ›Felsenkessel‹ unterhalb des ›Silbersees‹ in den Rocky Mountains, dessen Kapazitäten Old Firehand und die Seinen erschließen, weil dort *»Millionen (liegen)«*.[42] *Das war zugleich der passende Ort, die nötigen Maschinen und Werkzeuge* einzusetzen.[43] Damit die Aussicht der Gäste auf den See durch nichts gestört wurde, befahl der Graf einen nicht ganz unbeträchtlichen Hügel abzutragen, und auf daß der Strom der Gäste niemals versiege, projektierte er eine Paßstraße von gigantischen Ausmaßen und eine Eisenbahnlinie. Einfach sind die lichten Höhen dieses Hotels ›Dschinnistan‹ dennoch nicht zu erreichen. ›Empor ins Reich der Edelmenschen‹ – was in diesem Falle zunächst die Reichen, aber nicht unbedingt die ›Guten‹ bedeutete –: das bedingte vor allem eine moderne Energie- und Verkehrsinfrastruktur,[44] die sichert, daß alles fließt. Sie garantierte 1884 den Fluß der Gäste und damit des Geldes wie die Talsperre, die der ›Silbersee‹ ja ist, oberhalb des vegetationslosen ›Felsenkessels‹ 1890 den Fluß des Goldes, der ›Brunnenengel‹ zu Häupten des toten *Felsenkessels* (35, 927A) von El Hadd 1909 den Fluß des Friedens besorgt. Maloja, Silbersee, Dschinnistan:

die Metaphorik läßt die Kulissen in eine Paradiesesskyline konvergieren. Da in ihr – nicht anders als in Wotans mit geliehenen Mitteln von Fafner und Fasolt errichtetem Walhall – eine problematische Transzendierung des Kapitalismus zur Darstellung kommt, kann sie nur ein Spekulationsobjekt sein –: Dschinnistan ein elysäischer *Digging-Platz*,[45] an dem sich ein ›pursuit of happiness‹ phantasiert. Dschinnistan also auch ein amerikanischer Traum? Geld ist Gold, Gold ist Friede und Friede ist Glück: ›geschürft‹ wird es nicht in den Klüften von proletarischen Nibelungen, sondern es wird droben – caelo sereno – vor *eine(r) gewaltige(n) Scenerie*, die *dem Beschauer die Augen übergehen*[46] macht, durch eine geringfügige Manipulation des heroischen Personals gleichsam ›geflutet‹.

Der Digging-Platz war also gegeben, und es hieß nun nur, ihn in Arbeit zu nehmen. Das sollte möglichst bald geschehen. Das gab ein Schwärmen und ein Hoffen … Endlich … kam die Botschaft, daß die Maschinen abgeholt werden könnten. … Dann, als man alles oben am See beinander hatte, begann der Ingenieur seine Thätigkeit zu entwickeln.[47]

Nahezu zwanzig Jahre später – 1909 – kommandiert im Vorhofe Dschinnistans Marah Durimeh das Ingenieurbüro:

»Nun an das Rad! Du und der 'Mir von Ardistan!«

Sie folgten dieser Aufforderung, der Schech schnell und bewußt, der 'Mir aber langsam, wie ein Träumender. …

Das Rad drehte sich, ganz leicht, ohne alles Geräusch, als ob es sich nur um etwas Kleines, Gewöhnliches handle.

»Komm, und sieh!« flüsterte Schakara mir zu. (35, 932Bf.)

Da kann man nur mit der Tante Droll sagen: *»Das Geschäft geht brillant.«*[48] Anders als diese hatte der Graf freilich die Rechnung ohne den Wirt gemacht, und wo beim Hobble-Frank die *»Villa … mehrschtendeels schon fertig (is)«*, aber nur *»im Koppe«*,[49] verwirklicht der Graf seine touristische ›Kopfgeburt‹.

So fand dann am 1. Juli 1884 die Eröffnung des größten und modernsten Grand Hotels der Alpen, eines kuppelgekrönten Palastes, in Maloja statt, zu der der Graf die Hochfinanz und den Adel aus aller Welt lud. Fünf Monate später hatte er falliert und nach heutiger Kaufkraft 100 Millionen Franken verloren. Die Veranstaltung entpuppt sich als Semiseria von etwelchem zeitdiagnostischen Gewinn: Ein Hochstapler also gründet in den Bündner Alpen ein »Himmelreich« in der ›Waldröschen‹-Zeit 1882/1884, falliert und – der Rest ist Operettentraktat – schreibt (welche Wandlung!) sechzehn Jahre darauf in Monte Carlo und Nizza, ein verspäteter Nachbar Nietzsches, als Consolation über den Tod der Gräfin, ein erfolgreiches Jesus-Traktat, einen europäischen Bestseller, der sich sicher besser als ›Ardistan und Dschinnistan‹ verkaufte. Der Konkurs verhilft dem Frauentausch des Mythos – so beanspruchen die Riesen angesichts der Zahlungsunfähigkeit der Götter Freia, die Göttin der ewigen Jugend, als Pfand – zumindest zu einer metaphorisch interessanten Realität. Auch May trennt sich von seiner ersten Gattin Emma, um aus den Niederungen des ›Mammons‹ mit Hilfe einer neuen Muse – Klara – in den astralenen Rayon der Edelmenschen Dschinnistans emporzusteigen, denen nach seiner Wandlung vom kapitalistischen Saulus zum idealistischen Paulus auch der Graf 1900 in besagtem Werk über ›Jesus Christus, seine Apostel und Jünger im 20. Jahrhundert‹ nachspürte.

Im Kern ging es dem gealterten Aristokraten darum, die helle Gestalt des ursprünglichen Christus von den neunzehn Jahrhunderten christlicher Geschichte zu lösen. Er wollte die reine Lehre ›der Urchristen, des Franziskus von Assisi und anderer tief redlicher Jünger‹ der offiziellen Kirche gegenüberstellen, in der er ›Aberglauben, Fanatismus, Unwissen und Routine‹ erkannte.[50]

Mithin ein in seinen Absichten May durchaus vergleichbarer Reisender in Dschinnistan auf der Suche nach Jüngern, die seiner messianischen Botschaft folgen sollten, nach einem Kreis der »wertvollsten und sonst höchstentwickelten Personen«,[51] auf den sich May in seinem Spätwerk immer wieder (vgl. 34, 925A) berufen wird: »einen Kreis der bedeutendsten Männer«, den Diotima einladen will, um »die schwierigste Frage der Welt zu beantworten«;[52] eine »Société des Esprits«,[53] in der *»einst die Wohlmeinenden aller Nationen sich zu vereinigen haben (werden)«*;[54] *»Helden der Wissenschaft und der Kunst, des wahren Glaubens und der edlen Menschlichkeit, der ehrlichen Arbeit und des begeisterten Bürgersinnes«* (35, 932A), nach denen in der Zwischenkriegszeit (1918-39) die Autoren der ›Entretiens‹ auf der Suche sind: »hommes qui sont voués aux travaux de l'esprit, (...) hommes (...) voués aux recherches des lois ou à la construction des œuvres«.[55] Kurz: ›Edelmenschen‹.

Märdistan

> Die Angst regt von allen Leidenschaften
> die Phantasie am stärksten an.
> Robert Burton:
> Die Anatomie der Melancholie

May übernimmt den Begriff aus dem Werk der Bertha von Suttner, ihrem pazifistischen Erfolgsroman ›Die Waffen nieder!‹, und mit ihm auch den ›biagenen‹ Charakter der Tugenden: »Aus der Art, wie er von den Grausamkeiten sprach, deren Zeuge er im Kriegsgetümmel gewesen war, hörte ich die Verheißung der Edelmenschlichkeit heraus, welche berufen ist, erst bei einzelnen, später bei vielen, endlich bei – allen die Barbarei zu überwinden«.[56] ›Überwunden‹ muß werden. Der ›Neue Mensch‹, gar der ›Edelmensch‹, ist auch in der Utopie Mays nicht gewaltlos zu haben. Der Weg in »das weiter hinauf liegende Schöne«[57] bedingt nach Dantes Dreistufenmodell zur Erreichung des Paradieses, dem May hier folgt, das ›Purgatorio‹ und damit Prüfungsrituale, die, den ›gewaltfreien Menschen‹ zu erziehen, nicht gewaltfrei sein können. Das Vokabular dieser Erziehung klingt agonal, mehr noch: bellizistisch. *Daß der Gewaltmensch sich zum Edelmenschen emporzubilden habe, ist eines meiner Ideale* (35, 887A), ist der Basso continuo, über dem der ›Mir von Dschinnistan‹ seine ideelle Thematik variiert. ›Emporzubilden‹ heißt *»herausreißen und von Dir werfen, weil Du es sonst nie zum Edelmenschen bringst ...«* (34, 726A)

Die Interpretationsvariante, daß wir es hier mit landwirtschaftlichem Sprachgebrauch beim Erschaffen des »Edelmenschen« zu tun haben, ist eigentlich noch eine harmlose. *»Du mußt hacken, düngen, pflanzen und bewurzeln, ganz gleich, ob dies denen, die keine Gärtner sind, gefällt oder nicht!«* (34, 928A) lautet der Imperativ einer monastischen Kolonisation. Jedoch: Märdistan ist weder Pflanzort klösterlicher Kultur noch landwirtschaftlicher Betrieb: sondern ein Köppelsbleek unterhalb der Marmorklippen von Dschinnistan, wo *die Feinde (lauern), die man, einen nach dem anderen, zu besiegen hat, wenn man aus Ardistan nach Dschinnistan entkommen will.*[58] ›Lauern‹, ›Besiegen‹, ›Entkommen‹ sind an diesem Ort der Säuberung die Aktivitäten, die den Aufstieg ins Reich der Edelmenschen begleiten. Und dann *mitten in jenem Walde von Kulub ist jener Ort der Qual,*[59] der – transitorisch – die Sinnerfüllung von Fegefeuer und Heimsuchung durch die Gegenwart Gottes erfährt, ja geradezu Gott selbst ist. Denn der ›Ort‹ bedeutet in der hebräischen Tradition eine der Metaphern für den unaussprechlichen ›Gott‹. Was aber, wenn Gottes Sitz sich als leer enttarnt, wenn es bei der *Qual* – deo absente vel abscondito – bleibt? Einer Aktion purer Hygiene, die über die Reinheitsrituale zur Entpersönlichung führt? Wenn Ortsbeschreibung, Geographie sich nicht als Homilie, die zu schreiben der Reiseschriftsteller Karl May vorgibt, sondern als nihilistische Pathographie entpuppt, als allegorische Vedute der elenden Existenz des Autors in seiner Zeit? Denn diese Orte sind der Spiegel, sie reflektieren – man ist versucht zu sagen: mit Hinterlist – die Topographie des Elends, eine Ruinenlandschaft, in der die Lebenswelt des Autors zerbrochen ist: nicht nur seine, sondern die seiner ganzen Epoche. Was wir Kultur nennen – die Ordnung der Dinge, der Rahmen einer unbefragten, unbelasteten Gewohnheit –, birst plötzlich. Vergangenes kehrt zurück, bohrt sich ins Dasein als Tagtraum einer seltsam diffusen über Generationen laufenden Schuld, wie sie auf dem 'Mir von Ardistan lastet. So erstaunt es nicht, daß Geographie in den Llanos der schriftstellerischen Existenz die foci einer merkwürdigen Introspektion kartiert, wo Epochales sich im Persönlichen zu erklären versucht. Der Autor reist, ohne Ruhe zu finden, sich zuletzt einer inneren Gegend hingebend: dem Hin und Her des Wahns. Solche ›inneren Gegenden‹ sind Ardistan, Märdistan, Dschinnistan – hier arbeitet einer wahrhaft seine seelischen Nöte ab, entstehen Projektionen einer Psyche, die sich als Zeitgeist begreift, im gewaltigen Feuerordal der Schmiede zu Kulub, wo ein parsisch inspirierter Endzeitritus die Guten wie die Bösen in Strömen geschmolzenen Metalls der Läuterung unterwirft.

In der ›Cronaca del Luogo‹ Ardistans und Dschinnistans wird die Schmiede *zu Märdistan, im Walde von Kulub*,[60] zu einer Folterfabrik, Ort eines Fegefeuers der Utopie, woselbst die Tugend- und Friedensutopie in den Spagat von Güte und Gewalt gerät. In der Abwesenheit Gottes bleibt nur die Gewalt, bleibt am Ende vom heroischen Pneuma nichts als die tödliche Banalität des Gases. Denn: das Jahrhundert der Gulags desavouiert die Ideale als kontingent. Die Idee des Guten scheint ja, schon als Grundtugend, wie sie Platon verordnet, Gewalt zu kodieren, per se eine Vignette der Gewalt zu sein. »Ideale haben merkwürdige Eigenschaften und darunter auch die, daß sie in ihren Widersinn umschlagen, wenn man sie befolgen will«, sinniert Diotima im 57. Kapitel des ›Mannes ohne Eigenschaften‹.[61] General Stumm von Bordwehr, der gleichfalls zu dessen personeller Ausstattung gehört, kann daraus während der sich selbst verordneten Klausuren in seinem Arbeitskabinett nur hellsichtig schließen, daß die Kontingenz der Ideen die Ideenlaboratorien zu Schlachthöfen werden läßt; »denn würde auch nur ein einziges Mal mit einer der Ideen, die unser Leben bewegen, restlos, so daß von der Gegenidee nichts übrig bleibt, Ernst gemacht, unsere Kultur wäre wohl nicht mehr unsere Kultur«.[62] Der Idee, selbst vom sanftmütigsten Phänomen, ist offenbar ein Gewaltpotential eingeschlossen: wie den Windsäcken des Aiolos. Folglich denn:

> *Zu Sitara gehört auch das … weit ausgestreckte Gebiet von M ä r d i s t a n mit dem geheimnisvollen W a l d e v o n K u l u b, in dessen tiefster Schlucht, wie man sich heimlich erzählt, die G e i s t e r s c h m i e d e liegt, in der die Seelen durch Schmerz und Qual zu Stahl und Geist geschmiedet werden.* (34, 81A)

Ohne Gewalt kann es offensichtlich bei dieser Seelenbildnerei nicht abgehen. Das Ideale ist mit dem Gewalttätigen eng liiert, der ›Edelmensch‹ ein Phantasma der Folter, bei dem »durch irgendeinen unaussprechlichen Zusammenhang Ordnung zu einem Bedürfnis nach Totschlag führ(t)«.[63] Nüchtern beschreibt Jahrzehnte später Cioran die Korrespondenz von Ordnung und Totschlag: »Legte man auf den einen Teller einer Waage das Unheil, das die ›Reinen‹ in der Welt stifteten, und auf den anderen Teller das Übel, das ihr die Prinzipien- und Skrupellosen zufügten, die Waage würde sich nach dem ersteren hin neigen. Jede Heilslehre errichtet in dem Geist, der sie ausspricht, ein Blutgerüst«,[64] von dem aus er behauptet, die Wahrheit zu verkünden. Daher:

»Das ist nicht Sage und nicht Märchen, sondern Wahrheit! Das ist wirklich und wirklich die Schmiede, in der ein jeder, der nach Sitara will, vom Schmerz und seinen riesigen, erbarmungslosen Gesellen geglüht, gehämmert, gefeilt und gestählt werden muß, um aus einem Gewaltmenschen in einen Edelmenschen verwandelt zu werden! Nur wer dies geworden ist, der weiß, durch welche Leiden, Qualen und Martern er gehen mußte ...« (34, 604B)

Was auffallen muß, ist die gewaltsame Männerphantasie, die diese ›Bilder‹ generiert. Um die Frauenfreundlichkeit dieser Utopie kann es naturgemäß nicht besonders gut bestellt sein. Märdistan, in der Trias des dante-inspirierten Welterklärungsmodells Mays das Purgatorio zwischen Ardistan, dem Inferno der *Gewalt- und Egoismusmenschen*, und Dschinnistan, dem Land der *Edelmenschen*,[65] liegt im Lichte der affrösen Zeughäuser eines Klaus Theweleit. *Märd ist ein persisches Wort; es bedeutet »Mann«. Märdistan ist das Zwischenland, in welches sich nur »Männer« wagen dürfen; jeder Andere geht unbedingt zu Grunde.*[66] Märdistan, das Zwischenland des Fegefeuers, ist also ›Mannes‹(Macho)-Land, und in seinem sadomasochistischen Laboratorium im Walde von Kulub erweist sich Läuterung als ein spezifisch männliches Geschäft, das nicht etwa die eurhythmisch im Ausdruckstanz bewegten Schöpfungen Ferdinand Hodlers, sondern wohl eher die Sylvester-Stallone-Mutationen aus dem ›Kraft-Kunst-Institut‹ Sascha Schneiders in Dresden besorgten. Und so liest sich die Schilderung dieser Schmiede gleichzeitig auch wie eine Allegorie auf das sich männlichem Ordnungstrieb verdankende Konzentrationslager der Solowetski-Insel, »in dem die neuen Methoden der ›Umerziehung zum neuen Menschen‹ durch Liquidierung der alten Klassen erprobt wurden – ein wahres Laboratorium des Todes«.[67] Maxim Gorki sollte es im Juni 1929 besuchen und war – nach eigenem Bekunden – beeindruckt vom Enthusiasmus der neuen Menschen und von den Erfolgen bei der »Umschmiedung des Menschenmaterials«.[68]

Der Reinigungswahn schlägt als ›terreur‹ einer intrusiv wirkenden ›épuration‹ – sie kann jederzeit jeden einzelnen, jede Gruppe treffen – schnell in Liquidierung um. Dabei handelt es sich nicht um Regressionen, sondern konzertierte Aktionen gnostischer Reinheits- und Erlösungsentwürfe: Feldzüge gegen die Kontamination und Penetration durch das Lichtlose und schlechthin Böse, das sich mephistophelisch im intellektuellen Habitus cachierte. Die Massenvernichtungen des 20. Jahrhunderts, die sich diesen hygienischen Phantasien verdanken, sind nicht als archaische Rückfälle, sondern eher als Teil einer Politik der totalen Modernisierung zu verstehen, geradezu als ›kreativer Akt‹ zur Konstruktion homogener Nationen oder widerspruchsfreier, perfekter Gesellschaften. So betrachtet, erscheinen die stalinistischen wie die nationalsozialistischen Lager als »große experimentelle Labors«[69] des modernen Traums der totalen Ordnung. Dieses furchtbare Paradigma ist in Märdistan als Metapher bereits angelegt: zumindest wird dort ein totalitärer Traum geträumt, dem zur Realität zu verhelfen, die Zeiten mit Beginn des Ersten Weltkrieges den fatalen Kairos lieferten. Vor allem die russische Revolution eröffnete Werkstätten dieser ›épuration‹, deren Programm die Hygiene-Vorstellungen der kommunistischen Heilslehre lieferten. »Im Zuge seiner Weiterentwicklung führt der Mensch eine Säuberung von oben nach unten durch« – hier fügt sie sich schon die Konjunktion von ›Säuberung‹ und Evolution, die offenbar dem ›Reinheitsgebot‹ folgt. »Zuerst säubert er sich von Gott, dann säubert er die Grundlagen des Staatswesens vom Zaren, dann die Grundlagen der Wirtschaft von Chaos und Konkurrenz und schließlich seine Innenwelt von allem Unterbewußten und Finsteren.« Es ist sozusagen eine handmade Gnosis, die mit diesen an Hybris kaum zu überbietenden Worten Leo Trotzki[70] als die bolschewistische Utopie skizziert, die sich um den Begriff der ›Säuberung‹ rankt und deren Folgen ihren Autor später einholen sollten.[71] Diesem Programm entsprechend ließ Lenin fast sämtliche führenden russischen Philosophen nicht marxistischer Ausrichtung als Gefahr für den ersten reinen Arbeiter- und Bauernstaat – »auf einem großen bolschewistischen Dampfer« – 1922 in die Verbannung davonschwimmen. Es gab also die Fegefeuer- und die Wassermethode der Reinigung. Im Fegefeuer schmolz man um, im Wasser, über das Wasser schaffte man aus. Diese letzte Dampferfahrt, die Ausschaffung der Intellektuellen auf zwei Schiffen aus Petrograd nach Deutschland, war eine Geistesaustreibung, die den großen Exodus der deutsch-jüdischen Intelligenz 1933 nach Amerika vorwegnahm. Das erklärte Ziel des Kremlführers bestand darin, »Russland für lange Zeit zu säubern«. Die »hochgelehrten Sklavenhalter« und ihr »reaktionärer Unsinn« müssen »zerschmettert«, »vertrieben«, »ausgemerzt«[72] werden. Das letzte Ziel dieser Ausfahrt hieß ›Reinigung‹.

Was in der Reinheitsphantasie von ›Dschinnistan‹ zum Ausdruck kommt, in der Polarität von ›rein‹ und ›unrein‹, dem binären Weltbild von ›Dschirbani‹ und ›Panther‹, ist kultisch-rituellen Charakters und dürfte das kulturelle Gedächtnis der Menschheit insgesamt bestimmen, in welcher Eigenschaft es 1902 in Schwabing das Forschungsinteresse der ›Kosmischen Runde‹ um Stefan George und Karl Wolfskehl auf sich zog. Es ist daher weniger die Utopie der Säuberung als vielmehr der blutige Versuch, die Sauberkeit tatsächlich herzustellen, der das eigentliche Charakteristikum des zwanzigsten Jahrhunderts darstellt. Insofern war z. B. der Kommunismus tatsächlich »nicht das Ziel, sondern der Weg«, um ganz andere Absichten umzusetzen: Machtausübung, Staatsgründung oder die Legitimation imperialer Politik. Man wird sich dieser Kontingenz der Ideen stets bewußt sein müssen, in der permanent die Gefahr eines Terrors der guten Gesinnung anwesend ist. Daß gerade der Intellektuelle sich häufig dafür blind zeigt, liegt wohl in der durch ihren übermenschlichen Moralitätsanspruch enthemmenden Wirkung säkularer Heilsversprechen, alle Menschheitsprobleme mit einem Schlag lösen zu können. Nicht die Hoffnungen, für welche die »Befreiungsbewegungen« gekämpft hätten, seien der Irrtum gewesen, sondern »die Ungeduld«, das Ziel selbst noch zu erreichen, führte noch am 10. Januar 2000 vor dem Berliner Gericht der Terrorist Johannes Weinrich aus. Die Vision einer »menschenwürdigen Gesellschaft« verlange von dem, der nach Auschwitz den Anfängen wehren wolle, »etwas Menschliches in sich zu überwinden«.[73] 1932 formulierte Bert Brecht sein Credo in diesem Sinn, als er die Gegner des Kommunismus schlicht als »Gegner der Menschheit« apostrophierte. »›Güte‹ bedeutet heute (…) die Vernichtung derer, die Güte unmöglich machen.«[74] Und diese Vernichtung rechtfertigt in den Augen Karl Mays auch *»den heiligen Krieg, den Gott gesegnet hat und immer segnen wird! Das ist der Krieg, in dem die Menschheitsseele in eigener Person zum Schwerte greift, um den Entwickelungsgang der Sterblichen zu schützen.«* (34, 721B)

Wie schnell dieser Schutz der Evolution zum ›Edelmenschen‹, das Versprechen totalen Glücks in den totalen Terror münden, der Hochofen der sittlichen Läuterung zum Gasofen physischer Vernichtung umgewidmet werden, das reinigende Fegefeuer der Utopie zum apokalyptischen Weltenbrand sich wandeln kann, war in der Fülle von Erlösungsphantasmen immer wieder Stoff der Träume, aus denen das 20. Jahrhundert in seine Katastrophen stürzte. An dessen Anfang stehen oft teils simpel verschroben, teils skurril verrenkt anmutende Reformbewegungen, die in messianischem Eifer den ›Neuen Menschen‹ als Erlöser propagieren, denen alles zur ›Seele‹ werden muß – selbst in der Produktion der Eisenwalzwerke –, zu *»Geist …, der … aus dem Dunst von Ruß und Hammerschlag … ruhig, dankbar froh entgegenlächelt«* (34, 604B), und wo im Atelier Ferdinand Hodlers in einem »Prozeß bewußter Entwirklichung«[75] Figuren entstehen, an denen 1905 Theodor Heuss des Malers Fähigkeit, »die Körper zum Ausdruck der Seele zu steigern«,[76] pries. Am Ende mündet dieser »Prozeß bewußter Entwirklichung« in eine épuration, einen Vorgang der ›Scheidung‹, der in seiner Hybris diesen ›Neuen Menschen‹, ein gesäubertes, ein schlackenrein-geadeltes Geschöpf, *»geglüht, gehämmert, gefeilt und gestählt …, um aus einem Gewaltmenschen in einen Edelmenschen verwandelt zu werden«* (34, 604B), als Produkt eines darwinistischen pyrogenen Verfahrens diskreditiert. *Der Dschirbani … war dann an die Balustrade getreten. Er schaute geradewegs in das soeben wieder hoch emporlodernde Feuer der Berge hinein. Seine riesige Gestalt stand wie in Flammenglut.* (34, 726B) – In der Mandorla Rienzis. – Avant-la-lettre mag hier auch schon eine »bereits von [Albrecht] Schöne als ns-typisch diagnostizierte Glut-, Brand- und Feuermetaphorik (…) voll zum Tragen«[77] kommen. »Kommen wird der Tag…« Was sieht der Dschirbani? »Brennen die heilige Ilios« oder »den Saal Walhalls, in welchem (…) helle Flammen aufzuschlagen (scheinen)«? Oder eine neue Morgenröte, die dem ›Neuen Menschen‹ den neuen Tag bringt: im neuplatonischen Glanz des Feuers, das »den Rang der Idee im Verhältnis zu den anderen Elementen«[78] hat? Und das im August 1914 die Verschmelzung der Deutschen zum großen Ganzen illuminierte, wie sie Nationalisten und Pathetiker von den Kanzeln und Kathedern zelebrierten, zum ›Volk der Unendlichkeit‹, als das im Sommer 1914 Rudolf Eucken in einer Rede über die weltgeschichtliche Bedeutung des deutschen Geistes eben diese Deutschen apostrophiert hatte. Gleichzeitig eröffnete die Schmiede von Kulub ihre Filialen in den Schützengräben an den Fronten, die zu einer tödlichen Allegorie der in Philosophie und Kultur des 19. Jahrhunderts vorerfahrenen Unvereinbarkeit von sinnlicher Wahrnehmung und ›höherem‹ Sinn gediehen, indem Ästhetisierung die Politik dekonstruierte und um Recht und Moral brachte, indessen Wille, Geist und Seele das ideologische Phantom der ›Menschheitsseele‹ legierten, die Individuen zur Volksseele verschmolzen und in Führern wie dem Dschirbani ihre pfingstliche Epiphanie feierten, während ihre Körper in den Schützengräben geopfert wurden. Das Vertrackte, ja das Verteufelte ist aber, daß dieses luziferische Schicksal der deutschen Kultur, ihr Abfall vom Humanismus, nicht einfach die Verneinung der Bildung ist, sondern zugleich ihr Ergebnis. Nur deshalb konnte der Krieg, konnten die pyrogenen Reinigungsriten in Märdistan mit theologischen Formeln überhöht werden, weil das Bildungsbürgertum einer Religion der Immanenz vertraute, der selbst in Dschinnistan die Altäre der Läuterung gerichtet waren.

In dieser Wahnwelt des Imaginativen ist die Religion in der Höhe furchtbar faszinierender Aufgipfelungen Dschinnistans angesiedelt; freilich stets in der Gefahr, ihrer verwiesen und den Mühen der Ebene ausgesetzt, um ihre unmittelbare Wucht gebracht und profaniert zu werden. In der Profanation lauert die Perversion, ist – weit entfernt vom politischen Faschismus – schon die ganze kultische Ikonographie versammelt, die emphatischen Gesten des Lichts, der Flammenlohe wie der Körper, die rhetorische Figur der Arabeske, das Arrangement einer zersplitterten Welt zum heilen-heiligen Weltbild, zur ›Weltanschauung‹, die Aufhebung der schrecklichen Vereinzelung und Einsamkeit am warmen Lagerfeuer der Gemeinschaft, das schnell auflodert zum Schmiedefeuer, die verstreuten Bruchstücke zu einem Schwert Nothung zu verschmelzen, das Siegfried im Namen des ›Neuen Menschen‹ schwingt. Viele dieser Siegfriede sind in Märdistan beschäftigt.

Kein Zweifel jedenfalls, daß auch der ›Edelmensch‹, wie ihn May im Dschirbani entwirft, in diese Galerie aus der épuration geläutert elaborierter sittlicher Heroen gehört. Das beweist schon die auffallende Kompatibilität von Metaphorik und Diktion seines Auftretens mit den Manifesten seines Zeitgenossen Marinetti, »des alten Impresario des Futurismus«.[79] Und wo etwa Marah Durimeh synästhetisch in der Finsternis den *»Dschebel Muchallis seine unhörbare, aber leuchtende Stimme«* (35, 935A) sich erheben hört, dort sieht auch der Verfasser des futuristischen Manifests eine neue Morgenröte dämmern, erklingt – die Grammatik ist identisch – der gleiche Hortativ, Zarathustra abgelauscht: »Gehen wir! Da, seht auf der Erde, die erste aller Morgenröten! Nichts gleicht dem Glanz des roten Sonnenschwertes, das zum erstenmal in unsere tausendjährige Finsternis hineinsticht!«[80] Nur daß im Kontrast zu Marah Durimehs Vision diese hortativische Metaphorik durch und durch bellizistisch wirkt, Inszenierung von Parusie und endzeitlicher Abrechnung durch einen Erlöser aufruft. »Ἔσσεται ἦμαρ – Es wird kommen der Tag«, schmückte als prophetische Verheißung 1922 Johannes Hallers Schrift über Kontinuitäten und Zäsuren in der Geschichte der Deutschen. Die Erinnerung an Bismarck, den die »Nation als ihren Erlöser erkannt (hat)«,[81] sollte da »zur Aussaat für die Zukunft werden, die reiche Früchte trägt, wenn ihre Zeit gekommen ist«.[82] Der Fundort des Zitats wird nicht angegeben. Es stammt aus der ›Ilias‹ (VI 448), und seine Amputation – der zweite Teil des Verses wird unterschlagen – transportiert eine kryptoapokalyptische Botschaft von etwelchem Zynismus: »Einst wird kommen der Tag, da die heilige Ilios hinsinkt«. Der Tag der Parusie des Führers ist der Tag der pyrogenerierten épuration eines monströsen Märdistan. »(…) ein unheimlicher Lichtschein verbreitete sich über die Atmosphäre, als sei Rom selbst der Scheiterhaufen des letzten der römischen Volkstribunen«,[83] schließt das Epos einer gescheiterten Erlöserfigur aus dem heroischen Sortiment des Stichwortgebers für das Ideentheater der Madame Blavatsky und die musikdramatische Bühne von Hitlers Lieblingskomponisten. Märdistan als Schule der zu erlösenden Heroen, die herakleisch die Metamorphose vom Gewalt- zum Edelmenschen erleben, kann aber nicht genügen. Es braucht zur wirksamen Offenbarung des Messias den Bund der treusorgenden Engel. *»›Nur wer einen Schutzgeist, einen führenden Engel findet, gelangt nach Dschinnistan!‹«* (34, 726B) und findet Aufnahme in jenen Kreis *»von höher stehenden, weiter denkenden und tiefer fühlenden Menschen«* (34, 925A), von Gefolgsleuten eines *gütigen Titanen* (34, 726B). Es läßt sich dabei nicht übersehen, daß den Edelmenschen Dschinnistans wie dem Dschirbani als einem ihrer exquisiten Vertreter aus den intellektuell anrüchigen ›Ostara‹-Traktaten des Jörg Lanz von Liebenfels der Jahre 1908 und 1909, in denen übrigens auch die Schriften Mays Erwähnung fanden und annonciert wurden und der junge Hitler in seiner Wiener Obdachlosigkeit Erbauung fand,[84] die Vertreter »eine(r) rassisch-religiöse(n) Sippengemeinschaft« über die Schulter schauen, »die vorwiegend reines Blut besaßen (…) und eine ›ario-heroische‹ Figur (…) aufwiesen«.[85] – Man werfe einen Blick auf das Äußere und die Abkunft des Dschirbani – und erkennt nebenbei, daß die »einmalige und charismatisch ›kleine schaar‹« des George-Kreises ebenso hätte seine geistige Heimat sein können, daß, was diesen ausmacht, »Gefolgschaft und Jüngertum, Herrschaft und Dienst, sowie eine neue Gesamtschau auf ›das Volk‹ im Gegensatz zur ›Menge‹ oder ›Masse‹ als Idee einer Gesellschaft«[86] ›Dschinnistan‹ ebenso widerspiegeln wie der ariosophische Templerorden des Wiener Mystizisten: »Diese aristokratische Gesellschaft existierte, um Wissenschaft, Kunst und Moral im Rahmen einer gnostischen Religion in Einklang zu bringen (…). Ihr erstes Gebot ermahnte jeden seinen Nächsten zu lieben (…). Die Pflichten der Brüder umfaßten berufliche, soziale, wissenschaftliche und religiöse Aktivitäten.«[87] Sie konnten also als *»Helden der Wissenschaft und der Kunst, des wahren Glaubens und der edlen Menschlichkeit, der ehrlichen Arbeit und des begeisterten Bürgersinnes«* (35, 932A) gelten. Und gegenseitige Hilfe war oberstes Gebot in einer Utopie, die dem anbrandenden Nihilismus bald nicht viel mehr als den Glauben an die zur Nation aufgeblähte Familie oder Sippe entgegenzusetzen hatte.

Dieser verdankt sich dem religiösen Vakuum um die Jahrhundertwende, der Absage an die welterklärende Kraft der Religion und der Kunst, die sich im neunzehnten Jahrhundert diese Fähigkeit, Welt zu deuten und somit auch zu transzendieren, angemaßt hatte – mit verheerenden Folgen für den geistigen Haushalt der ›gebildeten Welt‹, die der Surrogate nicht entbehren konnte und wollte. Nüchtern diagnostizierte Max Weber die Ausdifferenzierung der Wertsphären. Er bezeichnete es in seiner Rede ›Wissenschaft als Beruf‹ als »Alltagsweisheit (...), daß etwas wahr sein kann, obwohl und indem es nicht schön und nicht heilig und nicht gut ist«.[88] Wer sich für die Wissenschaft entscheidet, muß der welterklärenden Kraft der Religion eine Absage erteilen; auch die Kunst kann nach dem Tode Gottes ihren Sinn nicht mehr aus einer jenseitigen Quelle schöpfen und dort Ganzheitserfahrungen simulieren, wo nach Einsicht Kants die Erkenntnis des Ganzen und die letzte Wahrheit nicht zu haben ist. Das bedeutete einen Identitätsverlust. Denn ohne Zweifel hatten die verschiedenen religiösen Traditionen bis anhin dem Menschen zu einer Identität verholfen; ihren Absturz in den Nihilismus zu verhindern, lieferte hier der Nationalismus das Antidot, avancierte zur Religion – ›aut Christus aut natio‹ in Abwandlung eines Diktums von Gerhard Nebel[89] – und instrumentierte sich aus der ideellen Asservatenkammer des Juden- und Christentums den Messianismus als Waffe, um sich dort im Messias und Führer zu verkörpern, wo der Verkünder Dschinnistans weniger die messianische Erwartung als die messianische Tat im ›Edelmenschen‹, *fähig zu wachsen wie ein organisches Wesen, oder wenigstens zu kristallisieren wie ein anorganisches, wie ein edler Stein* (35, 136B), eine kollektive Gestalt annehmen ließ. Dabei konnte es nicht bleiben. Der Begriff geriet zwischen die Mühlsteine der unheiligen Koalition jener Ritter vom Geist, der ›Société des Esprits‹[90] und der Jünger der Erlösung, wie sie General Stumm von Bordwehr charakterisiert.

(Es) gab natürlich auch noch das einfache und in jeder Weise unzerfaserte Verlangen nach einem Messias der starken Hand für das Ganze. So war es eine rechte messianische Zeit, die damals kurz vor dem großen Kriege, und wenn selbst ganze Nationen erlöst werden wollen, so bedeutete das eigentlich nichts Besonderes und Ungewöhnliches.[91]

Dieser Erlösungsdrang der Massen favorisierte eine Sakralisierung des Politischen, selbst dort, wo dieses sich nicht in einer charismatischen Führerfigur *kristallisier(te) wie ein edler Stein* (35, 136B). – In diesem Zusammenhang gereicht es Pius IX. zur Ehre, 1864 in Absatz 64 eines ansonsten chaotischen Syllabus über die Irrtümer der Zeit unter dem Trommelwirbel seiner antimodernistischen Anathemata zumindest eine großartige Erkenntnis formuliert zu haben, nämlich die Verurteilung der Auffassung, daß jede verbrecherische und schändliche Tat, die dem ewigen Gesetz widerstreitet, völlig erlaubt und höchst lobenswert sei, wenn sie aus Liebe zum Vaterland geschehe. – So dachten etwa katholische Theologen während der nationalsozialistischen Diktatur in Deutschland auch kaum in Metaphern, in denen aus dem Führer ein Gott gesandter Retter wurde. Bezeichnenderweise wurde für sie nicht der National-, sondern der Reichsgedanke, vermittelt in seinen Institutionen, Zone der Übereinstimmung mit der nationalsozialistischen Ideologie. Die Repräsentanten einer katholischen Reichstheologie meinten durch die Erneuerung der Reichsidee dem Ungeist eines materialistischen Zeitalters Einhalt gebieten, den modernen Individualismus überwinden und den weltlichen Staat in die christliche Erlösungsordnung einbinden zu können. Das Reich wurde in diesem Zusammenhang als eine von Gott gewollte ganzheitliche Form politischer Ordnung zum Abbild des Gottesreiches, eine politische Analogie zum ›ewigen Reiche‹, mit anderen Worten: Dschinnistans. Als Träger dieser Ordnung erschien die Demokratie ungeeignet, wie ja auch zugegebenermaßen Dschinnistan nicht gerade Urbild demokratischer Gesinnung ist. Der Staat war ein Heide, das Reich eine sakrale Idee, der die mythische Kraft einer mehr als tausendjährigen Idee Glanz und Wärme gab. Dem »einen Gott« entsprach konsequenterweise der »eine Führer«, »der idealische Regent als reiner Geist der Gesellschaft«,[92] der als Garant von Identität und unveränderlicher Einheit das Zeitalter von seiner ›Weltenangst‹ befreien würde.

Millennarische Gefilde

tuus iam regnat Apollo.
Vergil: Ecloga IV 10

Auch Mays Friedensutopien sind in diesem Sinne Kinder der Angst. Die Diagnose hat Plausibilität, wenn man bedenkt, daß die europäische Gesellschaft um 1900, der Entstehungszeit von Mays Spätwerk, wie die antike Welt der Zeitenwende in einem Klima der Angst obsessionellen Ausmaßes lebte: verursacht durch große sozio-kulturelle Umbrüche und Instabilitäten im damaligen modernen Europa. Nur extreme Unsicherheit und Angst können den Aufschwung von Magie und Mystik, die narzißtischen, paranoiden und übersteigerten Wahnvorstellungen erklären, die nach der Herrschaft von gnostischen Eliten und Orden, nach einer Gliederung der Gesellschaft gemäß der rassischen Reinheit und okkulten Einweihung verlangten: eschatologische Halluzinationen, wie sie etwa in den Lehren der

Wiener Ariosophen zum Ausdruck kamen und die nur eine Gesellschaft von pathologischer Befindlichkeit hervorzubringen vermochte oder mit einer speziellen Disposition zur »chaotischen Fruchtbarkeit«.[93] Das Motto der Epoche nach dem ›Tode Gottes‹ könnte heißen: ›Säe Lügen, und du wirst Mythen ernten‹, die später für die Nationalsozialisten zur ideologischen Geschäftsgrundlage wurden. Die Gründe, warum das so war, protokolliert George L. Mosse:

Verwirrt und herausgefordert versuchten die Menschen ihre eigene Persönlichkeit wieder stärker hervorzuheben. Aber seitdem der Grad der industriellen Umwandlung als auch deren Auswirkungen sich dem Zugriff der Vernunft zu entziehen schienen (...), wandten sich viele von dem Versuch einer rationalen Lösung ihrer Probleme ab und tauchten statt dessen in ihre eigenen emotionalen Tiefen. Diese Sehnsucht nach einer eigenen Identität (...) wurde von dem diesem Anspruch widersprechenden Wunsch begleitet, einen Stellenwert in einem größeren Gesamtsystem zu erlangen und nicht nur sich selbst zu gehören. (...) weil die bestehenden sozialen Umstände verwirrend und erdrückend erschienen, versuchten die Romantiker, die größere, alles umfassende Einheit außerhalb der bestehenden sozialen und ökonomischen Verhältnisse zu finden.[94]

Die ›Romantiker‹ betrieben ihr kosmisches Geschäft freilich als ›Neu-romantiker‹, und dieser Begriff läuft Gefahr, ebenso in die Irre zu führen wie der der ›Neuro-Mantik‹ ins Irrenhaus, so »als würde hier noch die Mistel gebrochen, als gärte, wässerte, raunte, schwätzte eine Art verlottert Druidisches auf Zeitungspapier«,[95] wie Ernst Bloch süffisant notiert (über Rudolf Steiner). Unleugbar diktiert auch hier die Angst den Drucksatz, und ihr Echo widerhallt selbst in den krausesten Instrumentationen, die sich die Erlöserpartituren der damaligen Ideenkonzerte verordnen – der An- und Aufruf einem zu beschwörenden Messias, und mochte er sich auch nur als ›Halbmond‹ zeigen, der als Symbol Christi auf den naturmystischen Bildern Caspar David Friedrichs die Nacht, den Tod, erhellt. Das Zeitalter war eben stern- und erlösungssüchtig. Schon 1891 entdeckte Guido von List[96] eine Strophe der ›Wöluspa‹, die von einer ehrfurchtgebietenden und gütigen messianischen Figur sprach:

Da reitet der Mächtige zum Rat der Götter,
Der Starke von Oben, der alles steuert,
Den Streit entscheidet er, schlichtet Zwiste,
Und ordnet ewige Satzungen an.[97]

Dieser »Starke von Oben«, dem der Schech el Beled nur eine von vielen Masken leiht, besaß besondere Anziehungskraft und wurde zu einem stehenden Begriff in einer Zeit, die an der Schwäche von Unten, an der Sklerose ihrer geistigen Fundamente litt. Und wie ›luziferisch‹ er sich dann auch immer gestaltet hat im Versuch, *von Licht zu Licht bis direkt vor Gottes Thron* zu gelangen (35, 740A), entkam er doch nie ganz den mephitischen Dünsten aus den Katakomben ideologischer Alchimie der Jahrhundertwende, wo Guido von List und Jörg Lanz von Liebenfels, die Wiener Ariosophen, mit Theosophie, Gnosis, Okkultismus und Nationalismus experimentierten und wie Siegfried an Mimes Amboß am »roten Sonnenschwerte, das zum erstenmal in unsere tausendjährige Finsternis hineinsticht«, werkelten.[98] Es ist durchaus nicht so, daß solches ideologische Gewölk die Gebirge von Dschinnistan nicht umlagert hätte. Magie und Mystik in den Lehren von Theosophen und Ariosophen, der Reformbewegungen und -gesellschaften und elitären Zirkel vom Forte- bis zum George-Kreis zeigten zwei Gesichter und den widersprüchlichen Geist des Romantizismus als literarische und spirituelle Antwort auf die Herausforderung, in der Sehnsucht nach dem ›großen Ganzen‹ sich einen holistischen Welterklärungsansatz zu schaffen. Dazu diente in der Regel ein Pantheismus, als dessen philosophisches Fundament sich der zeitgenössische Monismus dechiffrieren läßt.

Der Zerfall der geistig-sittlichen Werte der alten Welt zeugte den Okkultismus als Wurzel religiösen Denkens und künstlerischen Wirkens bis hinein selbst in die Kompromißlosigkeit und Radikalität der Avantgarde.[99] Hinter all den Arabesken und Applikationen eines wunderlichen gedanklichen Designs lag das große Verlangen, die Errungenschaften der modernen Naturwissenschaft mit einer religiösen Haltung auszusöhnen, die den Menschen in ein Sein inmitten des Zentrums des Universums zurückführen könnte. Noch einmal, aber als Epilog um so schriller, wird ein wie auch immer motiviertes göttliches Herrschaftsprinzip aufgerufen, das Unfaßbares und Unmeßbares zu berechenbarer Ordnung hypostasiert. »Das nimmt die Angst und gibt dem Menschen die Gewißheit, alles sei zum Besten geregelt, selbst eben das Chaos am Ende.«[100].

Daß dieser Kreis immer kleiner und enger wurde, kam mir nicht als Wirklichkeit, sondern wie eine optische Täuschung vor und verdoppelte, verzehnfachte, ja, verhundertfachte die wirkliche Höhe des Tempels. Es war, als sei er mitten in den Himmel hineingebaut und als könne man von Licht zu Licht bis direkt vor Gottes Thron gelangen. Und diesen Weg stieg ich jetzt hinauf! (35, 739Bf.)

Eben: *Empor ins Reich der Edelmenschen!* Im Tempel der ›Stadt der Toten‹ siegt auf dem Weg zu Gott die *optische Täuschung* über die *Wirklichkeit* – wie im Talkessel von El Hadd, in einer Parallelaktion und in Umkehrung der ›Staubbach‹-Metaphorik, die Goethe aus dem Lauterbrunnen-Erlebnis[101] entwickelt, die akustische (*da brauste ein Jubel los, der laut, wie das donnernde Branden eines Ozeans von Stufe zu Stufe bis hinauf zum Engel stieg und dort wie nach dem Himmel zu verhallte*; 35, 927A) – und ermöglicht eine Cyberspace-Installation avant-la-lettre. Zelebriert wird auf diesem Bildschirm eine Art ›theologisches Design‹. Er liefert – nota bene – die mythische Basis, auf der auch die Mayschen Romane ihre Wirklichkeit bildende Kraft entwickeln, ihre massenmedial sich ausdifferenzierende

Ontologie. »Sie geben ein Bild von den bedrohlichen Mächten der Welt und weben ein Sicherheitsnetz aus Stories.«[102] Das garantiert ihren mythopoetischen Erfolg: die Umkodierung von politisch-atavistischem Konservativismus auf Grund der biographischen Entwicklung des Autors wie der historischen seiner Epoche in einen so exotischen im mittleren wie pazifistischen im späten Werk. Die Umkodierung bemächtigt sich auf breiter Front seit Ernst Haeckels 1899 erschienenen ›Welträthseln‹ auch der Naturwissenschaften und gewinnt Macht über das Weltbild ganzer Generationen.

Diese physikalischen, psychischen, weltanschaulichen Interferenzen führten zu allen möglichen skurrilen Allianzen und Mystifikationen: Sogar die Entdeckung der Radioaktivität und der Röntgenstrahlen erfuhr Umdeutungen ins Spiritistische, Okkulte, Eschatologische. Das Erscheinen von Freuds Traumdeutung 1900 und Mays ›Jenseits‹-Dichtung 1899 ist beileibe nicht nur eine zeitliche Beliebigkeit. Beide Werke stehen in einer für ›die geistige Situation der Zeit‹ aufschlußreichen Opposition zueinander.

Die Sehnsucht nach dem Licht, die Mays Werk erfüllt, bestätigt eine dialektische Wirkung der illuminierenden Emblematik. ›Licht‹, das steht für ›Transparenz‹, ›Durchleuchtung‹: diese leisten die seit 1895 aufkommende Röntgentechnik und Psychoanalyse, aber schon eine sich über das ›Licht‹ definierende Disziplin wie die Photographie oder Kinematographie arbeitet häufig genug mit den Mitteln der Verschleierung und des Okkulten, und je mehr die Astronomie die Sternenwelt des Himmels ›durchleuchtet‹, um so unfaßbarer und als Aufenthalt für den metaphysisch gesonnenen Geist unwirtlicher wird sie in ihrer Entgrenzung. Daß Lanz von Liebenfels die Entdeckungen auf den Gebieten der Elektronik und Radiologie für seine ariosophischen Lehren in einer geradezu schamanenartigen Inszenierung ausbeutete, steht auf einem anderen Blatt, das sich freilich im zweiten Band von ›Ardistan und Dschinnistan‹ als Protokoll der *»Dschemmah der Lebenden«* (35, 784B) eingebunden findet mit der zu supponierenden Begründung, *»daß die Phantasie hellere und schärfere Augen habe als der alterssichtig gewordene Verstand«.*[103] Das hieß dem Zeitgeist unreflektiert nach dem Munde geredet und exilierte den Verstand in die Seniorenresidenz. Antiaufklärerisch ist May dabei nicht eingestellt, aber er verweist auf die Symptome. Und die waren in der Tat erschreckend. Das Unternehmen Aufklärung hatte abgewirtschaftet, zeigte jedenfalls dramatische Materialermüdungserscheinungen. Nur so kann es erklärt werden, daß ›Erlösung‹ mit ›Wirklichkeit‹ so frivol wie in der Überzeugung kombiniert wird: *»Nur wir allein können … erlösen; wir fußen in und auf der Wirklichkeit«*,[104] wenn das auch – es muß zu Mays Ehre gesagt werden – ausgesprochen polemisch gemeint ist. Dennoch: der messianisch inspirierte Zeitgeist war danach, den Wunsch zum Vater des Gedankens, die Fiktion zur Wirklichkeit, d. h. zur Grundlage des Handelns zu machen. Es war das Zeitalter des Erlösungswahns. Verstand durch Wahn zu ersetzen: das hatte am Ende auch die touristische ›Erwähltheitsarche‹ des Grafen de Renesse stranden und sinken lassen, als deren monströse Übersteigerung in der ersten Hälfte des 20. Jahrhunderts das rein national – ethnisch sauber – getakelte Staatsschiff – ›pictis puppibus‹[105] – vom Stapel lief: ohne Aussicht – wie man heute weiß – auf ›Meeresstille und glückliche Fahrt‹ war diesem ›fliegenden Holländer‹ auf seiner Kreuzfahrt nach Dschinnistan keine Erlösung beschieden.

Das war vor dem großen Schiffbruch freilich schon manchem gewitzten Zeitgenossen klar: zum Beispiel dem schon erwähnten hellwachen Zeit- und Sprachkritiker General Stumm von Bordwehr, der mit Skepsis die zunehmende »Beliebtheit der Wortgruppe Erlösung« beobachtete.

So waren [die geistigen Menschen] schließlich überzeugt, daß die Zeit, in der sie lebten, zu seelischer Unfruchtbarkeit bestimmt sei und nur durch ein besonderes Ereignis oder einen ganz besonderen Menschen davon erlöst werden könne. Auf diese Weise entstand damals unter den sogenannten intellektuellen Menschen die Beliebtheit der Wortgruppe Erlösung. Man war überzeugt, daß es nicht mehr weiter gehe, wenn nicht bald ein Messias komme (...), der (...) von voraussetzungslosester geistiger Hoheit sein sollte (...).[106]

Seiner bedurfte man, weil »der zivilistische Geist den Vorteil, eine feste Weltanschauung zu besitzen, offensichtlich verloren (hatte)«. Dieser hatte mit der Verabschiedung Gottes auch die Liquidation religiösen Vermögens erfahren müssen.

Das kam davon, daß alle Religionen in der Erläuterung des Lebens, die sie dem Menschen schenkten, einen irrationalen, unberechenbaren Rest vorgesehen hatten, den sie Gottes Unerforschlichkeit nannten: ging dem Sterblichen die Rechnung nicht auf, so brauchte er sich bloß an den Rest zu erinnern, und sein Geist konnte sich befriedigt die Hände reiben. Dieses Auf die Füße Fallen und Sich die Hände Reiben nennt man Weltanschauung, und das hat der zeitgenössische Mensch verlernt. Er muß sich entweder des Nachdenkens über sein Leben ganz entschlagen, woran sich viele genugtun, oder er gerät in jenen sonderbaren Zwiespalt, daß er denken muß und scheinbar doch nie recht damit zum Ende der Zufriedenheit gelangen kann. Dieser Zwiespalt hat im Lauf der Zeiten ebenso oft die Form eines vollständigen Unglaubens angenommen wie die der erneuten vollständigen Unterwerfung unter den Glauben (...).[107]

Eine solche fand dort statt, wo man sich einen »Messias der starken Hand für das Ganze«[108] erhoffte, der wiederherstellen sollte, was die moderne Zivilisation zerstört hatte: die Ganzheit der (deutschen) Seele. Musil diagnostiziert: Zeiten der Krise sind Geburtsstunden von messianischen Heilsbringern und Erlösern: ›Edelmenschen‹, die im ›Alpenglühen des Himmelreiches‹ einherschreiten. Für den Verlauf solcher Geburtsgeschichten bleiben die ersten Jahrzehnte des 20. Jahrhunderts und besonders die Jahrhundertwende ein Lehrstück von ungebrochener Aktualität. Und das trotz – philosophisch gesehen war dieses Jahrhundert anfangslastig – der phänomenologischen Neubegründung der Philosophie und der Wissenschaft durch Edmund Husserl, die die langsame Selbstauflösung des Neukantianismus begleitete, trotz der logischen Analyse von Gottlob Frege und Wittgenstein, des Positivismus von Mach und Schlick und des Wiener Kreises, trotz der Daseinsanalyse Martin Heideggers. All diese Formen radikaler Neubegründung der Philosophie entstanden in einem geistigen Milieu, das noch der Bildungswelt des 19. Jahrhunderts entstammte und in den Philologien, in Historie und Kunstwissenschaft höchst lebendig war. Der spirituellen Entropie verfallen, vermittelte dieses ›geistige Milieu‹ längst keine Mitte mehr: die Janusgesichtigkeit seiner philosophischen Rettungsstrategien zeigt sich gerade darin, daß sie Energien freisetzten, sich Führerbilder wenn nicht verschwommenen Profils, so doch von einer auffallenden Ambiguität zu erphantasieren: die dann durch das politische Terrain geisterten, z. B. als ein völkischer Messias mit den markigen Konturen Bismarcks, in denen sich das Übermenschenpathos Nietzsches blähte. Den philosophischen Geistern blieb nicht mehr, als sich einen Führer spirituellen Zuschnitts zu erhoffen, der darauf bedacht sei, dem Ethos des Wahren, Guten und Schönen Geltung zu verschaffen. Max Weber suchte zu Beginn der Zwanzigerjahre die Normen und Organe einer plebiszitären Demokratie mit dem Wirken einer außerordentlichen Persönlichkeit zu verbinden, die als charismatische Kraft des Wandels erstarrte Strukturen aufbricht: »Von welchem punkt aus die heilung erfolgt, das heil kommt, das ist sekundär (...). Wie der künftige herr und heiland aussieht«, schrieb der in Heidelberg lehrende Germanist Friedrich Gundolf, »weiß man erst, wenn er wandelt.«[109] Viele glaubten es aber schon eindeutig zuvor zu wissen – nicht zuletzt Gundolf selbst, der zu Weltkriegsbeginn bekennt, nur dort »ganz froh zu (sein), wo (er) einen Helden und führer verehren kann« – und fühlten nicht so sehr »luft von anderem planeten«,[110] als daß ihnen das Licht im Osten aufging. Das intellektuelle Milieu war bestimmt von einem russischen Antagonismus. Denn nicht nur in Max und Marianne Webers Heidelberger Kreis, zu dem neben Lukács auch Ernst Bloch gehörte, kam in diesem Zusammenhang der Auseinandersetzung mit russischer Politik und Literatur ein zentraler Rang zu. Russisch pazifistisches und symbolistisches Denken hatte schon um die Jahrhundertwende, in der Entstehungszeit des ›Ardistan‹-Romans, das westeuropäische Geistesleben stark beeinflußt. Es war vor allem die Entscheidung zwischen Tolstoi und Dostojewski, die zum Lackmustest einer ganzen Generation wurde. Da stand etwa Tolstois totaler Gewaltverzicht im Geiste der Bergpredigt gegen Dostojewskis Rechtfertigung ›sinnlosen Terrors‹ als erlösender ›Tat‹, wie sie Naphta in Thomas Manns ›Zauberberg‹ doziert: »Nicht Befreiung und Entfaltung des Ich sind das Geheimnis und Gebot der Zeit. Was sie braucht, wonach sie verlangt, was sie sich schaffen wird« – es liegt nahe hinzuzufügen: als erlösende Tat –, »das ist – der Terror.«[111] In der Dialektik des ›Ardistan‹-Romanes findet sich hier die Position des Panthers:

»(...) selbst der Krieg, mein Herr, hat schon dem Fortschritt dienen müssen«,[112] konzediert selbst Settembrini, was dem Panther dann zum Glaubensbekenntnis gedeiht: *»Für mich ist der Krieg also das größte Friedenswerk, welches es auf Erden gibt.«* (35, 99B) Da so viele Lektüren wie Leser sind, wurde Politik zu einer Frage der Hermeneutik. Der Anarchist Gustav Landauer entlehnte seinen radikalen Pazifismus bei Tolstoi und hielt später als Minister der Münchner Räterepublik doch nicht die andere Wange hin, und Lukács werden Dostojewskis Helden zu Kündern einer neuartigen ›ethischen Demokratie‹, einer Gemeinschaft der Güte und Brüderlichkeit, jenseits des ›abstrakten‹ Rechts einer utopischen Religion ohne Kirche, wie sie der ›Ardistan‹-Roman recht unverhüllt einfordert. Der schweigende Jesus der Parabel vom Großinquisitor aus den ›Brüdern Karamasow‹, die den Zeitgenossen zum Paradigma der Exegese gedieh und in der Konfrontation zwischen Jesus und dem Inquisitor Max Weber den Konflikt zwischen Gesinnungs- und Verantwortungsethik erkennen ließ, gilt Lukács als Repräsentant einer alle Institutionen ablehnenden Haltung. – Die Konstellation spiegelt sich in der Auseinandersetzung zwischen dem Sahahr und dem Dschirbani wider.[113] – Nicht der von einer selbst ›luziferischen‹ Kirche vereinnahmte Christus, sondern nur der gegen den Vatergott rebellierende Jesus kann Erlöser einer gottverlassenen Welt sein. Carl Schmitt las in ›Römischer Katholizismus und politische Form‹ umgekehrt aus der Figur des Großinquisitors die ethische Notwendigkeit von Institutionen ab und leistete damit kräftig der Heiligung von Machtstreben und Machterhalt Vorschub, der die Resakralisierung des Politischen oder die Politisierung des Religiösen dienten.

Das hatte jüdische Tradition, denn die Vorstellung, daß sich Erlösung in der Öffentlichkeit auf dem Schauplatz der Geschichte abspielt und nicht – wie im Christentum – im Innern der Seele, gehört bis in die Gegenwart zur Tradition des jüdischen Messianismus. Publizisten und Gesellschaftstheoretiker des neunzehnten Jahrhunderts benutzten religiös besetzte Grundvorstellungen jüdisch-christlichen Geschichtsdenkens als Beschreibungs- und Deutungsmuster politischer Hoffnungen und gesellschaftlicher Prognosen. Für Ferdinand Lassalle sind 1862 die Arbeiter »der Fels, auf welchem die Kirche der Gegenwart gebaut werden soll«.[114] Konservativ und national denkende Kreise, die an der Geschichtsmächtigkeit des gewaltigen Einzelnen festhielten, hofften auf eine ganze Galerie von Wiedergeburten, sei es Armins des Cheruskers, sei es diverser Friedriche – Barbarossa, der große Preußenkönig oder Schiller – sei es Bismarcks. ›Hermann, erwache!‹ riefen die Volksfreunde im Vormärz, im Ersten Weltkrieg dann: ›Bismarck, erwache!‹ Und jedesmal war den Vaterlandsvätern, die irgendwo in der ›Stadt der Toten‹ in einer ›Dschemma der Lebenden‹ des Aufrufs harrten, aufgetragen: ›Komm dein Volk zu erretten!‹ Das Volk aber? – Erschien dann Lohengrin endlich, so verriet ihn Elsa – »Die Nation hat ihren Erlöser nicht erkannt«[115] –, oder die Jungfrauen verschliefen die Ankunft des Bräutigams. Die nationale Heilserwartung drohte sich immer wieder – einem Wort Holsteins zufolge – durch eine »Politique à l'operette«[116] zu kompromittieren. Deshalb hieß es nach der Götterdämmerung des Ersten Weltkriegs: ›Deutschland erwache!‹ Und die an Deutschlands Universitäten lehrenden Historiker klonten sich gleichsam aus geistiger Geschlossenheit, ständischer Ordnung und Lenkung durch kraftvollen Herrscherwillen das Mittelalterbild eines neuen Jerusalems. Johannes Haller, der Gießener Mediävist, hieß seine Hörer und Leser 1923 hoffen auf »de(n) rechten Mann zur rechten Zeit«, »der alle Gebrechen« von Staat und Gesellschaft »mit der Wunderkraft des Genius (zu) heilen«[117] versteht: unter dem Motto: »Ἔσσεται ἦμαϱ – Es wird kommen der Tag«. Es sollte bekanntlich ein Flammentag werden, heraufgeführt von dem »geheimen Kaiser«, dessen Ideal als eines sendungsbewußten, heroischen Tatmenschen Ernst Kantorowicz 1927 in seiner Biographie des Stauferkaisers Friedrich II. im Auge hatte. Wie auch immer man dieses brillant geschriebene und auf subtiler Quellenkenntnis beruhende Buch einschätzt, seine Botschaft war nicht demokratiefreundlich, sondern stärkte das Sehnen nach einem heroischen Mann der Tat, der, gestützt auf eine Elite treuer Helfer, das Volk der Deutschen in eine bessere Zukunft führt: »als die in Ewigkeit erwartete Kraft, als der Messias, der Herr des Endes«.[118] Diese ›erwartete Kraft‹ verkommt dann bei Joseph Goebbels – Ζεύς, ὁ θεὸς ὓει (Zeus, der Gott, regnet/lässt es regnen) – zur mythologisch-meteorologischen Metapher: »Deutschland sehnt sich nach dem Einen, dem Mann, wie die Erde im Sommer nach Regen«, notiert er am 4. Juli 1924 in sein Tagebuch.[119] Diesen »Einen« glaubte er in der Person Adolf Hitlers gefunden zu haben, der »in der Zeit tiefster Schmach und Zerrissenheit das erlösende Wort einer ganzen Generation« fand und deshalb zum »Bahnbrecher und Gestalter der noch unklaren Sehnsüchte der deutschen Jugend nach dem Kriege« wurde. Solch messianisches ballyhoo hatte noch im Kriege, am 7. November 1917, Max Weber in einem Vortrag über ›Wissenschaft als Beruf‹ vor dem ›Freistudentischen Bund in Bayern‹ als Konstrukt irrationaler Sehnsüchte entlarvt: »(…) nur ein Prophet oder Heiland« könne die Frage beantworten, »welchem der kämpfenden Götter wir dienen (sollen.) Oder vielleicht einem ganz anderen, und wer ist das?« Wenn aber der Prophet und Heiland »nicht da ist oder wenn seiner Verkündigung nicht mehr geglaubt wird, dann werden Sie ihn ganz gewiß nicht dadurch auf die Erde zwingen, daß Tausende von Professoren als staatliche besoldete und privilegierte kleine Propheten in ihren Hörsälen ihm seine Rolle abzunehmen versuchen«.[120] Das war auch nicht zu besorgen, denn eine solche Rolle, Handlanger zur Verwirklichung ihrer Träume zu sein, trauten die Wortführer der Jugendbewegung in ihrem Willen – »von jungen Messiaskronen das Haupthaar umzackt«[121] –, den Thron der Alten zu stürzen und so die endgültige Destruktion der bürgerlichen Lebenswelt zu gewinnen, gerade den Professoren wohl ganz zuletzt zu. Dazu schien eher der Dichter berufen. Freilich nicht einer, der wie

Tucholsky befand, daß »es notwendig (sei), der Ekstase zu wehren, nicht sie zu fördern«, da die »Jungen schon ohnedies eine hysterisch-übertriebene Auffassung vom Kriege (hätten)«,[122] sondern eher der Poet als vates in augusteischer Zeit, der von sich sagen konnte – und noch war die Jugend humanistisch genügend geschult, den Zuruf zu verstehen –:

> (...)
> favete linguis: carmina non prius
> audita Musarum sacerdos
> virginibus puerisque canto. (Horaz, c. III,1)[123]

Und dieser poeta vates redemptorque war ja auch schon längst aufgetreten: denn Sehnsucht nach Führerschaft und Reich ist in der Literatur der ersten Jahrhunderthälfte notorisch. Es gediehen sowohl die mythischen als auch die poetischen Gewächse der Reichs- und Führersehnsucht, der Hoffnung auf eine bessere Zukunft, die durch die Tat eines heroischen »einzigen, der hilft«,[124] herbeigeführt werden soll, nicht nur auf dem Boden demokratiefeindlicher Vorurteile, sondern wurzelten auch entschieden im Sumpf rassistischer Mythen, Blumen des Bösen, deren florales Design die Tempel der Edelinge in ihren ›Liebesgärten‹ allenthalben überwucherte. Dafür hatte der um 1908 in Ussula reisende, im Kalendergeschichtenton über das Seelenleben der Pflanzen orakelnde Florist dann doch ein entschieden distinktes Gespür: daß

> *alle diese Herrlichkeit ... sich aus stehendem Wasser (entfaltete), auf sumpfigem Boden, und allen diesen Blumen muß doch, so schön sie sind und so heilig sie gehalten werden, jene feinere und reinere, jene zugleich höhere und tiefere Art der Herzenswirkung abgesprochen werden ...* (34, 643A)

Der ästhetische Haushalt konsultierte ebensowenig Rezepte in den Gesinnungsküchen, wie der ›Stern des Bundes‹ und ›Sitara‹ im gleichen Planetensystem zu lokalisieren sind und die *Sultanin dieses Reiches* (34, 81A) 1907 etwas gemein hat mit »oestliche(n) Wirren«, wo »sich inmitten ziellosen geschreis / Der Eine hebt...«:[125]

> Der mann! die tat! so lechzen volk und hoher rat.
> Hofft nicht auf einen der an euren tischen ass!
> Vielleicht wer jahrlang unter euren mördern sass,
> In euren zellen schlief: steht auf und tut die tat.[126]

»die tat«: 1921 besteht sie darin, »das wahre sinnbild auf das völkische banner« zu heften und »seiner treuen schar«[127] das »Neue Reich« zu pflanzen. Dabei: die menschenformende Kraft, die von George auf seine Schüler und Verehrer ausging, ist nicht zu unterschätzen. »Sie haben dem Nationalsozialismus Wege bereitet, die sie dann selbst nicht gingen«.[128] Am Ende dieser euphorischen Aufbruchsstimmung führt die letzte Ausfahrt nicht nach

›Dschinnistan‹ über den See von El Hadd in den Strahlenjubel eines neu beginnenden Tages, der alles paradiesisch eint, sondern über ein ›lang entseeltes Meer‹ ins ›glanzlos Leere‹. Was heroisch in George anhub, ›kehrt‹ sich seinem Jünger und Gefolgsmann Wolfskehl katastrophisch in den Zerfall.

Eine schwarze Barke sticht
In das Starre, glanzlos Leere,
Eine Barke, lang in Sicht.
Heisst sie Ausfahrt? Heisst sie Kehre?
Fragt die Barke, fragt sie nicht.[129]

Die Barke mit dem weißen Segel, die Marah Durimeh über den abendsonnenbestrahlten See von El Hadd trägt, erfährt hier ihre Metamorphose zum ›Totenschiff‹, auf dem eine Innung von Edelingen den ›Reichs‹gedanken ins »glanzlos Leere« verabschiedet. Was blieb, war eine Schar von Totengräbern übernutzter Ideale.

Das läßt sich von den Edlen von El Hadd und Dschinnistan so jedenfalls nicht sagen, sie waren keine Reichsgründer. Dschinnistan bedeutet keine verordnete, sondern eine erworbene – nicht Erneuerung, vielmehr – Rückkehr und Wiederauferstehung, in der Terminologie des alexandrinischen Theologen Origenes, eine Ἀποκατάστασις (›Wiederbringungslehre‹), wo »das Ende aller Dinge aller Schuld Vergessung sein, das Land der Hölle der Glückseligkeit der Welt zurückgegeben«[130] werden wird und am Ende alle Menschen erlöst sind, selbst die Bösen, die auf Erden keine Buße taten. (Daß am Ende des Romans *den »Panther« … kein Auge jemals wieder (sah)* (35, 936A), bedeutet nicht, daß er nicht am Ende aller Tage seinen Auftritt haben wird.) Hier findet sich in Mays Utopie durch die Überblendung von Gut und Böse der eschatologische Fokussierungszwang auf einen Messias entschärft. Ein solcher muß per se bellizistisch sein. Und in diesem Punkt erweist sich ›Ardistan und Dschinnistan‹ dann doch als ein – vielleicht in sich nicht ganz schlüssiges – großes Friedensbuch, in dem nichts nachzulesen ist von einer nationalen Revolution als messianischem Ereignis, das keinesfalls einen Beitrag liefert zur Bildung idealisierter Retterfiguren, die – ein Kollektivphänomen im Mythenhaushalt europäischer Nationen – die gebeugten Völker aufrichten und persönliches Glück erreichbar machen sollen und unter denen sich kaum einer findet, »der sein Schwert zurückhält vom Blute!«.[131] Über dem Dschirbani, dem Schech el Beled, schließlich auch dem 'Mir von Ardistan – und gerade ihm – liegt der abendliche Glanz des Pietismus; George L. Mosse sieht Mays Romane in dessen Tradition stehen, die »stets die Grausamkeit seiner triumphierenden Helden (mildert)«.[132]

Hier ergibt sich denn auch der entscheidende Unterschied zu den gängigen Panegyrika um den Neuen Menschen, dessen Barden »weit unter dem trivialkulturellen Niveau eines Karl May (lagen)«.[133] Denn ›Empor ins

Reich der Edelmenschen‹, so wie May diesen Cantus firmus seines Spätwerkes intoniert, ist keine Evokation des Nationalstaats, in dem ein auserwähltes Volk seine Reinheit pflegt und damit den Humanismus verabschiedet: Barbarei treibt. Wenig ist im ›Ardistan‹- wie auch im ›Friede‹-Roman spürbar von der Aggressivität des Rechten Glaubens. Weder eignen sie sich als Libretti für eine National-Oper oder als liturgische Texte für eine ›Erlöser‹-Messe geschweige denn als Anweisungen eines messianischen Tatellah-Satah für ein »wahnwitziges Kriegsspiel germanischer Karl-May-Leser«,[134] deren *»ganze, glühende Sehnsucht unserer Rasse«*[135] »Europa als Kinderspielplatz mutwillig zertrampelt«.[136] In derartigen Verdikten bekundet sich nichts weniger als die Polemik ignoranten Sackschlagens, diktiert von einer unkontrollierten Idiosynkrasie. Die Edelmenschen dieses Reiches, in das es emporzusteigen gilt, verwalten nicht Nationalität und damit dann bald einmal – nach Grillparzer – Bestialität, sondern Humanität.

Mythenentsorgung auf der ›Mall‹

> Bücher, die man zu Ende schreibt, haben keinen Schluss.
> Hugo Loetscher: Wann hört ein Buch auf?

Der Begriff – Humanität – läßt innehalten. Vermag uns Heutigen ein kanonisiertes kulturelles Erbe, dem er wesentlich Stütze ist, überhaupt noch etwas anderes zu zeigen als die ungebrochene Bannkraft des Unwahren, die einer überholten und in ihrer Zeit schon leergelaufenen Metaphysik verpflichtet ist, von deren Prämissen, dem Glauben an den Sinn und die Kultur, schon Nietzsche wußte, daß sie gerade das Nihilistische an der deutschen historischen Religion waren; und finden sich nicht eben hier die Musterbücher für die leeren Appelle an eine Erbauungskultur, deren auch die Werbeagenturen modernen Kulturmanagements nicht entbehren können und denen wir bürgerlich zugerichtete Menschen seit Generationen willig und lammfromm folgen? – Schwierig die Antworten, die auf die »inventio veri« (Augustinus), das »Wahre« in der Kunst abzielen, vor allem dort, wo sie sich als ›Religion‹ etabliert hat: um den Preis ethischer Destabilisation.

Schon einmal hatte Kultur, wie gezeigt, als Religionsersatz gedient. Im Zeitalter des Symbolismus. Weltflucht weht einem da entgegen, der Lufthauch von Engelsflügeln gewissermaßen, die in einem Tugendreich hehrer Wesen ihren Dienst versehen: voll hoher Frauen, Taldscha oder der Priesterin, Göttinnen und reiner Mädchen. Die Symbolisten verband kein einheitliches Stilwollen, sondern die Haltung. Eine Jahrhundertwende zog auf und führte in ihrem Gefolge die offenbar unausbleiblichen finsteren Zukunftsvisionen. Rasanter technischer Fortschritt, industrielle Revolution und Positivismus der Naturwissenschaften stimmten bang. Wo der Materialismus Religion und ethische Werte verdrängt, stellt sich die Frage nach dem Überleben der Seele. Und da haben erneut die Engel ihren Auftritt. Wo bleiben die Träume, wenn die ratio allein regiert? Lange nach Literatur und Musik eröffnet auch die bildende Kunst Refugien für Mystik und Ideale und beginnt der Irrationalität Reservate zu schaffen – ein solches wiederum ist Dschinnistan –, wo die Phantasie sich laben soll. Mehr noch: die Kunst selbst wird zum Heilsbringer erhoben. Joséphin Péladan, der exzentrische »Patriarch« des Pariser Symbolisten-Hortes der Salons de la Rose et Croix, der sich persisch ›Sâr‹ (vgl. *Sahahr*; 34, 205B), also ›Zauberer‹ tituliert, stürmt im Manifest der Rosenkreuzer göttliche Bastionen: »Der hehre Enthusiasmus des Künstlers überlebt die erloschene Frömmigkeit von einst. Elende Moderne, haltet ein in eurem Lauf zum Nirwana (...) eure Gotteslästerungen werden den Glauben nie töten. Ihr könnt die Kirchen schließen – doch die Museen? Der Louvre wird die Messe lesen, wenn Notre Dame profaniert ist.«[137] Die Künstler sind die Priester. »Maler der Seele« nennt sie eine Ausstellung, die 1896 teilweise aus den Reihen der Rosenkreuzer heraus organisiert wird.

Als Anwälte jedoch einer Verödung des Ethischen durch das Ästhetische konnten auch sie eine geistige Umweltkontamination nicht aufhalten, die zu einem Crash of Civilization führen mußte, und zu einer – angesichts des Weltkrieges mit seinen »mit heraushängenden Gedärmen im Stacheldraht verendeten« Kämpfermarionetten und der brutalen Liquidierung demokratischer Institutionen allenthalben – allerdings verspäteten »Wendung des Lebens vom Ästhetischen, in dem es nur Möglichkeiten gibt, zum Ethischen, in dem man Aufgaben erkennt«.[138] Schon 1958 hatte der Politologe Eric Voegelin in seiner Münchner Antrittsvorlesung die modernen Bewegungen wie Marxismus, Kommunismus, Faschismus, Nationalsozialismus des intellektuellen Schwindels und der religiösen Korruption geziehen. Er sah in ihnen nicht viel mehr als »gnostische Massenbewegungen«[139] aus der wilden Wurzel eines versehrten, krank gewordenen Christentums: spirituelles Unkraut, das zur Devastation auf den Feldern des Geistes führe, zur Opferung von Vernunft und individueller Mündigkeit auf dem Altar kollektiver Erlösungsversprechen, die einen Status idealer Erkenntnis einfordern, den es aus keiner Perspektive geben kann, genauso wenig wie den idealen Menschen und den idealen Gesellschaftszustand. Alle Utopie ist Selbstexplikation, perspektivisch zu denken – den idealen Beobachter, die eine Außenperspektive gibt es nicht. Sie zu ›erschaffen‹ bedeutet das Risiko der Vernichtung.

Für Voegelin war es klar, daß der hohe Abstraktionsgrad der ›großen Idee‹, die Überzeugung, daß die Utopie auf Erden möglich sei, den Sinn für die Wirklichkeit getrübt und zu den großen Katastrophen geführt habe und daß gerade Intellektuelle eine seltsame und konsequente Vorliebe für allumfassende Gewaltanwendung entwickelt hätten. Er teilt damit den Augustinischen Geschichtspessimismus und spricht ihm – unter gewandelten

Vorzeichen – letztlich die bessere Chance der Geschichtsdeutung in christlichem Geiste zu. Schon das Mittelalter kennt zwei gegenläufige Erwartungen, die miteinander im Streite liegen. Hier ein ›millennaristischer‹ Optimismus, der das Heil der Welt als das Zeitalter des Geistes bei sich weiß; dort die von Augustinus machtvoll geprägte Theologie der Skepsis, daß Erlösung jemals – und v o r dem Ende aller Zeiten – zum Geschehen ›in der Geschichte‹ werden könnte. Für Augustinus, dessen Lehre vom Gottesstaat (›De civitate Dei‹) für ein rundes Jahrtausend die verbindliche Geschichtstheologie des Christentums werden sollte, geht es um den ewigen Widerstreit von ›civitas terrena‹ und ›civitas Dei‹ (allenfalls mit einer ›civitas permixta‹ dazwischen), angesichts dessen erst in utopischer Transzendenz zu erwirkender Auflösung alle irdischen Kriege sündhaftes Teufelszeug sind.

Der im übrigen destruktive Drang, Erlösung gleichsam sublunar zu erzwingen, beruht für Augustinus auf einem ›fleischlichen Mißverstehen‹ des mosaischen Gesetzes: auf dem Nicht-Begreifen, »daß seine irdischen Verheißungen Sinnbilder himmlischer Dinge sind«, daß »(n)icht auf Erden, sondern im Endgericht« Gute und Böse ihren Lohn empfangen,[140] »erst nach der Auferstehung des Fleisches (...) jenes Gericht stattfinden wird, in dem die Guten und Bösen endgültig voneinander geschieden werden«.[141] In diesem Sinne muß er auch einen gleichsam schlaraffisch generierten Chiliasmus, die Vorstellung eines auf Erden himmlische Zustände simulierenden tausendjährigen Reiches (Off. 20, 1-6), verwerfen, das in einer fast konsumistischen Emphase auch nicht mehr als einen zwangsverordneten Frieden bringen kann:

Aber wenn man sagt, die dann Auferstehenden würden ihre Muße mit maßlosen leiblichen Tafelfreuden hinbringen und solche Fülle von Speise und Trank genießen, daß von keinem Maßhalten mehr die Rede wäre, ja ein mehr als unglaubliches Schwelgen anfinge, so können doch nur fleischlich gesinnte Menschen derartiges glauben. Die geistlich Gesinnten pflegen die, welche dieser Meinung huldigen, mit einem griechischen Wort Chiliasten zu nennen.[142]

Ein solcher Zustand entbehrt »der Ruhe der Ordnung«,[143] die den wahren Frieden hervorbringt und mit ihr den Stand der befreienden Erlösung. Denn auch für Augustinus, der in ›De civitate dei‹ eine ganze Anzahl von Friedensdefinitionen auflistet, besteht »der Friede des Staates in der geordneten Eintracht der Bürger im Befehlen und Gehorchen, der Friede des himmlischen Staates in der bestgeordneten, einträchtigsten Gemeinschaft des Gottesgenusses und gegenseitigen Genusses in Gott«.[144] Diese ›bestgeordnete, einträchtigste Gemeinschaft‹ der Guten in Gott hat May in Dschinnistan, im Vorschein des ›Gottesstaates‹, an den Ufern des mächtigen Stromes *Ssul* angesiedelt. Er garantiert nicht nur den Frieden, er verkörpert ihn vielmehr in einer Weise, die vermuten läßt, Jesaia selbst habe dem bibelkundigen Autor die Allegorie gestiftet. »Denn also spricht der

Herr: Siehe, ich breite aus den Frieden bei ihr wie einen Strom und die Herrlichkeit der Heiden wie einen ergossenen Bach.«[145] In der Mayschen ›Dschinnistan‹-Allegorie wird Gott in ganz ähnlicher Weise – übrigens in jambengetragenem Redefluß – aktiv:

»Da spricht der Herr: ›Wenn keiner es erreicht, daß Friede werde, so gehe ich nun selbst!‹ Er schlägt den Mantel menschlicher Gestalt um seine Schulter und steigt zur Quelle Ssul im Paradies hinab. Die wächst bis Dschinnistan zum breiten Strom und fließt von da durch Ardistan, an beiden Ufern Frucht und Segen spendend, um an der Mündung neues Land und neues Volk zu schaffen.« (34, 401B)

Und es mag einem kollektiven – unbewußten – Bildergedächtnis geschuldet sein, daß des Augustinus Auslegung der Jesaia-Stelle sich wie ein Kommentar zu ›Ardistan und Dschinnistan‹, dem Tief- und dem Hochland, als allegorische Umsetzungen der Zwei-Reiche-Theorie von ›Welt- und Gottesstaat‹ liest.

Bei der Verheißung an die Guten müssen wir unter dem Strom des Friedens sicherlich die Überfülle jenes Friedens verstehen, den nichts übertreffen kann. Mit ihm werden wir am Ende gelabt werden (...). Diesen Strom, sagt Gott, werde er auf diejenigen herableiten, denen er solch große Seligkeiten verheißt; so zweifeln wir nicht daran, daß in jenem glückseligen himmlischen Gefilde alles durch diesen Strom gesättigt werden wird. Weil aber auch von daher den irdischen Leibern Friede der Unvergänglichkeit und Unsterblichkeit zufließen soll, spricht er von einem Herableiten dieses Stromes, der sich also gewissermaßen aus der Höhe in die Tiefe ergießt und die Menschen den Engeln gleichmacht.[146]

Die ethische Ökologie Ardistans bietet – abgesehen von den Brunnenengeln –, wie wir wissen, da nun einige Schwierigkeiten. Denn der von May in seiner Dschinnistan-Allegorie zitierten Legende scheint in diesem Sinne eine ›Erlösung‹ gleichfalls erst ›ultra apocalypsim‹ möglich.

»Der Völkerfriede, den wir anstreben, kann sich nur nach und nach entwickeln. Umfaßt er mit seinen Wurzeln die ganze Erde, ein Saug- und Faserwurzelchen in jedes Menschenherz, so wächst er hoch über Irdisches empor und trägt als Früchte die ewigen Sterne in seiner Krone. Ein Welt- und Völkerfriede aber, der nicht im Herzen der Menschheit wurzelt, sondern mit Gewalt und plötzlich herbeigezwungen werden soll, der würde zerstören und vernichten, nicht aber erzeugen und beleben.« (34, 402B)

Es ist das nach wie vor ein Friede, der – defizient – in einem mangelnden Vermögen, kriegerische Ziele durchzusetzen, ›nicht im Herzen der Menschheit wurzelt‹, im inneren einträchtigen Zusammenhalten, der vielmehr auf ein beständiges Gleichgewicht politischer Kräfte angewiesen ist und mithin nicht aus einem Mangel an kriegerischen Motiven hervorgeht, in welchem Kant den dauerhaften Frieden begründet sieht: garantiert durch eine »republikanische«[147] Verfassung. Tatsächlich ist ja die Beobachtung, daß gefestigte Demokratien keine Kriege miteinander führen, eine der wenigen gut konfirmierten Regelmäßigkeiten der internationalen Politik. Wobei gilt, daß ebensowenig *»ein Welt- und Völkerfriede (...) herbeigezwungen werden«* kann (34, 402B) wie ein demokratischer Konsens, der ihn generiert. Für Kant geht es dabei bezeichnenderweise um »keine leere Idee, sondern (um) eine Aufgabe, die nach und nach aufgelöst, ihrem Ziele (weil die Zeiten, in denen gleiche Fortschritte geschehen, hoffentlich immer kürzer werden) beständig näher kommt«.[148] Es bleibt beim Diktum des Atomphysikers Niels Bohr,[149] daß es angesichts der erst in der Endzeit einmal überwindbaren Widersprüche der menschlichen Existenz in der Jetztzeit nur darauf ankomme – und auch genügen müsse –, nach Harmonie zu streben, jener Harmonie, die nach Pauly-Wissowa[150] das lateinische Wort ›pax‹ meint. Gefordert wird also desgleichen hier wie von Kant und May der evolutionäre Weg der Erziehung. Voegelins postdschinnistanische Empfehlung als »Bahnbrecher und Gestalter der noch unklaren Sehnsüchte der deutschen Jugend nach dem Kriege« lautete dementsprechend kompromißlos aufklärerisch: »Die Erziehung junger Menschen« – schreibt er 1971 lange nach seiner Rückkehr aus München in die Vereinigten Staaten in einem Brief an Hans Maier –

war der wichtigste und erfreulichste Teil meiner Tätigkeit in München. Aus der Münchner Erfahrung weiß ich, daß junge Leute (...) Rat und Hilfe in der intellektuellen Konfusion der Zeit suchen und annehmen, daß sie bereit sind, schwer zu arbeiten, um das geistige Rüstzeug zu erwerben, das sie befähigt, dem Druck des ideologischen Irrenhauses, in dem alle aufwachsen, Widerstand zu leisten, sobald sie verstanden haben, daß diese Arbeit notwendig ist, um die Freiheit und Ordnung ihrer Existenz als Menschen zu gewinnen. Der Erfolg war im besonderen an denen zu bemerken, mit denen ich jahrelang zusammengearbeitet hatte. Sie litten nicht mehr unter theoretischer Hilflosigkeit gegenüber dem aggressiven Ideologieunfug (...) Sie verfielen weder dem Stupor der Ideologieerregung, noch machten sie opportunistische Konzessionen, noch waren sie gezwungen, dümmliche Allerweltsweisheiten von sich zu geben, weil sie nichts Besseres gelernt hatten. Sie konnten Widerstand leisten und selbst zu Helfern werden. Nur diese – ihrer Sache intellektuell sichere – geistige Haltung, die jahrelange Erziehung fordert, ein Training, das von Platon und Aristoteles bis zu Jaspers und Bergson als die Umkehr, als die Revolution des Bewußtseins verstanden ist, kann uns heute helfen.[151]

Eine bündische Welt mit einem Anflug Aroma des George-Kreises bleibt dabei spürbar. Doch werden die Gebote Dschinnistans im Sinne des ›sapere aude‹ einer ›praktischen Vernunft‹ vermittelt, wird auch hier abgestellt auf den *»Kreis von höher stehenden, weiter denkenden und tiefer fühlenden Menschen, bei dem ein jeder verpflichtet ist, der gute Engel eines seiner Nächsten zu sein ...«* (34, 925A)

Nach Mißbrauch und Ausverkauf aller Erlösungsmodelle, unmittelbar nach der Stunde Null, imaginierte Thomas Mann in seiner berühmten Antwort auf Walter von Molos Einladung, aus der Emigration nach Deutschland zurückzukehren, ebenfalls eine milde, moderate Entwicklung nach dem Kollegialitätsprinzip. Es gelte, »in einen neuen Lebenszustand überzugehen, der vielleicht nach den ersten Schmerzen der Wandlung und des Überganges mehr Glück und echte Würde verspricht, den eigensten Anlagen und Bedürfnissen der Nation günstiger sein mag als der alte.« Es sei sehr zu hoffen, »daß zwangsläufig und notgedrungen die ersten versuchenden Schritte geschehen werden in Richtung auf einen Weltzustand, in dem der nationale Individualismus des 19. Jahrhunderts sich lösen, ja schließlich vergehen wird (.) Weltökonomie, die Bedeutungsminderung politischer Grenzen, eine gewisse Entpolitisierung des Staatenlebens überhaupt, das Erwachen der Menschheit zum Bewußtsein ihrer praktischen Einheit, ihr erstes Ins-Auge-Fassen des Weltstaates –« in diesem an Hans Küngs ›Weltethos‹ erinnernden »über die bürgerliche Demokratie weit hinausgehende(n) soziale(n) Humanismus, um den das große Ringen geht«,[152] sieht er die Bedingungen für ein neues Dschinnistan erfüllt. Die Prophezeiung sollte sich in gewissem, freilich degenerativem Sinne, in einer Art Banalisierung und mit einem nicht unbedenklichen Hang zur geistigen Sklerose, wenn nicht gar Entropie, erfüllen, indem der Wohlfahrtsstaat den »soziale(n) Humanismus«, der ihn gebar, bald einmal in den Konsumismus überführte, der den Imperativ ›sapere aude‹ mehr behauptet als lebt. Kein Krieg mehr, weil keine Ideologien, reiner Konsum, den nichts Geistiges mehr stört, ist doch das Geistige auf unberechenbare Weise, wie wir gesehen haben, kontingent. Dementsprechend brachten die manisch produzierten Mythen und Spiritualismen, mit denen man sich paradoxerweise gegen die unaufhaltsame Entzauberung der Welt wehrte, nicht mehr als einen apokalyptischen Kollaps, dem – ironisch genug – als Phönix der turnschuhmobile Konsumadonis unserer Tage entstieg. So gegenwärtig uns noch heute von diesen Weltgefühlen des beginnenden zwanzigsten Jahrhunderts jenes der – von Sascha Schneider ingeniös gemalten – Abhängigkeit gesellschaftlicher Existenz ist, so fremd geworden erscheint uns die rastlose, von verwegenen Phantasien getragene Suche nach einem großen, definitiven Ausweg. In der zweiten Hälfte des zwanzigsten Jahrhunderts entwickelt sich eine Strömung, die der amerikanische Soziologe Robert Inglehart als ›postmateriellen Wertewandel‹ bezeichnet. Dem Vorrang von Sinn- und Wertefragen korrespondiert der meist als ›postmodern‹ charakterisierte Trend zur Ästhetisierung der Lebenswelt, weitergefaßt zu dem, was Panajotis Kondylis die ›analytisch-kombinatorische Denkfigur‹ des nachbürgerlichen Zeitalters genannt hat, in dem sich jeder nach eigenem Gusto aus einer Menge an kulturellen Offerten bedient. Das Leben selbst bekommt dabei Festivalcharakter, inszeniert sich als Rummelplatz, auf dem die meisten Menschen als Idioten, als Laien, auf der Suche sind nach dem Außergewöhnlichen beim Festival der Sinn- und Beziehungsfetische. Der smarte Turnschuhadonis annihiliert die Sprengsätze der Ideologien im permanenten Versuch, sich die Warenwelt zu transzendieren. Seine Religion, seine Konfession ist der Konsum, und als wichtigsten Artikel ihres Credos bekennt er die Fitneß, deren Fanfare er bläst, womit er freilich am Horizont der Totalitarismen als neue Heilsutopie der zivilisierten Gesellschaft die Gesundheit aufruft.

Einzigartigkeit, Norbert Bolz sagt es mit dankenswerter Offenheit, ist nur als Kopie zu haben. »So muß das Kopieren als Weg zur Einzigkeit gelebt werden. Maßanfertigung als Massenware – nur du trägst diese Jeans.«[153] Vom Himmel aber ist nichts mehr zu erwarten. Der letzte Weg dorthin, nach ›Dschinnistan‹, ist durch Kaufhäuser und Boutiquen versperrt. Sie verwalten das Heil, und der Theologe und in ihm der Ideologe feiert seine Wiedergeburt im Designer, während der Philosoph sich völlig verabschiedet und in Markenimages verschwindet. »In der Wirtschaft des Unsichtbaren werden Marken philosophieren«[154] und – souffliert von Mephistopheles – das Ende aller Utopien verkünden Denn: Alles, was entsteht, ist wert, daß es zugrunde geht. »Wirft weg, damit du gewinnst.«[155] Ist damit auch das Ende der Geschichte erreicht? Jedenfalls:

Nach der Bankrotterklärung der Ideale teilweise sehr rückwärtsgewandter Mythologien erleuchtet die Grandhotels und Luxusliner nicht mehr eine ideenüberhöhte histrionenhafte Lebenskunst, sondern der demokratisierte Konsum, liegt Dschinnistan als ›Endstation Sehnsucht‹ in all den schönen Geschäften und verführerischen Schaufenstern an feinen Modemeilen: und der 'Mir von Dschinnistan verantwortet Sponsoring von Segelregatten und Golfturnieren. Leitfigur ist – wenn man heute überhaupt noch solch hierarchienstiftenden Begriffs bedürfte – nicht mehr der Athlet, der auf den geistigen Foren die Hydra rückwärtsgewandter Mythologien bändigt, um damit die Zukunft zu züchtigen, sondern der smarte Konsument, ein der Traditionen entbundener Freizeit-Freak, der »ganz vergessener Völker Müdigkeiten«[156] schon längst von seinen Lidern abgetan hat, voll damit beschäftigt, harmoniesüchtig die Messe seines Outfits zu zelebrieren. Er verwirklicht damit eine Vision zur Zeitenwende, die schon 1895 Paul Signac in einem Riesengemälde gestaltet hat mit dem bezeichnenden Titel: ›Die Zeit der Harmonie. Das goldene Zeitalter liegt nicht in der Vergangenheit: es liegt in der Zukunft‹. Die Verbindung dort von Arbeit im Freien, Lesen, friedlichem Spiel von Erwachsenen und Kindern, Tanzen und Malen enthält alle Elemente eines künftigen Zeitalters ohne Rückgriff auf die Vergangenheit. Dschinnistan ist Shoppyland. Es inszeniert sich als Mall und ist dabei von den Hotelpalästen, den Schauplätzen künstlicher Paradiese, wie sie die hyperaktive Lebenslust, der Champagner-Elan, des vorletzten Fin de siècle konstruierte, nicht weit entfernt.

Erinnern wir uns an die Funktion der Rolltreppe. Zur rechten Zeit rollte exakt 1900 die erste auf der Pariser Weltausstellung. Nach oben. Und beförderte ein ehrfurchtsvoll staunendes Publikum in den Konsumtempel oder auch hundert Jahre später – wo postmodern alles sich mit allem verlinken läßt – in den Kunst- und Museumstempel, wie ihn Frank Gehry als architektonische Phantasmagorie für das Guggenheim Museum über dem East River plant. Vor dem vertrauten Gebirgsmassiv der New Yorker Skyline schwebt eine silbrig glitzernde Wolke aus Titanblech – Hölderlins ›hochgehoben, ein silbern Geländer‹ der alpinen Kammlinie zitierend –, über die hinaus muß, wer zwischen Picasso und Beckmann, Beuys und Anselm Kiefer des Wahren, Guten und Schönen teilhaftig werden will. Ein Anblick nicht von dieser Welt, den in hölderlinschem Pathos die Überschreitung dieses Grats, der ›Utopienteststrecke‹ des 19. und 20. Jahrhunderts, um nach Dschinnistan zu gelangen, einst verheißen hatte. Dieser point de vue sollte den Ausblick eröffnen über das von Hölderlin emphatisch verkündete Kanaan eines »neue(n) Geistesbund(es)«. »Die heilige Theokratie des Schönen muß in einem Freistaat wohnen, und der will Platz auf Erden haben, und diesen Platz erobern wir gewiß.«[157] Peter Sloterdijk sieht darin die Schlüsselsätze einer Ästhetisierung des Politischen, einer »Schönen Politik«, die einerseits »über ihren moralischen Wert hinaus ›als Gegenstand eines notwendigen Wohlgefallens erkannt wird‹«, andererseits »von einem Hunger nach Verwirklichung«[158] dessen, was sie als ›schön‹ erkannt hat, angetrieben ist. Verglichen mit den Positionen Hirschbergs[159] ist das pure Restauration. Denn ›Dschinnistan‹ als ästhetische Provinz, als ›Freistaat einer Theokratie des Schönen‹, die den realen Staat nach Drehbüchern der Schönen Politik inszeniert, konnte – je nach Wechsel der Moden, Justierung der ästhetischen Parameter und unter Hintanstellung ethischer Vernunft – auf der Suche nach dem Glück sowohl zur Schädelstätte, zum Schauplatz gigantischer Greuel werden (in Erfüllung der Versprechen Märdistans) als auch zum Vergnügungspark, zum Boulevard dandyhafter Lifestyles und eines sybaritischen Exhibitionismus. Allenfalls im Traum begegnete man wohl solch wundersamen Gebilden oder aber in ›Dschinnistan‹. Dort jedoch sollen sie nicht bleiben. Dschinnistan konkretisiert sich in der allgemeinen tempelarrondierten Verfügbarkeit und im gesicherten Zugriff auf das paradiesische Sein in ›Fun-Reservaten‹, den McDonald's und Getty garantieren; zum Beispiel im ›Land der Glücklichen‹, das der russisch-litauische Schriftsteller Yan Larri in einem 1931 erschienenen utopischen Roman beschrieb. Bald schon werde die Menschheit ein Leben führen, so meinte er, das vorwiegend aus Gelächter und einem musikuntermalten Picknick am Seerand bestünde. Zum Wohnen stellte er die Hotels ›Zum glücklichen Fischer‹ und ›Zum fröhlichen Piloten‹ zur Verfügung (Etablissements, die Stalin so wenig gefielen, daß er den utopischen Hotelier in einem sehr realen Straflager internieren ließ). Hier vollendet sich in den Scheinwelten konsumierbaren Erlebens die Inszenierung der Freizeit, die von den Gartenparadiesen der Renaissance, den höfischen Parkanlagen – von der Villa d'Este in Tivoli bis zum Hohenheimer Park bei Stuttgart – über die Szenerien des Klassizismus und ihrer in antikisierenden und arkadischen Kulissen kultivierten Illusion des ›Goldenen Zeitalters‹ bis hin zu Disney World stetig an Bedeutung gewonnen hat. Und hier wird am Konzept des fallierenden und konvertierten Grafen de Renesse weitergeschrieben. Für Komfort und Erbauung ist gesorgt, Natur und Kunst in den Zustand der Austauschbarkeit übergeführt; das Möglichkeitsprinzip hat über das Wirklichkeitsprinzip obsiegt. Alpenpanorama und Wolkenkratzer-Skyline entwickeln gegenseitig ihre Synergien und gestalten ein Programm, dessen Mehrwert die im Cyberspace simulierte und generierte Göttlichkeit ist. Im Tempel der ›Stadt der Toten‹ hat Karl May den Code dieser Simulation schon durchbuchstabiert.

Es war inzwischen draußen Abend geworden. Darum befand ich mich hier unten im Innern des Tempels nicht nur in vollständiger Stille, sondern auch in ebenso vollständiger Dunkelheit. Aus dieser Finsternis stieg grad von da aus, wo ich stand, die Lichterlinie empor, einen immer weiter aufwärts dringenden, sich scheinbar unendlich oft wiederholenden und doch niemals zu sich selbst zurückkehrenden Kreis beschreibend. Daß dieser Kreis immer kleiner und enger wurde, kam mir nicht als Wirklichkeit, sondern wie eine optische Täuschung vor und verdoppelte, verzehnfachte, ja, verhundertfachte die wirkliche Höhe des Tempels. Es war, als sei er mitten in den Himmel hineingebaut und als könne man von Licht zu Licht bis direkt vor Gottes Thron gelangen. Und diesen Weg stieg ich jetzt hinauf! (35, 739Bf.)

Last Exit: »Selig sind die Zeiten, für die der Sternenhimmel die Landkarte der gangbaren und zu gehenden Wege ist«, hatte sechs Jahre nach dem Erscheinen von ›Ardistan und Dschinnistan‹ Georg Lukács geschrieben.[160] Empor ins Reich des Edelmenschen, nicht sich ›fort‹, sondern, dem Imperativ Zarathustras folgend, sich ›hinauf‹ pflanzen, sich, so Mays Wortwahl, ›emporbilden‹ (man habe *sich zum Edelmenschen emporzubilden*; 35, 887A); ›supra hominem‹ – dem Menschen überlegen – in einen Raum, wo schon Leibniz den von ihm erdachten apparativen Übermenschen wirksam sah. – Nach seinem ikarischen Absturz in der politischen Realität der ersten Jahrhunderthälfte bleibt: ein sich Hinaufschrauben im Cyberspace. Der Eudaimonismus erfüllt sich in der Virtualität des Bildschirms. Warum nicht? Offenbar scheint der Friede in der Banalität internetgesicherten Konsums besser gewahrt als im Halluzinieren von Menschheitsidealen. Gleichwohl muß nicht Stillstand des politischen Motors befürchtet werden.

Dafür sorgt Carl Schmitt: nach seinem weltanschaulichen Konstruktionsplan betreut Politik grundsätzlich den Antagonismus von Freund und Feind, von – manichäisch formuliert – Gut und Böse und müßte sich im Willen zum Gewaltverzicht selbst liquidieren. Zu befürchten ist das – trotz des allenthalben verbreiteten Konsumpazifismus – nicht. Denn dieser Wille scheint weltweit paralysiert, weil häufig die Bereitschaft dazu weniger den Regierungen als der Bevölkerung selbst gerade dort abgeht, wo in den im pazifistischen Pathos gestikulierenden, meinungsbildenden öffentlichen Diskursen politisches und kritisches Bewußtsein längst in ritualisierten Klischees, im ›hohen Ton schöner Politik‹ erstarrt ist. In der Freizeitgesellschaft findet sich dem, der hier nach dem Trost der Reflexion sucht, der kritische Impuls allenfalls als ironischer Modus öffentlicher Repräsentanz kodiert und bleibt so in gewissem Sinne doch wirksam und politisch abrufbar, wenn er Subkulturen, alte und neue Lifestyles und Freizeitverhalten als die berühmten harten Fakten versteht, als politische Willensbekundungen, die sich nur noch nicht in diskursiver Gestalt entpuppt haben: als den härtesten Faktor der Politik, denjenigen nämlich, von dem sie ihren Namen hat, als die ›Polis‹, die ›res publica‹, das Publikum. Cornelius Castoriadis nannte diesen Faktor ›das gesellschaftliche Imaginäre‹. Es ist der utopienentrümpelte Raum der ›Mall‹, in den die Einkaufspassagen und Amüsiermeilen eines dekonstruierten Dschinnistan münden. Hier bleibt – in den Hinterzimmern der Diskotheken – der ›Panther‹ sprung- und die emblematische Fauna der exotischen Terrarien aktionsbereit.[161] Mit anderen Worten: In ›Dschinnistan‹, welcher Art auch immer, lauert die Schlange der Langeweile und mindert mit ihrem Versprechen, die Wechsel auf Erkenntnis einzulösen, den Ewigkeitswert der Paradiese beträchtlich. Dank ihr hat niemand zu besorgen, es könnte ein ›finis historiae‹ geben.

1 Robert Musil: Der Mann ohne Eigenschaften. Hamburg 1970, S. 521

2 Gert Mattenklott: Körperkultur, Ökosophie und Religion. In: Janos Frecot/Johann Friedrich Geist/Diethart Kerbs: Fidus 1868-1948. Zur ästhetischen Praxis bürgerlicher Fluchtbewegungen. Hamburg 1997, S. X – »Tatsächlich führen die üblichen Epochenbegriffe für das erste Jahrhundertdrittel, führen ›Wilhelminismus‹ und ›Weimarer Republik‹ leicht zu einer Überschätzung des im engeren Sinn Politischen. Breite Bevölkerungsschichten, mit Sicherheit die meisten der im wissenschaftlichen und künstlerischen Bereich Tätigen, haben über die eigene Zeit eher in Begriffen allgemeiner Weltanschauung als solchen der Politik nachgedacht.« (Ebd.)

3 Karl May zit. nach Ekkehard Bartsch: Karl Mays Wiener Rede. Eine Dokumentation. In: Jahrbuch der Karl-May-Gesellschaft (Jb-KMG) 1970. Hamburg 1970, S. 52 – ›Empor ins Reich der Edelmenschen‹ lautet der Titel von Mays legendär gewordenem Vortrag in Wien 1912.

4 Dazu Günter Scholdt: ›Empor ins Reich der Edelmenschen‹. Eine Menschheitsidee im Kontext der Zeit. In: Jb-KMG 2000. Husum 2000, S. 94-111

5 Hermann Glaser: Die Kultur der Wilhelminischen Zeit. Topographie einer Epoche. Frankfurt a. M. 1984, S. 20

6 Conrad Ferdinand Meyer: Huttens letzte Tage. In: Sämtliche Werke. Historisch-Kritische Ausgabe Bd. 8: Huttens letzte Tage. Eine Dichtung. Hrsg. von Hans Zeller/Alfred Zäch. Bern 1970, S. 125 (LX, 5)

7 Karl May: Gesammelte Reiseerzählungen Bd. XXXIII: Winnetou IV. Freiburg 1910, S. 604f.; Reprint Bamberg 1984

8 Siehe Heinrich Heine: Geständnisse. In: Sämmtliche Werke. Ausgabe in 12 Bänden. Vierter Band: Deutschland II. Hamburg 1876, S. 38.

9 Karl May: Gesammelte Reiseerzählungen Bd. XXIX: Im Reiche des silbernen Löwen IV. Freiburg 1903, S. 27f.; Reprint Bamberg 1984

10 Ernst Bloch: Das Prinzip Hoffnung. Dritter Band. Frankfurt a. M. 1959, S. 1356

11 Karl May: Mein Leben und Streben. Freiburg o. J. (1910), S. 2; Reprint Hildesheim/New York 1975. Hrsg. von Hainer Plaul

12 Johann Wolfgang von Goethe: Gesang der Geister über den Wassern. In: Goethe: Sämtliche Gedichte 1756-1799. Hrsg. von Karl Eibl. Frankfurt a. M. 1998, S. 318

13 Giovanni Pico della Mirandola: Oratio de hominis dignitate. Hrsg. und übers. von Gerd von der Gönna. Stuttgart 1997, S. 8; Pico sieht nicht in Schönheit, Anmut oder Verstand die Gottesebenbildlichkeit des Menschen, sondern in seiner Freiheit: »Gleichsam als Bildner deiner selbst in Unabhängigkeit und Würde dich in der Form erschaffend, die dir die liebste ist. Es bleibt dir freigestellt, dich in die wüsten Niederungen des Tierischen hinabzubegeben oder in die göttlichen Höhen – ganz entsprechend dem Begehren deiner Seele – hinaufzuläutern.« (Übersetzung J. H.)

14 Friedrich Hölderlin: Patmos (Erste Fassung). Entwurfsvariante, 1. Ansatz zu Vers 26-45. Variante ‹a›: »Und der Horizont / Ein silbern Geländer«, Variante ‹b›: »Und hochgehoben, ein silbern Geländer«. In: Friedrich Hölderlin: Sämtliche Werke und Briefe. Hrsg. von Michael Knaupp. Bd. 3. München 1992, S. 273

15 Lothar Kempter: Hölderlin in Hauptwil. St. Gallen 1946, S. 79

16 Hölderlin: Heimkunft (Zweite Fassung, Vers 19-22). In: Hölderlin: Werke, wie Anm. 14, Bd. 1. München 1992, S. 368

17 Karl May: Gesammelte Reiseerzählungen Bd. XXXII: Ardistan und Dschinnistan II. Freiburg 1909, S. 651; Reprint Bamberg 1984

18 Hölderlin: Patmos, wie Anm. 14, S. 273

19 Karl May: Der 'Mir von Dschinnistan. In: Deutscher Hausschatz. XXXIV./XXXV. Jg. (1908/09); Reprint der Karl-May-Gesellschaft. Hamburg ^{2}1997; Verweise auf diesen Zeitschriftendruck im Text unter Angabe von Jahrgang und Seite/Kolumne.

20 Hölderlin: Patmos, wie Anm. 14, S. 274

21 (Übersetzung J. H.) Jean-Jacques Rousseau: Deux Promenades Solitaires. In: Le voyage en Suisse. Anthologie des voyageurs français et européens de la Renaissance au XXe siècle. Hrsg. von Claude Reichler/Roland Riffieux. Paris 1998, S. 377: »Il n'y a que la Suisse au monde qui présente ce mélange de la nature sauvage et de l'industrie humaine.«

22 Johann Wolfgang von Goethe: Über das Lauterbrunnertal am 9. X. 1779 an Charlotte von Stein: »(…) aber wenn man darunter ist, wo man weder ›künstlerisch‹ bilden noch schreiben kann, dann ist man erst auf dem rechten Fleck.« Zit. in: Goethe: Gedichte, wie Anm. 12, S. 1032 – Vgl. ebd., S. 744.

23 Bloch, wie Anm. 10, S. 1355f.

24 Ebd., S. 1356

25 Karl May: Rigi. In: Karl-May-Jahrbuch 1931. Radebeul bei Dresden o. J., S. 452f.

26 Roland Barthes: Mythen des Alltags. Frankfurt a. M. 1964, S. 59

27 Bloch, wie Anm. 10, S. 1356f.

28 Goethe: Lauterbrunnertal, wie Anm. 22, S. 1032

29 Goethe: Gesang der Geister über den Wassern, wie Anm. 12, S. 318

30 Karl May: Gesammelte Reiseerzählungen Bd. XXIV: »Weihnacht!«. Freiburg 1897, S. 540; Reprint Bamberg 1984

31 Goethes ›Gesang der Geister über den Wassern‹ verarbeitet die Begegnung mit dem Lauterbrunnertal. Die Abschrift der Frau von Stein trägt den Titel: ›Gesang der lieblichen Geister in der Wüste‹. Goethe: Gedichte, wie Anm. 12, S. 1030

32 Walter Benjamin: Rückblick auf Stefan George. In: Gesammelte Schriften Bd. III. Hrsg. von Hella Tiedemann-Bartels. Frankfurt a. M. 1972, S. 194

33 Mattenklott, wie Anm. 2, S. XXVIII

34 James Grun/Hans Pfitzner: Die Rose vom Liebesgarten (Vorspiel). In: Programmheft des Zürcher Opernhauses (unpaginiert). Zürich 1998

35 Ebd.

36 Ebd.

37 Ebd.: Nachspiel

38 Arthur Rimbaud: Après le déluge. In: Gedichte. Hrsg. von Karl Heinz Barck. Leipzig 1991, S. 116 (Übersetzung ebd. S. 117: »Das Splendid-Hotel wurde im Chaos von Eis und Nacht am Nordpol errichtet.« – Das ›Splendid-Hotel‹ ist das Emblem einer gescheiterten Hoffnung.)
39 Camille de Renesse zit. in: Peter Böckli: Bis zum Tod der Gräfin. Das Drama um den Hotelpalast des Grafen de Renesse in Maloja. Zürich 1998, S. 23
40 Ebd., S. 19
41 May: Mein Leben und Streben, wie Anm. 11, S. 2
42 Karl Mays Werke. Historisch-kritische Ausgabe. Abt. III Bd. 4: Der Schatz im Silbersee. Hrsg. von Hermann Wiedenroth/Hans Wollschläger. Zürich 1989, S. 582
43 Ebd., S. 643
44 Vgl. Böckli, wie Anm. 39, S. 23.
45 May: Der Schatz im Silbersee, wie Anm. 42, S. 643; gemeint ist bei May freilich der Ort, wo die Maschinen bestellt werden: *Fillmore City*, in der Nähe des Silbersees. Vgl. Hans-Henning Gerlach: Karl-May-Atlas. Bamberg/Radebeul 1998, S. 246 (B2).
46 May: Der Schatz im Silbersee, wie Anm. 42, S. 576
47 Ebd., S. 643f.
48 Ebd., S. 644
49 Ebd.
50 Böckli, wie Anm. 39, S. 127
51 Sigmund Freud: Über Psychotherapie (1905). In: Studienausgabe. Hrsg. von Alexander Mitscherlich/Angela Richards/James Strachey. Ergänzungsband. Frankfurt a. M. 1975, S. 116
52 Musil, wie Anm. 1, S. 231
53 Paul Valéry: Préface à ›La Lutte pour la paix‹. In: Œuvres. I. (Paris) 1957, S. 1147 – Vgl. Jean-Marc Houpert: Völkerbund und Vereinigung des Geistes. In: Forschungen zu Paul Valéry/Recherches Valéryennes 9/1996, S. 49-118 (insbes. 61).
54 Karl May: Gesammelte Reiseerzählungen Bd. XXX: Und Friede auf Erden! Freiburg 1904, S. 279; Reprint Bamberg 1984
55 Allocution de Paul Valéry [Paris 1928]. In: Philosophie der Politik, Wissenschaft und Kultur. Hrsg. von Jürgen Schmidt-Radefeldt. Tübingen 1999, S. 13 (Übersetzung ebd. S. 18: »Menschen (…), die sich der Arbeit des Geistes verschrieben haben, (…) Menschen (…), die sich der Suche nach Gesetzmäßigkeiten und der Erschaffung von Werken verschworen haben«.)
56 Bertha von Suttner: Die Waffen nieder! Berlin 1914, S. 111 (Erstausgabe 1889) – Ausführlich zur Herkunft von Mays Begriff des ›Edelmenschen‹ bei Hans-Rüdiger Schwab: Der Sieg über den Panther. Karl Mays Auseinandersetzung mit Friedrich Nietzsche. In: Jb-KMG 2002. Husum 2002, S. 235-274 (245f.)
57 Plotin: Das Schöne. In: Schriften Bd. 1. Übersetzt von Richard Harder. Hamburg 1956, S. 11
58 May: Mein Leben und Streben, wie Anm. 11, S. 4
59 Ebd.
60 Karl May: Babel und Bibel. Arabische Fantasia in zwei Akten. Freiburg 1906, S. 78
61 Musil, wie Anm. 1, S. 229
62 Ebd., S. 521
63 Ebd., S. 521f.
64 Emile Michel Cioran: Lehre vom Zerfall. Essays. Übertragen von Paul Celan. Stuttgart 1978, S. 113
65 May: Mein Leben und Streben, wie Anm. 11, S. 2
66 Ebd., S. 4
67 Sonja Margolina/Karl Schlögel: Solowki. Ein Elefant im Paradies, am nördlichsten Rand der Welt. In: Frankfurter Allgemeine Magazin, 25. Juli 1997, Heft 908, S. 39

68 Maxim Gorki zit. in: Ebd. – Vgl. auch Gerd Koenen: Utopie der Säuberung. Was war der Kommunismus? Frankfurt a. M. 2000, S. 261.

69 Vgl. dazu Zygmunt Bauman: Die Lager – östliche, westliche, moderne. In: Lager, Zwangsarbeit, Vertreibung und Deportation. Dimensionen der Massenverbrechen in der Sowjetunion und in Deutschland 1933 bis 1945. Hrsg. v. Dittmar Dahlmann/Gerhard Hirschfeld. Essen 1999, S. 53-65 (60)

70 Leo Trotzki zit. in: Koenen, wie Anm. 68, S. 133

71 Über den Exodus der Intellektuellen notiert er: »Geschmäht und mit den Füßen getreten wird auch die Lauterkeit, ohne die jedwede theoretische Arbeit unmöglich ist.« In: Die verratene Revolution. Zürich 1937. Zit. in: Felix Philipp Ingold: Auf dem Philosophenschiff. Lenins große Operation gegen die russische Intelligenz. In: Neue Zürcher Zeitung, 6. VI. 2000, Nr. 130, S. 66. Vgl. auch ders.: Aktion Philosophenschiff. In: Frankfurter Allgemeine Zeitung, Nr. 293, 17. Dezember 2003, S. N4; dort auch der Hinweis auf die Dokumentation von Lenins Vorgehen durch W. G. Makarow und W. S. Christoforow in der Zeitschrift ›Voprosy filosofii‹ (Probleme der Philosophie), 2003, Heft 8.

72 Zit. nach ebd.

73 Weinrich hält sein Schlußwort. In: Frankfurter Allgemeine Zeitung, Nr. 8, 11. Januar 2000, S. 4

74 Bertolt Brecht: Schriften. 4. Texte zu Stücken. (Große kommentierte Berliner und Frankfurter Ausgabe Bd. 24.) Frankfurt a. M. 1991, S. 131f.; auch zit. in: Richard Herzinger: Angst vor dem letzten Menschen. Bertolt Brecht, Ernst Bloch und die apokalyptische Faszination des Kommunismus. In: Der rote Holocaust und die Deutschen. Die Debatte um das »Schwarzbuch des Kommunismus«. Hrsg. von Horst Möller. München 1999, S. 213

75 Wilhelm Waetzold in: Hamburger Korrespondenz, 6. XI. 1907. Zit. in: Jura Brüschweiler: Hodler im Urteil der deutschen Presse. In: Ferdinand Hodler. Hrsg. von Rudolf Koella. München 1999, S. 221

76 Theodor Heuss: Ferdinand Hodler. In: Die Hilfe. Berlin 1905; zit. in: Brüschweiler, wie Anm. 75, S. 218

77 Günter Scholdt: Autoren über Hitler. Deutschsprachige Schriftsteller 1919-1945 und ihr Bild vom Führer. Bonn 1993, S. 76

78 Plotin, wie Anm. 57, S. 9

79 Jorge Luis Borges über Filippo Tommaso Marinetti zit. in: Franz Haas: Der Bibliothekar von Babylon. In: Neue Zürcher Zeitung, Nr. 193, 21./22. VIII. 1999, S. 83

80 Filippo Tommaso Marinetti: Gründung und Manifest des Futurismus. In: Manifeste und Proklamationen der europäischen Avantgarde (1909-1938). Hrsg. von Wolfgang Asholt/Walter Fähnders. Stuttgart 1995, S. 3

81 Johannes Haller: Die Epochen der deutschen Geschichte. Stuttgart/Berlin 1922, S. 372

82 Ebd., S. 374

83 E. L. Bulwer: Rienzi, der letzte Tribun. Leipzig o. J., S. 596

84 Vgl. Nicholas Goodrick-Clarke: Die okkulten Wurzeln des Nationalsozialismus. Graz 1997, S 169ff.

85 Ebd., S. 99

86 Karl Hans Kluncker: Einführung. In: Karl und Hanna Wolfskehl: Briefwechsel mit Friedrich Gundolf 1899-1931. Bd. I. Amsterdam 1977, S. 14

87 Goodrick-Clarke, wie Anm. 84, S. 99

88 Max Weber: Wissenschaft als Beruf. Berlin 1992, S. 27

89 Vgl. Scholdt: Autoren über Hitler, wie Anm. 77, S. 548.

90 Valéry zit. nach: Houpert, wie Anm. 53, S. 61

91 Musil, wie Anm. 1, S. 520f.

92 Novalis: Dialoge. In: Werke und Briefe. Hrsg. von Rudolf Bach. Leipzig 1942, S. 502

93 Sebastian Haffner: Germany: Jekyll & Hyde. 1939 – Deutschland von innen betrachtet. Berlin 1996, S. 43 – Ebd.: »In Westeuropa hat man kaum eine Vorstellung von der chaotischen Fruchtbarkeit dieses Landes, das Deutschland heißt und jeden Tag dazu bereit ist, das Leben von neuem zu beginnen, sein gestriges Ich zu verleugnen und sich voll und ganz in den Dienst eines neuen Experiments – zum Guten oder zum Bösen – zu stellen.«

94 George L. Mosse: Die völkische Revolution. Über die geistigen Wurzeln des Nationalsozialismus. Aus dem Amerikanischen von Renate Becker. Frankfurt a. M. 1991, S. 21f.

95 Bloch, wie Anm. 10, S. 1396

96 Vgl. Guido von List: Deutsch-Mythologische Landschaftsbilder. Berlin 1891, S. 88.

97 Hier in der Übersetzung Karl Simrocks in: Die Edda. Berlin 1927, S. 173

98 Marinetti, wie Anm. 80, S. 3

99 Vgl. dazu: Hellmut Seeman in: Okkultismus und Avantgarde. Von Munch bis Mondrian 1900-1915. Frankfurt a. M. 1995, S. 10.

100 Klaus Berger: Qumran. Funde – Texte – Geschichte. Stuttgart 1998, S. 78

101 Vgl. dazu: Goethe: Gesang der Geister über den Wassern, wie Anm. 12, S. 318.

102 Norbert Bolz: Die Wirtschaft des Unsichtbaren. München 1999, S. 90

103 May: Und Friede auf Erden!, wie Anm. 54, S. 16

104 Ebd.

105 Horaz: Ode I, 14, V. 15

106 Musil, wie Anm. 1, S. 519f.

107 Ebd. S. 520f.

108 Ebd., S. 520

109 Friedrich Gundolf: Wesen und Beziehung. In: Beiträge zur Literatur- und Geistesgeschichte. Hrsg. von Victor A. Schmitz/Fritz Martini. Darmstadt 1980, S. 174; das folgende Zitat: Friedrich Gundolf an Karl Wolfskehl am 15. IX. 1914. In: Karl und Hanna Wolfskehl: Briefwechsel Bd. II. Amsterdam 1977, S. 104

110 Stefan George: Entrueckung. In: Der Siebente Ring. Berlin 1920, S. 122

111 Thomas Mann: Der Zauberberg. Berlin 1926, S. 523 (Erstausgabe 1924)

112 Ebd., S. 501

113 Vgl. dazu: Jürgen Hahn: ›Verschroben und privat‹ – Panoptikum und Schamanenspiel. Karl Mays ›Ardistan und Dschinnistan‹ als groteskes Modell kaleidoskopischer Permutation des Zeitgeistes oder eines ›Dinosauriers in schwieriger Zeit‹. In: Jb-KMG 1998. Husum 1998, S. 321-388.

114 Ferdinand Lassalle: Arbeiterprogramm. In: Reden und Schriften. Hrsg. von Friedrich Jenaczek. München 1970, S. 58

115 Haller, wie Anm. 81, S. 372

116 Zit. in: Max Hirschberg: Jude und Demokrat. Erinnerungen eines Münchener Rechtsanwalts 1883 bis 1939. Bearbeitet von Reinhard Weber. München 1998, S. 166

117 Haller, wie Anm. 81, S. 372

118 Ernst Kantorowicz: Kaiser Friedrich der Zweite. Hauptband. Düsseldorf 1973, S. 629

119 Joseph Goebbels: Die Tagebücher. Hrsg. von Elke Fröhlich. München 1987. Bd. 1, S. 34

120 Weber, wie Anm. 88, S. 33

121 Ernst Wilhelm Lotz: Aufbruch der Jugend (1913). In: Menschheitsdämmerung. Symphonie jüngster Dichtung. Hrsg. von Kurt Pinthus. Berlin 1919, S. 174

122 Zit. in: Viktor Ott: Privatlehrer Tucholsky. Unbekannte Texte zeigen den

Dichter als Reformpädagogen. In: Neue Zürcher Zeitung Nr. 182, 8. Aug. 2000, S. 56
123 Quintus Horatius Flaccus: Oden und Epoden. Erläutert von Adolf Kiessling. Besorgt von Richard Heinze. Berlin [10]1960, S. 250 (»Lauscht! Noch nie Gehörtes singe ich, der Musen Priester, euch, Jungfrauen und Jünglingen.«)
124 Stefan George: Der Dichter in Zeiten der Wirren. In: Drei Gesänge. Berlin 1921, S. 6
125 George: Der Siebente Ring, wie Anm. 110, S. 209
126 Ebd., S. 208
127 George: Drei Gesänge, wie Anm. 124, S. 6
128 Karl Löwith: Mein Leben in Deutschland vor und nach 1933. Ein Bericht. Stuttgart 1986, S. 24
129 Karl Wolfskehl: Von umflorten Berges Kimme. In: Gesammelte Gedichte Bd. 2: »Die Stimme spricht«. München 1997, S. 79
130 Zit. in (Werkartikel:) Apokatastasis. In: Alfred Bartholet: Lexikon der Religionen. Hrsg. von Kurt Goldammer. Stuttgart 1976, S. 41
131 Mann: Der Zauberberg, wie Anm. 111, S. 526
132 George L. Mosse: Das Bild des Mannes. Zur Konstruktion der modernen Männlichkeit. Frankfurt a. M. 1997, S. 181
133 Glaser, wie Anm. 5, S. 25
134 Erich Kästner: Notabene 45. In: Gesammelte Schriften für Erwachsene. Bd. 6. München/Zürich 1969, S. 173
135 May: Winnetou IV, wie Anm. 7, S. 580
136 Kästner, wie Anm. 134, S. 174
137 Philippe Jullian: Der Symbolismus. Köln 1974, S. 30ff., S. 235ff.
138 Hirschberg, wie Anm. 116, S. 142
139 Eric Voegelin zit. in: Hans Maier: Ein Schwieriger zwischen den Fronten. Politikwissenschaft in universalistischer Absicht: Erinnerungen an Eric Voegelin. In: Frankfurter Allgemeine Zeitung, Nr. 84, 8. April. 2000, Beilage ›Bilder und Zeiten‹, S. II
140 Aurelius Augustinus: Vom Gottesstaat. Buch 11 bis 22. Übersetzt von Wilhelm Thimme. München 1997, S. 663 (XX 28)
141 Ebd., S. 646 (XX 21)
142 Ebd., S. 600 (XX 7)
143 Ebd., S. 552 (XIX 13)
144 Ebd.
145 Jes. 66, 12; vgl. Aurelius Augustinus, wie Anm. 140, S. 640 (XX 21)
146 Ebd., S. 641 (XX 21)
147 Immanuel Kant: Zum ewigen Frieden. Ein philosophischer Entwurf. In: Werke Bd. 9. Hrsg. v. Wilhelm Weischedel. Darmstadt 1968, S. 204
148 Ebd. S. 251
149 Vgl. Itzhak Englard: Demokratie und Judentum: Ein Widerspruch? In: Neue Zürcher Zeitung, Nr. 286, 7. Dez. 2000, S. 5.
150 Der kleine Pauly: Lexikon der Antike. Auf der Grundlage von Pauly's Realencyklopädie der classischen Altertumswissenschaft hrsg. von Konrat Ziegler und Walther Sontheimer. Bd. 4. München 1972, Sp. 576
151 Voegelin zit. in: Maier, wie Anm. 139
152 Thomas Mann: Warum ich nicht zurückkehre! In: Johannes Franz Gottlieb Grosser: Die große Kontroverse. Ein Briefwechsel um Deutschland. Walter von Molo – Thomas Mann. Hamburg u. a. 1963, S. 35
153 Bolz, wie Anm. 102, S. 158
154 Ebd., S. 196
155 Ebd., S. 230

156 Hugo von Hofmannsthal: Manche freilich ... In: Die Gedichte und kleinen Dramen. Leipzig 1958, S. 21 (Erstausgabe 1907)

157 Friedrich Hölderlin: Hyperion oder der Eremit in Griechenland. In: Sämtliche Werke. Leipzig o. J. (1927), S. 522

158 Peter Sloterdijk: Die schöne Politik und der hohe Ton. In: Frankfurter Allgemeine Zeitung, Nr. 230, 4. Okt. 2000, S. 68

159 Siehe das in Anm. 116 genannte Werk Hirschbergs.

160 Georg Lukács: Die Theorie des Romans. Ein geschichtsphilosophischer Versuch über die Formen der großen Epik. Darmstadt 1981, S. 21 (Erstausgabe 1916)

161 Und der apokalyptische Hinterhalt ist ja als Palimpsest überall gegenwärtig: ausformuliert in den Endzeitvisionen der russischen Intellektuellen. Für Igor Smirnow ist der große Zusammenbruch im heutigen Rußland identisch mit dem weltweiten Triumph des gleichmacherischen Totalitarismus (der auch im westlichen Konsumismus auszumachen wäre), den die Menschen – man denke an die zahlreichen Utopien vom idealen Staat, von der idealen Gesellschaft – schon immer gewünscht, zugleich aber gefürchtet haben. Philosophie und Kunst, Technik und Wissenschaft arbeiten seit einem Jahrhundert daran, den Menschen von der Welt, die Welt vom Menschen zu befreien. Der Mensch soll nicht mehr über sich nachdenken, nicht mehr sich selbst erkennen, nicht mehr um sein Seelenheil besorgt sein müssen, auch soll er nicht mehr zum Maß aller Dinge genommen werden, Anthropomorphismen jeglicher Art sind zu überwinden, ja der ›Begriff des Menschlichen‹ schlechthin ist zu verwerfen, der Auftritt und die Leistung des Christentums zurückzunehmen, die sich in eben den von ihm generierten Utopien vom Endzeitglück, der unendlichen Eudaimonie selbst negiert und aufhebt. Eudaimonie endet im Zustand der Entropie. Vielleicht sollte man Dostojewskis Großinquisitor an den Beginn dieser Genealogie von Nietzsche bis zu den Dekonstruktivisten stellen, die die Auslöschung eines Bildes vom Menschen betreiben, der sich selbst zu verantworten hat. »Der Mensch, durch Stammzellenklonung organismisch perfektioniert, wird zurücksinken in eine sterile ›Biomasse‹, aus der nicht eine einzige Idee mehr geboren wird.« (Smirnow: zit. in Felix Philipp Ingold: Russische Taschenapokalypse. In: Neue Zürcher Zeitung, Nr. 220, 21. Sept. 2000, Nr. 220, S. 65)

HELMUT SCHMIEDT

Literaturbericht I

> Der Gitarrist Jesse Ed Davis (...) war Vollblut-Indianer vom Stamm der Cherokee. Das sah man auch auf den ersten Blick. Er war ein sehr gut aussehender, großer Mann mit langen schwarzen Haaren. Aber er war auch das typische Beispiel für viele seines Volkes. Ein Mensch, dem man das Rückgrat fast gebrochen hatte, indem man ihm und seinesgleichen Identität und Kultur geraubt hatte. Indianer übten auf mich schon immer eine starke Anziehungskraft aus. Das haben viele andere Deutsche und ich größtenteils dem alten Karl May zu verdanken, der in seinen Romanen ein Indianer-Bild schuf, das zwar nicht so ganz der Wirklichkeit entsprach, aber doch einer Sehnsucht Ausdruck gab, die in uns allen schlummert. Der wortkarge, lässige Jesse kam vom Äußeren her diesem Mythos sehr nahe. Doch wie viele Indianer hatte auch er schwere Drogenprobleme, die ihn schließlich das Leben kosteten.
> (Klaus Voormann: »Warum spielst du Imagine nicht auf dem weißen Klavier, John«. Erinnerungen an die Beatles und viele andere Freunde. München 2003, S. 255f.)

Wieder einmal begegnet Karl May Adolf Hitler. Bekanntlich hat 1935 ein Anonymus in einer tschechischen Zeitschrift berichtet, der junge Hitler sei 1912 Zeuge von Mays Wiener Rede gewesen, und diese vage Überlieferung wurde dann des Öfteren aufgegriffen: z. B. in einer filmischen Rekonstruktion durch Hans-Jürgen Syberbergs ›Karl May‹ (1974), als unzweifelhaft feststehendes Faktum von Brigitte Hamann in ihrem Bestseller ›Hitlers Wien. Lehrjahre eines Diktators‹ (1996) und mit beträchtlichen Weiterungen in Daniel Calls Theaterstück ›Tumult auf Villa Shatterhand‹ (1997), in dem der eine Herr den anderen an dessen letztem Lebenstag in seinem Wohnhaus aufsucht.

Nun also Hans Christoph Buch mit einer weiteren Ergänzungsversion des Zusammentreffens: Der profilierte Essayist, Reporter und Erzähler legt sie vor als Teil einer Sammlung epischer Schilderungen – der Klappentext spricht von politischen Novellen –, die verbürgte geschichtliche Fakten frei aus- und weiterfabulieren.[1] Das Gesamtwerk präsentiert u. a. Simone de Beauvoir und Klaus Kinkel, Seneca und Stalin; es geht im Großen und Ganzen um tyrannische Menschen, tyrannische Systeme, ihre Praktiken, ihre Zeugen und ihre Opfer. Drei Journalisten besuchen 1978 das Kambodscha der Roten Khmer, einer von ihnen wird unter rätselhaften Umständen ermordet. Wir lesen das Plädoyer eines sowjetischen Staatsanwalts, der einen angeblich verräterischen Parteifunktionär hinrichten lassen will, und erfahren etwas über die eigenartige Liebesbeziehung zwischen Che Guevara und einer Genossin aus der DDR. Hitler lauscht nicht nur Mays Vortrag, sondern trifft den berühmten Schriftsteller anschließend auch noch in der Künstlergarderobe. Nach einem sehr kurzen Gespräch, für das das Buch May verkappte Zitate aus dessen Werk in den Mund legt, ist der ältere Mann überzeugt, aus dem jungen könne etwas Bedeutendes werden, »als Staatenlenker oder als Künstler – wer weiß«, und der von Hitler artikulierte Antisemitismus erscheint ihm als »eine Kinderkrankheit, die er rasch überwunden haben wird – so wie ich meine Erkältung« (S. 197). Die bittere Ironie, die in der Parallelisierung dieser Voraussagen liegt, soll wohl auf die Irrtümer verweisen, mit denen manche Idealisten in der Nachfolge Mays das Nazi-Treiben ermöglichten und begleiteten.

An den Vortrag in Wien und Hitler als angeblichen Zuhörer knüpft auch ein Aufsatz von Marcus Hahn an, der den Beziehungen zwischen den beiden Personen dann aber noch mit ganz anderen Ambitionen nachgeht.[2] So wie Hitler sich – dem tschechischen Zeitungsbericht zufolge – das zweite Paar Schuhe des Anonymus zum Besuch im Sofiensaal ausgeliehen habe, so habe er im Zuge seiner grundsätzlichen, nun in der Tat vielfach bezeugten Neigung zu May auch dessen Bild von Nordamerika aufgenommen und danach die eigenen Vorstellungen von dem entwickelt, was er bzw. Deutschland in Osteuropa militärisch und politisch tun müsse. Hahn verweist auf die immer wieder beschworene Weite des Raumes hier und dort, die angsteinflößend wirke, aber auch die Freiheit zu exzessiven Aktivitäten in Aussicht stelle, und auf Mays Tendenz, Amerika als Tummelplatz konstruktiv tätiger Deutscher zu zeichnen, eine Tendenz, die Hitlers Überzeugung entsprochen habe, alle Vorzüge Amerikas verdankten sich letztlich dem Wirken der deutschen Einwanderer. Als May'scher Belegtext wird im Schwerpunkt ›Old Surehand‹ herangezogen.

Hahns zentrale These lautet also, »daß die den Holocaust und die Helotisierung der slawischen Völker einschließenden Nachkriegspläne Adolf Hitlers in Teilbereichen das Ergebnis seiner Karl May-Lektüre sind« (S. 148). Das klingt spontan gewiss nicht freundlich, aber Hahn attackiert May keineswegs in dem Sinne, in dem einst Klaus Mann einen üblen Einfluss auf den wissbegierigen Leser Hitler beklagt hat: Während Mann das fatale May-Verständnis für sachlich adäquat, May persönlich also für so etwas wie einen gigantischen Brandstifter, einen geistigen Urheber nationalsozialistischer Verbrechen hielt, konstatiert Hahn eine »selektive Lektüre (Hitlers)« (S. 173), eine Verfälschung letztlich, die die humanen Tendenzen in Mays Werk vollkommen unterschlägt und sich gewissermaßen eher an Old Wabble – Hahn schreibt »Wabbel« (S. 174) – festhakt als an

Old Shatterhand. Darüber hinaus sichert der Autor seinen Grundgedanken vielfältig ab: durch umfangreiche Bezüge auf die Sekundärliteratur, durch Reflexionen zur generell heiklen Beziehung von Realität und Phantasie in Hitlers politischen Überlegungen und insbesondere durch Hinweise, nach denen Hitlers Amerikabild natürlich nicht nur durch Mays Abenteuerromane, sondern den zeittypischen »Amerikadiskurs« (S. 168) als solchen beeinflusst wurde. Engagierte Hahn-Leser dürfen darüber nachdenken, warum Hahn mit ›Als Hitler das zweite Paar Schuhe lieh‹ seinem Aufsatz einen Titel gegeben hat, der deutlich auf den von Judith Kerrs ›Als Hitler das rosa Kaninchen stahl‹ anspielt.

Etwas andere, aber vielleicht doch auch benachbarte Aspekte zu Mays Wildwest-Darstellungen werden von einem voluminösen Aufsatz im Jahrbuch der Charles-Sealsfield-Gesellschaft zur Sprache gebracht.[3] Er befasst sich mit elementaren Eigenheiten des Amerikabildes in der deutschen Literatur des 19. Jahrhunderts und widmet einige Seiten dem ›Winnetou‹-Roman.

Der Verfasser Jerry Schuchalter skizziert drei Haupttypen des literarischen Umgangs mit Amerika: einen, der vom Weg nach und durch Amerika als »Eintritt in eine neue Daseinsstufe« (S. 79) erzählt – man kann hier von fern an Bernd Steinbrinks Thesen zur ›Initiation‹ des Abenteurers denken –, einen, der sich vorrangig um den Konflikt zwischen Geld und Geist kümmert, und einen, in dem es um ›Geheimnisse‹ im weitesten Sinne geht, entsprechend andersartigen populären Romanen wie Sues ›Geheimnissen von Paris‹. Mays Werk sei am ehesten der mittleren Kategorie zuzuordnen.

Tatsächlich hat man ja schon häufiger darauf hingewiesen, dass im ›Winnetou‹ die Gier nach materiellen Besitztümern und immaterielle Ideale immer wieder konfliktreich und handlungsträchtig aufeinander prallen, von der ersten Konfrontation mit Santer bis zu zahlreichen Gesprächen über den fatalen Reiz des ›deadly dust‹. Darin steckt – so lesen wir – ein verbreitetes Denkmodell, demzufolge der typische Amerikaner dem Streben nach materiellen Gütern alles andere bedenkenlos unterordnet, wohingegen europäische bzw. deutsche Menschen sich an höhere geistige Werte halten. Schuchalter erblickt im ›Winnetou‹ »die extremste Variante zur Geschichte des deutschen Geistes in Amerika – sie grenzt fast an Parodie« (S. 104), insofern sich grundsätzlich Mays deutsche Figuren »als moralisch und geistig makellose Individuen erweisen, während die Amerikaner als seelenloser, aber bigotter Mob auftreten« (S. 105) und ›gute‹ Indianer den Deutschen ideell zugeordnet werden.

Möglicherweise spitzt der Verfasser den im ›Winnetou‹ zweifellos bestehenden »Dualismus von Gold und Geist« (S. 110) zu sehr zu, um seine Leitgedanken plausibel zu machen; schließlich gibt es bei May auch Beispiele eines redlichen, vom Erzähler positiv gewürdigten Besitzstrebens. Diskussionswürdig ist aber vor allem Schuchalters geschichtliche Herleitung der

Konstellation. Als historischen Hintergrund will er »den Kampf« erkennen, »der im Wilhelminischen Deutschland zwischen der Hofaristokratie und dem aufstrebenden Mittelstand geführt wird. Die Wertvorstellungen des Hofes, wie sie seine [d. i. Mays] Ideologie spiegelt, kreisten um einen genau strukturierten Ehrenkodex, der Geld und Erwerbssinn einem niederen Wertsystem zuwies, dem alle außerhalb des Hofes Existierenden anhingen. Die streng beobachtete Grenzziehung des Romans zwischen den Wertbegriffen Shatterhands und denen seiner amerikanischen Rivalen lässt an eine schlichte ideologische Projektion der im Wilhelminischen Deutschland intern geführten Machtkämpfe denken.« (S. 107) Ganz so einfach war es um die realgeschichtliche Situation aber wohl nicht bestellt und auch nicht um Mays ›Projektion‹ dieser Verhältnisse; man kann seinen Umgang mit dem Thema Geld im Zeitalter der Industrialisierung auch unter ganz anderen sozialgeschichtlichen Vorzeichen sehen. Allerdings ist der Verfasser umsichtig genug, die nicht zu seinem Schema passenden Eigenheiten des Romans zumindest wahrzunehmen: So spielt er zwar einmal den »Autor und Intellektuelle(n)«, als der sich Old Shatterhand erweist, gegen den »klassische(n) Westmann« (S. 111) aus – wo doch das Besondere der Figur gerade in der Integration der konträren Züge liegt –, aber er verweist immerhin auf ihre Komplexität und ihre verschiedenen kulturellen Implikationen, auf eine »seltsamerweise« (S. 112) auftretende Mischung von Werten.

Schuchalter liest Mays Roman im Kontext der damaligen Amerikaliteratur und der politischen Umstände ihrer Entstehungszeit. Ein anderer, englischsprachiger Aufsatz, der sich mit der Repräsentation des Multikulturellen im deutschen Theater befasst, blickt dagegen kurz auf die Bad Segeberger Karl-May-Spiele, also ein Phänomen der populär-künstlerischen Rezeption späterer Jahrzehnte.[4] Hier werden die euphorische Darstellung des Indianers Winnetou und insbesondere die Blutsbrüderschaft mit Old Shatterhand als der Versuch einer reinigenden Reaktion auf die Verbrechen der jüngeren deutschen Vergangenheit gedeutet: »The cathartic moment of blood brotherhood, which includes all spectators, purges racial hatred as well as grief about it.« (S. 303) Wieder wird also eine Verbindung zwischen May und dem Nationalsozialismus hergestellt, aber jetzt erscheinen die Verhältnisse sozusagen umgekehrt: Hat May nach Meinung mancher Kommentatoren Hitler einst den einen oder anderen Weg gewiesen, so wird er jetzt – sagt die Autorin – benutzt, um im Nachhinein Krieg und Holocaust gewissermaßen ungeschehen zu machen.

In demselben Sammelband, der diesen Beitrag enthält, findet sich auch einer von Nina Berman über Mays Orientzyklus.[5] Er wiederum steht Hahn und vor allem Schuchalter näher, da er Mays Werk im Rahmen seiner Zeit beleuchtet: Es geht um den deutschen Helden Kara Ben Nemsi als »prototypical colonizer« (S. 56), als Protagonisten des Imperialismus. Die Verfasserin rekapituliert hier in gedrängter Form die Argumente, die sie in ihrem

Buch ›Orientalismus, Kolonialismus und Moderne. Zum Bild des Orients in der deutschsprachigen Kultur um 1900‹ (Stuttgart 1996) ausgebreitet hat, einschließlich der sehr freundlichen Beurteilung von ›Und Friede auf Erden!‹, die auf eine radikale ideologische Wandlung Mays setzt (der Leser findet Näheres darüber im Literaturbericht des Jahrbuchs der Karl-May-Gesellschaft 1999, S. 435f.).

Um Mays Orientbild, um seinen Beitrag zu dem, was man seit einiger Zeit ›Orientalismus‹ nennt, geht es auch in einer neuen Buchpublikation, die in der Materialienreihe der Karl-May-Gesellschaft erschienen ist und hier deshalb, wie in solchen Fällen üblich, nur angezeigt, nicht aber besprochen werden soll: in Dominik Melzigs ›Der ›Kranke Mann‹ und sein Freund‹.[6]

Die gerade genannte Nina Berman hat sich unter ähnlichen Vorzeichen wie im Orient-Beitrag auch mit Karl Mays Wildwest-Darstellungen befasst.[7] Abermals versucht sie, eine publikumswirksame Reaktion auf seinerzeit aktuelle politisch-soziale Probleme herauszufiltern, wobei es in diesem Fall vorrangig um das geht, was sie im Titel ihres Aufsatzes ›modernization‹ nennt: die rasche Entstehung einer deutschen Industriegesellschaft, die an die Stelle weitgehend agrarisch geprägter Lebensverhältnisse tritt und zahlreiche einschneidende Konsequenzen zeitigt. Zu ihnen gehört die gewaltige Auswanderungswelle in der zweiten Jahrhunderthälfte, und auf dieses Phänomen reagiert May umsichtig, indem er wissbegierigen Lesern »a number of diverse images of German emigrants to America« (S. 293) präsentiert, von Klekih-petra bis zu den Bewohnern des Helldorf Settlements, von Old Firehand bis zum immerhin zeitweiligen Emigranten Old Shatterhand. Dieser Supermann kombiniert auf ideale Weise körperliche Leistungskraft und ausgeprägte Bildung, pädagogische Ambitionen und Raffinesse im Umgang mit anderen, und wer so angelegt ist, reflektiert Omnipotenzträume »in the face of overwhelming economic and social transformation« (S. 298). Mays Werk – so das Fazit – mobilisiert eher rückwärts gewandte Werte und Strukturen, geht aber derart flexibel mit ihnen um, dass sich eine zukunftsweisende Antwort auf aktuelle Herausforderungen zu ergeben scheint: eine für die verschiedensten Publikumskreise äußerst attraktive Kombination.

Bermans Gedanken decken sich teilweise mit denen, die kurz zuvor Reinhold Wolff entwickelt hat.[8] Wenn May, der Amerika aus persönlicher Erfahrung nicht kennt, ›projektive Phantasien‹ gewaltigen Umfangs über dieses Land formuliert, dann reagiert er – so Wolff – auf zwei Arten kollektiver Antriebskraft: auf aktuelle zeitgeschichtliche Faktoren und auf jene mehr oder weniger festgefügten Vorstellungen von der Neuen Welt, die in der europäischen Kultur schon seit Jahrhunderten tradiert werden. Zum erstgenannten Bereich gehören die im Wilhelminischen Reich kursierenden Großmachtsphantasien und – siehe Berman – das Phänomen der massenhaften Auswanderung aus Deutschland, zum zweiten die Topoi von

Reichtum und sexuell willigen Frauen, die in der Ferne locken, sowie vom Edlen Wilden, dessen Integrität freilich stets bedroht ist und der gelegentlich sogar zu einem Identifikationsobjekt für die Außenseiter und Benachteiligten der europäischen Stadtkulturen avanciert. Indem Wolff darauf hinweist, dass im ›Waldröschen‹ einmal tatsächlich eine deutsche Kolonie ausgerufen wird – auf jener abgelegenen Südsee-Insel, auf der Sternau und die Seinen wider Willen viele Jahre zugebracht haben – und dass May sich mit Texas einen Lieblingsschauplatz erkoren hat, dem deutsche Kolonisierungswünsche einst in besonders konkreter Form galten, wird die Präzision sichtbar, mit der May den zeittypischen Hintergrund thematisiert; und indem er deutlich macht, dass May die alten Motive natürlich nicht ungefiltert weitergibt – in seiner Exotik geht es ja eher keusch zu, und der Reiz des Reichtums wird (hier ist nun an Schuchalter zu denken) zwiespältig ins Licht gerückt –, kristallisiert sich zugleich die Eigenständigkeit heraus, mit der May sich das Vorhandene aneignet.

Während Karl Mays Bild des Orients und des ›wilden Westens‹ sowie seine Beziehungen zum Nationalsozialismus seit Jahren zu den Standardthemen der Sekundärliteratur gehören, hätte man sich kaum vorstellen können, dass jemals ein seriöser Literaturwissenschaftler über May und Marcel Proust schreiben werde. Aber auch das ist nun geschehen, der Komparatist Achim Hölter hat es getan: ›Karl May beschleicht Marcel Proust‹.[9]

Wie dies? Das Ganze nimmt sich am Ende weit weniger spektakulär aus, als man zunächst vielleicht vermuten möchte. Hölter behauptet keineswegs, Proust habe May gelesen oder sich gar von ihm beeinflussen lassen. Er stellt vielmehr einen Motivvergleich an: Szenen des Belauschens und Beobachtens, die wir bei dem einen wie dem anderen finden, werden miteinander konfrontiert, ebenso einige der Zeichnungen, zu denen sie inspiriert haben. Nun liegen die Dinge da im Einzelnen zweifellos sehr unterschiedlich, wie Hölter deutlich markiert, aber er entdeckt auch nennenswerte Gemeinsamkeiten: Sie finden sich nicht zuletzt in den sexuellen, zumal homosexuellen Implikationen der geschilderten Vorgänge; bei Proust treten sie z. T. offen zutage, bei May werden sie, wie der kundige Leser zu Recht schon vermuten mag, über Arno Schmidt ins Spiel gebracht. Der hat nicht nur ›Sitara‹ geschrieben, sondern sich auch mit Proust befasst, und so entsteht eine Argumentation »über Eck«, derzufolge »die Verbindungsstellen«, an denen Proust auf May trifft, »im Voyeurismus, im Anschleichen durchs Gelände und in der Homosexualität liegen« (S. 96). Anders formuliert: Ein »Abenteuerroman-Ich (...), dem hier der Name Karl May gegeben wurde« (S. 100f.), hat sich »an Proust an-, ihn wie ein paralleles Bewusstsein oder ein Gefühl des Riskanten be- und so in seine Schreibweise eingeschlichen« (S. 101). Und: Hölter ist den beiden erfolgreich nachgeschlichen.

Man hat die May-Forschung in den letzten Jahren gelegentlich als einen Spiegel oder ein Konzentrat der generellen Entwicklung des Faches Literaturwissenschaft betrachtet. Hier, bei Hölter, haben wir ein Beispiel vor uns, in dem deutlich die aktuelle Neigung des Faches hervortritt, intertextuelle Beziehungen jenseits der handfesten Bezüge auszuleuchten, an denen die altehrwürdige ›Einflussforschung‹ interessiert ist.

Um solche geht es auch nicht, wenn Mays ›Old Surehand‹ in einen anderen überraschenden Zusammenhang gerückt wird, wie das in einem Aufsatz über das 38. Kapitel in Theodor Fontanes ›Der Stechlin‹ geschieht.[10] Pastor Lorenzen, eine Figur des Romans, bringt darin das Gespräch auf den historischen Arktisforscher und Offizier Greely (bei Fontane: Greeley), der während einer Expedition einen unbotmäßig und extrem unsolidarisch handelnden Soldaten hinrichten ließ. Lorenzen gibt das Geschehen aber nicht korrekt wieder und stellt insbesondere Greeleys Verhalten in wichtigen Einzelheiten anders dar, als es realiter gewesen ist: Nicht »soldatische Korrektheit«, wie sie dem empirischen Greely bescheinigt wurde, zeichnet Fontanes Greeley aus, sondern ein als »diabolisch menschlich« (S. 234) zu etikettierendes Verhalten, das aber Lorenzens Beifall findet und als ›anderes Heldentum‹ gepriesen wird. Lorenzens Urteil wird schließlich auch von seinem Gesprächspartner Dubslav akzeptiert, und unter dieser doppelten Prämisse – die Darbietung des ›anderen Heldentums‹ als Teil einer »neue(n) Ästhetik der ›Veränderung‹« (S. 235) und die Pointierung des Einverständnisses – zeichnet der Autor Verbindungslinien zu Lehrstücken Brechts und eben zu einigen Stellen im ›Old Surehand‹, an denen gleichfalls extremes Verhalten und die Verständigung darüber geschildert werden.

Das Thema ›May und der Spiritismus‹ dürfte auf der Erwartbarkeitsskala möglicher Forschungsthemen weit näher beim Orient- und Wildwest-Bild als bei den Komplexen Fontane und gar Proust anzusiedeln sein; es wird neuerlich behandelt in einer Untersuchung zur Geschichte des Spiritismus in Deutschland während des späten 18. und des 19. Jahrhunderts.[11] Der Verfasser präsentiert dem Leser etliche Fallstudien, darunter eine zum Ehepaar May (S. 324–330). Er rekonstruiert im Wesentlichen, was bei Lebius und in Mays ›Studie‹ diesbezüglich zu finden ist, nennt aber auch bisher unbeachtete Quellen, die Mays Darstellung seiner Beziehung zu Emma beeinflusst haben könnten. Man darf auf eine weitere Analyse hoffen, die bald einmal das, was hier nur en passant berührt wird, im Rahmen einer größeren Spezialuntersuchung zur Rolle des Spiritismus in Mays alltäglichem und geistigem Leben auswertet.

Die ganz und gar öffentliche, publikumswirksame Seite des Phänomens Karl May ist Gegenstand zweier Überblicksdarstellungen; die eine ist Teil der ›Annäherung an eine deutsche Gedächtnisgeschichte‹,[12] die andere entstammt einer Ringvorlesung zur ›Lust am Lesen‹, die im Jahr 2000 an der Universität Bamberg gehalten wurde;[13] sie ist nicht identisch mit einem ähnlich angelegten Aufsatz derselben Autoren, auf den im Literaturbericht des vorigen Jahrbuchs verwiesen wurde (S. 320f.). Wie es in solchen Arbeiten üblich ist, richtet sich das Interesse der Verfasser nicht auf etwaige neue, die Forschung weiterführende Einsichten – abgesehen von der die Filmgeschichtsschreibung revolutionierenden Mitteilung im Titel des erstgenannten Beitrags, nach der nicht etwa Lex Barker, wohl aber »Pierre Brice Old Shatterhand wurde« –, sondern auf die plausible Zusammenstellung des dem Experten Bekannten, von Mays Selbstvermarktungsstrategien über die innerliterarischen Attraktionen des Werkes bis zu diversen markanten Einzelheiten der Wirkungsgeschichte, sei es das Auftreten des flexiblen May-Hassers Fronemann, sei es die Serie der May-Filme in den 60er Jahren; natürlich ist in beiden Texten auch von Hitlers May-Begeisterung die Rede. Die Spannbreite des Umgangs mit Karl May, die im Vergleich zu anderen Literaten wohl singulär dasteht, veranschaulicht am sinnfälligsten die Einleitung von Essig/Schury: Sie erzählen da, wie sie im Juni 2000 nach Radebeul reisen, um im Rahmen der Karl-May-Festtage aus ihrem eher für intellektuelle Genüsse bestimmten ›Karl-May-ABC‹ zu lesen, und sich plötzlich ganz anderen Dingen gegenübersehen: »Frühschoppen, Country-Music, einem Indianer-Pow-Wow und Lassowerfen für die Kinder«, ferner »Cowboy-Hüte(n), -Hemden und -Stiefel(n)« sowie »hektoliterweise Karl-May-Bier« (S. 55).

Karl May sorgt offenbar immer wieder – und das ist nicht seine geringste Qualität – für vielfältige Irritationen. Von solchen wurde noch zu des Autors Lebzeiten auch ein Mann aus Mülheim am Rhein – heute Köln-Mülheim – heimgesucht, der aus traditioneller katholischer Sicht zwar die ersten zwei Dutzend Bände der Fehsenfeld-Ausgabe goutiert hatte, im May'schen Spätwerk aber überaus Bedenkliches fand, nämlich eine »sanfte Unterwanderung und Aufweichung des Katholizismus von innen heraus« (S. 354).[14] Damit sie wirkungsvoll bekämpft werden könne, zeigte er May anonym bei der vatikanischen Indexkongregation an, doch die in einem längeren Schreiben spezifizierten, mit einem beigelegten Zeitungsartikel unterstützten Vorwürfe des Spiritismus, Pantheismus und Monismus verfingen nicht: Die Angelegenheit wurde in Rom gar nicht erst weiter verfolgt, Karl May gelangte nicht auf den Index.

Der Kirchenhistoriker Hubert Wolf, der die Akten vor einigen Jahren entdeckte und mit einer kleinen öffentlichen Bemerkung darüber bis in die Boulevardpresse Widerhall fand, schildert in einer neuen Publikation die Einzelheiten, dokumentiert sowohl das Denunziationsschreiben als auch den erwähnten Artikel einer Mülheimer Lokalzeitung, ordnet alles historisch und vor dem Hintergrund der damaligen Streitereien um May ein und berichtet schließlich über seine Suche nach der Person des Denunzianten – der aber ist nicht mehr zu identifizieren, wiewohl er hinsichtlich seiner Herkunft, seiner weltanschaulich-religiösen Orientierung und einiger persönlicher Lebensumstände ein gewisses Profil gewinnt. Die Vermutung, hinter dem Anonymus verberge sich einer der prominenten publizistischen Gegner Mays, wird von Wolf überzeugend zurückgewiesen.

Der Aufsatz bildet den Schlussteil eines Sammelbandes, der sich auf instruktive, aber ansonsten wenig spektakuläre Weise mit Mays Verhältnis zur Religion bzw. zu den Weltreligionen beschäftigt. Auf die Einleitung des Herausgebers Sudhoff – Problemabriss und Forschungsbericht in einem – folgt ein kurzer Überblick des Theologen Jürgen Wehnert zu den markanten religiösen Faktoren in Mays Leben und Werk. Ekkehard Bartsch präsentiert mit ausführlichen Zitaten die wichtigsten Passagen der Reiseerzählungen, in denen Religion und Glaube eine Rolle spielen, und Eckehard Koch fasst mit bewundernswerter Kompetenz auf knapp einhundert Seiten zusammen, welches Bild May von diversen nichtchristlichen Religionen vermittelt. Auszüge aus Mays Reisetagebuch (1900), Aphorismen, Briefauszüge und anderes aus Mays späten Jahren füllen weitere hundert Seiten; manches davon wird hier erstmals veröffentlicht und muss die May-Philologie bei dem weiteren Umgang mit dem Gedankengut des Autors noch intensiv beschäftigen.

Immer weiter traktiert werden die Karl-May-Filme, von denen bekanntlich so manche Verehrer des May'schen Schriftguts hoffen, es möge sie bald einmal die Furie des Verschwindens ergreifen, da ihre Unzulänglichkeiten das Ansehen des Meisters beschädigen. Michael Petzel hat sich abermals in dem offenbar fast unerschöpflichen Materialfundus umgesehen, der ihm da zur Verfügung steht, und ›Das große Album der Karl-May-Filme, Band 1‹ geschaffen.[15] Es weist die Ausdehnung und das Gewicht eines mittleren Möbelstücks auf, kommt im attraktiven Schuber daher und präsentiert auf fast 300 Seiten großformatige, z. T. bisher unbekannte Fotos, die im Zusammenhang der Arbeiten an ›Der Schatz im Silbersee‹, ›Winnetou 1. Teil‹, ›Old Shatterhand‹, ›Der Schut‹ und ›Winnetou 2. Teil‹ entstanden sind (Fortsetzung folgt). Von den erstaunlichen Möglichkeiten der heutigen Reproduktionstechnik ist in den Literaturberichten der letzten Jahrbücher häufiger geschwärmt worden, und Entsprechendes gilt auch hier: Wer die Filme mag, wird die optischen Eindrücke, die das ›Album‹ vermittelt, teilweise als atemberaubend empfinden, und wer den dokumentierten cineastischen Werken skeptischer gegenübersteht, mag immer noch durch die zwangsläufig mitgelieferten Landschaftsaufnahmen zu neuen Reiseplänen für den nächsten Sommerurlaub animiert werden; Bilder aus dem Atelier gibt es kaum. In einigen wenigen Fällen fordern das Alter der Originale und vor allem wohl die Tücken der starken Vergrößerung ihren Tribut: Ein paar Bilder wirken etwas körnig (z. B. S. 42f.), und ausgerechnet die schöne Karin Dor trägt einmal einen hässlichen Grauschleier im Gesicht (S. 30). An anderen Stellen ermöglichen die Bilder einen Blick hinter die Kulissen. So zeigt eines, mit welcher Sicherheits- und Schutzmaßnahme ein haarsträubender Stunt im ›Schut‹ durchgeführt wurde (S. 211), und ein weiteres lässt deutlich erkennen, dass nicht immer Pierre Brice auf dem Pferd sitzt, wenn Winnetou reitet (S. 148).

Dass das alles in allem jedoch nahezu ungetrübte Vergnügen, mit dem wir heute die Bilder dieses Prachtbands betrachten, keine direkten Rückschlüsse auf die Befindlichkeiten und Stimmungslagen der beteiligten Künstler und Filmemacher zulässt, kann man anhand eines weiteren Film-Buchs erkennen, das vorrangig auf Texte und Text-Dokumente setzt: anhand von Reinhard Webers in zweiter Auflage erschienenem Werk ›Die Karl-May-Filme‹.[16] Besetzungsvorhaben und ganze Filmprojekte, die nicht realisiert werden können, Drehbücher, die verworfen oder sechsmal umgeschrieben werden, widrige Witterungsverhältnisse am Drehort, uninspirierte und lustlos arbeitende Regisseure, eifersüchtige und eitle Stars, unwillige Komparsen: das alles hat es bei dieser nach außen für einige Zeit doch so strahlend erfolgreichen Filmserie der 60er Jahre in reichem Maße gegeben – wie wohl häufiger in der Branche und auch schon bei den früheren Karl-May-Filmen; so hat z. B. Viktor Staal, der Darsteller des Kara Ben Nemsi, bei der Werbetournee zur ›Sklavenkarawane‹ (1959) einmal ein Kino verlassen, weil er nicht als erster auf die Bühne gebeten wurde (vgl. S. 34f.). Anekdoten dieser Art finden sich bei Weber in Hülle und Fülle, und der Autor zieht dabei diverse entlegene, in ihrer Herkunft nicht immer ausgewiesene Dokumente heran.

Aber nicht nur Pleiten, Pech und Pannen werden behandelt; Weber bemüht sich auch um eine kritische Beurteilung der jeweils entstandenen Produkte, wobei ein wichtiger Gradmesser die Nähe der Filme zu den – manchmal im Grunde nur vermeintlichen – literarischen Vorlagen ist. Man muss sich darüber im Klaren sein, dass der Film ein substantiell anderes künstlerisches Genre ist als die literarische Gattung Roman, dass er seinem Wesen nach anders und anderes erzählen muss als sie, so dass man bei dem, was ›Literaturverfilmung‹ heißt, nicht mit einer 1:1-Umsetzung des ursprünglichen Plots und seiner Charaktere rechnen kann. Umso bemerkenswerter erscheint in diesem Fall, dass – wie es auch Weber und andere Kommentatoren sehen – die ersten May-Filme der 60er Jahre, ›Der Schatz im Silbersee‹ und ›Winnetou I‹, die sich noch am ehesten an Mays Vorlage halten, zugleich die ästhetisch überzeugendsten sind.

Die Reihe der Karl-May-Periodika, die nicht von der Karl-May-Gesellschaft veröffentlicht werden (vgl. Jb-KMG 1997, S. 411f.), ist um ein weiteres vermehrt worden: um den ›Beobachter an der Elbe‹, ein ›Magazin aus dem Karl-May-Museum Radebeul‹, dessen erste Ausgabe im Dezember 2003 erschien.[17] Der Titel geht zurück auf den einer für kurze Zeit von May selbst redigierten Unterhaltungszeitschrift im Hause Münchmeyer. Was den Inhalt betrifft, so verheißt das Geleitwort von Claus Roxin ein breites Spektrum, das verschiedensten Interessen gerecht wird: »Wissenschaft und Information (aus Radebeul und aus der weiten Welt), Belehrung, Unterhaltung, May-Folklore und buntes Allerlei auf den Spuren des Redakteurs Karl May« (S. 3). Entsprechend unterschiedlich sind die – überwiegend auch bebilderten – Beiträge des Hefts: Ralf Harder stellt neue Berechnungen zu den Daten aus Mays früher Redakteurszeit an, und Hans Grunert führt durch die vom Hobble-Frank gepriesene Stadt Pirna; Ekkehard Bartsch interviewt den langjährigen Bad Segeberger Winnetou-Darsteller Gojko Mitic, und Eckehard Koch skizziert ein bemerkenswertes Kapitel aus der Geschichte der Indianer (S. 27: »Indianer, die als Weiße lebten«); über Patty Frank wird berichtet (Herbert Bieberstein) und über Pläne, ein ›Forschungszentrum für den europäischen Abenteuer- und Populärroman‹ in der Villa ›Shatterhand‹ einzurichten (Reinhold Wolff). Sogar als praktische Lebenshilfe taugt das Heft. Ein Kochrezept wird angeboten (S. 46), und wer noch nicht weiß, was dereinst auf seinem Grabstein stehen könnte, mag sich durch die Wiedergabe einer von May in ›Schacht und Hütte‹ zitierten – oder vielleicht doch von ihm selbst erfundenen? – Grabschrift aus Oberbayern inspirieren lassen: »Steh', Wanderer und weine!/ Hier ruhen meine Gebeine;/ Ich wollt', es wären Deine!« (S. 48).

Die in der May-Szene wohl mit der größten Spannung erwartete Veröffentlichung des Jahres 2003 war ›Der geschliffene Diamant‹:[18] ein im Format und Aussehen der grünen Bände daherkommendes Buch aus dem Karl-May-Verlag (KMV), das zu Ehren des Verlagsgründers Euchar Albrecht Schmid erschien und im Wesentlichen als Rechtfertigung der Textbearbeitungen in eben diesen grünen Bänden konzipiert ist. Bekanntlich wird über das Thema seit Jahrzehnten heftig gestritten – der Herausgeber Lothar Schmid sieht gar »Dauerkritiker und Nörgler« mit »›schlechte(r) Erziehung‹« und »›negative(r) Lebenseinstellung‹« (S. 64) am Werk –, und so ist es sinnvoll, dass der Karl-May-Verlag seine Sicht der Dinge einmal umfassend und systematisch darlegt; das Buch bildet insofern auch eine Antwort auf die vor wenigen Jahren publizierte Anti-Bearbeitungsschrift Klaus Hoffmanns (vgl. den Literaturbericht im Jb-KMG 2002, S. 325ff.), die hier allerdings mit keinem Wort erwähnt wird. Sechs Autoren steuern insgesamt neun Aufsätze bei. Es sind, mit Verlaub, die üblichen Verdächtigen, d. h. Autoren, mit denen man aufgrund ihrer Beziehungen zum Verlag und ihrer früher dargelegten Beurteilung des Problems schon vorab hätte rechnen können: neben Lothar Schmid Siegfried Augustin, Christoph F. Lorenz, Walther Ilmer sowie Wolfgang Hermesmeier und Stefan Schmatz. Die Arbeiten setzen bei ganz unterschiedlichen Aspekten an, führen aber erwartungsgemäß zu einem weitgehend einhelligen Ergebnis: dass es nicht nur vertretbar, sondern – ungeachtet einiger Missgriffe in Einzelheiten – gut, richtig und wichtig war, Mays Werke postum zu verändern, und dass er ohne diese früh begonnene und bis in die Gegenwart fortgesetzte Tätigkeit längst in Vergessenheit geraten wäre – wie Friedrich Gerstäcker, Balduin Möllhausen, Otto Ruppius und viele andere Schriftsteller ähnlicher Art.

Der Band präsentiert eine beachtliche Zahl unbekannter Dokumente, insbesondere Briefe Mays, Briefe seiner Bearbeiter und einen mehrseitigen Auszug aus dem ›Satan‹-Manuskript, der vorher nie gedruckt worden ist. Man wird – im Sinne einer positiven Würdigung – auch sagen können, dass die Geschichte der grünen Bände in der großen Überblicksdarstellung von Hermesmeier/Schmatz klare Konturen erhält und dass die Beiträger ihr zentrales Anliegen generell nicht übel vertreten: Sie tragen anschaulich alle Argumente zusammen, die sich zur Legitimierung der Bearbeitungen finden lassen, von Ilmers Hinweisen auf unerträgliche Mängel in den zu Mays Lebzeiten erschienenen Texten (siehe unten) bis zur Erläuterung, es sei – man denke an ›Robinson Crusoe‹, ›Lederstrumpf‹ usw. – in der Verlagsbranche weithin üblich, alte Texte mit abenteuerlichem Kern im Dienste zeitgenössischer Verkäuflichkeit zu bearbeiten. Geradezu leitmotivartig tauchen einige dieser Argumente immer wieder auf: Schon bei Mays Erstveröffentlichungen – ob nun im Münchmeyer-Verlag oder im ›Hausschatz‹ – seien häufig Redakteure bearbeitend tätig geworden, die vielfach reklamierte Authentizität komme also auch diesen Texten nicht zu, und sie sei – da fast alle handschriftlichen Vorlagen verloren gegangen sind – auch nicht mehr rekonstruierbar; zudem habe May selbst spätere Bearbeitungen ins Auge gefasst und sich E. A. Schmid gegenüber entsprechend geäußert.

Bei genauerem Hinsehen stößt der Leser allerdings auf die eine oder andere gedankliche Unebenheit. So erklärt Ilmer literarische Fehlleistungen Mays – »Widersprüche, Inkonsequenzen, Schludereien« – mit seiner besonderen »Schaffensweise und deren Bedingungen« (S. 266), rechnet sie also May persönlich zu, während Lorenz ganz ähnliche Mängel in den Münchmeyer-Romanen als ein Indiz für die Eingriffe fremder Bearbeiter schon in den Erstveröffentlichungen deutet (vgl. S. 138ff.). Lothar Schmid mag jene Kritik am KMV nicht akzeptieren, die mit Erklärungen Mays arbeitet, er verbitte sich jede Änderung an seinen Texten: Schließlich ließen sich bei May »für so ziemlich jeden Sachverhalt widersprüchliche Aussagen finden« (S. 73) – das mag sein, aber wie kann man sich dann felsenfest auf Mays »Aussagen« stützen, seine Texte seien von einem künftigen Verleger Schmid (vgl. S. 25f.) auf diese oder jene Weise zu verändern?

Was ist nun in der Gesamtbeurteilung von alldem zu halten? Der KMV hat sicherlich die Macht der Tatsachen auf seiner Seite, soweit es um die Wiederherstellung und Konservierung der Popularität Mays geht: Der über Jahrzehnte anhaltende Verkaufserfolg der Bücher spricht nicht eben dafür, dass die Bearbeitungsstrategie im Kern falsch war. Manche Grundzüge der Bearbeitungen korrespondieren ja auch ganz und gar mit den allgemeinen Erkenntnissen zur literarischen Massenwirkung, z. B. die Tendenz zur Reihenbildung und Vereinheitlichung des Werkes, wie sie sich etwa in der stilistischen und inhaltlichen Anpassung der Münchmeyer-Romane an den Gestus der Reiseerzählungen ausdrückt.

Das heißt nun allerdings nicht zwingend, dass eine Ausgabe mit den Textversionen aus Mays Lebenszeit langfristig zum Misserfolg verdammt gewesen wäre. Immerhin gründete sich der ansehnliche Erfolg der meisten wichtigen Bände in der Radebeuler Ausgabe jahrzehntelang noch auf weitgehend unbearbeitete Fehsenfeld-Texte, und es ist, was die neuere Zeit angeht, auch nicht unbedingt einleuchtend, dass der KMV seit den 1990er Jahren dazu neigt, seine Textfassungen wieder den ursprünglichen Veröffentlichungen anzunähern (›Rückbearbeitungen‹), dieses Verfahren aber offenbar in den 1970er Jahren für abwegig hielt, obwohl damals eine große Nostalgiewelle über das Land schwappte – auch eine literarische, erinnert sei an das vielbändige ›Schmöker Kabinett‹ des Fischer Taschenbuch Verlags, das sich einiges darauf zugute hielt, alte Unterhaltungsromane in möglichst authentischen Textversionen zu präsentieren. So spricht zwar manches dafür, dass der KMV im Sinne des ökonomischen Erfolgs klug handelte, als er ans Bearbeiten ging; aber es steht nicht fest, dass der Erfolg allein auf diesem Wege erreichbar war. Endgültige Klarheit lässt sich da ohnehin nicht gewinnen, denn man kann die Wirkungsgeschichte Mays ja nicht unter veränderten Bedingungen probehalber noch einmal durchspielen.

Doch der Ehrgeiz der Herausgeber und zumindest einiger Verfasser zielt auf noch etwas anderes, gewissermaßen Höheres, und da liegt der heikle Punkt ihres Projekts: Sie wollen darlegen, dass die bearbeiteten Texte das bieten, was dem Schriftsteller Karl May am ehesten gerecht wird, dass wir in ihnen sozusagen den eigentlichen May finden, dass über diesen Texten sein Name mit mindestens so viel Recht steht wie über den bis 1912 erschienenen. Am deutlichsten artikuliert sich diese Ambition erwartungsgemäß in den Ausführungen des Verlegers Lothar Schmid: »Der Verleger musste einspringen« (S. 64), heißt es einmal im Anschluss an die Feststellung, May selbst sei leider nicht mehr dazu gekommen, die eigenen Werke zu verbessern, und später wird bekräftigt, E. A. Schmid habe es nach dem Tod des Autors unternommen, »die liegen gebliebenen Dinge im Sinne Karl Mays zu erledigen, schöpferisch zu erledigen. Und die Nachkommen folgten dem vorgezeichneten Weg.« (S. 87) Ganz offensichtlich versteht sich der Karl-May-Verlag nicht nur als Geschäftsverwalter und Verbreiter, sondern auch als der künstlerische Vollender des May'schen Werkes. Haben wir also in den Texten der Bamberger Ausgabe – auch in denen mit Tausenden von Bearbeitungseingriffen – gewissermaßen den ›wahren‹ Karl May vor uns?

Natürlich nicht; an dieser Stelle ist dem ›Geschliffenen Diamanten‹ energisch zu widersprechen. Man muss zunächst einmal darauf hinweisen, dass entgegen vielen hier vorliegenden Äußerungen die allermeisten Veröffentlichungen aus Mays Lebzeit der Autorität im philologischen Sinne keineswegs gänzlich entbehren, und zwar auch dann nicht, wenn – wie von Lorenz und anderen dargelegt – Verlagsmitarbeiter und Zeitschriftenredakteure dafür gesorgt haben, dass der publizierte Text von Mays handschriftlichen Vorlagen abwich. Wenn ein Schriftsteller wie May, der sich im Unterhaltungsliteraturbetrieb wahrhaftig auskennt, jahre- und jahrzehntelang Veröffentlichungen unter seinem Namen oder einem von ihm gewählten Pseudonym hinnimmt, dann betreibt er das, was man in der Editionsphilologie als passive Autorisation bezeichnet. Die gedruckten Texte sind dann gewiss nicht in so strengem Sinne authentisch wie jene, die mit dem Manuskript vollständig übereinstimmen, und sie sind auch im geringeren Grade autorisiert als in den Fällen, da ein Autor sich Änderungsvorschläge von dritter Seite expressis verbis zu eigen macht; aber sie werden eben doch dem Autor als letztlich von ihm toleriert zugerechnet, und daran ändert sich nichts, wenn sich herausstellt, dass er gelegentlich mit Redaktionen streitet (›Hausschatz‹) oder im Zusammenhang mit öffentlichen Angriffen Jahrzehnte nach der Erstveröffentlichung erklärt, alles Fragwürdige an dieser Publikation stamme nicht von ihm (Münchmeyer). Geradezu abwegig ist der Gedanke, demgegenüber glichen spätere Bearbeiter Defizite aus, die May nicht mehr habe bewältigen können, und insofern seien ihre Versionen eher May-gerecht als die alten: Bearbeiter, die ganz und gar eigenem Gusto folgen müssen und Spekulationen in Bezug auf das, was für die Verkäuflichkeit der May-Bücher günstig sein könnte. Da helfen die vagen Hinweise gar nichts, May habe eigene Bearbeitungspläne gehegt, darüber mit Euchar Albrecht Schmid »vor seinem Tod noch mehrfach gesprochen« und man könne »annehmen« (Lorenz, S. 112), dabei sei dies oder jenes zur Sprache gekommen: Es ist aus sämtlichen zum Thema vorliegenden Dokumenten nicht ersichtlich, dass verlässliche Materialien über solche Gespräche vorliegen und dass sie, was die Bearbeitungsmaßnahmen betrifft, eine auch nur halbwegs signifikante und konkrete Rolle gespielt haben.

Alles in allem: die Lebensleistung Euchar Albrecht Schmids verdient hohen Respekt, man muss ihm ein ehrendes Buch wie das vorliegende gönnen, und es gibt in der Tat gute Gründe für die These, dass ohne seine Arbeit und die seiner Mitarbeiter und Erben Karl Mays Werk in Vergessenheit geraten wäre. Das kann aber nicht dazu führen, den Textbearbeitungen jene Aura, jene höheren Weihen zuzuerkennen, die im ›Geschliffenen Diamanten‹ suggeriert werden. Wenn sie auch für die dauerhafte Popularität Mays mitverantwortlich sind, so sind sie es doch um einen hohen Preis, der vielleicht nicht nur philologischer Natur ist: um den einer Entstellung und Glättung des May'schen Werkes – paradox formuliert: May hat mit ihrer Hilfe überlebt, aber es ist, bei Lichte besehen, nur annähernd May, der überlebt hat. In dezenter Formulierung wird das übrigens auch im ›Diamanten‹ selbst einmal so dargestellt: Siegfried Augustin führt aus, E. A. Schmid habe alles daran gesetzt, im Sinne eines größtmöglichen ökonomischen Ertrags »die Attraktivität der grünen Reihe zu steigern« (S. 309), und in »dieser Situation waren rein literarische Kriterien von eher untergeordneter Bedeutung« (S. 310). Einverstanden.

Zu den Kuriositäten, über die berichtet wird, gehört der Umstand, dass die Bearbeiter mit ›Joe Burkers, das Einaug‹ in den ›Gesammelten Werken‹ sogar eine Erzählung erst auftauchen und in späteren Auflagen wieder verschwinden ließen, die sie selbst aus verschiedenen Texten Mays produziert hatten (vgl. S. 403). Die instruktiven Ausführungen von Hermesmeier/Schmatz, in denen dieser Fall erläutert wird, lassen also erkennen, dass die Serie der grünen Bände zum nicht unbeträchtlichen Teil dank der Lösung von Problemen gedeiht, die es ohne die sie tragenden Editionspraktiken gar nicht gäbe. Man kann dies auch anhand des jüngsten Bandes beobachten, ›Der Bowie-Pater‹:[19] Die Titelerzählung war ursprünglich kein eigenständiges Werk, sondern Teil der ›Juweleninsel‹, bei deren erstmaligem Erscheinen in der Radebeuler Ausgabe aber von den KMV-Bearbeitern herausgestrichen worden; ein Dreivierteljahrhundert später, so erläutert Christoph F. Lorenz nun im Vorwort, »fanden wir es (...) an der Zeit, sie als wichtige Ergänzung in die Reihe (der Gesammelten Werke) aufzunehmen« (S. 9).

Für die wundersame Vermehrung von Bamberger Bänden ist aber natürlich auch und in erster Linie der Umstand verantwortlich, dass May selbst schon manches von ihm Geschriebene mehrfach in Varianten verwendet hat, und so füllt sich der Rest des neuen Bandes mit neu präsentierten alten Texten »aus der Werkstatt eines Erfolgsschriftstellers« (S. 9): mit Erzählungen, die May in anderer Form dann noch einmal verwendete, mit Teilen von Erzählungen, die er selbst bei der Wiedergabe einer Zeitschriftenveröffentlichung nicht in die Buchausgabe übernahm, sowie mit einem ganz kurzen Bericht über die ›Jagd auf wilde Truthühner in Texas‹, den May als Begleittext für die Illustration in einer Zeitschrift verfasste. Zu jeder der insgesamt fünfzehn Arbeiten gibt es kurze Erläuterungen, das ans Karikaturistische streifende Deckelbild des neuen Bandes stammt von Carl-Heinz Dömken.

Über kurz oder lang wird die grüne Reihe trotz allem aufgrund fehlender Textmaterialien nicht fortgesetzt werden können. Dieses Schicksal teilt sie dann mit der Reprint-Serie der Karl-May-Gesellschaft, die schon mit dem jüngsten Band zu einem »gewissen Abschluß« (S. 7) gelangt, wie der Herausgeber Ruprecht Gammler im Vorwort darlegt.[20] ›Old Firehand‹ aber bietet – einschließlich diverser Erläuterungen und Kommentare heutiger Autoren – noch einmal ›Seltene Originaltexte‹ aus Mays früher Schaffenszeit, die im ›Deutschen Familienblatt‹ (1875/76), im ›Buch für Alle‹ (1878), im ›Weltspiegel‹ (1878, 1879) und in ›Für alle Welt!‹ (1881) erschienen sind.

Der eben genannte Carl-Heinz Dömken ist auch mitverantwortlich für eine weitere Veröffentlichung des ›Winnetou I‹, diesmal aber im Hinblick auf den Text. Er hat eine gekürzte Fassung erarbeitet, der beispielsweise sowohl die ›Einleitung‹ als auch die komische Passage über das Wesen des Greenhorns, mit der das erste Kapitel einsetzt, fehlen, die auch nicht ›Winnetou I‹ heißt[21] und die – zusammen mit ähnlichen Bänden einer neuen Reihe ›Abenteuer Winnetou‹ – von der Presseinformation des Karl-May-Verlags wie folgt angepriesen wird: »Für jugendliche ›Greenhorns‹ [!] eine preiswerte Alternative zu den legendären grünen Bänden: Karl May at his best, in attraktivem jugendlichen Design.«

Bekanntlich wird viel darüber geklagt, dass die Lesebegeisterung von Kindern und Jugendlichen immer weiter sinkt, soweit es um Bücher geht; die neuen und neuesten Medien drängen sie zurück. Das bekommt vermutlich auch der KMV zu spüren, und so reagiert er nun also mit einer Ausgabe, die mit schmalerem, die handfeste ›action‹ akzentuierendem Text und kesserem Aussehen vielleicht junge Leser gewinnt, auf die die traditionsreichen grünen Bände wenig Reiz ausüben.

Ob die Rechnung aufgeht? Die neue Reihe verzichtet einerseits auf die eingeführten Buchtitel – so heißt die gekürzte Version des ›Schatz im Silbersee‹ ›Der Indianerschatz‹ – bzw. lässt sie nur im Kleingedruckten auftauchen und reduziert damit den Wiedererkennungseffekt; andererseits setzt sie doch darauf – siehe oben: »legendär« –, dass Karl May und seine Figuren weithin bekannt sind, bekannt auch jenen, die zwar noch nie ein May-Buch in der Hand gehalten haben, der x-ten Wiederholung eines Karl-May-Films im Fernsehen aber nicht entgangen sind. Die Fälle Harry Potter und Stephen King lehren im Übrigen, dass große Textmassen Verkaufserfolgen bei jungen Menschen nicht unbedingt abträglich sein müssen. Es ist also ein schmaler Grat, auf dem sich der KMV hier bewegt, ein Versuch, der wahrscheinlich unternommen werden musste, dessen Ausgang aber höchst ungewiss ist.

Karl May in fremden Sprachen: dieses Kapitel der Verbreitung des May'schen Werkes hat gerade in den letzten Jahren für Überraschungen gesorgt, da so exotische Phänomene wie Übersetzungen ins Lateinische, in Esperanto und ins Chinesische zu verzeichnen waren. Nun liegt als Privatdruck ein kleines Heft der ›Schweizer Karl-May-Freunde‹ vor, das Geschichten Mays erstmals in alemannischer Mundart präsentiert, ergänzt um zwei Aufsätze, deren interessantester sämtliche bisher bekannten Karl-May-Übersetzungen aufzulisten verspricht.[22] Um eine solche handelt es sich hier im strengen Sinne freilich nicht: Vielmehr haben wir zwei kurzgefasste Nacherzählungen vor uns, sechs Seiten entfallen auf ›De Schatz im Silbersee‹, neun auf ›De Ölprinz‹. Wer kein native speaker des Alemannischen ist, die Romane aber kennt, kann sich mit Hilfe dieses hübschen Hefts sprachlich weiterzubilden versuchen. Der Berichterstatter hat's getan, teilweise auch Erfolge verzeichnet, ist aber an einer Stelle radikal gescheitert: Was heißt »au no cho«? (S. 10)

1 Hans Christoph Buch: Wie Karl May Adolf Hitler traf und andere wahre Geschichten. Frankfurt a. M. 2003

2 Marcus Hahn: Als Hitler das zweite Paar Schuhe lieh. Amerika, Karl May und der ›Generalplan Ost‹. In: Deutsche Vierteljahrsschrift für Literaturwissenschaft und Geistesgeschichte. 77. Jg. (2003), Heft 1, S. 148-180

3 Jerry Schuchalter: Amerika und seine Interpreten in der deutschen Literatur des 19. Jahrhunderts. In: Jahrbuch der Charles-Sealsfield-Gesellschaft. Hrsg. von Waldemar Fromm/Andreas Geyer. Band XIV/2002. München 2002, S. 63-180

4 Katrin Sieg: Ethnic Drag and National Identity: Multicultural Crises, Crossings, and Interventions. In: The Imperialist Imagination. German Colonialism and Its Legacy. Hrsg. von Sara Friedrichsmeyer/Sara Lennox/Susanne Zantop. Ann Arbour 1998, S. 295-319

5 Nina Berman: Orientalism, Imperialism, and Nationalism: Karl May's Orientzyklus. In: Ebd., S. 51-67

6 Dominik Melzig: Der ›Kranke Mann‹ und sein Freund. Karl Mays Stereotypenverwendung als Beitrag zum Orientalismus. Materialien zum Werk Karl Mays Bd. 4. Husum 2003

7 Nina Berman: The Appeal of Karl May in the Wilhelmine Empire: Emigration, Modernization, and the Need for Heroes. In: A Companion to German Realism 1848-1900. Hrsg. von Todd Kontje. Rochester/NY 2002, S. 283-305

8 Reinhold Wolff: Projektive Träume: Karl May und der Wilde Westen der Wilhelminischen Epoche. In: Studies in the Western VII (1999), S. 53-75

9 Achim Hölter: Karl May beschleicht Marcel Proust. In: Marcel Proust. Orte und Räume. Elfte Publikation der Marcel Proust Gesellschaft. Hrsg. von Angelika Corbineau-Hoffmann. Frankfurt a. M./Leipzig 2003, S. 84-106

10 Konrad Feilchenfeldt: Leutnant Greeley – ein amerikanisches Vorbild für Europa? Zu Fontanes ›Der Stechlin‹ (Achtunddreißigstes Kapitel). In: Fontane und die Fremde, Fontane und Europa. Hrsg. von Konrad Ehlich. Würzburg 2002, S. 229-247

11 Diethard Sawicki: Leben mit den Toten. Geisterglauben und die Entstehung des Spiritismus in Deutschland 1770-1900. Paderborn u. a. 2002

12 Werner Doyé: Helden sterben nie – Wie Pierre Brice Old Shatterhand wurde. In: Steinbruch Deutsche Erinnerungsorte. Annäherung an eine deutsche Gedächtnisgeschichte. Hrsg. von Constanze Carcenac-Lecomte u. a. Frankfurt a. M. 2000, S. 115-130

13 Rolf-Bernhard Essig/Gudrun Schury: Lust am Abenteuer? Auf den Spuren des literarischen Massenphänomens Karl May. In: Lust am Lesen. Hrsg. von Klaus Maiwald/Peter Rosner. Bielefeld 2001, S. 55-80

14 Zwischen Himmel und Hölle. Karl May und die Religion. Hrsg. von Dieter Sudhoff. Bamberg/Radebeul 2003

15 Das große Album der Karl-May-Filme. Bd. 1. Hrsg. von Michael Petzel. Berlin 2003

16 Reinhard Weber: Die Karl-May-Filme. Landshut 2002

17 Der Beobachter an der Elbe. Magazin aus dem Karl-May-Museum Radebeul. Nr. 1 (2003)

18 Der geschliffene Diamant. Die Gesammelten Werke Karl Mays. Hrsg. von Lothar und Bernhard Schmid. Bamberg/Radebeul 2003

19 Karl May's Gesammelte Werke Bd. 84: Der Bowie-Pater. Bamberg/Radebeul 2003

20 Karl May: Old Firehand. Seltene Originaltexte. Bd. 3. Hrsg. von Ruprecht Gammler in Zusammenarbeit mit Werner Kittstein. Reprint der Karl-May-Gesellschaft. Hamburg 2003

21 Karl May: Blutsbrüder. Gekürzte Fassung von ›Winnetou I‹. Bamberg/Radebeul 2003

22 De Schatz im Silbersee. De Ölprinz. Zwei kurzi G'schichte vum Karl May uf Alemannisch. Hrsg. von den Schweizer Karl-May-Freunden. Luzern/Gundelfingen i. Br. 2003

RUPRECHT GAMMLER

Literaturbericht II

›Karl Mays »Im Lande des Mahdi«‹ ist der siebte Band der Karl-May-Studien[1] gewidmet. Der Mangel an relevanter Forschungsliteratur – der möglicherweise auch durch die Schwächen eines Werkes wie der ›Mahdi‹-Trilogie mit den oft schlecht umgesetzten Umfangsvorgaben der Fehsenfeld-Bände mitverursacht ist – gestattete den Abdruck nur eines älteren Beitrages, Alfred Biedermanns ›Über Karl Mays »Mahdi«‹ aus dem Karl-May-Jahrbuch 1927. Deswegen läßt sich auch die Entscheidung der Herausgeber rechtfertigen, zwei noch greifbare Aufsätze aus den Jahrbüchern der Karl-May-Gesellschaft (Jb-KMG) 1995 und 1981 aufzunehmen: Eckehard Koch: ›Im Lande des Mahdi. Karl Mays Roman zwischen Zeitgeschichte und Moderne‹ (überarbeitet und modifiziert) und unverändert Bernhard Kosciuszko: ›»In meiner Heimat gibt es Bücher ...«. Die Quellen der Sudanromane Karl Mays‹. Mit zwei neuen thematisch verwandten Untersuchungen von Johannes Zeilinger ›Mohammed Achmed ibn Abdullah. Der sudanesische Mahdi‹ und Helmut Lieblang: ›Quilt. Die Quellen der Sudanromane Karl Mays. Eine Ergänzung‹ bildet dieser Forschungskomplex, der mit seinen 178 Seiten fast 60 % des Bandes füllt, eindeutig den Schwerpunkt.

Kochs gründliche Studie, die zeitlich bis zu dem im Westen noch vor kurzem unbeachteten aktuellen blutigen Konflikt im Sudan reicht, läßt einige Fragen noch unbeantwortet. Er benennt zwar Mays besonders abschätzige Darstellung des Islam und seiner Vertreter in diesem Roman, ohne jedoch eine spezielle Ursache zu ergründen, und verweist lediglich auf dessen insgesamt positivere Schilderung im Gesamtwerk. Dabei bewertet er auch die als »etwas einseitige Sichtweise« (S. 104) Mays bezeichnete negative Darstellung des historischen Mahdi etwas zu verharmlosend. Zeilingers wohltuend sachlicher Beitrag korrigiert auf der Basis von neuerem objektiven Material diese Verzeichnung. Galten 1981 Kosciuszkos Quellenstudien zum ›Mahdi‹ als abschließend, so bietet Lieblangs bescheiden benannte, jedoch umfangreiche »Ergänzung« ansehnliches neues Material. Sein besonderes Verdienst liegt auch hier in der in früheren Arbeiten entwickelten Darstellung von Mays raffinierter Quellenverarbeitung und -mischung, die nicht zuletzt voreilige Zuschreibungen entlarvt. May mußte nicht dort gewesen sein, um in der Fiktion jene Authentizität zu erreichen, die in der Lektüre überzeugt. Orte und Landschaften mögen in der Wirklichkeit manchmal weitaus weniger gewaltig sein, als die Romane suggerieren, doch das beunruhigt nur jene, denen jedes Verständnis dafür abgeht, daß der Roman seine eigenen Wirklichkeiten und auch seine Räume schafft.

Auf literaturwissenschaftlichem Gebiet können die Arbeiten des Bandes zur Mahdi-Trilogie nur einen ersten Auftakt bieten: Silvia Zahners »erzähltheoretische Analyse« ›Das Ich im Lande des Mahdi‹ verdankt ihre Entstehung Zahners Dissertation ›Karl Mays »Ich« in den Reiseerzählungen und im Spätwerk. Eine erzähltheoretische Analyse‹ (veröffentlicht als Sonderheft der KMG Nr. 123/2001). In dem Befund, daß das erzählende ›Ich‹ bei May sich – wie in den meisten seiner Romane – nicht an die Regeln hält, vor allem die Perspektiven vermischt, sieht sie seine besondere Wirkung; die zahlreichen Dialoge, die vom ›Ich‹ in geradezu bewundernswerter Weise erinnert werden, seien als »weitaus häufigste erzählerische Mittel (...) verantwortlich für die relativ hohe Unmittelbarkeit des Textes« (S. 220). Ob die Dialoglastigkeit ein bewußt gewähltes Stilmittel des Autors ist oder auch der Entstehungsform in Fortsetzungen oder Lieferungen und damit einer größeren zu honorierenden Textmenge geschuldet ist, bleibt zu untersuchen.

Um das Bild des Ich-Helden, »(w)ie Karl May im ›Mahdi‹ seine Leser beeindruckt«, geht es auch in Helmut Schmiedts Studie ›Autor und Autorität‹, um eine Frage, die in der Forschung schon öfter gestellt wurde, hier jedoch weitere Ergebnisse zeitigt. Allgemein menschliche Eigenschaften, geschickt gepaart mit übermenschlichen, kreieren einen zwar omnipotenten Helden, der sich jedoch wirkungsvoll bescheiden zurückzunehmen vermag. Der Autor überzeugt durch den gelungenen Einsatz vielfältiger Erzählmittel und legitimiert sich durch Spezialwissen, in einem zentralen Punkt jedoch beim zeitgenössischen Leser fatalerweise durch die höchst fragwürdige Darstellung von Islam und Orient, da dieser seine bekannten Vorurteile bestätigt sieht.

Innovativ entwickelt Michael Niehaus anhand von ›Karl Mays »Im Lande des Mahdi«‹ Überlegungen zu einer ›Theorie der Warnung‹, die bisherige sprechakttheoretische Untersuchungen erweitert, basierend auf dem Befund, daß »verschiedene Formen des Warnens und Gewarntwerdens eine strukturell bedeutsame Funktion haben« (S. 239) für den Status des Romans und des Ich-Erzählers. Seine Ergebnisse dürften nicht nur für den vorliegenden Roman Gültigkeit besitzen, sondern – wie auch die Arbeiten von Zahner und Schmiedt – für das gesamte Werk Mays, darüber hinaus möglicherweise für das ganze Genre.

›»Welch ein Sujet für einen Dichter!«. Der Nil als Schauplatz in Karl Mays »Im Lande des Mahdi«‹ ist die Studie von Joachim Biermann überschrieben, die aufzeigt, »daß May den M a h d i ganz bewußt als Nil-Roman konzipiert hat« (S. 262), eingefangen wie seine Zeitgenossen vom Mythos dieser Landschaft, den auch seine Leser teilen konnten. Der Strom bestimmt nicht nur die Reiseroute, sondern inspiriert unmittelbar und zentral den Gang der Handlung bis in letzte Verästelungen, ja bis zur ungewöhnlichen Benennung zweier Personen des Werks mit seinem Namen.

Als Reverenz an den 2003 verstorbenen Mitarbeiter an mehreren Studien-Bänden nahmen die Herausgeber Walther Ilmers ›Nachwort‹ zum 1979 erschienenen Hausschatz-Reprint unter dem Titel ›Autobiographische Spiegelungen im »Mahdi«-Roman‹ als letzten Beitrag auf.

Auch mit diesem siebten Band gelingt es den Herausgebern, insgesamt das Niveau der vorhergehenden zu halten. Die Aufsätze nehmen im wesentlichen den abgeschlossenen Text der ›Hausschatz‹-Fabel in den Blick, die aus Umfangsgründen angeleimte Erzählung im 3. Band der Buchausgabe bleibt unberücksichtigt. Ihre postulierte Aufwertung des Romans in diesem Rahmen wirkt durchaus nachvollziehbar. Die vermehrt auftretenden Druckfehler dürften dem Verlag anzulasten sein. Als nächstes Projekt werden die Südamerikaromane ›Am Rio de la Plata/In den Cordilleren‹ aufbereitet.

Der Rezensent hatte seinerzeit auf die Bedeutung der verstreut veröffentlichten Beiträge Helmut Schmiedts hingewiesen, die inzwischen in einem Sammelband vorliegen. Doch ist der Autor seitdem nicht untätig geblieben. In der Jubiläumsschrift zum 175jährigen Bestehen der Stadtbibliothek Koblenz,[2] die an der Entstehung des KMG-Reprints ›Am Tode‹ beteiligt war, findet sich der Aufsatz ›Kurioses und Paradoxes aus der Wirkungsgeschichte Karl Mays‹. Er bietet zwar dem Kenner nichts wesentlich Neues, erläutert jedoch präzise an Beispielen – wie Mays Renommiersucht in den neunziger Jahren, dem Fall des Lehrers Fronemann, der für seinen Mayhaß die jeweilige, konträre politische Großwetterlage zu instrumentalisieren trachtete, Arno Schmidts seinerzeit umstrittenem Buch ›Sitara‹, das im Ergebnis die eigentliche Mayforschung initiierte, den Filmen und der höchst fragwürdigen Bearbeitungspraxis seiner Werke – Mays unvorhersehbar wechselvolle Wirkungsgeschichte. Den Auftakt bildet die Beobachtung, daß in der deutschen Übersetzung von John Lennons Buch ›In seiner eigenen Schreibe‹ verballhornte Mayfiguren auftreten; das Original bezieht sich auf Enid Blyton, die ja in Deutschland durchaus präsent ist, während May Lennon kaum bekannt gewesen sein dürfte.

Es gibt schon mehrere dem Komplex May gewidmete enzyklopädische Werke, so z. B. ›Das große Karl May Figurenlexikon‹, herausgegeben von Bernhard Kosciuszko, oder ›Das neue Lexikon rund um Karl May‹ von Michael Petzel und Jürgen Wehnert. In einem weiteren biographischen Spezialwerk ›Karl May. Personen in seinem Leben‹,[3] das Auskünfte erteilen soll, mit wem »May Umgang pflegte, sei es persönlich oder per Brief« (S. 8), listet Volker Griese Hunderte von Namen auf. Da May erst in den 1890er Jahren aus seiner lebensgeschichtlich begründeten, selbstgewählten Isolation trat und den Kontakt mit seinen Lesern und der Öffentlichkeit geradezu suchte, mußte der Anteil beschriebener Personen aus früherer Zeit vergleichsweise gering bleiben. Dem Autor ist durchaus bewußt, daß er mit diesem Unternehmen unter vertretbarem Einsatz zunächst einmal ein solides Fundament gelegt hat, dem aufwendige Spezialforschungen zur Ergänzung der Daten – hierbei ist besonders noch ›Das Genealogische Handbuch des Adels‹ heranzuziehen – folgen müssen, wie die Erfassung weiteren Personals, was nur von mehreren zu leisten ist. Trotzdem ist das Ergebnis beachtlich, den Forscher wie den interessierten Laien dürfte die hohe Zahl der Einträge überraschen.

Über die Qualität der Karl-May-Haus-Informationen brauchen hier keine weiteren Worte verloren zu werden. Heft 16[4] bietet schwerpunktmäßig wieder biographisches Material, so z. B. die Dokumentationen von Hans-Dieter Steinmetz über ›Karl Mays Aufenthalte im Sommerkurort Mulda‹ nahe Freiberg/Sachsen ab 1898 und Hartmut Schmidt über Mays Begegnung mit dem Orientreisenden, Diplomaten und Ausgräber Max von Oppenheim in Kairo, dessen Lebensweg den selbsternannten ›Weltreisenden‹ fasziniert haben dürfte. Beiträge zur Wirkung schließen sich an: In gewohnt gründlicher Weise unterrichtet Steinmetz, der in diesem Heft gleich dreimal vertreten ist, über die Karl-May-Ehrung 1942 in Hohenstein-Ernstthal, ein Beispiel des »Umgang(s) mit Leben und Werk Karl Mays während des Nationalsozialismus« (S. 28). Die Sonderausstellung im Karl-May-Haus ›Karl May in der DDR‹, die auch das trübe Kapitel ›Stasi‹ und ihre Helfer nicht ausspart, wird von Klaus-Peter Heuer gewürdigt. Ihm ist beizupflichten, daß diese Ausstellung insbesondere »zwischen Rhein und Elbe (…) immer wieder gezeigt werden« (S. 65) sollte.

Pünktlich zur Tagung der KMG in Plauen erschien Heft 17,[5] dessen Inhalt zu mehr als zwei Dritteln wiederum von dem derzeit emsigsten biographischen Mayforscher Hans-Dieter Steinmetz bestritten wird mit seiner umfänglichen Arbeit zum ›Aufenthalt Karl Mays am Lehrerseminar der Vogtlandstadt‹ Plauen, die erweitert im vorliegenden Jahrbuch abgedruckt ist. Zwei weitere kürzere Beiträge von Karin Mogritz über ›Schenkungen Karl Mays für Bibliotheken der Lößnitzgemeinden (1896)‹ und von Steinmetz zu Mays amerikanischem Doktordiplom liefern Bausteine zu seiner Vita. Positiv ist anzumerken, daß der Redakteur in diesem Heft auf seine sonst regelmäßig gepflegte Polemik verzichtet hat.

Zu seinen runden Jubiläen (25, 50 und 75 Jahre) hat der 1913 gegründete Karl-May-Verlag Festschriften unterschiedlichen Umfangs veröffentlicht. Dazu gesellt sich zur 90-Jahrfeier eine Broschüre,[6] die überwiegend als Programmheft mit zahlreichen Anzeigen und Glückwünschen für das ›Karl-May-Fest 2003 in Bamberg‹ konzipiert war.

Nach letztem ›Kenntnisstand‹ hatte Franz Kafka May während der Amerikareise 1908 kennengelernt (vgl. die Besprechung von Peter Henischs bekanntem Werk in Jb-KMG 1995, S. 371ff.), und der Leser konnte einiges über die Entstehung bedeutender Werke erfahren. Nun belehrt uns Otto Emersleben, daß doch alles ganz anders war und wie »Karl May den Nordpol entdeckte«.[7] Bereits 1904 überquerte er, wie unzählige Male zuvor, den Atlantik, um auf einem Geographenkongreß in New York einen Vortrag zu halten, und wurde dort von dem Polarforscher Peary eingeladen, an seiner nächsten Expedition teilzunehmen. Viel wichtiger war die Aufgabe, die ihn die nächsten Jahre beschäftigte. Von Präsident Teddy Roosevelt persönlich beauftragt, Frieden zu stiften zwischen Japan und Rußland, unternimmt er diverse abenteuerliche Reisen von Petersburg bis Tanger mit tollen Verwicklungen und Begegnungen, etwa mit Wilhelm II., der ihm sogleich das Du anbietet. Anschließend gelingt es ihm als einzigem Mitglied der Expedition von Commander Peary, als Eskimo verkleidet den Nordpol zu erreichen.

Wirkungsmächtige Werke, deren Helden längst ein Eigenleben führen, und die schillernde Biographie eines Autors, der pointiert im Gewande des Ich-Erzählers auftritt, haben eine starke Gravitation, wie die qualitativ höchst unterschiedlichen Schriften eines Dworczak, Weiszt, Kreiner oder Henisch zeigen. Der Reiz des vorliegenden Buches liegt in der Gegenüberstellung und dem gemeinsamen Auftreten eines weltläufig bis aberwitzig agierenden Schriftstellers May alias Old Shatterhand alias Kara Ben Nemsi, dessen immense zeitgenössische Wirkung nicht zuletzt auf seiner Reputation als Reisender beruhte, und des realen Forschers Peary, dem es letztlich genügt, sein Ziel tatsächlich nur in der Phantasie erreicht zu haben, wenn er der Presse und damit der Öffentlichkeit den Erfolg vorgaukeln kann, wobei die Aktionen unseres Autors am Ende fast realer wirken.

Das Genre, dem dieser Roman zuzurechnen ist, ist im angelsächsischen Raum entstanden und besitzt seine besten Vertreter dort – etwa Laurie King, die jüngst mit ihren Büchern über den alternden, jung verheirateten Holmes den Sherlock-Holmes-Kosmos innovativ bereichert hat, oder George MacDonald Fraser, der gründlichst recherchiert, fact und fiction stilsicher vermischend, mit den Memoiren seines notorischen ›Helden‹ Flashman die legendären Höhepunkte des viktorianischen Empire ironisierend auferstehen läßt. Obwohl Emersleben zahlreiche Zitate Mays und seiner Protagonisten verwendet und seine Großsprecherei phantastisch überzogen karikiert, wobei ihm sehr schöne, entlarvende Szenen gelingen, erreicht er dieses Niveau nur teilweise, da in seiner Geschichte innere Stringenz und Geschlossenheit insgesamt nicht durchgehalten sind.

1 Karl Mays ›Im Lande des Mahdi‹. Karl-May-Studien Bd. 7. Hrsg. von Dieter Sudhoff/Hartmut Vollmer. Oldenburg 2003

2 Helmut Schmiedt: Kurioses und Paradoxes aus der Wirkungsgeschichte Karl Mays. In: Bürgerbibliothek seit 1827. Jubiläumsschrift zum 175jährigem Bestehen der Stadtbibliothek Koblenz. Veröffentlichungen der Stadtbibliothek Koblenz 46. Hrsg. von Ulrich Theuerkauf. Koblenz 2002, S. 205-216

3 Volker Griese unter der Mitwirkung von Wolfgang Sämmer: Karl May – Personen in seinem Leben – ein alphabetisches annotiertes Namensverzeichnis. Münster 2003

4 Karl-May-Haus-Information. Heft 16. Hrsg. vom Karl-May-Haus Hohenstein-Ernstthal/IG des Karl-May-Hauses e. V. (2003)

5 Karl-May-Haus-Information. Heft 17. Hrsg. vom Karl-May-Haus Hohenstein-Ernstthal/IG des Karl-May-Hauses e. V. (2003)

6 Karl-May-Fest 2003 in Bamberg. 90 Jahre Karl-May-Verlag. Bamberg 2003

7 Otto Emersleben: In den Schründen der Arktik. Wie Karl May den Nordpol entdeckte. Leipzig 2003

PETER KRAUSKOPF

Medienbericht

Allen Unkenrufen zum Trotz: Die Popularität Karl Mays und seines Winnetou ist nach wie vor ungebrochen. Nicht nur, dass Karl May auf der Hitliste der ›Besten Deutschen‹, die das ZDF in einer groß angelegten Aktion von den Fernsehzuschauern ermitteln ließ, immerhin auf Platz 51 landete.[1] Auch die Dienst-Jubiläen, die einige Winnetou-Darsteller an verschiedenen Freilichtbühnen im Berichtszeitraum 2003 feiern konnten, zeigen, wie tief der sächsische Fabulierer das deutsche Bewusstsein geprägt hat.[2] Gojko Mitic (63) konnte am 30. August 2003 nach elf Jahren seine 800. Vorstellung im Kostüm des edlen Apatschen-Häuptlings vor dem Bad Segeberger Kalkberg geben, während Benjamin Armbruster (57), sein Kollege im sauerländischen Elspe, in seine fünfzehnte Saison reiten konnte. Als sie ihre Rollen übernahmen, hatten sich beide Darsteller einer harten schauspielerischen Herausforderung stellen müssen. Beide traten an ihren jeweiligen Bühnen in die Mokassinspuren von Pierre Brice, der nicht nur in Fankreisen als der einzig wahre Winnetou gilt.

Und das zu Recht, denn Filmproduzent Horst Wendlandt hatte einen Glücksgriff getan, als er den Franzosen für die Karl-May-Verfilmung ›Der Schatz im Silbersee‹ im Jahr 1962 verpflichtete. Zwar war die Winnetou-Ikonographie damals durch eine über dreißigjährige Festspiel- und Theatertradition bereits sehr gefestigt, doch mit Pierre Brice wurde die Prägung der Figur durch Schauspieler wie Hans Otto, Herbert Dirmoser, Will Quadflieg (der Film-Faust von 1960 und Bühnen-Winnetou von 1938 starb am 27. November 2003 im Alter von fast 90 Jahren) oder Heinz Ingo Hilgers weggewischt. Das liegt sicherlich an der Suggestivkraft des Mediums Film, mit der ein weitaus größeres Publikum als mit den an Ort und Zeit gebundenen Theateraufführungen beeindruckt werden kann, aber auch an der unbezweifelbaren Attraktivität der äußeren Erscheinung von Pierre Brice, die alles davor Gewesene in den Schatten stellt und seiner Winnetou-Darstellung klassische Zeitlosigkeit verleiht.

Umso beeindruckender ist der Erfolg, mit dem Mitic und Armbruster das Erbe von Brice antreten und durchaus mit eigenen Akzenten versehen konnten. Obwohl beide nicht wie Pierre Brice aussehen, können sie durch Ausstrahlung und Kostüm beim Publikum die richtigen Konnotationen auslösen. Im Gegensatz zur Close-Up-Intimität der Kinoleinwand schmeichelt ihnen dabei sicherlich die Distanz, die sie auf den weiträumigen Freilichtbühnen zu ihrem Publikum haben. Man verzeihe die flapsige Bemerkung: Sollte es einmal eine Büsten-Galerie der besten Winnetou-Darsteller geben, so würde Mitic, dessen Kostüm durch ein enges Perlenhalsband das klassische Bild variiert, sicherlich als ›der halslose Winnetou‹ in diese Walhalla eingehen, und Armbruster, der sein Stirnband knapp über den Augenbrauen trägt, als ›der stirnlose Winnetou‹.

So wie Pierre Brice, als er Mitte der 70er Jahre begann, auf Freilichtbühnen aufzutreten, auf seinen Mythos als Film-Winnetou zurückgreifen konnte, brachte Gojko Mitic ebenfalls eine eigene Reputation als Darsteller edler Indianer mit. Von 1966 bis 1983 war der Serbe Star von insgesamt zwölf Indianerfilmen aus der DDR.[3] Begonnen hatte der athletische Schauspieler diese Karriere jedoch in zwei westdeutschen Karl-May-Filmen, in ›Winnetou 2. Teil‹ (1964, Regie: Harald Reinl) als jugendlicher Assiniboin-Unterhäuptling Weißer Rabe und in ›Unter Geiern‹ (1965, Regie: Alfred Vohrer) als beeindruckender Wohkadeh. Unter dem Titel ›Winnetou und sein roter Bruder‹ widmete das Deutsche Filmmuseum in Frankfurt am Main vom 12. März bis zum 31. August 2003 dem deutschen Indianerfilm in Ost und West eine Ausstellung, die die Unterschiede, aber auch die Gemeinsamkeiten dieser Filme aufzeigte.

Dass mit der Übernahme der Winnetou-Rolle durch Gojko Mitic die sozialistische Utopie vom edlen Indianer in der märchenhaften, trivialen Unterhaltungsindustrie aufging, wäre nicht nur als eine Facette der deutschen Wiedervereinigung eine ideologiekritische Untersuchung wert. Standen doch die DEFA-Indianerfilme ganz in der Tradition der Autorin Liselotte Welskopf-Henrich, die als überzeugte Sozialistin eine äußerst kritische Haltung Karl May gegenüber einnahm. Der erste Gojko-Mitic-Streifen war eine Verfilmung ihres Romans ›Die Söhne der großen Bärin‹.

In der Nachkriegszeit galt unter Künstlern die DDR durchaus als das ›bessere Deutschland‹, eine Fehleinschätzung, die sie später mit einer umso größeren Desillusionierung bezahlen mussten. So ist der ›künstlerischen Arbeitsgruppe ›Roter Kreis‹‹, die bei der DEFA für die Produktion der Filme verantwortlich war, der gute Wille, die ›besseren‹ Indianerfilme zu machen, sicherlich nicht abzusprechen. In diesem Zusammenhang ist auch das Bemühen der Landesbühnen Sachsen zu sehen, als sie 1984 begannen, im Rahmen der Karl-May-Renaissance in der DDR wieder Karl May auf der Felsenbühne in Rathen aufzuführen. Anders als im Westen war man in Rathen von Anfang an darum bemüht, einen authentischen May jenseits der vorstellungsdominierenden Filmbilder auf die Bühne zu bringen. Bei der Gestaltung der Figuren ging man zurück an die Wurzeln und setzte auf die Ikonographie, wie May sie in seinen Texten vorgab.

Dass dies gelang, ist eng mit einem weiteren Bühnenjubilar des Jahres 2003 verbunden, dem Schauspieler Jürgen Haase. Seit 20 Jahren, von Anfang an, ist er in Rathen dabei und der einzige Darsteller, der sowohl Winnetou als auch Old Shatterhand spielte. Der damals 26-jährige Jürgen Haase, den Regisseur Matti Schrader 1984 für die Rolle des Winnetou in ›Der Schatz im Silbersee‹ vorsah, hatte mit der Erscheinung von Pierre Brice nicht viel zu tun – er war »groß, blond und blauäugig«.[4] Doch Kostüm und Maske machten aus ihm einen Winnetou, wie er im Buch steht. Besonders bei der Frisur gaben sich die Maskenbildner große Mühe. Im Gegensatz zur recht einfach zu realisierenden und den realen Apatschen nachempfundenen Frisur von Pierre Brice trug Haase jenen sonderbaren ›helmartigen Schopf‹, wie ihn der Zeichner des Titelbildes der Union-Ausgabe vom ›Silbersee‹ gezeichnet hatte, das auch die Radebeuler Ausgabe von ›Winnetou 1. Band‹ zierte. Dass dieser ›Dutt‹ (oder dieses ›Knütschken‹, wie mein Großvater zu sagen pflegte) Haases Winnetou ein fast chinesisches Aussehen gab, erhöhte nur die exotische Ausstrahlung. Für die Felsenbühne wurde dieses Winnetou-Bild zum Markenzeichen. Auch seine Nachfolger in der Rolle, Olaf Hais und Jean-Marc Birkholz, spielen bis heute den Winnetou in der gleichen Maske.

1991, nach sieben Mal Winnetou, wechselte Haase in die Rolle des Old Shatterhand. Zu Beginn hatte man auch beim weißen Blutsbruder versucht, aus dem darstellerischen Schatten von Lex Barker[5] zu treten, und mit Herbert Graedtke einen vierschrötigen, zwar bart-, aber nicht hutlosen Westmann auf die Bühne gestellt. Doch diese rustikale Old-Shatterhand-Variante hatte keine große Zukunft. In seiner Winnetou-Zeit spielte Haase mit vier verschiedenen Old Shatterhands, so dass sich bei dieser Rolle keine eigene Ikonographie entwickeln konnte. Erst als Haase 1991 die Rolle übernahm, zeichnete sich ein eigenständiges Rathener Old-Shatterhand-Bild ab. Zwar trägt auch Haase ein dem Lex-Barker-Kostüm nachempfundenes Outfit, doch mit seinem mittellangen, an die 70er-Jahre-Mode erinnernden blonden Haar, das ihm ein sympathisch-jungenhaftes Aussehen gibt, und seinem gelegentlichen 5-Tage-Bart hat er nichts mit der ehernen, statuarischen Autorität Lex Barkers zu tun, sondern erinnert mehr an einen sportlich-coolen Gesamtschullehrer, der seinen Schülerinnen den Kopf verdreht. Und das ist schließlich gar nicht so weit von Karl May entfernt.

Auf den insgesamt zehn Freilichtbühnen, die in Deutschland und Österreich Karl May geben, lief die Saison 2003 normal ab.[6] Die ›Old Surehand‹-Inszenierung in Bad Segeberg überzeugte mit einer höchst attraktiven Besetzung. Wayne Carpendale, Sohn des Schlagersängers Howard Carpendale, als Old Surehand und Anderson Farah als Apanatschka stahlen den Alt-Helden Gojko Mitic als Winnetou und Joshy Peters als Old Shatterhand durch Jugendlichkeit und Sex-Appeal die Show, wobei der braungelockte Carpendale seiner Figur, wie sie von Karl May beschrieben wurde, besonders nahe kam. In Annaberg-Buchholz wurde zum zweiten Mal ›Der Schut – In den Schluchten des Balkan‹ nach der Adaption des Ex-Segeberger Intendanten und Winnetou-Darsteller Klaus-Hagen Latwesen gegeben. Orient-Stücke sind im vom Western beherrschten Freilichtbühnen-Milieu eine Rarität. Pech hatte die ›Spielgemeinschaft Gojko Mitic‹ in Hoyerswerda, ein Zusammenschluss von Kindern und Jugendlichen, die Karl May spielen. Ein Feuer vernichtete Kulissen und Fundus.

Ganz anders als die Freilichtbühnen näherten sich die Mainzer Kammerspiele dem Thema Karl May. Dort hatte im November 2003 das Stück ›Tumult auf Villa Shatterhand‹ von Daniel Call Premiere. Daniel Call galt Mitte der 1990er Jahre als Shooting-Star unter den jungen deutschen Theaterautoren, der mit deftigen und spekulativen Stücken wie ›Der Teufel kommt aus Düsseldorf‹ und ›Wetterleuchten‹ Furore machte. Heute ist es ziemlich ruhig um ihn geworden. ›Tumult auf Villa Shatterhand‹ schrieb Call als Auftragsarbeit für das Theater Dortmund, wo das Stück am 27. November 1997 seine Uraufführung erlebte.[7] Ein gelungenes Bühnenbild konnte damals über die inhaltlichen und dramaturgischen Mängel nicht hinwegtäuschen. Mit heißer Nadel gestrickt, war das Stück nur das Resultat einer unvollständigen Lektüre der May-Sekundärliteratur; ein eigener roter Faden war nicht auszumachen, und für Nicht-May-Experten blieb vieles unverständlich.[8] Die Mainzer Inszenierung war bei weitem nicht so aufwendig wie die Dortmunder Uraufführung und scheint einiges deutlicher auf den Punkt gebracht zu haben.[9] Ein Besucher berichtete: »Vielleicht spielte Hitler eine zu große Rolle (der kommt im gesamten Stück vor, in all seiner Lächerlichkeit, und gibt gegen Ende des Stücks Klara Anweisungen zur Diamantenschleiferei; sehen wir das mal als symbolisch an) (...). Und die sexuellen Andeutungen in einigen Szenen hätten sicher nicht den Beifall des Maysters gefunden.«[10]

Wesentlich seriöser ging die szenische Collage in drei Akten ›Dämonen der Seele – Leben und Streben des Carl Friedrich May‹ von Curt Werner mit ihrem Thema um, die im Rahmen des 17. Kongresses der Karl-May-Gesellschaft (KMG) im Vogtland Theater Plauen ihre Uraufführung hatte. Anhand von Briefen, Gedichten und Selbstzeugnissen von Karl May und Aussagen seiner Zeitgenossen wurde ein eindrucksvolles Bild Karl Mays gegeben.[11] Der zweite theatralische Höhepunkt der KMG-Tagung war gleichzeitig ein musikalischer. Zum Abschluss des Kongresses wurde das Opernfragment ›Am Silbersee‹ aufgeführt, das der Schweizer Komponist Othmar Schoeck 1897 im Alter von elf Jahren komponiert hatte.[12] Die Schweizer Karl-May-Freunde um Regula Jucker hatten die Partitur aufgefunden und bei den Erben Schoecks die Erlaubnis erwirkt, das Kinderstück in Plauen aufzuführen.

So frisch und naiv, wie der elfjährige Schoeck an den Stoff herangegangen ist, brachte das kleine Ensemble um Dieter Stalder das Stück zur Aufführung. Als sich wilde Krieger beim Indianertanz im langsamen Walzer wiegten oder ein Lobgesang auf Winnetou mit den Worten »Heil dir, o Winnetou« angestimmt wurde, ging das mehr zu Herzen als manche Film- oder Bühnenaufführung des Stoffes. Das Libretto, verfasst von Schoecks ein Jahr älterem Bruder Walter, zeigt aber auch, wie sehr die May'schen Texte dazu anregen, in sie einzugreifen. Die Handlung, von Regula Jucker zwischen den Musikstücken in kurzen Inhaltsangaben vorgetragen, nahm schon einige dramaturgische Veränderungen vorweg, wie sie erst später beim Filmdrehbuch üblich waren. Dass die Kinder eine weibliche Figur hinzufügten und Winnetou als Idol so in den Mittelpunkt der Handlung stellten, ist erstaunlich – umso mehr, als es 1897 noch keinerlei dramatische Vorbilder gab.

Ein weiteres musikalisches Schmankerl aus 2003 ist die CD ›Karl Mays Kompositionen‹, die das Collegium Canticum aus Dresden eingesungen hat.[13] Das Collegium Canticum ist ein Oktett aus ehemaligen Mitgliedern des Dresdner Kreuzchores, die sich der weltlichen und geistlichen Chormusik verschrieben haben und, obwohl alle in nichtmusikalischen Berufen tätig, über eine beachtliche Professionalität verfügen. So wurden die bekannten May-Kompositionen wie das ›Ave Maria‹ auf einem Niveau aufgenommen, das es bislang noch nicht gegeben hat. Ergänzt wurden die Stücke durch Erstaufnahmen, die es noch nie auf Schallplatte gab, etwa die Serenade ›Zieht im Herbst die Lerche fort‹, das ›Ave Maria der Gondolieri am Traghetto della Salute‹, die legendäre Weihnachtskantate ›Siehe ich verkündige euch große Freude‹ und das Notturno ›Ich will dich auf den Händen tragen‹. Um die Kompositionen Mays ästhetisch und zeitlich einordnen zu können, fügte das Collegium Canticum noch einige Orgelwerke aus Mays Epoche hinzu, etwa Max Regers Variation und Fuge über ›Heil dir im Siegerkranz‹, die der Domorganist Andreas Weber auf der kurzerhand ›Karl-May-Orgel‹ getauften Orgel der Zuchthauskirche in Waldheim einspielte.

Karl May zum Hören, das heißt natürlich in erster Linie nicht Musik, sondern Hörspiel. Nachdem 2002 der Karl-May-Hörspiel-Veteran Konrad Halver sich mit einer illustren Besetzung für die Aufnahme eines Hörspiels nach der Erzählung ›Weihnacht‹ für ein langes Wochenende in sein Gracelandstudio eingeschlossen hatte, kam diesmal ›Satan und Ischariot‹[14] dran. Die Rahmenhandlung, die sich die eigenwillige Buch-Autorin und Produzentin Meike Anders ausgedacht hat, knüpft direkt an die von ›Weihnacht‹ an.

Konrad Halver konnte erneut eine beachtliche Truppe für insgesamt vier Tage in sein Studio locken, allen voran Joshy Peters, der wiederum mit markiger Stimme den Old Shatterhand und den Erzähler Karl May spricht. Der Blutsbruder an seiner Seite ist diesmal Konrad Halver selbst. Prominente Gaststars sind Chris Howland, der immerhin in fünf Karl-May-Filmen der 60er Jahre den Clown machte, und der Komiker Peer Augustinski, die deutsche Stimme von US-Star Robin Williams. Als Bösewicht Harry Melton ist Augustinski nicht schlecht besetzt, doch was hat die britische Radebrecherei von Chris Howland mit einem mexikanischen Akzent zu tun? Zudem sagt Howland ständig »Winnitou«, was von Fans zu Recht bemäkelt wird. Ein zweites Manko der Doppel-CD ist, dass sie nur den ersten Teil des ›Satan‹-Romans, ›Die Felsenburg‹, umfasst. So bleibt das Hörspiel bislang Fragment, und es ist zu hoffen, dass die Fortsetzungen bald folgen.

Voll auf ihre Kosten kommen hingegen Karl-May-Fans, Indianerfreunde und Computerbesitzer bei der Multimedia-CD ›Karl-May-Museum Radebeul‹,[15] die einen wunderbaren multimedialen Überblick über die beiden Ausstellungsschwerpunkte ›Karl May – Leben und Werk‹ und ›Die Indianer Nordamerikas‹ gibt, ergänzt durch die Geschichte der Villa Shatterhand und eine touristische Beschreibung von Radebeul. Unter den mehr als 200 reich bebilderten Bildschirmseiten findet der Benutzer u. a. auch Interviews mit dem KMG-Vorsitzenden Reinhold Wolff und dem KMG-Ehrenvorsitzenden Claus Roxin. Informative Porträts von Klara May, Patty Frank und Euchar Albrecht Schmid ergänzen eine informative Biographie von Karl May. Der Bereich über die Indianer gibt einen umfassenden Einblick in die Geschichte der roten Völker. Auch hier gibt es Interviews, Bilder und Erläuterungen zu allen Fragen, die aufkommen. Wer die Muße hat, kann sich auf der CD durch die Welt Karl Mays und der Indianer treiben lassen, denn allerlei Querverbindungen ermöglichen ein sorgloses Surfen.

1 ›Unsere Besten‹. TV-Shows im ZDF am 7., 11. und 14. 11. 2003

2 An dieser Stelle sei dem Magazin ›Karl May & Co.‹ für seine sachdienlichen Hinweise gedankt, die für die Abfassung dieses Medienberichtes unentbehrlich waren.

3 1966: Die Söhne der großen Bärin. Regie: Josef Mach
1967: Chingachgook, die große Schlange. Regie: Richard Groschopp
1968: Spur des Falken. Regie: Gottfried Kolditz
1969: Weiße Wölfe. Regie: Konrad Petzold
1970: Tödlicher Irrtum. Regie: Konrad Petzold
1971: Osceola. Regie: Konrad Petzold
1972: Tecumseh. Regie: Hans Kratzert
1973: Apachen. Regie: Gottfried Kolditz
1974: Ulzana. Regie: Gottfried Kolditz
1975: Blutsbrüder. Regie: Werner W. Wallroth
1978: Severino. Regie: Claus Dobberke
1983: Der Scout. Regie: Konrad Petzold

4 Vgl. »...ein wesentlicher Teil von mir«. Interview mit Jürgen Haase zu seinem 20-jährigen Felsenbühnen-Jubiläum. In: ›Karl May & Co‹ Nr. 93, September 2003, S. 9ff.

5 Lex Barkers Todestag jährte sich am 11. 5. 2003 zum 30. Mal.

6 Hier eine Übersicht der Aufführungen:
Annaberg-Buchholz, Naturtheater Greifensteine: ›Der Schut – In den Schluchten des Balkan‹, 26. 6.-1. 9. 03
Bad Segeberg, Karl-May-Spiele: ›Old Surehand‹, 28. 6.-7. 9. 03
Bischofswerda, Spielgemeinschaft Gojko Mitic: ›Winnetou II‹, 5.-13. 7. 03
Elspe, Elspe-Festival: ›Der Schatz im Silbersee‹, 28. 6.-14. 9. 03
Gföhl (Österreich), Karl-May-Spiele: ›Winnetou II‹, 12. 7.-21. 8. 03
Mörschied, Karl-May-Festspiele: ›Der Ölprinz‹, 28. 6.-14. 9. 03
Pluwig, Karl-May-Festspiele: ›Winnetou I‹, 23.-31. 8. 03
Rathen, Felsenbühne: ›Winnetou III‹, 24. 5.-10. 9. 03
Weitensfeld (Österreich), ›Im Tal des Todes‹, 5. 7.-6. 9. 03
Winzendorf (Österreich), Karl Mays Westernwelt: ›Winnetou III‹, 25. 7.-31. 8. 03

7 Tumult auf Villa Shatterhand. Eine Karl-Mayade von Daniel Call. Mainzer Kammerspiele. Premiere: 20. 11. 2003

8 Vgl. Peter Krauskopf: Daniel Calls Theaterstück »Tumult auf Villa Shatterhand«. In: Mitteilungen der Karl-May-Gesellschaft 115/1998, S. 50f.

9 Vgl. Nicole Drinkuth: Faszinierende psychologische Zeitreise. In: Karl May & Co. Nr. 95, Februar 2004, S. 38ff.

10 Klaus Pommerening: Wenig Tumult auf Villa Shatterhand. In: KMG-Nachrichten 139/2004, S. 46

11 Dämonen der Seele – Leben und Streben des Carl Friedrich May. Szenische Lesung in drei Akten von Curt Werner. Szenische Einrichtung: Carolin Eschenbrenner im Vogtland Theater, Plauen

12 Othmar Schoeck: Am Silbersee. Bearbeitung und Inszenierung: Dieter Stalder (Liestal, Schweiz). Mitwirkende: Claudia Schmidlin, Sopran. Markus Frey, Bass. Veronika Stalder, Violine. Martin Schmidlin, Klarinette. Dieter Stalder, Klavier

13 Collegium Canticum, Dresden: Karl Mays Kompositionen. Ursina Motette, Düsseldorf

14 Karl May's Satan und Ischariot. Produktion: Karl-Heinz Geisendorf/Meike Anders. Buch: Meike Anders. Musik: Andreas Schumann. Regie: Konrad Halver. Mit Chris Howland, Peer Augustinski, Joshy Peters, Konrad Halver. Maritim

15 Karl-May-Museum Radebeul. Multimedia-CD. Produziert im Auftrag des Karl-May-Museums von der Hochschule Harz, Fachbereich Wirtschaftswissenschaften, Medieninformatik. Inhaltliche Konzeption und Redaktion: Dipl. Ing. Hans Grunert und Dipl. Kfm. André Köhler

JOACHIM BIERMANN

»Plauen is mir nämlich sehr ans Herz gewachsen«[1]
Die Karl-May-Gesellschaft im Jahr 2003

Wir haben uns mittlerweile daran gewöhnt: Regelmäßig steht alle zwei Jahre, in jedem ungeraden Jahr, die satzungsgemäße Mitgliederversammlung der Karl-May-Gesellschaft (KMG) an, und bereits seit der ersten Zusammenkunft in Kassel im Jahr 1971 ist es üblich, daß wir daraus einen veritablen Kongreß machen, in dessen Mittelpunkt ein jeweils beachtliches Vortragsprogramm steht, das zudem durch weitere je unterschiedliche Highlights und Rahmenveranstaltungen angereichert wird, die dieser Tagung immer wieder jene unverwechselbare Atmosphäre verleihen, die sie für viele so attraktiv macht. Über zweihundert Mitglieder und Gäste hatten sich auch im Oktober 2003 wieder auf den Weg zum Kongreß in Plauen gemacht, der diesmal eindeutig einen kulturellen Schwerpunkt hatte. Dem Berichterstatter, und wohl nicht nur ihm, werden die Plauener Tage vor allem aufgrund einer musikalischen Welturaufführung im Gedächtnis bleiben, fürwahr ein ungewöhnlicher Akzent für den Kongreß einer literarischen Gesellschaft.

Im einzelnen werden wir weiter unten über den Plauener Kongreß berichten. Hier wollen wir zunächst ein bedenkenswertes Thema aufgreifen, das dort auch während der Mitgliederversammlung zur Sprache kam. Eine Reihe von Mitgliedern äußerte ihre Besorgnis darüber, daß immer weniger Jugendliche Karl May lesen und daß somit die prägende Rolle, die unser Autor in der Sozialisation ganzer Generationen von Deutschen spielte, der Vergangenheit angehört. »Wie können wir die Jugend wieder für Karl May begeistern?« war eine der in Plauen gestellten Fragen.

Ohne hier vorschnelle Antworten geben zu wollen, sind doch einige naheliegende Überlegungen möglich: Es hat, so ist festzustellen, der Lesehunger der jungen Generation ganz offenbar erheblich abgenommen. Nicht nur die May-Lektüre, sondern die Lektüre insgesamt ist rückläufig, junge Menschen werden heute wesentlich mehr von den visuellen Medien geprägt. Was Karl May im besonderen angeht, so mag man auch ins Feld führen, daß seine ›Fluchtlandschaften‹ im amerikanischen Westen und im wilden orientalischen Märchenland endgültig nicht mehr existieren. Träumt die heutige Jugend sich aus ihrem Alltag heraus, so stehen ihr andere Welten zur Verfügung, die mit den Stichworten Fantasy und Cyberspace angedeutet seien.

Für die Karl-May-Gemeinde und die KMG speziell heißt dies, daß sich die Leserschaft Mays verändern wird, vielleicht bereits verändert hat, und daß wir nicht mehr einfach darauf setzen können, unseren ›Nachwuchs‹ aus dem Potential einer ganzen Generation jugendlicher May-Leser rekrutieren zu können. Wer heutzutage Karl May kennenlernt, wird dies in der Regel über die zum x-ten Mal im Fernsehen wiederholten May-Filme der sechziger Jahre oder durch den Besuch der May-Spiele, wie sie an immer noch erstaunlich vielen Orten existieren, tun. Von dort geht es – vielleicht – weiter zur Lektüre des ›wahren‹ Karl May. Diesen und vielleicht auch andere Wege zu Karl May möglichst vielen Menschen zu weisen wird wohl eine der Herausforderungen der Zukunft für uns sein.

Die Entwicklung der Mitgliederzahl der Karl-May-Gesellschaft scheint diesen Trend widerzuspiegeln: Mit der Zahl 2000 haben wir offenbar eine Schallgrenze erreicht. Auch 2003 blieb die KMG mit 1972 Mitgliedern am Ende des Jahres wieder knapp darunter. Das ist immer noch eine sehr beachtliche Zahl, die von nur wenigen anderen literarischen Gesellschaften erreicht wird, und auch die auf recht hohem Niveau sich stabilisierende Spendenbereitschaft der Mitgliederschaft ist höchst erfreulich und ermöglicht es der Karl-May-Gesellschaft, ihre Publikationstätigkeit und ihre weiteren Aktivitäten aufrechtzuerhalten.

Noch zwei weitere interessante Zahlen teilte Geschäftsführer Hans Grunert in Plauen mit: Mit einem Altersdurchschnitt von etwa 53 Jahren ist die KMG für eine literarische Gesellschaft, die ja nicht in erster Linie auf jugendliche Mitglieder ausgerichtet ist, recht jung, während die Frauenquote unter unseren Mitgliedern von 12,6 % eher niedrig zu nennen ist.

*

Unsere Publikationstätigkeit setzte sich 2003 mit einer Reihe neuer Veröffentlichungen fort. Regelmäßig erhielten alle Mitglieder unsere beiden Vierteljahresschriften, die Nummern 135 bis 138 der ›Mitteilungen der Karl-May-Gesellschaft‹ (64 bis 72 Seiten) und der ›KMG-Nachrichten‹ (à 64 Seiten). Und genauso zuverlässig erschien wieder unser Jahrbuch, das dreiunddreißigste seit der Gründung der KMG 1969.

Des weiteren ist das Erscheinen zweier **Sonderhefte** anzuzeigen:

Nr. 126/127: Reise in ein anderes Land. Hansotto Hatzig – frühe Geschichten, Gedichte, Darstellungen und Porträts. Zur Erinnerung hrsg. von Rudi Schweikert.
Hamburg 2003. 168 S.

Nr. 128: Ricarda Wolsing: Ich-Erzählung und Aventiurenkette im Orientzyklus Karl Mays.
Hamburg 2003. 97 S.

Neugestaltet und aktualisiert wurde die **Informationsbroschüre**, die die KMG für Neumitglieder und Interessierte bereithält und die als kleine Weihnachtsgabe 2003 allen Mitgliedern zur Verfügung gestellt wurde:

Die Karl-May-Gesellschaft stellt sich vor.
Hrsg. von der Karl-May-Gesellschaft.
Hamburg 2003. 24 S.

Schließlich erschien, nach einjähriger Pause, ein neuer **Reprint**:

Karl May: Old Firehand. Seltene Originaltexte Band 3.
Hrsg. von Ruprecht Gammler in Zusammenarbeit mit Werner Kittstein.
Hamburg 2003. 324 S.

Dieser Band enthält die von Karl May in folgenden Zeitschriften erstveröffentlichten Erzählungen: ›Deutsches Familienblatt‹ (1. Jg. 1875/76), ›Weltspiegel‹ (Jg. 1878 und 1879), ›Das Buch für Alle‹ (Jg. 1878) sowie ›Für alle Welt!‹ (Jg. 1881).

*

Wie in jedem Jahr eines Kongresses, so trafen sich auch 2003 der Vorstand und seine engeren Mitarbeiter zu zwei Tagungen, die unter anderem auch der Vorbereitung des Programms für Plauen dienten: Die traditionelle Frühjahrstagung fand vom 4. bis 6. April in Bargfeld statt und die zweite, kürzere Zusammenkunft am Nachmittag des ersten Kongreßtages in Plauen.

Mit der Tagung in Bargfeld wollte der Vorstand auch den Schriftsteller Arno Schmidt ehren, dem wir zu einem nicht geringen Maße zu Dank verpflichtet sind für seine Neubewertung der literarischen Qualitäten des Mayschen Spätwerks, das ohne Schmidts Wirken kaum die Hochschätzung erfahren hätte, die ihm jetzt weithin zuteil wird. Schmidt hat lange Jahre in Bargfeld, einem winzigen Dorf in der Lüneburger Heide, gelebt und gewirkt. Sein Haus ist heute ein Museum, und der Ort Bargfeld beherbergt zudem die Arno-Schmidt-Stiftung. Beiden statteten Vorstand und Mitarbeiter im Rahmen ihres Aufenthalts einen Besuch ab. Ganz praktisch war es natürlich auch, daß unser Mitglied Hermann Wiedenroth seine Geschäftsräume in Bargfeld hat und sich um die Organisation vor Ort kümmerte.

Das große von Hermann Wiedenroth mittlerweile allein als Herausgeber betreute Projekt der historisch-kritischen Ausgabe von Karl Mays Werken war, neben den Vorbereitungen für Plauen, Tagesordnungs- und Diskussionspunkt auf beiden Vorstandstagungen. Es hat sich immer deutlicher herausgestellt, daß die Betreuung dieses Projekts durch einen einzigen Herausgeber ein nur sehr langsames Voranschreiten ermöglicht. Auch die ebenfalls durch Wiedenroth allein zu bewältigende kaufmännische Durchführung der Herausgabe ist eine gewaltige Herausforderung.

Die KMG ist daher in Überlegungen eingetreten, wie sie die historisch-kritische Ausgabe in verschiedener Hinsicht begleiten und unterstützen kann. Im Gespräch mit Hermann Wiedenroth werden seit der Bargfelder Tagung mögliche Modelle dafür besprochen und analysiert. Da mit dem bereits erwähnten Reprintband ›Old Firehand‹ für das Reprintprogramm der KMG, das seit ihrer Gründung – neben der biographischen und literaturwissenschaftlichen May-Forschung – eine ihrer Hauptaufgaben war, ein Ende absehbar ist (nahezu sämtliche Werke Mays liegen mittlerweile im Reprint vor), bietet es sich auch an, darüber nachzudenken, ob nicht die Unterstützung der historisch-kritischen Ausgabe eine der großen Zukunftsaufgaben unserer Gesellschaft sein kann. Denn daran besteht kein Zweifel: Nur eine solche Ausgabe kann den Textbestand der Werke Karl Mays für eine lange Zukunft sichern und stellt die solide Grundlage für alle weiteren literarischen Forschungsarbeiten dar, innerhalb wie auch außerhalb der Karl-May-Gesellschaft.

Es soll nicht unerwähnt bleiben, daß der Vorstand in Bargfeld feststellen mußte, daß die Neugestaltung des Jahrbuch-Layouts so, wie sie einmal angedacht worden war, vorläufig nicht möglich sein wird. Zu unterschiedlich waren die Vorstellungen, sowohl im Vorstand als auch im Kreis der Mitarbeiter. Besonders der von einem Buchgestalter erarbeitete Gestaltungsvorschlag stieß auf erhebliche Vorbehalte, so daß der Vorstand das Projekt schließlich aufgeben mußte. Es mag demnächst einige kleinere Veränderungen im Layout geben, doch ansonsten bleibt es bei dem, nach Ansicht vieler, bewährten Erscheinungsbild des Jahrbuchs.

Professor Reinhold Wolff hatte als Vorsitzender die Neugestaltung vehement verfochten. Er zieht aus dem Ergebnis die Konsequenz, nicht mehr als geschäftsführender Herausgeber des Jahrbuchs in Erscheinung zu treten, wiewohl er dem Herausgebergremium weiterhin angehören und sich auch aktiv an der Gewinnung von Autoren beteiligen wird. In Bargfeld erklärte sich Professor Hartmut Vollmer bereit, den Kreis der Jahrbuchherausgeber zu verstärken.

Schließlich wurde auf der Bargfelder Tagung auch eine intensivere Öffentlichkeitsarbeit der Zeitungsarchive der KMG beschlossen. Bisher haben die beiden Betreuer der Archive – Wolfgang Sämmer für die Jahre bis 1912 und Sigbert Helle für die Jahre 1913 bis 1969 – eher im Stillen gewirkt. Die großartige Arbeit, die sie leisten, soll aber nun nicht nur ins Bewußtsein der vereinsinternen Öffentlichkeit gehoben werden, sondern die Archive sollen auch als vorzügliche Quellensammlungen der May-Forschung weitergehend erschlossen und nutzbar gemacht werden.

*

›Indian Summer über dem Vogtland‹, so überschrieb Harald Eggebrecht seinen Bericht über den Plauener Kongreß der Karl-May-Gesellschaft in der ›Süddeutschen Zeitung‹[2] und fing damit die kalte, aber sonnenintensive Herbststimmung, mit dem Plauen die Kongreßteilnehmer begrüßte, treffend ein. Bessere äußere Rahmenbedingungen hätte man sich nur schwerlich vorstellen können. Auch die Plauener Festhalle, die den ambivalenten Charme DDR-typischer Architektur ausstrahlte, erwies sich als rundum geeigneter Tagungsort. Es war überhaupt im Umfeld für alles gesorgt, um einen reibungslosen und erfolgreichen Verlauf des Kongresses zu gewährleisten.

Dies verdankt die KMG sicherlich zunächst einmal ihrem in der Vorbereitung solcher Ereignisse mittlerweile versierten und unermüdlich aktiven Geschäftsführer Hans Grunert, der im Vorfeld und auch während der Tagung die Regie führte. Aber auch der Tatbestand, daß die Stadt Plauen – eine einzigartige Angelegenheit! – korporatives Mitglied der Karl-May-Gesellschaft ist, garantierte dafür, daß wir uns dort wohl fühlen konnten. Eingedenk der Tatsache, daß Plauen im Leben des jungen Karl May eine bedeutsame Rolle spielte, hatte seinerzeit der damalige Oberbürgermeister der Stadt, Dr. Magerkord, diesen Beitritt betrieben, und die Vergabe des Kongresses nach Plauen kann sicherlich auch als kleiner Dank der Gesellschaft dafür gewertet werden. Aber auch der jetzige Oberbürgermeister, Ralf Oberdorfer, bekannte sich öffentlich zu seiner jugendlichen Karl-May-Lektüre und bereitete der KMG einen herzlichen Empfang.

Natürlich wurden im Rahmenprogramm des Kongresses Führungen auf den Spuren Karl Mays durch die Stadt angeboten, und viele der Angereisten werden sich auch selbständig auf des Dichters Fährte gesetzt haben. Der Anderssche Glassalon, der dem Hobble-Frank im ›Schwarzen Mustang‹ besonders in Erinnerung geblieben war und ihn zur für diesen Bericht titelgebenden Lobeshymne veranlaßte, fiel zwar leider, wie so viele andere Örtlichkeiten, den Bomben des Zweiten Weltkriegs zum Opfer, doch immerhin läßt sich, wie der Berichterstatter selbst bestätigen kann, an gleicher Stelle nun vorzüglich die chinesische Küche goutieren. Auch das Gebäude des ehemaligen Lehrerseminars, in dem Karl May 1860/61 seine Ausbildung fortsetzen und erfolgreich abschließen konnte, blieb vom Krieg nicht unbeeinträchtigt. Doch wurde gerade der Trakt des Gebäudes von den Bomben verschont, der zu Mays Zeiten den Zöglingen des Seminars zur Unterkunft diente, und war beliebtes Ziel der Besichtigungstouren der nach Plauen gekommenen May-Freunde. Alles Wissenswerte zum Gebäude und zu Mays Aufenthalt hatte, rechtzeitig zur Tagung, Hans-Dieter Steinmetz in bewährter Präzision akribisch zusammengetragen.[3]

Wie das herrliche Wetter, so konnte sich auch das Tagungsprogramm des Plauener Kongresses sehen lassen. Hier seien zunächst die wissenschaftlichen Vorträge mit ihren Titeln dokumentiert, die zum Teil Aufnahme im vorliegenden Jahrbuch gefunden haben. Insgesamt ist ihnen wohl zuzubilligen, daß sie Karl Mays Werk aus teilweise recht ungewöhnlichen Perspektiven betrachten und mit Erkenntnisgewinn gegen den Strich lesen:

Donnerstag, 16. Oktober 2003
Prof. Dr. Helmut Schmiedt (Köln):
Von Trauerrändern, Kamelexkrementen und Verwesungsgeruch – Karl Mays Umgang mit einer anderen Seite des abenteuerlichen Lebens

Freitag, 17. Oktober 2003
Prof. Dr. Karl Markus Kreis (Dortmund):
Buffalo Bill: Old Shatterhands Herausforderer, Vorbild oder Rivale?
Dr. Helga Gemegah (Hamburg):
Die Herkunft der ersten Indianer – Ursprungstheorien des 16. Jahrhunderts und ihr Echo in Karl Mays Werk
Rudi Schweikert (Mannheim):
Münchhausen aus Mühlhausen – Die Reise durch ein ›Wurmloch‹ im Text von Karl Mays ›Der Sohn des Bärenjägers‹

Samstag, 18. Oktober 2003
Prof. Dr. Gert Ueding (Tübingen):
»Ich blieb ein Kind für alle Zeit« – Über ein Lebens- und Schreibmotiv Karl Mays

Sonntag, 19. Oktober 2003
Prof. Dr. Hans-Rüdiger Schwab (Münster):
Karl Mays Atheisten

Für die KMG selbst stand dann die 17. Mitgliederversammlung am Samstag, dem 18. Oktober, im Mittelpunkt. Der Vorsitzende, Prof. Dr. Reinhold Wolff, und der Schatzmeister, Uwe Richter, erstatteten ihre Tätigkeitsberichte. Sie sind an anderer Stelle dokumentiert.[4] Da Uwe Richter vor allem Erfreuliches mitteilen konnte, löste sein Bericht keinerlei Diskussion aus, sondern lediglich die von einem Mitglied in der Aussprache geäußerte Bitte, das Zahlenwerk doch beim nächsten Mal den Kongreßteilnehmern auch optisch vor Augen zu führen. Zudem wurde angeregt, die Berichte bereits vor der nächsten Tagung den Mitgliedern schriftlich vorzulegen.

Der Bericht des Vorsitzenden regte zu intensiveren Diskussionen an. Einiges wurde bereits angesprochen; zu den regelmäßig wiederkehrenden Themen auf den Mitgliederversammlungen gehört das Verhältnis zum Karl-May-Verlag, das auch diesmal wieder einige Diskussionsbeiträge zeitigte. Ein anderes Thema war die Frage, ob nicht auf künftigen Kongressen nach den Vorträgen grundsätzlich Gelegenheit zur Aussprache gegeben werden sollte. Gerade einige Vorträge des Plauener Kongresses bestätigen auch nach Auffassung des Berichterstatters dieses Desiderat recht eindeutig, wie es denn überhaupt zum guten Ton vieler wissenschaftlicher Vortragsveranstaltungen gehört, daß der Referent dem Publikum für Nachfragen zur Verfügung steht. Der Vorstand wird diese Anregung wohl aufgreifen.

Bei den 2003 anstehenden Vorstandswahlen kandidierten die meisten Vorstandsmitglieder erneut. Gegenkandidaten traten nicht an, und so wurden mit deutlicher Mehrheit in ihren Ämtern bestätigt: Prof. Dr. Reinhold Wolff als Vorsitzender, Dr. Hans Wollschläger und Prof. Dr. Helmut Schmiedt als stellvertretende Vorsitzende, Joachim Biermann als Schriftführer, Uwe Richter als Schatzmeister und Hans Grunert als Geschäftsführer. Ulrike Müller-Haarmann trat nach langjähriger Tätigkeit als wissenschaftliche Mitarbeiterin (1995 bis 2003) nicht mehr zur Wahl an; zu ihrer Nachfolgerin wurde, ebenfalls mit großer Mehrheit, Dr. Gudrun Keindorf gewählt.

Schließlich war auch noch über die beiden nächsten Kongreßorte abzustimmen. Für 2005 wurde Essen als Tagungsort gebilligt; ein Vertreter der Stadt hatte zuvor eindrucksvoll die Möglichkeiten und Hilfestellungen, die Essen der KMG zu bieten bereit ist, vorgestellt, so daß diese Wahl nicht schwer fiel. Da im Jahr 2007 das Deutsche Historische Museum in Berlin eine große Ausstellung plant, in deren Mittelpunkt Karl May stehen wird, beschloß man in Plauen auch bereits, dieses günstige Umfeld zu nutzen und gleichzeitig den übernächsten Kongreß der KMG in der deutschen Hauptstadt stattfinden zu lassen.

Zwei kulturelle Veranstaltungen des Kongreßprogramms waren es, die der Plauener Tagung ihre besondere Prägung gaben, und beide kann man mit dem Wort ›Welturaufführung‹ kennzeichnen.

Am Abend des 17. Oktober hatte die Stadt Plauen zu einer Festaufführung ins Vogtland-Theater geladen. ›Dämonen der Seele. Leben und Streben des Carl Friedrich May‹ hieß die szenische Collage in drei Akten von Curt Werner, die Carolin Eschenbrenner mit einem engagierten Schauspielerensemble des Theaters Plauen-Zwickau (Birte Arnold, Tamara Körber, Ute Menzel, Marie Nele Wolfram, Hans-Jürgen Kühnert, Dieter Maas, Holger Schmiedt, Michael Schramm, Wolfgang Schulze und Egbert Soutschek in der alphabetischen Reihenfolge des Programmzettels) auf die Bühne gebracht hatte. Karl Mays Original-Schreibtisch und Stuhl gaben als Leihgaben des Karl-May-Museums in Radebeul der Aufführung einen besonders authentischen Touch. Eine Collage war das ganze insofern, als Curt Werner sein Stück ausschließlich aus Original-Texten Karl Mays und seiner Zeitgenossen zusammengefügt hatte. So entstand ein Bilderbogen, der Mays Leben als einen von des Autors Sehnsüchten geprägten Verarbeitungsprozeß präsentierte, in dem May ständig auf der Flucht war – äußerlich heraus aus der kriminellen und von Armut geprägten Vergangenheit in die schriftstellerische Prominenz, und innerlich vor der Realität in seine ganz eigene phantastische Welt. Das Publikum war sich einig, einer beeindruckenden Aufführung beigewohnt zu haben.

Den Abschluß des Kongresses bildete am 19. Oktober die konzertante Aufführung des Opernfragments ›Am Silbersee‹ von Othmar Schoeck (1886–1957), das sich in seinem Nachlaß fand und lange Zeit unbeachtet geblieben war, bis es Dieter Stalder entdeckte und in eine aufführbare Form brachte. Schoeck, einer der bedeutendsten Schweizer Komponisten, hatte 1897 als Elfjähriger seine May-Begeisterung in Musik gegossen und das Stück mit seinen Geschwistern im familiären Rahmen aufgeführt. Ein kleines Schweizer Ensemble unter der Leitung Dieter Stalders, der auch am Klavier saß (Claudia Schmidlin, Sopran; Markus Frey, Baß; Veronika Stalder, Violine; Martin Schmidlin, Klarinette), präsentierte dieses nur fragmentarisch überlieferte Werk, dem man die naiv-ehrliche May-Begeisterung des jugendlichen Othmar Schoeck anmerkte, nun erstmals in einer öffentlichen Aufführung. Dies geschah musikalisch gekonnt und vor allem mit dem hier angemessenen Augenzwinkern, so daß der Kongreß fröhlich beschwingt ausklang. Zuvor hatte Regula Jucker in das kleine Werk und seine Entstehung eingeführt und hatten die Ensemble-Mitglieder einige späte Lieder Othmar Schoecks zu Gehör gebracht, die die reife, spätromantische Musik des Komponisten angemessen präsentierten und verdeutlichten, wie sich Schoecks Musik nach der frühen Talentprobe des ›Silbersee‹ weiterentwickelt hat.

Es sei nicht vergessen, daß im Rahmenprogramm des Kongresses und in seinem Umfeld noch eine Reihe weiterer Veranstaltungen stattfanden, die alle regen Zuspruch fanden: Maarten van Diggelens nun schon fast traditioneller Abendvortrag am ersten Tag, diesmal sein Videofilm ›Im Lande der Pharaonen – mit Karl May in Ägypten‹, der gesellige Abend im Hotel Alexandra, der wieder von Pfarrer Manfred König geleitete ökumenische Gottesdienst, in dessen Zentrum die biblischen Texte standen, die auch Gegenstand von Mays katechetischer Prüfung 1861 gewesen waren, eine Buchlesung Otto Emerslebens aus seinem Werk ›In den Schründen der Arktik‹, die Sonderausstellung in der Kongreßhalle ›Karl May, Wilhelm Kreis und die Bismarcksäulen‹ sowie eine weitere Ausstellung über Carl-Heinz Dömkens ›Titelbilder für den Karl-May-Verlag‹ in der ›Pension 1866‹, eine Sonderausstellung des Karl-May-Hauses Hohenstein-Ernstthal.

So bot der Plauener Kongreß ein randvolles Programm und wird, wieder einmal, als einer der unvergeßlichen Höhepunkte im Vereinsleben der Karl-May-Gesellschaft im Gedächtnis bleiben.

*

Karl May starb im Jahre 1912 und hinterließ ein Testament, das im Folgejahr zwei Neugründungen nach sich zog, deren 90. Jahrestag im Jahre 2003 zu feiern war. Am 5. März 1913 wurde die Karl-May-Stiftung gegründet, ihr folgte am 1. Juli 1913 die Gründung des Karl-May-Verlags (zunächst unter dem Namen Stiftungsverlag Fehsenfeld und Co.). Mit einem großen Fest feierte der Karl-May-Verlag (KMV) in Bamberg sein Jubiläum und veranstaltete in diesem Rahmen auch eine Podiumsdiskussion zum Thema ›Ist Karl May unsterblich?‹. 90 Jahre Verlagstätigkeit, besonders unter den widrigen Umständen, mit denen der Verlag bekanntermaßen gleich mehrfach zu kämpfen hatte, sind ein stolzer Zeitraum, und so waren viele Gäste, darunter nicht wenige aus den Reihen der KMG, herbeigeeilt, um ihre Glückwünsche zu überbringen.

Die Karl-May-Stiftung hatte 2003 gleich zweimal Anlaß zum Feiern. Da ihre Hauptaufgabe die Trägerschaft des Karl-May-Museums in Radebeul ist, konzentrierten sich die dortigen Feierlichkeiten auf dessen 75jähriges Jubiläum am 1. Dezember 2003. Unter der Leitung des legendären Patty Frank war das Museum am 1. Dezember 1928 in der Villa Bärenfett eröffnet worden. Heute gehört auch die Villa Shatterhand zu den Museumsgebäuden, die zur Pilgerstätte für May- und Indianerfreunde aus aller Welt geworden sind. Aus Anlaß dieses Jubiläums beschenkte das Museum seine Freunde und sich selbst nicht nur mit der Sonderausstellung ›Phantasie in blauen Schwertern – Erich Hösel und die Indianer‹, sondern auch mit der Neuherausgabe einer Museumszeitschrift, die in ihrem Titel an ein einst von Karl May redigiertes Organ anknüpft: ›Der Beobachter an der Elbe‹. Sie soll in Zukunft halbjährlich erscheinen. Auch dem Karl-May-Museum überbrachten viele Gäste aus der bunten Karl-May-Szene herzliche Glückwünsche.

Das Karl-May-Haus in Hohenstein-Ernstthal war indessen auch nicht untätig. Die in Plauen gezeigte Sonderausstellung sowie das Heft Nr. 17 der ›Karl-May-Haus-Information‹ erwähnten wir bereits. In den eigenen Wänden gratulierte das Museum dem KMV mit einer weiteren Sonderausstellung ›90 Jahre Karl-May-Verlag‹.

*

Auch über die Karl-May-Institutionen hinaus war unser Autor 2003 in der Öffentlichkeit präsent. Die aktuellen Ereignisse im Irak lenkten den Blick der westlichen Welt erneut in den Nahen Osten, und so verwundert es nicht, daß in Deutschland hier und da auch Karl May als ›Experte‹ und Gewährsmann herangezogen wurde, wenn es darum ging, Land und Leute besser zu verstehen. Exemplarisch sei hier nur auf die ›Frankfurter Allgemeine Zeitung‹ (Untertitel eines Artikels: ›Wie Karl May schon vor hundert Jahren die jüngsten Kriegsschauplätze bekannt machte‹[5]) und den Berliner ›Tagesspiegel‹ verwiesen, der feststellte: »Wer als Kind ›Von Bagdad nach Stambul‹ und das hochaktuelle Werk ›In [!] den Trümmern von Babylon‹ gelesen hat, ist bestens informiert«.[6] Wir können in diesem Zusammenhang nur bedauern, daß Mays Werke nicht auch in den USA zum Kanon der Jugendliteratur gehören.

Erfreulicheres ist aus einem anderen Teil der islamischen Welt nachzutragen: In der Türkei erschien 2000–2002 die erste Übersetzung von Karl Mays Orientzyklus, und offenbar bereitete es dort keinerlei Probleme mehr, auch den Band ›Durchs wilde Kurdistan‹ in unverfälschter Fassung auf den Markt zu bringen (unter dem Titel ›In den kurdischen Bergen‹).[7] Man erinnert sich, daß die deutschsprachige Version dieses Bandes dort lange Jahre verboten war.

Eine andere Neuerscheinung des Jahres 2003 verdient in diesem Bericht ebenfalls eine Erwähnung: In Ergänzung der historisch-kritischen Ausgabe von Karl Mays Werken gab Hermann Wiedenroth das (nahezu) komplette Textkorpus nunmehr auf einer CD-Rom heraus. ›Karl Mays Werke‹ erschien als Band 77 der Digitalen Bibliothek. Ein wahrhaft verdienstvolles Unternehmen, das Mays Œuvre für bisher ungeahnte Zugriffsmöglichkeiten erschließt!

Abschließend sei noch auf zwei Veranstaltungen im Jahr 2003 hingewiesen, in deren Zentrum die Beschäftigung mit Karl May stand.

Die Katholische Akademie des Bistums Dresden-Meißen veranstaltete vom 31. Oktober bis 2. November 2003 im Bischof-Benno-Haus in Bautzen ein Wochenendseminar ›Winnetou und Old Shatterhand, Karl Mays Ethik‹, und der Freundeskreis der Universität Koblenz hielt am 28. Mai 2003 mit dem stellvertretenden KMG-Vorsitzenden Helmut Schmiedt als Gastredner einen Vortragsabend unter dem Titel ›Was macht Karl May so interessant?‹ ab.

Wenn solche Fragen weiterhin gestellt werden, dann waren die Überlegungen zu Anfang unseres Berichts vielleicht doch zu pessimistisch; möglicherweise ist Karl May ja wirklich ein Autor, der als Unsterblicher in den Himmel der deutschen Literaten eingegangen ist. – – –

1 Hobble-Frank in Karl Mays ›Der schwarze Mustang‹. Stuttgart u. a., o. J. [1899], S. 109

2 Harald Eggebrecht: Indian Summer über dem Vogtland. In: Süddeutsche Zeitung vom 21. 10. 2003

3 Hans-Dieter Steinmetz: »Plauen is mir nämlich sehr ans Herz gewachsen«. Zum Aufenthalt Karl Mays am Lehrerseminar der Vogtlandstadt. In: Karl-May-Haus-Information Nr. 17/2003, S. 1-54. Die Titelgleichheit mit dem vorliegenden Bericht ist natürlich nicht zufällig; das Hobble-Frank-Zitat ist einfach zu treffend, um es in diesem Zusammenhang nicht auszuwählen.

4 Reinhold Wolff: Rechenschaftsbericht vor der Mitgliederversammlung in Plauen am 19. [recte: 18.] 10. 2003. In: Mitteilungen der Karl-May-Gesellschaft (M-KMG) 138/2003, S. 1-20; Uwe Richter: Finanzbericht 2003. In: KMG-Nachrichten 138/2003, S. 10-12

5 Günter Lerch: Bei den Trümmern von Babylon. In: FAZ vom 24. 4. 2003
6 Burkhard Schröder: Die Wüste lebt. In: Der Tagesspiegel vom 29. 4. 2003
7 Vgl. dazu H. Achmed Schmiede: Şark Çemberi – Karl May spricht türkisch! In: M-KMG 139/2004, S. 30-33 (30).

*

50 € und mehr spendeten 2003:

Arnold Aerdken (Ravensburg), Bernd Arlinghaus (Dortmund), Hartmut Bauer (Chemnitz), Jan Behrendsen (Frankfurt a. M.), Joachim Biermann (Lingen), Hans Biesenbach (Grünberg), Jochen Bischoff (Plüderhausen), Wolfgang Böcker (Recklinghausen), Ulrich Böhm (Cottbus), Peter Bolz (Berlin), Engelbert Botschen (Detmold), Josef Brachmann (Tholey), Wolfram Brodbeck (Stuttgart), Wieland Cichon (Pfeffenhausen), Rolf Cromm (Kürten), Walter von Denffer (Waldlaubersheim), Henner Dingfelder (Hamburg), Gerhard Englisch (Augsburg), Matthias Feuser (Ratingen), Paul Friedrich (Darmstadt), Werner Fröhlich (Hamburg), Ruprecht Gammler (Bonn), Ralf Gehrke (Mainz), Werner Geilsdörfer (Stuttgart), Uwe Göbel (Wischhafen), Gabriele Gordon (Neuruppin), Dieter Gräfe (Tuchenbach), Olaf Gresens (Jena), Peter Grübner (Hamburg), Wolfgang Grunsky (Bielefeld), Thomas Gurt (Osterbruch), Gabriele Haefs (Hamburg), Klaus Hänel (Hamburg), Klaus Härtel (Kiel), Uwe Halm (Dresden), Siegbert Hauff (Eisingen), Stefan Hellmann (Erding), Elisabeth Helm † (Kronshagen), Michael Henke (Köln), Heinz-Dieter Heuer (Neuenhaus), Hans Höber (Solingen), Volker Huber (Offenbach), Hans Ingenhoven (Düsseldorf), Martin Jansen (Köln), Günter Kern (Delmenhorst), Josefine Keuten (Simmerath), Helmut Kissner (Berlin), Joachim-A. Klarner (Nürnberg), Konrad Klaws (Marloffstein), Clemens Kleijn (Villingen-Schwenningen), Hanns H. Kluck (Winsen), Bettina Knopf (Bad Soden), Reinhard Köberle (Kempten), Jürgen Köhlert (Hamburg), Manfred König (Munster), Henning Köster (Bochum), Thomas Kramer (Berlin), Reinhard Künzl (Nittendorf), Horst Kurhofer (Zhangjiagang City/VRC), Gunter Landgraf (Berlin), Ernst Laspe (Wiesbaden), Theodor Lenckner (Tübingen), Peter Lesko (Wiesbaden), Heinz Lieber (Bergisch Gladbach), Dirk Linster (Saarlouis), Christoph F. Lorenz (Köln), Martin Lowsky (Kiel), Eckehard Mack (Paderborn), Manfred Mahr (Hamburg), Günter Marquardt (Bonn), Fritz Maussner (Celle), Hans Norbert Meister (Arnsberg), Klaus Metzmacher (Stuttgart), Harald Mischnick (Kronberg), Axel Mittelstaedt (Düsseldorf), Horst Müggenburg (Mönchengladbach), Ingrid Mühl (Wörth), Günter Mühlbrant (Plauen), Erwin Müller (Föhren), Harald Müller (Lorsch), Joachim Müller (Korbach), Wolfgang Müller (Bergern), Ulrike Müller-Haarmann (Bonn), Erna Münch (Nassau), Holger Muhsfeldt (Hamburg), Friedhelm Munzel (Dortmund), Gerhard W. Mushack (Berlin), Peter Nest (Saarbrücken), Josef Paddenberg (Saulgau), Armin Patz (Kerpen), Helmut Paulsen (Rödermark), Annelotte Pielenz (Nassau), Walter Preiss (Sindelfingen), Norbert Puchert (Albstadt), Heike Pütz (Zülpich), Reiner Pütz (Zülpich), Winfried Rabenstein (Frankfurt a. M.), Uwe Richter (Freudenberg), Claus Roxin (Stockdorf), Oliver Rudel (Magdeburg), Bernhard Ruhnau (Reichelsheim), Stefan

Schantz (Ludwigshafen), Volker Schanz-Biesgen (Mannheim), Ulrich Scheinhammer-Schmid (Neu-Ulm), Hans-Jürgen Schiemann (Kleve), Claus Schliebener (Straßlach-Dingharting), Stefan Schmidt (Merzig), Wieland Schmied (München), Helmut Schmiedt (Köln), Reiner Schneider (Berlin), Dietrich Schober (München), Ralf Schönbach (Hennef), Winfried Schreblowski (Wohltorf), Hildegard Schütze (Bad Kissingen), Helmut Schulz (Erftstadt), Monika Sefen (Solingen), Sigrid Seltmann (Berlin), Barbara Siebert (Bielefeld), Willi Stroband (Ahlen), Wolfgang Szymik (Essen), Clemens Themann (Visbek), Cornelia Thust (Erfurt), Jürgen Tresnak (Lübeck), Anja Tschakert (Pegnitz), Rudolf Unbescheid (Hamburg), Wilhelm Vinzenz (Maisach), Wolfgang Voelkner (Dresden), Christa Vogt-Herrmann (Schneverdingen), Heinz von der Wall (Ankum), Helmut Walther (Jena), Erich Weigel (Eisenach), Frank Werder (Bremerhaven), Gregor Wiel (Langenfeld), Herbert Wieser (München), Horst Woebs (Berlin), Hermann Wohlgschaft (Günzburg), Winfried Wolf (Celle), Reinhold Wolff (Bissendorf), Mathias Wotzlaw (Köln), Stefan Wunderlich (Eichenau), Johannes Zeilinger (Berlin).

Die Karl-May-Gesellschaft dankt allen Genannten.

Auskünfte über die Karl-May-Gesellschaft
erteilt der Geschäftsführer
Hans Grunert
Karl-May-Straße 5, 01445 Radebeul
Postfach 10 01 34, 01435 Radebeul
Tel.: 0351/8 37 30 90
Fax: 0351/8 37 30 99
E-Mail: geschaeftsfuehrer@karl-may-gesellschaft.de
www.karl-may-gesellschaft.de

Die Autoren des Jahrbuchs

Biermann, Joachim (1954), Oberstudienrat, Storchenweg 10, 49808 Lingen · *Gammler, Ruprecht* (1946), Jurist, Beringstr. 8, 53115 Bonn · *Hahn, Dr. Jürgen* (1941), Philologe, Büelweg 14, 8400 Winterthur, Schweiz · *Krauskopf, Peter* (1955), Redakteur, Kronenstr. 44, 44789 Bochum · *Kreis, Dr. Karl Markus* (1940), Prof. für Politikwissenschaft, Lärchenweg 6, 59423 Unna · *Schmiedt, Dr. Helmut* (1950), Univ.-Prof. für Neuere Deutsche Literaturwissenschaft, Ernststr. 24, 51067 Köln · *Schweikert, Rudi* (1952), freier Lektor und Schriftsteller, Waldpforte 104, 68305 Mannheim · *Steinmetz, Hans-Dieter* (1951), Hochschulingenieur, Florian-Geyer-Str. 15, 01307 Dresden · *Wollschläger, Dr. Hans* (1935), Schriftsteller, Dörflis 44, 97486 Königsberg

Autoren, die Manuskripte für das Jahrbuch bei den Herausgebern einreichen möchten, werden gebeten, vorab bei der Redaktion oder beim Geschäftsführer die Richtlinien für die Gestaltung der Jahrbuch-Beiträge anzufordern. Anschrift der Redaktion: Klaus Eggers, Liller Str. 2, 50765 Köln · Dr. Martin Lowsky, Bustorfer Weg 89, 24145 Kiel · Ulrike Müller-Haarmann, Gothastr. 40, 53125 Bonn · Heike Pütz, Bleibachstr. 11, 53909 Zülpich

Jahrbuch 2006: Geschäftsführender Herausgeber Prof. Dr. Hartmut Vollmer; Redaktionsschluss 15. Dezember 2005

JÜRGEN SEUL

Karl May im Urteil der ›Frankfurter Zeitung‹

Materialien zum Werk Karl Mays, Bd. 3

Herausgegeben von der Karl-May-Gesellschaft

242 Seiten, br.,

€ 12,–   sFr 21,–

(ISBN 3-920421-83-3)

Die Presse spielte in Karl Mays Leben eine besondere Rolle. Begleitete sie zunächst den literarischen Aufstieg des Dichters noch mit Lobeshymnen und wohlgefälligen Besprechungen, so wandelte sich das Bild Mitte der 90er Jahre des 19. Jahrhunderts. Ausgerechnet die „Frankfurter Zeitung", das bedeutendste demokratische Blatt seiner Zeit, leitete den Umschwung in der öffentlichen Meinung ein, der schließlich in einer wahren Presse- und Hetzkampagne eskalierte. Diese zentrale Bedeutung des Blattes für Karl May steht im Mittelpunkt des dritten Bandes der „Materialien zum Werk Karl Mays".
Bis heute bekannt ist die berüchtigte Forderung der Zeitung nach dem Index für Karl May, jedoch untersucht Seul auch bisher kaum bekannte Artikel, die May thematisieren, wie z. B. die Beiträge des Philosophen Ernst Bloch oder die Rezensionen des Blattes zu den Jugendromanen Mays, die deutlich eine kritischere Haltung einnahmen, als dies in seinen Aufstiegsjahren üblich war.
Der Materialienband verdeutlicht, dass sich auch heute noch in der zeitgenössischen Presse viele interessante Schätze finden lassen, die unser Bild von Karl May vervollständigen und um wertvolle Facetten bereichern.

Hansa Verlag · Husum

MEREDITH McCLAIN, REINHOLD WOLFF (Hrsg.)

Karl May im Llano Estacado

339 Seiten, zahlr. Abb., br., Format 13,5 x 20,5 cm

€ 18,– sFr 31,50

(ISBN 3-920421-90-6)

Im Herbst des Jahres 2000 versammelten sich amerikanische und deutsche Karl May-Forscher in Lubbock (Texas) auf dem Llano Estacado zum ersten Karl-May-Symposion auf amerikanischem Boden. Die Vorträge von damals sind in diesem Band dokumentiert. Prof. Reinhold Wolff, der Vorsitzende der Karl-May-Gesellschaft, bemerkt dazu in seinem Vorwort:

„Eigentlich hatte ich mir nichts Böses dabei gedacht, als Erwin Müller, der alte Fuhrmann der Karl-May-Gesellschaft, Ende März 1998 auf der Klausurtagung der Mitarbeiter in Gartow die kurze Mitteilung machte, die amerikanische Kollegin Meredith McClain, der Karl-May-Gesellschaft seit langen Jahren verbunden, sei dabei, ihre Universität in Lubbock (auf dem Llano Estacado ...) zu einem Karl-May-Symposion im Herbst des Jahres 2000 zu überreden. Erwin Müller sagte es in einfachen Worten, ganz ohne Pathos, nur in seinen Augen war die Erregung sichtbar: Charley goes West ...

Meine erste Reaktion, die ich im Kreis der Mitarbeiter auch unbefangen äußerte, war übrigens ablehnend: Wieso denn, so fragte ich mich im Stillen, sollte ich (oder jemand anders) ins ferne Amerika fliegen, um sich davon zu überzeugen, dass der Llano Estacado gar nicht so war, wie Karl May ihn beschrieben hatte – denn damit war doch, nach aller Lebenserfahrung, zu rechnen. Ich hielt ein Karl-May-Symposion auf dem Llano Estacado schlicht für überflüssig. Wieso, um Gottes Willen, auf der Einlösung von liebgewordenen Phantasien bestehen, wenn die Enttäuschung vorprogrammiert war? ... Erst viel später habe ich dann begriffen, dass Erwin Müller natürlich Recht hatte von Anfang an: Es gibt Dinge, die muss man einfach machen ...“

Hansa Verlag · Husum